Hume
et les savoirs de l'histoire

DU MÊME AUTEUR

L'invention de la société civile, lectures anglo-écossaises. Mandeville, Smith, Ferguson, « Recherches Politiques », Paris, PUF, 1993.

Hume et le concept de société civile, Cl. Gautier (coord.), « Débats philosophiques », Paris, PUF, 2001.

Passions et sciences humaines, Cl. Gautier, O. Le Cour Grandmaison (coord.), Paris, PUF, 2002.

Adam FERGUSON, *Essai sur l'histoire de la société civile*, traduction révisée, notes et introduction, « Léviathan », Paris, PUF, 1992.

Adam SMITH, *La théorie des sentiments moraux*, traduction, M. Biziou, C. Gautier, J.-F. Pradeau, traduction, notes et introduction, « Léviathan », Paris, PUF, 1998, 2003.

Hume et les savoirs de l'histoire

Claude **Gautier**

collection
Contextes

Éditions de l'École des hautes études en sciences sociales
Librairie philosophique J. Vrin
2005

Imprimé en France

ISSN 1159-4535

ISBN VRIN 2-7116-1791-2

ISBN EHESS 2-7132-2082-3

www.vrin.fr *www.ehess.fr/editions*

Plaçant le présent à l'origine, la métaphysique fait croire au travail obscur d'une destination qui chercherait à se faire jour dès le premier moment. La généalogie, elle, rétablit les divers systèmes d'asservissement : non point la puissance anticipatitrice d'un sens, mais le jeu hasardeux des dominations.

M. Foucault, 1971 : « Nietzsche, la généalogie, l'histoire », dans *Hommage à Jean Hyppolite*, Paris, PUF, p. 155.

Pour Clélie et Marcel,
à la mémoire de Luc

Ce livre est l'aboutissement d'un travail présenté pour la première fois dans le cadre d'une soutenance d'Habilitation à Diriger des Recherches que Didier Deleule a accepté de suivre. Je voudrais le remercier très chaleureusement pour sa bienveillante vigilance. L'enthousiasme communicatif de Frédéric Brahami fut un réconfort permanent pour achever l'écriture de cette étude. Je tiens à lui dire combien ses annotations précises et généreuses ont été d'utiles repères. Merci à Eléonore Le Jallé pour la discussion continuée autour et à partir de Hume. Merci, enfin, à Michel Malherbe pour ses remarques précieuses.

ÉDITIONS ET ABRÉVIATIONS UTILISÉES

BERKELEY :

De l'obéissance passive, présentation, traduction et notes par D. Deleule, Paris, Vrin, 1983.

BOLINGBROKE, 1745 :

A Dissertation... : *A Dissertation Upon Parties*, in Lord Bolingbroke's Works, London, Henry G. Bohn, Yorke Street, Covent Garden, t. II, 1844.

EMMANUEL DE CIZE :

Histoire du Whiggisme et du Torisme, Leipzig, 1717 ; La Haye, 1718.

ADAM FERGUSON :

Essai sur l'histoire de la société civile, traduction de M. Bergier, 1783, révisée, annotée et introduite par Claude Gautier, Paris, PUF, 1992.

WILLIAM GUTHRIE :

GHE : *A General History of England from the Invasion of the Romans under Juluis CÆSAR to the Late Revolution – Including The Histories of the Neighbouring People and States so far as they are Connected with that of England-* To which are Added Five Dissertations, London D. Browne (ed.), 1744, 1747, 1751, 3 volumes.

HERVEY OF ICKWORTH :

AML : *Ancient and Modern Liberty stated and compar'd*, 1734. Dans l'édition consultée et à laquelle on se réfère, il n'y a aucune indication concernant l'éditeur et le lieu de publication.

DAVID HUME :

DP : *Discours Politiques, Political Discourses*, édition bilingue, traduction et notes de F. Grandjean, TER, Mauvezin, 1993.

Enquiries : *Enquiries concerning Human Understanding and Concerning The Principles of Morals*, L.A. Selby-Bigge, P.H. Nidditch, 11th re., Oxford, The Clarendon Press, 1975.

EEH : *Enquête sur l'entendement humain*, traduction A. Leroy, révisée par M. Beyssade, Paris, GF-Flammarion, 1983.

EPM : *Enquête sur les principes de morale*, traduction P. Baranger et P. Saltel, Paris, GF-Flammarion, 1991.

ET-I : *Essais et Traités sur plusieurs sujets. Essais moraux, politiques et littéraires*, Première Partie, Introduction, traduction et notes par M. Malherbe, Paris, Vrin, 1999.

ET-IV : *Essais et Traités sur plusieurs sujets. Enquête sur les principes de morale. Histoire naturelle de la religion*, Introduction, traduction et notes par M. Malherbe, Paris, Vrin, 2002.

EMPL : *Essays Moral Political and Literary*, Eugene F. Miller (ed.), à partir de l'édition Green and Grose (1889), Indianapolis, Liberty Fund, 1987.

HA : *Histoire d'Angleterre* par David Hume continuée jusqu'à nos jours par Smollett, Adolphus et Aikin, traduction de M. Campenon, Paris, Furne et Cie, Libraires-Editeurs, 1839.

HE : *The History of England from the Invasion of Julius Caesar to The Revolution in 1688*, 6 volumes, à partir de l'édition de 1778, W. Todd (ed.), Indianapolis, Liberty Fund, 1983.

HNR : *L'Histoire naturelle de la religion*, Introduction, traduction et notes par M. Malherbe, Paris, Vrin, 1996.

Letters I, II : *The Letters of David Hume*, J.Y. Greig (ed.), I et II, Oxford, Oxford University Press, 1932, 1969.

TNH : *Traité de la nature humaine*, traduction, préface et notes de A. Leroy, Paris, Aubier, 1964.

THN : *A Treatise of Human Nature*, L.A. Selby-Bigge (ed.), P.H. Nidditch, Oxford, The Clarendon Press, 1978.

JOHN LOCKE :

Essays on the Law of Nature and Associated Writings, Edited by W. von Leyden, Oxford, Oxford University Press, 1954 (1st ed.), 2002.

Essais sur la loi de nature, présentation et traduction par H. Guineret, Centre de Philosophie politique et juridique de Caen, 1986.

Two Treatises of Government, Edited by P. Laslett, Cambridge, Cambridge University Press, 1960 (1st ed.), 2002.

Le second traité du gouvernement, traduction, introduction et notes par J.-F. Spitz en collaboration avec C. Lazzeri, Paris, PUF, 1994.

MONTESQUIEU :

De l'esprit des lois, J. Derathé (ed.), Paris, Garnier Frères, 1973.

JEAN-JACQUES ROUSSEAU :

Du contrat social, édition M. Halbwachs, Paris, Aubier, 1943.

Emile ou de l'éducation, introduction et notes de F. et P. Richard, Paris, Classique Garnier, 1961.

RAPIN DE THOYRAS

DOG : *Dissertation sur l'origine du gouvernement d'Angleterre et sur la naissance, les progrès, les vues, les forces, les intérêts et les caractères des deux partis des Whigs et des Torys*, 1717, La Haye, Le Vier Editeur; reprint in *Partis et factions dans l'Angleterre du premier XVIIIe siècle*, Cottret B. et Martinet M.M. (éd.), Paris, Presses de la Sorbonne, 1983.

HAngl. : *Histoire d'Angleterre*, 1749, Nouvelle édition augmentée des notes de M. Tindal et de quelques autres remarques mises au bas des pages ; du Recueil des Actes publics d'Angleterre de Thomas Rimer, dispersé dans cette édition à la fin des volumes auxquels chaque partie en peut appartenir ; et de Mémoires pour les vingt premières années du Règne de Georges II, La Haye, Chez Rogissard.

THOMAS SALMON :

The History of Great Britain and Ireland, with a Preface where in the Partiality of Monsieur Rapin is demonstrated, Londres, 1725.

Nouvel Abrégé... : *Nouvel Abrégé chronologique de l'Histoire d'Angleterre*, traduit de l'anglais par l'Abbé Garrigues de Froment, Paris, Rollin Fils, 1751, 2 tomes in-8°.

N.B. :

Pour les références aux *Histoires Générales* [Rapin, Guthrie, Hume, etc.], on indiquera le volume en chiffre romain puis la page. Pour l'histoire de Hume, les deux références seront souvent données ensemble. Par exemple : HA-IV : 136 ; HE-IV : 116.

Les autres références sont données en bas de page sur le principe de la notation anglo-saxonne : nom de l'auteur [année d'édition : page]. Par exemple D. Deleule [1979 : 23] pour D. Deleule, *Hume et la naissance du libéralisme économique*, 1979 : p. 23. Les titres sont mentionnés dans la bibliographie générale en fin d'ouvrage.

INTRODUCTION

L'HISTOIRE N'EST-ELLE QU'UNE PHILOSOPHIE ?

I

Le travail qui suit est porté par une double intention. D'une part, montrer l'utilité, sinon la nécessité, d'une réévaluation de la place et de la fonction de l'histoire dans la philosophie politique de David Hume ; d'autre part, expliquer pourquoi et comment cette réévaluation peut éclairer, par des raisons essentielles, le rang qu'a pu tenir son œuvre d'historien dans le développement de l'histoire comme savoir positif au XVIIIe siècle. Cette double intention trouve sa justification dans une particularité décisive de l'entreprise politique humienne : partant d'une épistémologie et d'une anthropologie résolument ancrées dans un scepticisme radical, qui prend acte des apories classiques que la religion et la métaphysique avaient, en leur temps, fait surgir à propos des pouvoirs de la raison, le projet politique de David Hume vise l'élucidation des conditions générales à partir desquelles une société politique juste peut s'instituer et perdurer. La lecture de ces textes permet de repérer ce qui conditionne l'interprétation humienne de la politique : la rencontre de deux plans discursifs reliés mais distincts, imbriqués mais irréductibles l'un à l'autre, celui de la théorie politique et celui de l'histoire. Ce sont ces rencontres qui donnent à l'ensemble une hétérogénéité et un balancement si reconnaissables.

La fréquence des changements de régime discursif, la multiplication, pour ne pas dire la prolifération, des exemples et des usages de l'histoire laissent empiriquement conclure à l'existence d'une certaine généralité du problème de l'histoire chez Hume. Le lecteur, en effet, ne cesse d'être renvoyé, au cours de ses pérégrinations, de questionnements philosophiques en illustrations historiques, d'évocations historiques en généralisations théoriques. Il y a, dans la trame du texte humien, une multitude de raccords entre développements théoriques et considérations historiennes qui est à l'origine de cette impression de mobilité et qui, sans aucun doute, est la marque d'un travail dans l'œuvre. C'est ce mouvement, cette économie interne des relations nouées entre théorie et histoire, entre démonstrations philosophiques et utilisations de l'histoire, qui doit être considéré de près.

On serait tenté d'affirmer qu'une telle particularité, qui ne concerne pas seulement le *Traité* ou les *Enquêtes*, est à comprendre comme un indice pertinent révélant la manière dont est posée puis élucidée, dans et par le mouvement du texte, la question des rapports entre philosophie et histoire. Ce qui a de quoi surprendre, car il n'y a pas de considérations spécifiques portant sur ce point hormis les remarques classiques et connues posant l'existence d'une différence irréductible entre philosophie et histoire. La question que l'on entend résoudre de manière réflexive et plus systématique n'est envisagée par Hume que sur un mode pratique et empirique. Il faudra faire l'inventaire de certaines de ces rencontres. Il importera aussi de reconstruire l'ordre des raisons pour lesquelles Hume, qui ne tient pas un discours continu et continûment explicite sur ce problème, n'en juge pas moins la question décisive, au point de faire de l'histoire, dans ses dernières œuvres et non des moindres, un point de vue d'observation prédominant. Il conviendra de mobiliser, à ce titre, autre chose que la recherche de ses prises de position : des confrontations inventives tirées de son épistémologie, de son anthropologie et de sa politique.

S'agit-il seulement de dire qu'il y a, chez Hume, un problème de l'histoire parce qu'entre la publication des premiers Livres du *Traité* [1739] et la première édition de l'*Histoire d'Angleterre* [1754 pour le volume sur les Stuarts] l'on passerait d'une pensée philosophique exposant les principes d'une connaissance nouvelle de la nature humaine à partir des règles générales portant sur le travail de l'imagination à une pensée historique fixant dans une narration *a posteriori* les voies empiriques d'une construction possible de la politique moderne, à savoir l'invention du gouvernement mixte ? Il serait aisé de montrer que ce passage est déjà supposé, formulé dans le troisième Livre du *Traité*, qu'il est repris sur des modes plus descriptifs dans divers *Essais* avant d'être exhaustivement développé dans cette monumentale *Histoire d'Angleterre*. Dans sa formulation politique, la question n'est pas nouvelle ; elle indique même une préoccupation constante de l'auteur tout au long de sa carrière littéraire.

Si l'on peut parler d'un problème de l'histoire à propos de la pensée politique de Hume, c'est parce que dans cette pensée l'histoire travaille les limites de la philosophie ; ce qui ne signifie pas qu'il faille abandonner la philosophie pour faire de l'histoire. En revanche, ces limites imposent des déplacements, des passages en forme d'exigences réciproques au moyen desquels la philosophie et l'histoire entrent dans la composition d'un nouveau dispositif critique. À sa façon, celui-ci permet de surmonter positivement, en produisant des effets de connaissance, les objections classiquement adressées à l'empirisme sceptique. On retrouve la seconde intention de ce travail: justifier l'intérêt d'une relecture de la pensée politique humienne à partir du problème de l'histoire parce que ce dernier peut être l'occasion d'utiles compléments à la compréhension de son scepticisme.

On peut, en effet, poser le problème de l'histoire dans la pensée politique humienne à partir d'une double contextualisation. D'un côté, une contextualisation interne qui envisage directement les rapports de l'histoire à la philosophie; de l'autre, une contextualisation externe qui situe la démarche ainsi que ses résultats dans le cadre plus général de la crise anglaise de l'historiographie post-révolutionnaire. Par le moyen de cette contextualisation externe, il s'agirait de donner toute son importance à l'idée que le travail de l'histoire, chez Hume, trouve une partie de ses raisons et les principes de son développement dans le fait d'être une « réponse » ou une série de réponses à un ensemble de défis et de difficultés objectives qui définissent les conditions dans lesquelles, en cette période des années 1720-1750, on pratique et on écrit l'histoire. Difficultés d'autant plus aiguës que l'histoire est encore le moyen privilégié d'accès aux événements passés pour identifier les causes et les facteurs qui ont rendu possible les guerres civiles, l'institution et la consolidation présentes de la constitution mixte en Angleterre.

Les commentateurs anglo-saxons contemporains de l'historiographie anglaise s'accordent à reconnaître qu'à l'issue des Guerres Civiles et, plus sûrement encore, après la Glorieuse Révolution, l'écriture de l'histoire d'Angleterre fait problème[1]. On a le plus souvent tenté de qualifier ce problème à partir de la description, puis de la recherche des causes de l'épuisement d'un style et d'une conception néoclassiques[2] de l'histoire. L'une des modifications structurales décisives du contexte dans lequel allait encore se développer cette crise au XVIIIe siècle était liée à la stabilisation et à la radicalisation des clivages partisans[3] qui, en se généralisant, en occupant de plus en plus systématiquement l'espace public des représentations politiques communes, rendaient inopérants et obsolètes les partis pris méthodologiques ainsi que les fins caractéristiques d'une certaine conception et d'une certaine écriture de l'histoire. Les historiens ne parvenaient plus à maintenir une distance devenue nécessaire entre les exigences

1. Les auteurs qui seront le plus souvent évoqués dans ce travail sont: P. Hicks [1996]; J. Pocock [1999]. Il va de soi qu'ils ne résument pas à eux seuls l'immense bibliographie disponible sur le sujet. Cependant, eu égard aux questions posées, ils suffisent à établir le contexte dont on parle. On trouvera des bibliographies plus exhaustives chez ces deux auteurs. Pour complément: F. Levi, (ed.) [1956]; P. Burke [1966: 135-152]; J.W. Johnson [1967]; L. Braudy [1970]; M. Goldie [1980: 473-564]; T. Harris [1993].

2. P. Hick [1996: 1-22], J. Pocock [1999: 7 *sq.*].

3. Pour une présentation générale de ce contexte, J. Pocock [1999: 163 *sq.*].

mêmes du travail de l'histoire et les usages qui pouvaient être faits de ce dernier par le pouvoir et les partis politiques. Plus rigoureusement, telle est l'autre dimension de ce nouveau contexte, ce n'est pas tant le fait que l'historiographie néoclassique tenait fermement un principe de neutralité méthodologique[1] que celui de la constitution de l'impartialité ou de la neutralité du point de vue d'observation en un problème général de méthode que l'on doit retenir.

Il y a, dans ce contexte, et comme pour épuiser le sens d'une certaine tradition d'écriture de l'histoire, une double convergence qui en précipite les limites, devenues pour ainsi dire objectives : la généralisation et la systématisation des représentations politiques clivées autour des grandes divisions partisanes issues des guerres civiles et de l'invention du gouvernement mixte ; l'explicitation des relations de dépendance[2] de plus en plus difficilement acceptables entre conditions et travail de l'historien d'un côté, points de vue partisans de l'autre. Ces relations, dont la forme typique est celle du patronage, sont toujours plus fermement posées comme des obstacles à l'élaboration d'une représentation impartiale et rigoureuse, en un mot positive, d'un savoir historique sur la politique.

Ces problèmes de l'historiographie ont un rapport avec la question de l'objectivité des savoirs susceptibles d'être construits à partir des narrations historiques. L'interrogation récurrente, que l'on retrouve dans de nombreux travaux d'historiens de la première moitié du XVIIIe siècle[3], porte sur le fait de savoir à quelles conditions il est possible d'écrire une histoire des guerres civiles et de la révolution qui soit neutre, impartiale, moins enrôlée dans les conflits de partis. Elle porte également sur la nature des documents retenus et la manière d'en faire usage ; elle invoque les problèmes de style et, plus précisément, les règles qu'il conviendrait de respecter pour donner sens aux événements sélectionnés. Toutes ces questions, posées à l'occasion de nombreuses controverses, témoignent de l'existence de tendances au changement dans la qualification des exigences et dans l'énumération des réquisits indispensables à la pratique d'une activité véritable d'historien[4].

1. Sur ce point, et pour tout le XVIIe siècle, J. Pocock [1957(1re éd.) ; 1986].

2. Relations de dépendance dont on verra plus loin qu'elles se développent tout aussi bien sur le plan économique – dans la relation de patronage par exemple ou du commanditaire – que sur le plan idéologique.

3. On trouvera une présentation détaillée de cet aspect du problème en I, III-1 : « Les termes de la controverse : entre neutralité, extranéité et indépendance ; énoncé du problème chez Rapin Thoyras, Thomas Salmon et William Guthrie ».

4. À la différence de Pocock [1999 : 7-8], on peut admettre que ces préoccupations et les controverses auxquelles elles donnèrent lieu dans la première moitié du XVIIIe siècle, marquent l'existence d'une tendance à définir des contours plus précis et plus uniformes du

La pensée politique de Hume, que nous tenterons de réinterpréter à partir de cette question portant sur la manière dont sont liés en un système d'exigences réciproques développements théoriques et considérations historiennes, peut alors être confrontée de manière féconde à ce contexte plus extérieur de la crise de l'histoire. Il semble, en effet, que l'importance que l'on puisse reconnaître à cette œuvre politique réside aussi en ceci qu'elle se trouve résolument et tout autant impliquée dans les problèmes d'une philosophie empiriste moderne qui cherche à délimiter la nouvelle science de la nature humaine (contextualisation interne), que dans les entreprises conduites pour clarifier les principes autorisant le développement d'un nouveau savoir historique positif, faisant des sociétés civiles et politiques modernes son objet privilégié (contextualisation externe).

C'est au croisement de cette double perspective que la question de l'histoire peut se comprendre chez Hume : d'un côté, elle rencontre le problème de l'empirisme et du scepticisme ; de l'autre, elle relève le défi posé par les nouvelles exigences méthodologique, rhétorique et stylistique qui ne manquent pas d'alimenter la crise moderne du travail de l'histoire en Angleterre. En tant que réponse, la conception de l'histoire chez Hume et la manière de l'écrire procèdent par déplacements dont la radicalité, l'importance et la fécondité ne peuvent apparaître qu'à partir de comparaisons ; c'est-à-dire à partir de la mesure d'écarts construits sur la base d'une confrontation plus systématique de ses travaux d'historien avec ceux de ses contemporains ou de ses prédécesseurs les plus pertinents.

Cette double perspective permettra de comprendre que l'une des voies modernes qui s'offrent à la pratique d'un scepticisme philosophique mesuré réside dans cette articulation inventive avec ce point de vue d'observation qu'est l'histoire.

II

N'est-il pas vain de prétendre réviser la lecture de la politique humienne à partir de l'histoire alors que les annotations sont nombreuses qui concèdent un statut second à cette connaissance[1] ? Comme telle, l'histoire

travail de l'historien, à poser des exigences méthodologiques plus claires et plus rigoureuses ; *infra*, p. 101 *sq*.

1. L'histoire n'est pas citée dans l'énumération inaugurale des « sciences » qu'il importe « de connaître », TNH : 59. À propos des raisonnements expérimentaux [EEH : section 12] Hume revient sur la distinction entre les savoirs qui se rapportent aux « délibérations de la vie » et les connaissances qui traitent « de faits généraux », EEH : 246-247. Sur la distinction entre « *particular facts* » et « *general facts* » [*Enquiries* : 164], voir D. Deleule [1979 : 93-101]. Dans l'essai « De l'étude de l'histoire », Hume affirme que l'histoire « amuse l'imagination », ET-I : 312 *sq*.

est peu étudiée. Les travaux consacrées à l'épistémologie, à l'anthropologie, à l'empirisme sceptique de Hume la rencontrent de manière oblique. Il n'en demeure pas moins que l'omniprésence de l'histoire dans cette œuvre ne laisse pas de poser des questions, et nombreux sont ceux qui ont tenté de reconstruire une cohérence d'ensemble à partir de la philosophie [1] ou à partir de l'histoire [2]. Ces démarches, en dépit des éclairages donnés sur des aspects importants de l'œuvre, omettent un point décisif que Hume rappelle pourtant avec constance : il existe une différence irréductible entre histoire et philosophie. Il convient alors de prendre au sérieux cette affirmation si l'on veut saisir la nature des rapports dont ces dernières sont susceptibles.

C'est d'abord à partir d'une réflexion sur l'unité de l'œuvre que cette question a été envisagée, la proximité d'une approche philosophique et d'une démarche historienne troublant manifestement les séparations académiques établies depuis entre ces deux disciplines. La question de l'unité masque pourtant difficilement le travail de réhabilitation de la philosophie ou de l'histoire; celui-là serait accompli au nom de la restitution de principes cachés rendant possible une interprétation enfin correcte l'œuvre. D'un côté, la philosophie retrouve son autorité et sa suprématie; de l'autre, l'histoire est arrachée à sa dépendance épistémologique, à son statut de savoir des choses particulières pour devenir un savoir à part entière.

Quand le point de départ est philosophique, l'ambition repose sur l'idée que l'unification peut être entreprise à partir d'un « paradigme de l'histoire » [3]. Il s'agit de prendre acte de la critique sceptique de la coupure entre raison et imagination au terme de laquelle sont définitivement destituées les prétentions de la première à poser le fondement d'une connaissance positive. L'abandon de la philosophie pour une « anthropologie » [4], conséquence déterminante du « travail du scepticisme » [5], permettrait alors de donner à l'histoire, chez Hume, une place et une importance jusque-là inédites [6]. Ce faisant, et pour légitime que soit cette manière de voir, ce n'est

1. Pour un exemple récent : D. Livingston [1984 : 1-9; 210 *sq.*; 285 *sq.*]; [1998 : 145-147; 383 *sq.*]. Pour un même point de départ et une critique du statut de l'histoire dans la philosophie de Hume, se reporter à B. Binoche [1994 : 87; 88-90; 91-93].

2. Un exemple des lectures historiennes de Hume : N. Phillipson, *in* J.C. Brown (ed.) [1979]; *in* R.A. Mason (ed.) [1987]; [1989].

3. D. Livingston [1984 : IX] propose d'envisager les travaux historiques de Hume comme le « miroir » de sa philosophie, et réciproquement : « Cette étude diffère en ceci qu'elle envisage les travaux philosophiques et historiques de Hume comme étant des miroirs les uns pour les autres »; mais aussi [2-3; 91 *sq.*].

4. M. Foucault [1966 : 351 *sq.*].

5. F. Brahami [2001 : 6; 83-84; 150-151].

6. D. Livingston affirme que la science de l'homme, chez Hume, est avant tout une « science historique » : « bien qu'elle ait, et qu'elle doive avoir, certaines affinités avec les

pas toujours l'histoire comme élaboration positive d'un savoir relevant d'un autre paradigme qui est objet de questions ; c'est, plus souvent, une philosophie de l'histoire[1]. Une telle priorité a pour effet de relativiser, sinon de faire disparaître, la différence entre philosophie de l'histoire et histoire et de tenir pour seule pertinente la première au détriment de la seconde. L'abandon de l'histoire au profit de la philosophie de l'histoire n'est jamais qu'une autre manière de résorber la première dans la philosophie, d'en postuler le caractère inessentiel[2]. Il ne permet pas, en tous cas, de rendre compte de la puissance critique qui émane des rapports d'implication réciproque engageant la philosophie et l'histoire dans cette pensée.

Lorsqu'on s'attache à définir le projet humien en son ensemble comme un projet historique[3], on finit toujours par retrouver, sous une forme déplacée, le principe d'une distinction nécessaire entre philosophie et histoire. Par exemple, quand D. Livingston conclut au caractère historique de l'œuvre en son entier, il est contraint, presque malgré lui, de distinguer les termes d'une histoire générale et « abstraite »[4] dont le corpus

sciences de la nature, la science humienne de l'homme est essentiellement une science historique » [1984 : IX].

1. « les questions que je pose à l'œuvre de Hume pour comprendre la signification de son projet philosophique sont énoncées non pas à partir de la philosophie des sciences mais à partir de la philosophie de l'histoire », D. Livingston [1984 : IX].

2. Les mots employés par D. Livingston indiquent en quel sens, par exemple, se trouve conditionnée la manière de considérer l'histoire ou le problème de l'histoire : « Une philosophie spéculative de l'histoire est-elle possible ? » ; « quelle est la relation entre philosophie et histoire ? La philosophie est-elle indépendante de l'histoire, ou bien, la pensée historique n'est-elle pas, dans une certaine mesure, interne à la pensée philosophique ? » [1984 : IX-X]. Ce qui signifie, entre autres choses, que l'analyse aura à considérer la différence entre philosophie et histoire comme relativisable sinon relativisée puisque, dans le meilleur des cas, l'histoire comme modalité du travail de la pensée, se trouve intégrée dans une activité plus large, comme philosophie historique ou comme philosophie de l'histoire. Le flottement terminologique qui caractérise l'emploi des termes d'« histoire », de « science de l'histoire », de « philosophie historique » ou encore de « philosophie de l'histoire » est signe d'une incertitude sur la nature réelle de ce qui est interrogé à propos des rapports entre philosophie et histoire chez Hume. Le but ultime est alors de considérer que la réponse à l'ensemble de ces questions doit permettre de comprendre les œuvres philosophiques et historiques de Hume « as of a piece » [*ibid.*] ; le résultat général de la critique, de l'institution d'un nouveau paradigme des sciences de l'homme, étant de produire une sorte d'indifférenciation positive entre philosophie et histoire, « historicisant » la philosophie et « philosophisant » l'histoire.

3. C'est ce à quoi aboutit le travail de D. Livingston qui fonde cette affirmation principale sur la base d'une étude des rapports au temps, des manières dont les catégories de l'anthropologie et de l'épistémologie humiennes impliquent la prise en compte de temporalités distinctes ; ce qui engagerait décisivement le problème de l'histoire. Sur la distinction entre ordres chronologique et logique de « succession », [1984 : 44-45 ; 60 *sq.* ; 72 *sq.*] ; sur l'« empirisme historique » de Hume, [1984 : 109-111] ; sur les « associations narratives » comme mode de description du monde des actions humaines, [1984 : 147 *sq.*].

4. « the abstract story line » [1984 : 249].

serait le *Traité* et les deux *Enquêtes*, de ceux d'une histoire particulière et concrète[1] couvrant principalement les *Essais* et l'*Histoire d'Angleterre*. Une distinction qui, *in fine*, retrouve en des termes plus confus celle que revendique Hume lui-même, entre travail théorique de généralisation et narration d'expériences. À ceci près, toutefois, que les déterminations propres à la philosophie et à l'histoire risquent, dans un tel schéma, de perdre leur pouvoir de discrimination, interdisant d'identifier ce qui fait la dynamique interne de l'œuvre.

Envisager les liens entre philosophie et histoire à partir d'une interrogation principale portant sur l'unité de l'œuvre, unité que l'on retrouve toujours, n'est pas sans effets sur la description même de ces rapports. Postuler l'existence d'une unité finit par imposer la réduction d'une différence pourtant irréductible. Il n'est donc pas étonnant que l'œuvre, à sa manière, résiste; plutôt, qu'elle déborde et que le travail d'unification soit toujours à recommencer.

Loin de considérer l'hétérogénéité du corpus comme une difficulté, il est plus fécond de la prendre pour ce qu'elle est : la forme empirique d'un agencement irréductible aux points de vue philosophique et historien[2], c'est-à-dire un moyen pratique de satisfaire aux exigences de la critique des conditions d'élaboration d'une connaissance expérimentale conduite à partir du point de vue empiriste et sceptique. Dès lors, considérer positivement ce qui est hétérogène dans l'œuvre, c'est rendre compte des raisons pour lesquelles Hume, à l'intérieur de sa philosophie, en vient à mobiliser des références et des argumentations de type historique; c'est éclairer quelques-unes des raisons anthropologique, épistémologique et politique pour lesquelles l'histoire se trouve nécessitée comme l'une des articulations constitutives de sa pensée. L'hétérogénéité de l'œuvre, en tant que telle, n'est donc pas à considérer comme une difficulté mais bien comme un « problème »[3] qui doit orienter la lecture générale de cette pensée.

1. Déjà repérable dans les *Essais*, cette histoire est « concretely presented in the *History of England* » [1984 : 249-250].

2. Les lectures historiennes, par exemple celle de N. Phillipson déjà citée, ont tendance à dissocier l'interprétation de l'histoire vis-à-vis des dimensions épistémologique, anthropologique et philosophique de l'œuvre de Hume. Elles se présentent alors comme des réévaluations historiennes de la pensée de Hume. L'histoire y est alors prise pour ce qu'elle est, un ensemble d'élaborations factuelles et interprétatives portant sur des objets reconnus comme historiques : le « gouvernement mixte », la « Révolution », *etc.*

3. G. Deleuze [1968 (1re éd.); 1997 : 3-4].

III

> Tout le monde reconnaît qu'il y a beaucoup d'uniformité dans les actions humaines, dans toutes les nations et à toutes les époques, et que la nature humaine reste toujours la même dans ses principes et ses opérations. Les mêmes motifs produisent toujours les mêmes actions, les mêmes événements suivent les mêmes causes, EEH : 152.

Cette série d'affirmations intervient, dans la huitième section de la première *Enquête*, alors qu'il s'agit de comprendre l'origine des idées de nécessité et de causalité. L'uniformité « dans les opérations de la nature » [EEH : 151] y est invoquée comme une détermination principale. Sans elle, l'inférence ne peut opérer, les « relations » causales être établies. La revendication d'uniformité est donc une condition de la nouvelle science de la nature humaine. Elle en exprime aussi la constitution : elle pause l'adéquation « nécessaire »[1] entre les propriétés de l'imagination qui expérimente et fabrique des « relations » et celle d'une nature qui, uniforme dans ses « opérations », autorise la répétition et consolide la force des liaisons coutumières. Sur ce plan, l'uniformité des actions humaines, envisagée sous l'angle de la formation des relations causales, traverse les nations et les époques.

Certains auteurs n'ont pas manqué d'y voir la marque d'une conception substantialiste de la nature et, par conséquent, d'affirmer que l'histoire, quand elle était requise par Hume, ne pouvait pas être pleinement historique puisqu'elle était toujours subordonnée au postulat d'uniformité[2]. Le problème n'est pas tant, comme le voudrait J. B. Black, d'affirmer le caractère an-historique de la conception humienne de l'histoire que de mesurer la fonction précise de cette dernière dans la qualification de l'homme comme nature : son « principal usage est seulement de nous découvrir les principes constants et universels de la nature humaine en montrant les hommes dans toutes les diverses circonstances et situations » [EEH : 152]. Dire que les « mêmes motifs produisent toujours les mêmes actions » ne préjuge ni de la nature des circonstances ni de la complexité des raisons qui donnent corps à ces motifs.

Si les relations causales que l'on établit entre motifs et actions sont uniformes et régulières, l'histoire qui établit ces « recueils d'expériences »

1. Sans elle, « (l)a relation de cause à effet serait nécessairement absolument inconnue aux hommes », EEH : 151.

2. « Hume did not grasp the elements of the problem, because he was dominated, as indeed were all the eighteenth century philosophers, by the belief that human nature was uniformly the same at all times and places. Why trouble to differentiate if there were no differences worth considering ? », J. B. Black [1926 : 85].

[EEH: 152] est là pour montrer que les circonstances qui leur donnent naissance changent; elles deviennent plus complexes, plus incertaines aussi. Il y a donc, pour Hume, une historicité de la nature humaine qui tient principalement en ceci : les principes et les modes d'opération de la nature humaine se déploient avec régularité dans des circonstances et des situations toujours changeantes. *Un Dialogue* est organisé autour de la comparaison des mœurs et des civilisations des Anciens et des Modernes [ET-IV : 176]. Tout en faisant valoir l'uniformité des principes à partir desquels se construisent les évaluations morales[1], Hume ne cesse d'indiquer l'importance des coutumes particulières et des lois pour mettre en évidence le caractère toujours relatif et circonstancié du jugement moral : « Je voulais seulement faire voir l'incertitude de tous nos jugements sur les caractères et vous convaincre que la mode, la vogue, la coutume et la loi sont le principal fondement de toutes les déterminations morales » [ET-IV : 180]. En l'espèce, l'uniformité des principes – « les principes sur lesquels les hommes raisonnent en morale sont toujours les mêmes, bien que les conclusions qu'ils en tirent soient souvent très différentes » [ET-IV : 182] – est la véritable condition d'intelligibilité de l'autre dans sa différence. Loin d'être secondaire et inessentielle, la différence, la variation par le moyen de laquelle opèrent les principes uniformes de la nature humaine, dans les domaines de la morale et de la politique, est ce qui importe pour comprendre la relativité des mœurs, c'est-à-dire leur dimension historique[2]. La permanence des principes et des opérations de la nature, loin de rendre inconsistante la différence entre philosophie et histoire la pose, au contraire, comme une condition nécessaire à l'établissement d'une connaissance authentique en morale[3] et en politique.

Quand le problème est posé du point de vue de la philosophie, ce qui est visé à travers la délimitation d'effets est la somme de ces propriétés de l'imagination qui, en tant qu'opérateurs, sont uniformes : l'association, les mécanismes de transition et de conversion des intensités affectives. L'homme peut alors être compris à travers des régularités à peu près analogues à ces principes qui ordonnent la nature, la gravité par exemple[4] :

1. Analogie avec le principe de gravité, ET-IV : 180.

2. « Il n'y a pas de mœurs si innocentes ou si raisonnable qui ne puissent être rendues odieuses ou ridicules, quand elles sont rapportées à un modèle qui est inconnu des intéressés », ET-IV : 178.

3. *Un Dialogue*, ET-IV : 182; et à propos des différences concernant l'évaluation de l'utilité d'une qualité morale : « Parfois les hommes ont un jugement différent sur l'utilité d'une habitude ou d'une action; parfois également, des circonstances particulières rendent une qualité morale plus utile qu'une autre et lui font donner la préférence », ET-IV : *ibid.*

4. À ceci près toutefois « que l'on découvre fréquemment des phénomènes irréguliers et extraordinaires dans le monde moral aussi bien que dans le monde physique », Essai « De quelques coutumes remarquables », DP : 108.

l'homme vit toujours en société, l'attirance naturelle pour le sexe opposé, etc. Quand le problème est posé du point de vue de l'histoire, les mêmes effets sont visés mais leur narration a pour fonction[1] de nous les faire « découvrir ». Si l'histoire ne concerne pas principalement l'étude de l'homme posé dans sa généralité, elle est en revanche décisive pour la connaissance de l'homme qui appartient à un monde où la valeur de ses conduites est rapportée au temps spécifiquement humain de l'expérience.

Ces passages de l'*Enquête* permettent donc de distinguer fermement l'activité du philosophe, qui procède par généralisations et reconstruit des règles à partir de principes permanents et réguliers de la nature de l'homme, du travail de l'historien qui rend compte des significations à l'intérieur du monde des actions humaines par le moyen de narrations, de recensions portant sur ses expériences. Le texte de Hume est clair; il mentionne un rapport de subordination peu discutable entre une philosophie qui fixe les principes et une histoire qui, parce qu'elle fait varier par construction les circonstances et les situations, illustre, donne des contenus empiriques [EEH : 246-247]. Ce qu'elle est censée décrire porte toujours la marque d'un rapport singulier au général : les circonstances.

Philosophie et histoire se distinguent donc dans leur manière d'appréhender leur objet. Les principes qui fixent ce fond commun de nature humaine se découvrent empiriquement au moyen de l'observation et de l'exhibition attentives des différences que l'historicité des circonstances qu'ils enveloppent ne manque pas d'induire. Le seul moyen de « découvrir » cette nature de l'homme est encore de la cerner dans le jeu permanent des différences : les règles, les mœurs, les coutumes; en un mot, les sociétés civiles[2].

IV

Mais cette prise directe de l'histoire avec les contenus d'expérience la prédispose encore à des fonctions pratique et politique d'une grande importance pour Hume. À ce titre, l'histoire est un instrument d'édification des conduites; elle participe d'une éducation des mœurs et d'une modération des opinions. Pour s'en convaincre, il faut revenir à la distinction entre « philosophie abstraite » et « philosophie facile »[3].

1. Le texte anglais est fort : « that history informs us of nothing new…Its chief use is only to discover… », *Inquiries* : 83.

2. En un sens fort, l'*Histoire d'Angleterre* est aussi celle d'une société particulière qui, par la civilisation de ses mœurs, de ses lois et coutumes, parvient à inventer et à stabiliser la forme adéquate, moderne, de son gouvernement : la constitution mixte. Voir *infra*, p. 255 *sq*.

3. EEH : 47-49; 51 *sq*.

La philosophie facile use des ressources de l'évidence [1], elle donne à voir, elle représente et elle peut emprunter, pour cela, à la poésie, à l'éloquence. La philosophie abstraite, quant à elle, considère l'homme comme un être raisonnable plutôt qu'actif [EEH : 47], et tente de former son entendement plutôt que de réformer ses mœurs [2]. D'un côté, il y a une pratique de la philosophie qui éloigne le rapport de l'évidence à la conclusion par la multiplication des détours et des longs raisonnements [TNH : 228]; de l'autre, il y a des constructions brèves, formulées en termes imagés, où l'éloquence devient un moyen de raccourcissement des distances, d'accroissement des intensités de l'évidence portée par la conclusion.

Il y a donc une philosophie facile, morale aussi, qui organise un savoir pratique lequel vise la réforme des mœurs. Les actions, les motifs sont alors pris comme objets d'observation, la nature humaine y est saisie dans l'ensemble des conduites qui la manifestent et par lesquelles les hommes répondent aux situations et aux circonstances communes de la vie.

Plusieurs arguments développés par Hume peuvent conduire à mettre l'histoire du côté de la philosophie facile. Dans l'*Essai* « De l'étude de l'histoire » [3], il est dit que l'histoire « amuse l'imagination », « perfectionne l'entendement », « renforce la vertu » [ET-I : 312]. Il s'agit là d'un connaissance pratique de la nature humaine : elle peut « nous faire avancer en sagesse » [ET-I : 313]. L'histoire a aussi cette particularité de donner à l'esprit un plaisir sensible émanant de la contemplation du raffinement des arts et des mœurs [4], du progrès de civilisation des sociétés civiles. Comme genre, elle est préférable aux fables et aux fictions, aux livres frivoles peu instructifs, aux ouvrages sérieux dont la lecture est peu agréable.

La lecture de l'histoire est donc utile parce qu'elle réalise un juste-milieu : elle compense les défauts liés à la frivolité d'un genre facile peu édifiant ainsi que les excès d'un genre sérieux, instructif certes, mais trop austère. L'histoire peut alors occuper ce lieu essentiel d'un équilibre qui définit, par excellence, le point de vue d'une éducation morale. Elle est l'occasion d'une véritable pédagogie et celle-ci s'accorde au plaisir esthé-

1. Deux façons de traiter l'esprit qui ne peuvent être conjointes dans un même écrit : on ne pourrait associer le raisonnement austère et l'illustration qui a pour mérite ses ornements.

2. Sur le développement de cette opposition, M. Malherbe, *in* P. Beck, D. Thouard (éd.) [1995 : 69-78].

3. Qui paraît dans la première édition des *Essays, Moral and Political*, de 1741 et qui, à partir de l'édition de 1760, sera supprimé. Voir « Of The Study of History », EMPL : 563-568; « De l'étude de l'histoire », ET-I : 311 *sq.*

4. « voir la conduite du gouvernement, la politesse de la conversation se raffiner par degré, et toute chose qui sert à l'ornement de la vie humaine s'avancer vers sa perfection », ET-I : 312. Il n'est pas sans intérêt de souligner l'importance du registre sémantique des couleurs et du plaisir visuel : « les vraies couleurs », le « spectacle », « ses justes couleurs », etc., ET-I : 312; 313; 314.

tique déjà évoqué. L'histoire nourrit ainsi la vertu et rejoint par là cette autre qualité de la philosophie facile, sa vocation à inspirer des conduites vertueuses par l'exemplarité des sujets, des motifs et des conduites minutieusement narrés. Les historiens, sur ce plan, concourent authentiquement en faveur de la vertu[1].

Le problème du style et de l'écriture permet, également, de rattacher l'histoire comme genre à la philosophie facile[2]. Dans la troisième section « L'association des idées » de la première *Enquête*[3], Hume compare les poésies épique et dramatique, leurs rapports à la sensibilité, la manière dont elles sont susceptibles de provoquer l'éveil des passions par « glissements » et « transitions faciles » d'un objet à l'autre, de conserver l'intensité des affections dans ces transitions[4]. Autant d'éléments qui peuvent être transposés, en partie tout au moins, au problème de l'écriture de l'histoire, tout en rappelant que la fin diffère entre plaire et instruire[5]. Le style de l'historien, c'est donc un mode de stylisation des affections et des passions[6]. Nous retrouvons vraisemblablement une certaine influence du sentimentalisme esthétique de H. Blair[7].

Parce que les exigences de son style sont aussi déterminées par les effets recherchés et produits sur le déclanchement des affections, l'histoire est

1. « presque tous les historiens ont été les vrais amis de la vertu et l'ont toujours représentée sous ses justes couleurs… », ET-I : 313-314 ; EEH : 47-48.

2. TNH : 484 ; 741-742 sur les raisons de nos préférences pour certaines histoires : « L'histoire des royaumes est plus intéressante que les histoires domestiques ; l'histoire des grands empires plus intéressante que celle des petites cités et des principautés (…) », *ibid.* ; Essai « De la norme du goût ».

3. EEH : 76-77 ; en partie repris dans l'essai « De la règle de goût » : « L'objet de l'éloquence est de persuader, celui de l'histoire d'instruire, celui de la poésie de plaire en agissant sur les passions et l'imagination », ET-I : 275.

4. Aussi les essais « De la simplicité et du raffinement dans l'art d'écrire », « De la règle du goût », ET-I : 235 *sq.* ; 265 *sq.* Sur la question du « juste milieu », ET-I : 236.

5. Tout ces aspects donnent corps à l'hypothèse de Jones et Hilson sur l'existence d'un certain « sentimentalisme » chez Hume ; voir J.C. Hilson, *in* J.C. Hilson, M.M.B. Jones, J.R. Walson (eds.) [1976 : 205-220].

6. Voir la façon dont Hume dépeint la fin de la vie et le caractère de Charles Ier dans son *Histoire d'Angleterre* : HA-V : 434 *sq.* ; HE-V : 541 *sq.*

7. J.C. Hilson, [1976 : 206 ; 206-209] ; l'auteur relie Hume à la tradition écossaise de la rhétorique : A. Smith, Lord Kames, Hugh Blair. L'accent est mis sur la fonction affective de l'histoire et sur la définition d'une méthode d'écriture adéquate. Sur le principe néo-classique de l'éthos de l'orateur et de l'historien [208-209], H. Blair, *Lectures on Rhetoric and Belles Lettres* [1783, II : 281-282] cité par J.C. Hilson affirme : « As History is a species of writing designed for the instruction of mankind, sound morality should always reign it. Both in describing characters, and in relative transactions, the Author should always show himself to be on the side of virtue (…) We are always most interested in the transactions which are going on, when our sympathy is awakened by the story, and when we become engaged in the fate of the actors. But this effect can never be produced by a Writer, who is deficient in sensibility and moral feeling ».

un genre qui peut légitimement prétendre jouer un rôle dans la modération des opinions individuelles. Par le rapport tout particulier qu'elle permet de construire entre l'auteur et le lecteur, elle rend possible des formes d'expérimentation : « si nous considérons combien la vie humaine est courte, combien notre connaissance est limitée, même de ce qui se passe aujourd'hui, nous ne manquerons pas de nous persuader que nous resterions à jamais des enfants en intelligence, sans cette invention qui étend notre expérience à toutes les époques révolues et aux nations les plus lointaines » [ET-I, 313]. L'histoire, conformément aux tendances naturelles de l'esprit, permet des extensions par projections et analogies, c'est-à-dire par comparaisons ; elle rend possible les mouvements de réappropriation des conduites passées, leur assimilation pour que devienne effective, dans une certaine mesure, l'addition continuée des connaissances et des expériences révolues. Les objets de l'histoire sont donc un champ véritable d'expérimentation qui déborde la pure évocation des *exempla*. Il s'agit là d'autant de voies explorées par Hume pour inventer une autre manière de faire de la philosophie et pour répondre [1] à l'insuccès relatif du *Traité* [2].

V

Mais l'histoire n'est pas seulement, chez Hume, l'une de ces médiations permettant d'étendre avec efficacité certains domaines de l'expérience individuelle. Si l'histoire peut avoir prise sur la modération des opinions de chacun, elle se trouve alors impliquée dans le problème politique des sociétés modernes du siècle des Lumières : le gouvernement des sociétés par l'opinion [3]. Dans l'Essai « La liberté de la presse » [4], Hume souligne toute l'importance de la relation qui s'instaure, dans la nouvelle constitution anglaise, entre liberté d'expression et gouvernement politique. Le fonctionnement ordinaire et régulier des constitutions mixtes requiert désormais la collaboration d'assemblées délibératives, de « Communes », qui représentent toujours des états données de l'opinion du « peuple ».

1. Se reporter, entre autres, à Hume, « Avertissement » de 1775, EEH : 43 ; à l'Essai « Ma vie », ET-I : 55 *sq.*

2. La chronologie des œuvres, le passage du *Traité* aux *Essais*, des *Essais* à l'*Histoire d'Angleterre* ne laisse subsister aucun doute sur le fait que l'écriture d'une certaine histoire soit devenue la préoccupation importante de la carrière littéraire de Hume. Une exception notable toutefois, la rédaction des *Dialogues sur la religion naturelle* qui débute probablement à partir de 1751 pour s'achever vers 1763 ; voir lettre à Gilbert Elliot of Pinto, du 10 mars 1751, *Letters* I : 153-157.

3. Voir les travaux déjà cités de N. Phillipson.

4. ET-I : 77 *sq.*

Cette relation coextensive entre opinion et gouvernement[1] spécifie la politique dans les sociétés éclairées. Savoir si la liberté d'opinion est utile ou nuisible à la stabilité de cet établissement n'est donc plus la question[2] qui se pose. Il en est de même pour les divisions partisanes qu'exigent les principes mêmes de la constitution mixte[3]. Puisque l'on ne peut ni ne doit supprimer ces divisions sans faire disparaître la liberté elle-même et, à terme, l'actuelle constitution, il convient d'agir sur les tendances à la modération plus grande de leurs expressions. C'est ici que l'historien et l'homme de lettres ont un rôle à jouer.

Chez Hume, cependant, la vocation morale et politique de l'histoire ne reflète pas uniquement une orientation de l'époque; n'illustre pas seulement cette volonté d'éduquer la partie lettrée d'une opinion commune. Elle est impliquée bien plus en profondeur dans l'évolution souhaitable des états de l'opinion commune. Dans ce même Essai, Hume affirme encore : « L'expérience des hommes montre aussi, à mesure qu'elle s'accroît, que le peuple n'est pas un monstre si dangereux qu'on l'a représenté, et qu'il est préférable à tous égards de guider les hommes comme des êtres rationnels plutôt que de les pousser ou les tirer comme des bêtes brutes » [ET-I : 80]. Le gouvernement doit faire appel à la raison pour éclairer le plus grand nombre et non pas se contenter de jouer sur les affections et les passions pour contraindre. Ce passage d'un gouvernement dont la politique serait essentiellement constituée par la manipulation de passions violentes comme moyen exclusif de mobilisation du « peuple » vers un gouvernement qui saurait faire prévaloir des passions plus calmes, plus raisonnables, suppose une éducation de l'opinion; suppose, du moins, que les croyances qui avivent les passions les plus intenses perdent de leur « autorité »[4] sur l'opinion ou les représentations ordinaires[5]. Cette condition au gouvernement politique des sociétés modernes est portée, à son tour, par l'effectivité d'une critique des « états » de l'opinion commune sans laquelle de telles autorités illégitimes ne peuvent perdre leur crédit, leur capacité à induire des conduites et des effets. Et c'est peut-être dans cette activité de critique,

1. Hume fait de cette relation le cœur du raisonnement conduit dans l'Essai « Les premiers principes du gouvernement », ET-I : 93 *sq.* ; voir *infra*, p. 73 *sq.*

2. « Puisque donc cette liberté est si essentielle à la conservation de notre gouvernement mixte : *une telle liberté est-elle avantageuse ou préjudiciable ?* reçoit par là sa réponse… », ET-I : 79-n1, phrase retirée des éditions postérieures à 1768.

3. « Des partis en général », ET-I : 113 *sq.* ; « Les partis de la Grande-Bretagne », ET-I : 121 *sq.*

4. TNH, I, II-2 : 99, à propos de l'autorité ou de la force d'une représentation ou d'un argument. Sur la notion d'autorité, sur laquelle on reviendra plus loin, J.-P. Cléro [1998 : 207 *sq.*].

5. Entre autres, les représentations et les croyances religieuses,

dont on sait que Hume a précisé les contours à propos de la philosophie véritable, que l'histoire peut trouver une autre justification de son utilité.

Pour cela, d'ailleurs, l'histoire pourrait se trouver convoquée aux côtés de la « philosophie vraie » [TNH : 312-313] parce qu'elle est susceptible de jouer un rôle dans la transformation des opinions vulgaires. Par des narrations précises et distantes, elle manifeste le caractère superstitieux de certaines croyances, elle en exhibe les effets régulièrement désastreux pour la vie courante. Et, se faisant, elle offre des moyens pour une authentique mise à distance engagée à partir d'une réflexion portant sur ces expériences politiques passées. Elle rend possible ce travail indispensable de rectification et de correction sans lequel il n'est pas de modération[1] qui tienne. L'histoire, comme type de savoir pratique, joue ainsi un rôle de premier plan dans la critique en politique chez Hume. À ce titre, elle participe pleinement de ce qu'on a pu appeler justement « la reconstruction du discours populaire de la politique »[2].

La comparaison avec la manière dont Hume envisage, dans le domaine des connaissances théoriques, la « gradation » des trois états de l'opinion pour identifier celle qui ouvre à la philosophie véritable [*Traité* : I, III-12] permet de préciser ce qu'il faut entendre ici par fonction critique de l'histoire. Pour la philosophie, Hume affirme que « nous pouvons observer une gradation de trois opinions qui naissent l'une sur l'autre, à mesure que les personnes qui les forment acquièrent de nouveaux degrés de raison et de connaissance. Ces trois opinions sont l'opinion vulgaire, celle de la fausse philosophie et celle de la vraie philosophie » [TNH : 312-313]. Il y a donc un progrès des états de l'opinion qui réfracte l'accumulation des connaissances et la correction toujours plus raffinée des usages de la raison. En conséquence, des liaisons courantes, par exemple le fait de percevoir une connexion nécessaire entre des objets que les hommes trouvent constamment unis les uns aux autres [TNH : 312], qui sont des liaisons construites spontanément par l'imagination et consolidées par l'accoutumance, se révèlent fictives et illégitimes pour le philosophe. Une observation attentive fait découvrir « qu'il n'y a pas de connexion connue entre les objets » [TNH : 313] et que la répétition des conjonctions d'objets ne permet pas d'aller au-delà[3] ; tout de même qu'une observation précise d'un objet, par comparaison, rend manifeste la diversité de ses états successifs et interdit la

1. Modération et « juste milieu », voir l'Essai « L'indépendance du parlement », ET-I : 105.

2. N. Phillipson [1989 : 53].

3. « Il n'y a donc rien de nouveau de découvert ni de produit en des objets par leur constante conjonction, ni par la ressemblance persistante de leurs relations de succession et de contiguïté », TNH : 251.

subsomption de ses ressemblances sous une identité posée comme extérieure et indépendante.

La précision et la rigueur de ces observations reposent, entre autres choses, sur ceci que la distance, spatiale et temporelle, du point de vue du philosophe, permet, au moins de manière provisoire, de s'arracher à la force d'attraction des liaisons habituelles qui informent nos représentations communes. Alors, « les philosophes qui se dégagent des effets de l'accoutumance et comparent les idées (…) perçoivent immédiatement l'erreur de ces sentiments communs » [TNH : 313].

Le travail de la critique, de la rectification, marque le passage d'un usage spontané et commun des règles de l'imagination, celui du « vulgaire », vers un usage contrôlé et corrigé[1], celui du « sage » ou du véritable philosophe. L'usage courant de ces règles laisse naturellement l'imagination étendre la partialité originelle des impressions qui l'affectent; la laisse déborder au-delà de ce que le cadre de l'expérience indique, quitte à construire des liaisons illégitimes par préjugé ou par crédulité. De l'autre côté, l'usage réfléchi de ces règles rend possible l'adéquation entre données de l'expérience et produits de l'imagination[2]. Mais une telle activité critique et correctrice n'est envisageable que parce qu'il est possible au philosophe, au moins de manière provisoire[3], de se soustraire à la force de ces liaisons coutumières. Cette neutralisation, toujours temporaire, autorise alors d'autres rapprochements, d'autres relations ; elle permet des changements de points de vue, c'est-à-dire des déplacements qui accroissent les distances et modifient les perceptions d'objets. En un mot, la critique permet ici de

1. « Quand nous suivons seulement la détermination habituelle de notre esprit, nous faisons la transition sans réfléchir, ni interposer un moment de délai entre la vue d'un objet et la croyance en celui qui (…) l'accompagne. Puisque l'accoutumance ne dépend d'aucune délibération, elle opère immédiatement sans donner le temps de la réflexion », TNH : 216. La réflexion fait valoir, quant à elle, des usages correctifs de ces mêmes règles : « Telle est la seconde influence des règles générales, elle implique la condamnation de la première. C'est parfois l'une, et parfois l'autre, qui prévaut selon les dispositions et le caractère des personnes. L'homme du commun est couramment guidé par la première et les sages par la seconde », TNH : 234-235. C'est donc la position face aux effets de l'inertie naturelle de l'imagination [TNH : 286-287] qui permet de discriminer, en partie tout au moins, les deux usages des règles générales et rend possible la correction de la règle, la rectification des liaisons illusoires.

2. « L'expérience est un principe qui m'instruit sur les diverses conjonctions des objets dans le passé. L'habitude est un autre principe qui me détermine à attendre le même dans l'avenir; les deux s'unissent pour agir sur l'imagination et ils me font former certaines idées d'une manière plus intense et plus vive que d'autres qui ne s'accompagnent pas des mêmes avantages », TNH : 357-358.

3. « Les personnes qui entretiennent cette opinion sur l'identité de nos perceptions semblables, sont en général tous ceux des hommes qui ne réfléchissent ni ne font de la philosophie (c'est-à-dire nous tous à un moment ou à un autre)… », TNH : 293-294; mais aussi 358 ; 359-360 et 362.

faire apparaître le caractère artificiel des liaisons que l'habitude recouvre sous les apparences d'une spontanéité des transitions affectives donnant à celles-là tout le caractère d'une nature[1].

Plus encore, à partir de cette activité critique de correction et de rectification, Hume indique ce que doit être le sens positif d'une pratique sceptique et mesurée de la philosophie : une distanciation toujours plus ferme vis-à-vis de certains effets de l'activité de l'imagination. C'est-à-dire, une indifférence toujours plus tranquille et réfléchie face aux questions portant sur la recherche des causes premières des phénomènes. Les états de l'opinion vont permettre de qualifier trois attitudes possibles face à cette indifférence ou à cette neutralité souhaitables vis-à-vis des questions pour lesquelles il n'est pas de réponse intelligible, pas de connaissance qui tienne dès lors que l'on considère les conditions moyennes, naturelles, de l'expérience.

Le premier état est celui d'une indifférence vis-à-vis de la recherche des causes premières par désintérêt ou par stupidité[2]. Les connexions entre objets sont alors le fruit d'une imagination qui fait un usage « courant » et « négligent » de la pensée et qui ne pose pas la question de leurs causes. Une indifférence immédiate et non réflexive : voici ce que pourrait indiquer, du point de vue de la connaissance commune, ce premier état « vulgaire » de l'opinion.

Le second état est mixte. Il emprunte à la sagesse véritable cette qualité indispensable de pouvoir s'arracher à la force des liaisons coutumières[3] sans parvenir, toutefois, à renoncer à l'illusion courante selon laquelle la connexion serait « dans l'objet ». Pour comprendre cette dernière, il faudrait admettre, eu égard aux conditions de l'expérience, qu'elle se trouve au contraire « dans l'esprit » [TNH : 251]. Ce caractère mélangé de la position, loin de maintenir l'imagination corrigée dans une relative indifférence vis-à-vis de la question portant sur les causes premières, la force à inventer des « solutions » de compromis erronées pour surmonter l'inévitable tension entre données de l'expérience et opérations de l'imagination. La fausse philosophie, comme second état de l'opinion, trouve sa justification dans une activité de l'imagination nourrie par de fausses suppositions concernant la nature des relations entre objets.

1. « l'habitude n'est rien qu'un des principes de la nature et elle tire toute sa force de cette origine », TNH : 266.

2. À propos du sentiment religieux et du monothéisme, « demandez à un homme du peuple pourquoi il croit en un créateur du monde tout puissant; il ne mentionnera jamais la beauté des causes finales qu'il ignore totalement » ; quand à la beauté et au raffinement de la nature, « il est accoutumé depuis longtemps à toutes ces choses et il les regarde avec inattention et indifférence », HNR : 62-63.

3. « Ils ont assez de force d'esprit pour se délivrer de l'erreur courante… », TNH : 313.

Le troisième état de l'opinion, ou sagesse véritable, accomplit le dernier renversement à partir duquel la légitimité même de la question sur les causes premières, du point de vue de la connaissance positive, disparaît. Les relations étant extérieures aux objets ou aux idées elles-mêmes, la connexion se trouvant « dans l'esprit » et non pas « dans l'objet », il est vain de poursuivre des chimères. Et si la liaison est un indispensable résultat de l'activité corrigée de l'imagination, les causes qui la produisent sont le fait d'une nature humaine dont il est bien difficile de dire, autrement que par la qualification d'effets, ce qui les détermine. Renonçant positivement à questionner l'origine, ceux qui s'en tiennent à cette position « se mettent à l'aise et parviennent enfin, par une illusion, à la même indifférence que le peuple atteint par sa stupidité et les philosophes véritables par leur scepticisme mesuré » [TNH : 314].

La comparaison entre les premier et troisième états de l'opinion fait apparaître que ce qui est commun repose bien sur ce principe d'indifférence à l'égard des causes premières. Dans un cas, il trouve sa raison d'être dans une incapacité naturelle à se dégager de la force des liaisons coutumières en matière de relations entre objets ; dans l'autre, il est revendiqué consciemment, pour des raisons épistémologiques, et réalise cet équilibre des affections qui calme la raison[1] et lui évite de chercher indéfiniment, vainement aussi, des constructions fictives et erronées. Il y a donc une adéquation possible et tout à fait désirable entre cette position qui amortit les effets de certaines dynamiques affectives sur l'imagination et la raison comme « passion calme »[2].

Il s'agit là d'une position à partir de laquelle l'imagination n'étant plus contrainte peut constater sans inquiétude particulière qu'il n'y a pas de connexion réelle entre les objets et que dans la vie ordinaire cela demeure sans effets. Si le philosophe, communément, paraît céder aux illusions de l'imagination erronée qui déterminent si régulièrement la conduite des gens ordinaires, c'est parce qu'il a renoncé à trancher le dilemme insurmontable entre, d'un côté, « les suggestions banales de l'imagination » et, de l'autre, les exigences aux « conséquences les plus fatales » de « l'entendement » [TNH : 360] : « Quel parti choisirons-nous donc au milieu de ces difficultés ? (...) Pour ma part, dit encore Hume, je ne sais ce qu'il faut faire dans le cas présent. Je peux seulement observer ce qu'on fait couramment ; et c'est qu'on pense rarement ou jamais à cette difficulté ; même lorsqu'on

1. « La raison, par exemple, s'exerce sans produire d'émotion sensible ; sauf dans les recherches philosophiques les plus sublimes ou dans les frivoles subtilités des écoles, elle nous apporte rarement un plaisir ou un malaise », TNH : 526.

2. « Par *raison*, nous entendons des affections tout à fait du même genre que les précédentes [les *passions*], mais telles qu'elles opèrent avec plus de calme et qu'elles ne causent pas de désordre dans notre caractère », TNH : 548, souligné par Hume.

l'a eue présente à l'esprit, on l'oublie complètement et il ne reste après elle qu'un légère impression » [TNH : 361].

La position du sceptique mitigé n'est donc pas une synthèse ou un dépassement des positions vis-à-vis desquelles elle se démarque. Elle est, sur le plan empirique, tout comme sur celui de sa qualification philosophique, le résultat d'un mouvement de rectification, d'une certaine histoire. Il y a une historicité du scepticisme chez Hume parce que la position qu'il définit ainsi vis-à-vis de la connaissance en général, et vis-à-vis de ses effets sur la vie ordinaire en particulier, n'est jamais donnée d'emblée. Elle est, tout au contraire, la conséquence d'un travail progressif de mise à distance vis-à-vis des liaisons coutumières ; elle est la résultante d'un équilibre stabilisé qui permet à la raison, au jugement, d'exercer positivement un pouvoir critique à l'encontre des préjugés, des superstitions par exemple. Elle est donc l'élaboration du lieu d'une indifférence positive du point de vue de la connaissance à l'égard des recherches vaines concernant les causes premières. Elle révèle ainsi que les constructions antérieures, certains systèmes de philosophie précédents, ont pu être autant d'occasions de construction de fictions [1]. Occasions et fictions que seule la position présente et sceptique du philosophe permet de faire apparaître pour ce qu'elles sont.

Si la philosophie vraie incarne dans son principe l'opinion véritable et la sagesse authentique, elle n'en concerne pas moins le petit nombre. Il est alors peu vraisemblable qu'elle puisse constituer, à elle seule, le socle à partir duquel infléchir, sinon contenir, les effets politiques des croyances populaires, de l'opinion vulgaire. Or cette dernière se manifeste, entre autres choses, dans la superstition et l'enthousiasme, ces deux sortes de « fausse religion » qui ne sont pas sans effets sur le gouvernement et sur l'état de la société politique [2]. Face à des conséquences aussi générales et communes, susceptibles de ruiner la paix civile, ce n'est donc pas la philosophie authentique qui pourra produire le maximum d'effet [3], même si elle seule est « capable de réduire entièrement ces terreurs inexplicables » sur lesquelles se fondent bon nombre de superstitions [ET-I : 136].

1. Nous verrons ultérieurement que cette position sceptique recoupe très précisément celle qui est définie, implicitement du moins, pour l'écriture de l'*Histoire d'Angleterre*, et à partir de laquelle comprendre la critique humienne de la fiction Whig de l'« Ancienne Constitution ».

2. Dans l'essai « Superstition et enthousiasme », Hume affirme : « Ces deux sortes de fausse religion pourraient prêter matière à bien des spéculations… » et envisage « l'influence qu'elles exercent sur le gouvernement et la société », ET-I : 134.

3. À propos du pouvoir des prêtres, « l'enthousiasme s'y oppose autant et même plus que la saine raison et la philosophie », ET-I : 134-135.

L'histoire, parce qu'elle participe de cette reconstruction du discours populaire de la politique, doit jouer un rôle dans l'évolution d'une opinion vulgaire vers une opinion « modérée ». Elle permet de révéler avec efficacité, et en produisant des effets plus larges que la saine philosophie qui ne s'adresse qu'à une élite de savants, les inconvénients de ces superstitions ou fausses croyances pour mieux les combattre. Plus fondamentalement, le problème de l'histoire est, ici, celui de la correction des effets de « l'ignorance », car la superstition, tout comme l'enthousiasme, est un résultat circonstancié de l'ignorance.

Dans la mesure où l'opinion commune met en jeu des passions et des affections de haute intensité, la modération de ses formes d'expression est essentielle aux conditions mêmes de la vie ordinaire. Elle l'est tout autant que la recherche de la tranquillité pour la raison; celle-là seule, en effet, autorise la contemplation apaisée de phénomènes que celle-ci ne peut pas toujours expliquer. L'exigence épistémologique d'une correction du travail de l'imagination, de sa limitation progressive aux seules déterminations de l'expérience permet ainsi au philosophe de contempler sans angoisse le monde des phénomènes et, tout simplement, de vivre[1]. Par analogie, l'exigence pratique et politique d'une modération des formes d'expression des opinions communes, le plus souvent en proie aux manipulations portées par la superstition et l'enthousiasme, doit permettre aux hommes, en général, de coexister pacifiquement. L'analogie paraît alors se justifier en ceci que la modération dont il s'agit est transposition, dans le domaine des représentations et des croyances communes, de l'exigence d'une correction des usages, par l'imagination individuelle, des règles générales qui définissent son domaine propre d'activité.

Mais entre la rectification critique de l'imagination individuelle d'un côté, et la modération sociale des formes d'expression de certains états de l'opinion commune de l'autre, il y a un saut qui fait de cette analogie un problème et qui engage bien plus en profondeur l'histoire, comme activité critique, dans l'épistémologie humienne de la croyance.

Admettre, donc, que l'histoire participe de cette reconstruction raisonnée, c'est-à-dire critique, des opinions communes et populaires, c'est donner à l'enquête historique une positivité tout autre que celle jusqu'ici évoquée, y compris par les termes de Hume lui-même. La validité de ce type de lecture suppose alors que soient élucidés et préalablement évalués la nature et le degré d'implication du travail historique dans le problème plus général et épistémologiquement constitutif de la critique sceptique de la connaissance expérimentale, celui de la « croyance » (première partie). Il

1. « Je dîne, je joue au tric-trac, je parle et me réjouis avec mes amis », TNH : 362.

sera possible de comprendre de quelle manière, dans le travail proprement historique de Hume, l'histoire, comme savoir des choses particulières, permet de construire, de justifier, voire de consolider, les démarcations toujours nécessaires entre opinions communes fondées et représentations superstitieuses infondées. Ces démarcations, en toute hypothèse, se trouvent légitimées ou disqualifiées *a posteriori*. C'est alors que, dans toute la force de sa critique, l'histoire peut proposer, pour la lecture politique du temps présent, des généalogies en forme de récits, des narrations qui dramatisent les manières dont ont pu se constituer des croyances et des opinions communes – les opinions populaires – aux effets politiques et sociaux majeurs; par exemple, celles qui se développèrent autour de la « constitution » du nouveau gouvernement mixte en Angleterre (deuxième partie).

PREMIÈRE PARTIE

L'HISTOIRE COMME PRATIQUE. DISCRIMINATION ENTRE LES CROYANCES POLITIQUES COMMUNES

L'une des raisons circonstancielles qui éclaire l'importance de l'histoire dans l'œuvre de Hume est l'émergence d'une opinion commune « publique », d'une opinion susceptible d'influence, prétendue ou réelle peu importe, sur la stabilité des nouveaux établissements politiques. Ce problème de l'opinion, de sa nature et de ses effets, offre un point de vue pertinent à partir duquel saisir différents moments constitutifs de la pensée politique humienne.

La correction des effets de l'ignorance, une fois reliée au problème de l'opinion commune, engage une partie décisive dans la pratique politique : quels sont les moyens adéquats aux circonstances d'une époque pour agir contre certaines croyances – les superstitions religieuses par exemple – dont les effets peuvent être dangereux à partir du moment où, régulièrement partagées par le grand nombre, elles se constituent en de véritables opinions communes ? L'histoire n'est-elle pas, dès lors, à considérer comme l'un de ces savoirs intermédiaires autorisant la déconstruction efficace des autorités auxquelles s'adossent de telles opinions ?

Admettre cette proposition portant sur la fonction critique de l'histoire exige, au préalable, que l'on décrive et justifie précisément les rapports qu'entretient ce type de savoir avec le problème anthropologique et épistémologique de la croyance chez Hume. On montrera que c'est dans la mise au jour de cette fonction critique que l'on peut indiquer l'existence d'une articulation féconde entre philosophie et histoire.

On reprendra ce problème de l'opinion en tenant compte, cette fois-ci, d'une donnée contextuelle : la violence des confrontations politiques des opinions de groupes, des factions et des partis du vivant de Hume ; d'une donnée structurelle : l'inévitable clivage partisan en régime de gouvernement mixte. Si l'on admet que la politique, chez Hume, désigne aussi une activité de généralisation – des règles, des intérêts, etc. –, il faudra comprendre de quelle manière les opinions orientées, constituées et portées par les clivages partisans enveloppent des prétentions à la généralité pour ne pas dire à l'universalité qui, dans certaines circonstances, sont discutables. C'est dans l'identification de la nature et des usages de ces généralités, toujours soutenues par des partis ou des factions en conflit, que l'histoire peut encore révéler, chez Hume, toute sa puissance critique dans le domaine de la politique.

À partir de la présentation détaillée d'une controverse, on dégagera l'originalité de cette voie historienne chez Hume. En effet, pendant les années 1710-1750, se développe tout un discours sur la méthode visant à fixer les premiers jalons d'une discipline qu'on cherche à constituer en métier. Il est frappant de voir à quel point ce qui, jusque-là, n'était pas vraiment posé comme un problème – qu'est-ce que la neutralité ou l'impartialité de l'historien ? qu'est-ce qu'un « fait » ? comment peut-on en faire usage ? qu'est-ce que le style d'une narration historique ?, etc. – devient l'objet de nombreux développements chez les historiens ; devient l'occasion d'exprimer, parfois en un langage direct pour ne pas dire polémique, des différences sinon des désaccords. On a cherché à rendre compte de certaines dimensions de cette controverse à partir de contributions d'historiens qui ont eu, en leur temps, une importance non négligeable. Ce préalable était nécessaire pour restituer le contexte à partir duquel Hume tentait de se réapproprier, en les modifiant, les acquis de l'historiographie passée et contemporaine. On peut alors montrer que l'histoire, pour cet auteur, est le savoir qui autorise les déconstructions rigoureuses des généralisations en politique.

CHAPITRE PREMIER

AUTORITÉ DE LA CROYANCE ET OPINIONS COMMUNES

Supposer que l'histoire puisse jouer un rôle dans la réduction critique des effets de l'ignorance revient à lui donner une place tout à fait décisive dans le dispositif général des savoirs portant sur la nature de l'homme. Une place qui déborde largement le statut qui lui est habituellement conféré, sans pour autant la rabattre du côté de la philosophie. Une part de l'épistémologie humienne se construit autour de la qualification positive de la croyance comme fondement légitime à toute connaissance[1]. Ce faisant, une difficulté demeure qui permettra de comprendre pourquoi l'histoire, chez Hume, est susceptible de jouer un rôle de si grande importance.

La difficulté tient en ceci : concilier l'affirmation selon laquelle toute la connaissance établie n'aboutit jamais à autre chose qu'à des croyances fermes et stables et l'exigence d'une discrimination nécessaire entre types de croyance. C'est bien parce qu'il n'y a pas de différence de nature entre les croyances fondées d'un côté, celles qui sont erronées ou superstitieuses de l'autre, qu'un problème se pose.

Dans le domaine des connaissances, la relation de causalité est le type même de la croyance fondée; elle est portée par l'autorité de l'expérience. Si l'on commet des erreurs, fabrique des inventions inintelligibles ou des fictions inexactes, Hume reconnaît, cependant, qu'à la différence des croyances religieuses et des superstitions [TNH : 365], elles n'ont de conséquences que limitées au nombre restreint des érudits et des philosophes. Rien de semblable dans la vie commune. Les effets des croyances erronées y sont moins anodins; ils peuvent même s'y révéler désastreux et menacer jusqu'à l'existence politique des sociétés.

Dans le monde des actions humaines, de la morale et de la politique, le mouvement de correction ne joue plus de manière aussi certaine. Il ne concerne pas seulement les idées ou les concepts; il doit aussi porter sur ce

1. F. Brahami [2001 : 87 *sq.*].

qui influence les conduites, entre autres les représentations et les croyances communes. Alors, *quid* de l'effectivité des principes au moyen desquels discriminer les croyances? La réponse à cette question doit permettre d'éclairer une grande part des ambitions de la politique humienne et c'est ici que l'on retrouve le problème de l'histoire.

L'histoire n'est-elle pas un moyen de faire apparaître, du point de vue des croyances communes, la part d'erreur ou de fiction qui, souvent, encombre les opinions « vulgaires » ? Ne permet-elle pas l'explicitation des voies que ces dernières empruntent pour se constituer et se consolider? Ne rend-elle pas possible, par des narrations exhaustives, l'identification des effets dont elles ont été susceptibles sur les institutions comme sur les imaginations? Si la croyance est bien ce qu'il faut comprendre comme un *datum* à partir duquel élaborer la nouvelle connaissance de la nature humaine, il convient aussi de la saisir comme ce qui fait le point de départ des institutions et des inventions au moyen desquelles l'homme organise la vie en société.

Hume part d'une définition liée de la superstition et de l'enthousiasme dont les origines, essentiellement portées par des dynamiques passionnelles, véhiculent des contenus religieux[1]. D'un côté, le mépris de soi, lorsqu'il est relié à l'ignorance et alimenté par des craintes, conduit à la superstition qui se nourrit de médiations qui la cultivent et la développent : les prêtres et les rites, l'Église et ses institutions. De l'autre, la présomption, lorsqu'elle est liée à l'ignorance et entretenue par les délires de l'imagination, porte à l'enthousiasme qui rejette toute intercession et établit un rapport direct avec la figure de la divinité. Il existe une supériorité de l'enthousiasme sur la superstition : la première disqualifie les intermédiaires entre Dieu et les hommes et déplace l'objet du mépris du « soi » vers la forme des institutions[2]; l'enthousiasme favorise, par conséquent, les libertés civiles. Cependant, tout comme la superstition, il traduit une pathologie de la croyance, un état où prévalent des excès dans l'intensité des forces d'affection de l'imagination.

À considérer les « manières de sentir »[3], c'est-à-dire la force et la vivacité des idées et des représentations que l'enthousiasme et la superstition nourrissent, il n'y a pas de raison de faire de distinction : la croyance y détruit sa positivité, à savoir l'autorité de l'expérience et la force des liaisons coutumières par le moyen desquels elle stabilise les relations

1. Sur la mise en rapport des problèmes de la superstition et du fanatisme religieux au siècle des Lumières, J. Pocock [1999-II : 97 *sq.* ; 102 *sq.*].

2. ET-I : 135; 136.

3. C'est à partir d'elle que Hume distingue la mémoire de l'imagination [TNH : 159]. Pour la différence entre idée et « idée fictive », TNH : 173.

que les hommes établissent avec la « réalité » [TNH : 185-186]. Dans la superstition, tout comme dans l'enthousiasme, ce qui finit par disparaître concerne justement l'autorité du témoignage, l'autorité de l'expérience : la croyance se dégrade alors en crédulité, en fiction.

La question de la pathologie de la croyance peut se poser dans les termes suivants : qu'est-ce qui ruine l'autorité de l'expérience et donne à des idées ou à des systèmes d'idées plus de force et de vivacité que n'en concède le témoignage des sens ou de la mémoire ? Si cette pathologie, comme on l'appelle ici, peut intéresser la question de l'histoire, ce n'est certes pas pour ce qui la détermine dans ses incidences psychologiques[1] et la manifeste isolément comme « folie » ou comme « délire » [TNH : 202] ; c'est bien plutôt comme manifestation d'attitudes ou de conduites collectives communes, régulières, normales. C'est en cela que l'enthousiasme et la superstition sont à envisager comme des problèmes politiques et non pas, seulement, comme des contenus de croyance à partir desquels fixer les limites du domaine de validité épistémologique d'une connaissance de la nature humaine.

La question revient à indiquer ce qui peut produire les conditions d'une ruine de l'autorité des expériences à partir desquelles sont stabilisées et affermies les croyances dans le domaine des inférences ordinaires, des opinions et des jugements permettant la vie en commun. Lutter contre la remise en cause de telles autorités est, par conséquent, une tâche politique qui enveloppe, de part en part, l'exigence morale d'une réduction des effets de l'ignorance.

Il s'agira, d'abord, de qualifier les rapports qu'entretiennent les croyances fondées et infondées et de désigner le problème que soulève, dans le domaine des opinions communes, la critique humienne du dualisme de la représentation. Il faudra, ensuite, voir comment et à quelles conditions la « réalité extérieure » détermine le jeu ordinaire et régulier des discriminations nécessaires entre ces croyances. On pourra, enfin, tenter de comprendre comment la perte d'influence de l'autorité des témoignages sur les opinions communes peut être posée en des termes historiques ou, ce qui revient au même, comment l'histoire, en tant que savoir des faits particuliers, peut participer de la réhabilitation de certaines autorités communes utiles à la consolidation des opinions populaires fondées. On aura, dès lors, vérifié l'existence d'une articulation décisive qui enveloppe l'histoire comme savoir dans le problème épistémologique plus général des moyens de discrimination entre croyances. Autre manière de dire que

1. Sur la pathologie individuelle de la folie et la déréalisation du monde perçu, TNH : 202.

l'histoire ne pourra plus, désormais, être considérée seulement comme un savoir descriptif.

La critique des croyances politiques infondées
Énoncé du problème

Il faut partir des définitions humiennes de la croyance pour poser le problème ; il sera alors possible de discuter la valeur opératoire de l'« intensité » comme facteur de discrimination entre les croyances ; on dira, enfin, pourquoi la critique du dualisme de la représentation doit être relativisée quand elle s'applique à l'univers des croyances et des opinions communes.

Croyances et représentations : le versant épistémologique de la question

Au terme de la section 14 [TNH, I-III] portant sur « les probabilités non philosophiques » et concluant le très long excursus qui précède le retour à l'étude de « l'idée de connexion nécessaire », Hume affirme qu'« il apparaît en définitive que les opinions et jugements de tout genre, qui ne vont pas jusqu'à la connaissance, proviennent entièrement de la force et de la vivacité de la perception et que ces qualités constituent dans l'esprit ce que nous appelons la *croyance* en l'existence de l'objet » [TNH : 238].

La croyance est portée par une force et une intensité (la vivacité). Si la différence entre conception et croyance réside dans la « manière » de concevoir [TNH : 169-170] et si la seule manière de faire varier une idée d'un objet est encore d'en modifier la force et la vivacité, alors la croyance « peut seulement accorder à nos idées une force et une vivacité additionnelles. » Dès lors, « une opinion ou une croyance peut être très précisément définie *une idée vive unie ou associée à une impression présente* » [TNH : 171].

Le problème de la croyance est, en partie du moins, celui de la vivacité de l'idée associée à une impression actuelle. En partie seulement, car il existe certaines croyances pour lesquelles le problème de leur constitution, de leur existence et de leurs effets ne peut pas se justifier exclusivement par un niveau élevé de force ou d'intensité. Il est des idées auxquelles on croit en raison de la stabilité et de la force des associations qui les unissent aux impressions présentes correspondantes, et que Hume n'hésite pas, pourtant, à dénoncer comme autant de fausses croyances, engendrées par la crédulité ou des superstitions. La question se pose alors de savoir quelles croyances sont concernées. Si la discrimination par les intensités permet, sans aucun doute, de démarquer la conception et la croyance en raison de la faiblesse des intensités affectives que véhicule la première, il n'est pas sûr que la réciproque soit vraie et que toutes les idées vives reliées à des impressions présentes correspondent toujours à des croyances fondées.

Tout repose donc sur les déterminations circonstancielles et sur les opérations de l'imagination qui réagit aux variations d'intensité. Dans la section 4 de cette même partie, Hume, s'interrogeant sur ce qui, dans l'expérience, permet d'engendrer l'opinion suivant laquelle une cause peut être nécessaire, prend pour premier exemple, et ce n'est pas un hasard, le problème du témoignage historique : sur quoi repose son autorité ? Quelles sont les « raisons » pourquoi « nous y croyons ou nous le rejetons » ? : « Ainsi nous croyons que César fut tué au Sénat aux ides de mars, parce que ce fait est établi par le témoignage unanime d'historiens qui s'accordent à assigner à cet événement ce moment et ce lieu précis » [TNH : 156]. Ce qui fait ici l'autorité du témoignage relève de déterminations différentes. D'une part, il y a une condition. La série des inférences, qui conduit l'imagination du présent de son affection aux affections originelles des premiers observateurs, consiste en une régression qui doit cesser et venir trouver son terme dans une impression de la mémoire ou des sens : « l'extrémité de la chaîne (des inférences) ne serait rattachée à rien qui puisse soutenir l'ensemble; par suite il n'y aurait ni croyance ni évidence » [TNH : 157]. D'autre part, il y a ce qui constitue l'objet de l'impression de la mémoire ou des sens. Le fait est « établi » et cet établissement, dans le cas présent, consiste en une assignation concordante, en une désignation qui participe également de l'autorité de l'objet considéré, c'est-à-dire de la force de l'impression par quoi la mémoire acquiert une « autorité » par rapport à d'autres productions possibles de l'imagination : « tout ce qui est présent à notre mémoire (...) doit devenir d'une importance considérable pour toutes les opérations de l'esprit et doit se distinguer aisément des fictions pures de l'imagination en les dominant » [TNH : 185][1] de son autorité[2], pourrait-on ajouter.

Le prototype du « fait »[3], dont l'autorité s'impose en tant que « croyance en l'existence de l'objet », suppose un point limite, un au-delà de l'inférence dont l'objectivité, le caractère d'objet, n'est posé ou préservé

1. « whatever is present to the memory, striking upon the mind with a vivacity, which resembles an immediate impression, must become of considerable moment in all the operations of the mind... », THN : 107-108. Le choix d'une telle formulation, pour autant qu'elle indique une probabilité forte, n'équivaut pas à une certitude et laisse ouverte la possibilité d'un état de l'imagination où la distinction entre fictions et autres activités de l'esprit perd son caractère d'évidence.

2. « sans l'autorité de la mémoire ou des sens, tout notre raisonnement serait chimérique et sans fondement », TNH : 157.

3. Sur le statut de l'extériorité chez Hume, F. Brahami [2001 : 188-190; 201-204]; *infra*, p. 53 *sq*.

que par l'existence d'un accord, d'une convergence originelle des observations. Ce qui fait autorité dans l'imagination, pour le point d'histoire ici analysé par Hume, et grâce à quoi est maintenue la discrimination nécessaire entre « réalité » et « chimères », relève d'une communauté d'expériences primitives et d'un accord produit par cette communauté. Cette communauté d'expériences semblables ne signifie pas autre chose, ici, qu'une analogie forte entre les expériences individuelles des témoins présents lors de l'événement et, par contiguïtés successives [1], celles des narrateurs qui ont été en contact avec les témoins, etc. La communauté désigne donc ce qui se substitue au principe même de répétition par lequel, on y reviendra, se renforce l'intensité de l'idée associée à l'impression présente et par quoi se fonde l'autorité de la croyance. Ici, point de répétition au moyen de laquelle l'association ou la relation gagne en intensité et renforce la solidité de la croyance, la liaison devenue coutumière; ce qui vaut répétition est une forme de ressemblance entre les impressions liées à une expérience unique partagée par un ensemble et qui a pour effet cette assignation convergente, laquelle consacre – du moins en partie – l'autorité du fait auquel on croit. Dans ces conditions, et pour ce type de cas particulier, le fait historique, il paraît possible de différencier avec évidence les croyances fondées et infondées.

L'invocation de l'autorité du témoignage, des sens ou de la mémoire, ne résout pourtant pas à elle seule la difficile question des objets de la croyance et, pour tout dire, de la séparation nécessaire entre « réalité » et « chimères » même si, par principe et par méthode, l'empiriste conséquent qu'est Hume renonce à tout autre point de départ que celui de la distinction interne à l'esprit entre perceptions et idées [2]. Car il faut que la régression cesse puisque la connexion des inférences doit s'adosser à autre chose qu'elles-mêmes; que ce qui donne force et autorité à tout ce qui affecte l'imagination et la conduit à croire en l'existence d'objets, ne soit pas un extérieur dogmatiquement posé par la raison qui décrète. Cet extérieur, au contraire, doit

1. Hume dit encore [EEH : 108-109] : « Nous apprenons par l'histoire les événements des siècles précédents; mais alors il nous faut lire les ouvrages où sont contenus ces enseignements et de là, reporter nos inférences, de témoignage en témoignage, jusqu'au moment où nous arrivons aux témoins occulaires… ».

2. Hume rompt avec la position lockéenne de l'empirisme dogmatique qui suppose encore que la perception d'un conjonction constante de qualités sensibles, dans la fiction de la substance, par exemple, renvoie, *in fine*, à une cohérence objective de la chose. Cette position reconduit le dualisme de la chose et de sa représentation. Hume affirme, plus radicalement, que « beaucoup de nos impressions n'ont pas de modèle extérieur, ni d'archétype », TNH, I, IV-4 : 317; il montre que la perception d'une telle conjonction n'est jamais que le résultat d'une tendance naturelle de l'esprit à prolonger et renforcer dans l'idée d'union, un ensemble de perceptions.

être empiriquement appréhendé par l'expérience et les liaisons coutumières[1]. Si « en déplaçant le concept de représentation à l'intérieur de l'esprit (...) [Hume] substitue à une interrogation ontologique portant sur la qualité de la perception une approche strictement psychologique mettant en jeu la catégorie de la quantité »[2], il reste à comprendre comment ce déplacement, justifié par la critique du dualisme de la représentation, permet de résoudre, non pas tant du point de vue des conditions épistémologiques d'une connaissance scientifique de la nature humaine, que du point de vue des conditions normales, régulières et naturelles des usages de l'esprit commun, le problème de la distinction entre chimères et croyances fondées.

La difficulté posée par les rapports entre les différentes croyances n'est pas propre au monde de la connaissance pour lequel elle paraît tenir dans le problème principal des variations d'intensité ; elle se trouve d'abord manifestée, dans ses effets, dans le monde moral et politique des conduites humaines pour lequel les discriminations ne paraissent pas devoir opérer à partir de ces seules variations. S'il se trouve que, pour la connaissance *stricto sensu*, il existe un mode particulier de résolution de la différence entre croyances qui se fonde sur l'expérience en tant qu'elle autorise la répétition, on se demandera comment cela peut valoir pour des objets qui concernent la vie commune, telles les opinions et les croyances populaires ; autant de croyances politiques, parce que communes, pour lesquelles les modes d'expérimentation contribuant à produire leur légitimité ne peuvent pas se fonder exclusivement, ni même essentiellement, sur la répétition.

Sur le plan épistémologique, la possibilité d'une connaissance positive fondée sur l'expérience est liée à la critique humienne de la représentation de laquelle il résulte que le seul critère efficace de discrimination entre croyances porte sur les degrés d'intensité des affections qui leur sont liées. Sur le plan de la vie commune, cette critique de la représentation permet-elle de produire des effets aussi clairs ? Peut-on garantir qu'à aucun moment ne se pose le problème des « qualités » des impressions ? Il importe de développer cette difficulté de la philosophie humienne. L'histoire comme moyen de reconstruction critique de certaines croyances communes va y trouver sa justification la plus forte.

L'intensité comme critère de discrimination entre les croyances

À propos de la qualification de la croyance, Hume [TNH : 158 *sq.*] reprend le problème de la distinction entre mémoire et imagination pour conclure que ce qui les différencie porte finalement sur la manière « dont

1. « ce n'est pas la raison qui le détermine ; ce sont certains principes qui associent les unes aux autres les idées de ces objets et qui les unissent dans l'imagination », TNH : 166.

2. F. Brahami [2001 : 194].

elles sentent les idées qu'elles présentent» [TNH: 159], cette manière jouant sur la force et la vivacité des idées. La formulation est claire et restrictive: «il apparaît que la croyance ou l'assentiment qui accompagnent toujours la mémoire et les sens, n'est rien que ['nothing but'] la vivacité des perceptions qu'ils présentent; et que c'est cette vivacité seule ['that this alone'] qui les distingue de l'imagination» [TNH: 160; THN: 86]. Le critère général de la discrimination, ainsi posé, repose exclusivement sur la force et l'intensité. Croire, c'est donc «sentir» immédiatement une impression, c'est aussi sentir «la répétition de cette impression dans la mémoire» [TNH: 161]. Celle-ci est tributaire de circonstances particulières qui «touchent» la mémoire et la portent alors à distinguer ce qu'elle considérait jusque-là comme de pures fictions imaginatives. Ainsi en est-il de cet ami à qui l'on raconte un souvenir commun qu'il ne parvient pas à se rappeler jusqu'à ce que, parmi tous les détails qui lui sont restitués, une circonstance particulière «touche» la mémoire; alors «les mêmes idées exactement apparaissent sous un nouveau jour et elles sont en quelque sorte senties différemment» [TNH: 159]. Quelle est la nature particulière de cette circonstance qui provoque la transformation de ce qui, jusque-là, était ressenti comme fiction ou idée et se trouve, désormais, posé comme une idée à laquelle on croit fermement? Certes, cela ne porte pas sur l'idée elle-même[1], sur son contenu ni sur ce qu'elle pourrait «représenter». Une telle indifférence au contenu va d'ailleurs jusqu'à neutraliser la différence entre mémoire et imagination, du moins jusqu'à invalider le critère de sa distinction par les contenus d'idées: «l'imagination peut représenter tous les mêmes objets que la mémoire peut nous offrir» [TNH: 159]. Si ce ne sont pas les contenus d'idées qui sont susceptibles de produire la démarcation, ce ne peut être que les forces et les intensités et tous les développements proposés par Hume sur l'explicitation de cette «manière» d'être affecté conduisent à cette conclusion.

Reprenant dans la section suivante [I, III-6] le problème de la croyance en l'existence d'un objet, Hume affirme que «c'est donc par expérience seulement» que nous pouvons inférer une telle existence. En quoi consiste une telle expérience? «Nous nous souvenons d'avoir eu des exemples fréquents d'existence d'objets d'une espèce donnée...» [TNH: 161]. Ce qui porte à la variation des intensités repose sur la répétition d'une liaison ressemblante, ici la causalité, qui permet, en l'absence de l'un des termes de la relation, d'inférer l'existence de l'autre avec une force telle que l'on croit effectivement à son existence. L'importance de ce critère de la répétition, qui n'est jamais que la ressemblance rendue opératoire, permettra à Hume de redéfinir implicitement la frontière entre mémoire et imagination

1. «sans aucune autre modification que dans la manière dont on les sent», TNH: 159.

puisque dans le moment de l'expérience le souvenir à partir duquel le travail de l'inférence s'effectue, porte aussi, et peut-être surtout, sur l'« ordre régulier de contiguïté et de succession » entre ces deux séries d'objets [TNH: 161]. Ce qui distinguera la mémoire de l'imagination portera sur la conservation de l'ordre et de la régularité des consécutions d'objets dont on a fait l'expérience.

L'expérimentation, ainsi entendue, est avant tout ce qui, par le moyen de la répétition, garantit un niveau suffisant d'intensité des affections pour que l'idée corrélative y soit posée comme celle d'un objet stable de croyance. C'est le cas de l'association entre la flamme et la chaleur, la neige et le froid, l'eau et la suffocation[1]. L'expérience permet au moyen de la ressemblance entre séquences d'objets plusieurs fois répétées d'augmenter les intensités qui renforcent l'esprit dans sa tendance naturelle à inférer des existences[2]. On parle d'une connaissance expérimentale de ces « faits » toujours fondés sur des relations de cause à effet[3]. Celle-ci concerne « toutes les lois de la nature et toutes les opérations des corps sans exception » [EEH : 88]. Il n'est pas utile de suivre les raisonnements portant sur les degrés de l'évidence (la connaissance et la probabilité) à partir desquels se constituent de telles croyances. Importe plus la qualification générale de la nature des objets dont on peut ainsi acquérir la connaissance, et dont la répétition des expériences de liaison, ou le rappel des expériences passées[4], permettent seuls de poser une discrimination efficace et stable, au degré de probabilité près, entre existences réelles et fictions[5], entre connaissances validées et inventions arbitraires.

1. Pour laquelle il n'est pas même nécessaire de reproduire une première expérience. À ceci près toutefois que le substitut commun à l'expérience est, dans ce cas précis, fourni par la coutume : « L'idée d'immersion est si étroitement unie à celle de l'eau et l'idée d'asphyxie à celle d'immersion que l'esprit opère la transition sans l'aide de la mémoire. La coutume agit avant que nous ayons eu le temps de la réflexion », TNH : 181. Autre formulation plus explicite en EEH, 4-1 : 87.

2. La question que résoudra Hume étant de savoir « si nous sommes déterminés par le raisonnement à faire cette transition ou par une certaine association ou relation de perceptions. » TNH : 163.

3. EEH : 86; plus loin : « les causes et les effets peuvent se découvrir non par la raison, mais par l'expérience », EEH : 87.

4. Hume parle de « consulter » l'expérience passée. Ce qui rend la connaissance des faits « arbitraires » est justement le fait de ne pas consulter une telle expérience : « la première imagination ou invention d'un effet particulier est, dans toutes les opérations naturelles, arbitraires si nous ne consultons pas l'expérience », EEH : 89.

5. « Je dis alors que la croyance n'est rien qu'une conception d'un objet plus vive, plus vivante, plus forte, plus ferme, plus stable que celle que l'imagination seule est jamais capable d'obtenir », EEH : 112.

Il ne s'agit pas, en rappelant cette distinction entre domaines de la connaissance, de reconstruire, à partir d'une genèse de l'entendement[1], la manière dont Hume réfléchit les conditions d'application de la méthode expérimentale de la physique newtonienne dans la philosophie morale[2]. Il s'agit seulement de recentrer la question que l'on pose sur l'une des déterminations de l'expérience qui, pour ce qui est des croyances et des manières de les discriminer, est importante : la répétition. Il y a d'un côté les mathématiques, la philosophie naturelle et la religion naturelle qui ne sont liées, d'ailleurs, à la science de l'homme qu'en tant qu'elles dépendent de l'entendement de celui-ci ; il y a, d'un autre côté, la logique, la morale, la critique et la politique, pour reprendre les termes de l'« Introduction » au *Traité*, qui sont d'une utilité évidente pour l'entendement, la correction de notre sens moral, du goût et l'amélioration de la vie en société. « Les premières, disposant d'une méthode sûre, rationnelle ou expérimentale, n'ont guère besoin, dans leur activité de connaissance, de la philosophie » ; quant aux secondes, elles « sont éclairé(e)s par des croyances ou des sentiments primitifs universels, qui permettent au vulgaire d'agir et de s'orienter dans les affaires de la vie tout aussi sûrement que le philosophe[3]. » Pour les premières, le fondement expérimental de la connaissance repose sur la possibilité d'une réduction essentielle : les phénomènes qui en constituent l'objet sont réductibles par quantification, laquelle permet de construire des généralisations et surtout, grâce à des instruments, d'isoler, de mesurer et, finalement, de répéter les expériences en les faisant varier[4]. Ainsi, pour certains de ces raisonnements qui seuls « concernent les questions de faits et d'existence » [EEH : 94 *sq.*][5], l'une des relations sur laquelle se fondent épistémologiquement les arguments qu'ils développent, est la « ressemblance » [EEH : 95]. On peut même dire que la ressemblance y est requise comme condition au moyen de laquelle l'esprit se trouve toujours plus fortement porté, par tendance[6], à inférer l'existence de l'objet.

1. « Hume ne raisonne pas en termes de constitution, mais de genèse et la genèse est l'envers de la constitution, étant la production de l'entendement, dans l'espace de la nature humaine, c'est-à-dire de l'imagination », M. Malherbe [1992 : 132].

2. L'une des perspectives de l'étude de la causalité et de ses réquisits à propos de l'expérience comme exercice de la « réduction », M. Malherbe [1992 : 55-56 ; 58-59 ; 62-63].

3. M. Malherbe [1992 : 61].

4. En n'omettant pas ceci, qui est décisif, que l'expérience qui détermine l'avancée de la connaissance n'est pas confondue avec l'évidence de l'intuition sensible et que, d'une certaine manière, elle se construit contre elle ; M. Malherbe [1992 : 52-55].

5. Voir TNH : 142 *sq.* Il ne s'agit pas de revenir sur les emprunts de Hume au modèle newtonien ; voir M. Malherbe [1992 : 33-35 ; 43-48].

6. Sur la détermination de l'esprit à l'inférence comme impression de réflexion, comme impression d'une relation et comme tendance, M. Malherbe [1992 : 131 *sq.*].

La ressemblance n'ajoute rien à l'objet ou à la relation, sinon « pourquoi tirons-nous de mille cas une inférence que nous sommes incapables de tirer d'un seul cas, qui ne diffère à aucun égard des précédents ? » [EEH : 106][1]. La ressemblance entre les expériences n'agit donc pas sur l'objet ni sur la relation, elle porte seulement l'esprit à inférer. Cela est un effet de l'accoutumance, « le plus grand guide de la vie humaine » [EEH : 107], et non pas du raisonnement. Ce qui importe ici tient au principe de répétition qui, en raison de la ressemblance entre ce qui est répété, augmente la force au moyen de laquelle l'esprit passe d'un terme à l'autre.

L'effet de la ressemblance, par le jeu des répétitions expérimentales, réside donc, en partie du moins, dans cette augmentation des intensités de la force qui conduit l'esprit à croire ce qui n'est pas porté par l'affection présente mais qui lui est corrélativement relié : l'idée. Et la force est d'autant plus grande et vive que l'accoutumance y est solidement instituée : « l'esprit est porté par accoutumance à attendre la chaleur ou le froid, et à croire qu'une telle qualité existe réellement et se découvrira si on s'approche davantage » (de la flamme ou de la neige) [EEH : 109]. Plus généralement, c'est de la conjonction coutumière que procède la croyance. C'est la raison pour laquelle la répétition, sans laquelle la ressemblance ne produit pas ses effets, est au cœur du problème de la croyance.

Ainsi, la philosophie naturelle, par exemple, a vocation à connaître un monde de phénomènes parce qu'elle renonce positivement à interroger la nature vraie et réelle des choses ; elle substitue « le quantitatif au qualitatif » et, plus encore, elle remplace « les choses par des rapports de causalité »[2]. La connaissance par établissement de relations causales n'a de pertinence, eu égard aux principes de l'esprit humain, que parce qu'elle relie des phénomènes. Il y a, sans aucun doute, ici, l'une des manifestations les plus fortes de ce réductionnisme expérimental de la connaissance qui tire tout le parti possible de ce renoncement sceptique à l'impossible identification des pouvoirs véritables par lesquels les causes produisent leurs effets. Substitution (du qualitatif au quantitatif) et réduction (de la chose au phénomène) qui permettent également de porter très efficacement la critique des évidences du sens commun, même savantes, lesquelles ont toujours tendance à substantialiser le monde et à reconduire la vision métaphysique

1. « Toutes les inférences tirées de l'expérience sont donc des effets de l'accoutumance et non des effets du raisonnement », EEH : 106. Formulation reprise du *Traité* : « La simple répétition d'une impression passée, même à l'infini, n'engendrera jamais une nouvelle idée originale, comme celle de connexion nécessaire », TNH : 163.

2. M. Malherbe [1992 : 43].

d'un arrière-monde des existants, des êtres et des choses que l'on ne fait que percevoir et se représenter[1].

Pour ce domaine d'objets de la connaissance, la question des contenus n'est donc pas directement posée; ce n'est pas utile. Par le jeu de la répétition, ce qui est pertinent pour fonder la solidité de la croyance en l'existence – la relation de causalité – relève des variations de quantité d'intensité. Alors, de nombreuses difficultés liées au problème classique du dualisme de la représentation sont ici tout simplement évacuées. La croyance, comme fondement positif de la connaissance expérimentale, relève de ce qu'on a pu appeler une « psychologie » des intensités et non pas d'une « ontologie » des qualités des perceptions. Le critère exclusif de discrimination entre croyances et conceptions, dans ce domaine, est celui de la quantité d'intensité, de la vivacité.

La question est pourtant de savoir si un tel critère vaut tout autant pour d'autres connaissances fondées sur des croyances dont les objets ne relèvent pas de ces « lois de la nature », de « ces opérations des corps » [EEH : 88]. Comment une telle connaissance, fondée sur l'expérience et les effets de la répétition sur l'esprit, peut-elle valoir comme principe de discrimination lorsqu'il s'agit, dans l'espace de la vie commune, dans l'histoire des sociétés civiles et politiques, de faire le départ entre le vrai et le faux, entre la croyance erronée et la croyance fondée? Car s'il faut convenir que les connaissances que l'on peut avoir dans le domaine de la morale, de la critique et de la politique, sont portées par des croyances qui permettent d'agir et d'être dans les affaires de la vie sans qu'il soit nécessaire de recourir à une philosophie critique empiriste[2]; si, en ce cas, le travail critique de la raison peut être utile sans être nécessaire, il reste que ces croyances sur lesquelles ces connaissances reposent, doivent être fondées et stables. Elles doivent être clairement démarquées de ce qui appartient au monde des conceptions pures, des chimères et des superstitions. On retrouve donc, et il n'y a rien de surprenant à cela, le problème des critères à l'aune desquels effectuer de telles discriminations[3].

On peut en effet se demander dans quelle mesure une telle validation par les variations d'intensité peut s'exercer positivement lorsque les

1. « L'immédiatement intuitif appelle les formes substantielles »; « Au contraire pour la science nouvelle qui mesure et analyse, il n'y a que du superficiel et du manifeste », M. Malherbe [1992 : 56-57].

2. « La nature est toujours trop puissante pour les principes » dit Hume à propos de la critique du scepticisme outré, EEH : 242.

3. Il ne s'agit pas de revenir ici sur la qualification de ce qui a pu être appelé « l'expérience perceptive » [M. Malherbe, 1992 : 54] à partir de laquelle peut se comprendre la spécificité de l'atomisme humien [1992 : 55 *sq.*]. Cet atomisme se trouve épistémologiquement fondé en ce qu'il rend possible, pour ce qui est des perceptions, la réduction du qualitatif au quantitatif.

croyances dont il s'agit contiennent une dimension commune, populaire, sociale ? Une dimension de laquelle elles tirent, d'ailleurs, une part importante de leur force et de leur stabilité. Ces dernières ne paraissent pas devoir grand chose à la répétition. Dans le cas des superstitions religieuses, on peut jouer par le biais d'institutions et de rites sur ces variations d'intensité ; on peut donner un caractère plus concret au « contenu » de ces croyances par des formes d'incarnation et de symbolisation (le corps du Christ, les reliques, etc.) qui raccourcissent la distance entre impressions et idées. Par tout ces artifices, on cherche à augmenter l'intensité des impressions présentes, et donc la force des idées corrélatives. Que de tels mécanismes puissent être si efficaces dans leurs effets, alors que les croyances concernées sont parfaitement discutables, indique, en l'occurrence, que le critère des intensités est partiellement inadéquat.

On retrouve donc ces croyances dont Hume reconnaît la force et la vivacité tout en les dénonçant comme fausses. Ce qui leur donne une telle force est indépendant de toute répétition et du problème de la ressemblance. Ce qui nourrit les superstitions religieuses, par exemple, relève de dynamiques particulières propres à des passions qui ne nécessitent pas, pour produire leurs effets, de recourir à la réitération de séquences de relations entre objets. Si de telles concaténations passionnelles peuvent produire des effets analogues[1], et elles le font par l'intensité des affections qu'elles mobilisent, alors l'étude des critères de discrimination entre croyances doit conduire au-delà de l'intensité. Dans tous ces cas, la réduction phénoménale du qualitatif au quantitatif n'est pas satisfaisante.

La question est d'autant plus importante qu'elle suppose, également, une interrogation portant sur les voies d'une transformation pratique de ce qui est envisagé comme erroné et susceptible de nuire à la stabilité politique d'une société et aux conditions communes de la coexistence. Le plus souvent, ces croyances communes résistent au travail rationnel de la critique. En dépit de tels efforts, elles perdurent, et ce qui les atténue ressortit à autre chose que l'acuité de la critique. Pourtant, l'exigence de discrimination entre les croyances demeure incontournable. En raison de la singularité de leurs objets, de la force et de la vivacité avérées des fausses croyances communes dont les superstitions religieuses fournissent le paradigme chez Hume, il ne peut pas être répondu à cette question de la même manière que pour les objets de la connaissance expérimentale. Tel est l'enjeu autour duquel se noue, une fois encore et de manière différente, le recours possible à l'histoire comme l'une des modalités du travail critique et *a posteriori* portant sur les croyances communes.

1. « de même les passions, à leur tour, favorisent grandement la croyance », TNH : 198.

Mais il y a encore autre chose qui porte plus particulièrement sur la nature du savoir des « faits » historiques et qui remet en cause l'unicité du critère retenu pour différencier les croyances entre elles. Des faits dont on peut affirmer qu'ils sont des objets irréductibles à ceux qui forment la matière des connaissances expérimentales. L'une des différences que Hume revendique à propos de l'histoire pourrait trouver ici sa raison d'être : le mode d'expérimentation à partir duquel éprouver la réalité de ces faits auxquels on croit n'est pas redevable de la répétition puisque, par principe, ce qui fournit l'essentiel du matériau de l'histoire est composé d'objets ou de relations non reproductibles, singuliers; en un mot, d'événements et de circonstances toujours particuliers.

La question devient alors celle de savoir s'il est légitime d'assimiler, sur le plan épistémologique des méthodes de discrimination entre croyances, le « fait » et l'« événement ». Parce que l'histoire a également pour vocation d'élaborer un savoir qui porte sur des actions et des conduites humaines toujours liées à des circonstances singulières, de rendre compte d'événements qui, par définition, surviennent de manière inattendue, on peut affirmer que la singularité des faits qui relèvent d'un savoir de type historique impose le recours à d'autres types d'opération par le moyen desquels faire la part entre ce que l'on peut croire de manière certaine (cette certitude étant également graduée par la probabilité et pouvant aller jusqu'à la preuve) et ce qu'il convient de disqualifier comme fictions et inventions infondées relevant des œuvres d'une imagination non contrôlée.

D'un côté, il y a la répétition, ou ce qui en tient lieu, et la liaison coutumière qui permettent à l'expérience de constituer, par ressemblance, la pertinence, c'est-à-dire la force[1] et la solidité, des relations; elles se traduisent régulièrement dans un « sentiment » de croyance[2] positif et stable. De l'autre côté, il y a l'événement et le fait dont on doit éprouver l'existence et qui supposent un autre mode d'expérimentation, exigent d'autres critères à partir desquels garantir leur « réalité ». À ces types d'objets dont le savoir importe, le plus souvent, pour des raisons qui tiennent aux conditions de la vie en commun, la solution épistémologique, proposée par Hume au problème classique du dualisme de la représentation, ne paraît pas applicable.

1. « tout raisonnement probable n'est rien qu'une espèce de sensation », TNH : 180.

2. Quoique posé dans le *Traité*, à propos du problème de terminologie soulevé par le mot même de croyance, celui-ci est encore évoqué avec insistance dans l'EEH : la croyance est bien un « sentiment » qu'il s'agit de définir : « Si nous tentions de définir ce sentiment, nous trouverions peut-être que c'est une tâche très difficile… »; « Il peut pourtant convenir de tenter une description de ce sentiment », EEH : 111.

Le dualisme de la représentation dans le monde de la vie commune

La solution, épistémologiquement satisfaisante et anthropologiquement fondée[1], au problème du dualisme de la représentation, c'est-à-dire le passage d'une ontologie de la qualité de la perception vers une psychologie des intensités, ne peut pas résoudre à elle seule le problème de la discrimination entre croyances.

À propos de la réalité du monde extérieur, cette critique humienne de la représentation permet, cependant, de déplacer la question : elle n'est plus tant de savoir ce qu'est le monde extérieur que de comprendre pourquoi et comment l'homme vient à en présupposer l'existence. C'est, également, dans une anthropologie positive que Hume en donne les raisons : l'homme invente des fictions utiles comme autant de solutions de compromis compatibles avec les tendances naturelles de son imagination[2]. Mais si le renoncement à l'ontologie d'un monde substantialisé, bénéfice de la critique humienne de la représentation, permet de déplacer la question de la nature de ce monde vers celle des causes de sa présupposition et donc de sa construction par l'imagination, il n'en reste pas moins que ce monde-là, ainsi objectivé, et dont la solidité est largement soutenue par une série d'expériences, de préjugés, et par des opinions rattachées au domaine des croyances[3] communes, est le plus régulièrement et le plus naturellement posé comme une existence distincte et continue[4] ; qu'à ce titre, il détermine des conduites et nourrit des représentations religieuses, morales et

1. F. Brahami [2001 : 195].

2. Il suffit de rappeler comment la nature humaine choisit entre des tendances contradictoires qui, se présentant à l'imagination, la forcent à inventer des fictions ou véritables solutions de compromis au moyen desquelles les « perplexités », les malaises ou les tensions qui font obstacle aux transitions aisées des impressions ainsi qu'à leurs conversions en terme d'intensité, sont surmontées et, pour ainsi dire, supprimées. Ainsi en est-il, par exemple, de la contradiction entre discontinuité des images d'un corps et attribution d'une identité : « La perplexité qui naît de cette contradiction produit une propension à unir ces apparences détachées par la fiction d'une existence continue », TNH : 294. La solution de compromis, les fictions de l'imagination dans ce cas précis, étant alors, par « tout ce qui favorise nos tendances naturelles, soit en aidant à leur satisfaction extérieure, soit en renforçant leurs mouvements intérieurs » ce qui donne « un plaisir sensible » [*ibid.*] ; elle est encore, pour citer Hume, ce qui permettra à l'esprit de chercher « naturellement à alléger ce malaise » issu des termes mêmes de la contradiction de tendances. On pourrait conduire le même raisonnement pour les autres fictions constitutives, toutes issues de solutions de compromis, qui portent sur les idées de substance, de moi, et donc de l'extériorité du monde.

3. Dans la présentation du système de déconstruction à partir duquel Hume montre comment se forme le préjugé favorable à l'existence distincte et continue des objets des sens, il convient de ne pas oublier la dernière étape qui lui confère le statut d'une croyance véritable susceptible de produire tous ses effets : « *Quatrièmement* enfin, expliquer la force et la vivacité de conception qui naît de cette tendance » TNH : 288.

4. Sur les impressions de figure, de masse, de mouvement et de solidité des corps, TNH : 280.

politiques. De plus, l'étroitesse de la communauté des savants philosophes pour qui l'usage adéquat de l'entendement permettrait de juger du caractère fictif de cette existence ne doit pas faire oublier l'homme du commun pour qui de tels usages sont, sinon inexistants, du moins discontinus [TNH: 293][1]. Aussi la tâche ne peut-elle pas se limiter au compte rendu des raisons qui fondent le caractère naturellement erroné de nos opinions portant sur l'existence d'un monde extérieur, entreprise en partie réalisée dans le Premier Livre du *Traité*[2]. Il importe également de repérer – s'ils existent – quels critères il serait possible empiriquement, pour le plus grand nombre et non pas seulement pour l'élite cultivée de savants-philosophes, de mettre en œuvre pour opérer de telles discriminations nécessaires.

Dès lors, la question de la représentation se pose avec une acuité toute particulière : elle n'est plus à comprendre comme question épistémologique; elle devient, également et peut-être surtout, une question politique. Il convient ici de préciser ce qu'un tel déplacement peut signifier sur le plan plus général de l'« utilité » de la philosophie pour la vie commune, et de revenir un instant sur cette absence de liaison entre les exigences de la raison critique d'un côté, et, de l'autre côté, son inefficience heureuse, sur les convictions et les habitudes communes vitales. Pour le commun, se diriger ou s'orienter dans les affaires de la vie ne requiert pas, loin s'en faut, la philosophie comme discours critique portant sur les erreurs ou les irrégularités de la nature humaine concernant l'activité de l'imagination. Son utilité ressortit à une autre sphère où elle se justifie pleinement lorsqu'il est question de discuter, spéculativement, les « principes » mêmes de cette nature humaine[3].

À considérer tout cela sur un plan purement épistémologique, il semble bien qu'une telle répartition des activités de connaissance ne soit pas discutable. Pourtant, si la philosophie trouve l'une de ses raisons d'être dans cette remontée raisonnée et limitée aux principes[4], se pose toujours la question, sur le plan pratique et politique, de l'utilité commune de la criti-

1. Pour les mêmes raisons : « J'observerai que j'explique ici les opinions et la croyance communes à l'égard de l'existence des corps; je dois donc me conformer entièrement à cette manière de penser et de s'exprimer », TNH : 290-291.

2. La proposition suivante résume l'un des axes majeurs du livre consacré à l'étude de l'entendement : « quiconque désire expliquer l'origine de l'opinion commune sur l'existence continue et distincte des corps, doit prendre l'esprit dans sa situation commune et procéder en admettant que nos perceptions sont nos seuls objets et continuent d'exister même quand on ne les perçoit pas. Bien qu'elle soit erronée, cette opinion est la plus naturelle », TNH : 302.

3. On suit M. Malherbe [1992 : 62 *sq.*] dans cette formulation.

4. « Quand nous voyons que nous sommes arrivés aux limites extrêmes de la raison humaine, nous nous reposons satisfaits », et « si l'on devait estimer comme un défaut de la science de l'homme cette impossibilité d'expliquer des principes derniers, j'oserais affirmer que ce défaut lui est commun avec toutes les sciences et tous les arts… », TNH : 61.

que, de ses fonctions correctrices. Si la morale et la politique se trouvent convoquées, au titre de ces connaissances constitutives de la nouvelle science de la nature humaine, c'est aussi, et surtout, parce qu'elles sont susceptibles d'implications pratiques, une fois reconnus ces principes et les limites qu'elles assignent à toute connaissance; implications qui débordent le domaine strict de la théorie. En ce sens d'ailleurs, la division entre une philosophie « première » [1] et les autres connaissances de la nature humaine risque de reconduire une forme de hiérarchie qui, tout en relativisant le statut même de la philosophie – de la nécessité à l'utilité –, ne la maintient pas moins au sommet, risquant d'occulter la complexité de certaines des relations qui peuvent se nouer entre le travail théorique de la raison critique et le travail empirique de la correction ou de la réformation des conditions communes de la coexistence. L'histoire, qui ne relève pas de la philosophie ainsi entendue, qui n'est pas non plus une théorie, revêt le statut d'un véritable savoir intermédiaire. L'hypothèse retenue est celle d'une utilité de l'histoire comme élaboration d'un savoir critique, *a posteriori* et rétrospectif, portant sur la genèse et la constitution de représentations – les croyances communes – et d'institutions qui conditionnent la vie politique en société; en d'autres termes, un savoir qui porte sur les principes communs non pas d'une nature mais d'une organisation: la « société » en tant qu'elle est le cadre indispensable à toute vie commune. Mais cette utilité théorique, qui porte ici sur le plan d'une connaissance particulière, non pas de l'origine de ces représentations ou de ces institutions, mais des mouvements par lesquels celles-là se transforment, se double d'une utilité pratique – de la critique à la possible correction – puisqu'elle peut également se comprendre comme ce qui « fonde » empiriquement la légitimité d'une connaissance pratique des règles générales en politique [2]. Ce caractère mixte ou intermédiaire, qu'on aura l'occasion d'expliciter, rend compte, pour une part, des difficultés qu'il y a à classer l'histoire dans l'énumération inaugurale des domaines de la connaissance. Sans aucun doute, la question de l'histoire, dans la pensée politique de Hume, se pose plus sur le plan de ses usages ou de ses recours que sur celui d'une définition générale.

Dès lors, la question de la discrimination entre croyances ne relève pas exclusivement, ni même essentiellement, de la seule critique épistémologique de la représentation. Cette question se pose aussi sur le plan des contenus de représentation et ce qui fait l'autorité de telle ou telle de ces

1. Ou « science première », en tant que ce qui permet de répondre à la question du caractère fondateur de « l'expérience analytique de l'impression atomique », M. Malherbe [1992: 60; 57].

2. Voir « Que la politique peut être réduite à une science », ET-I: 81 *sq.*; *infra*, p. 128 *sq.*

croyances n'est plus seulement redevable du différentiel d'intensité des impressions qui les portent. Plutôt, la formulation selon laquelle une telle discrimination trouve sa raison d'être dans des variations d'intensité ne rend compte que d'une partie de la difficulté; elle désigne, de manière abstraite et générale, un mécanisme, sans rien dire de la manière dont les distinctions opèrent ou non. Il est probable, d'ailleurs, qu'une théorie générale de ces manières d'opérer soit impossible à concevoir et qu'il faille réintroduire – mais n'est-ce pas là une dimension tout à fait essentielle de l'empirisme humien? – ce que, faute de mieux, on voudrait nommer « dimension qualitative » ou « contenu » de représentation des croyances.

Il n'est pas pour autant question de renouer avec ce que la critique du dualisme de la représentation a permis de dépasser : s'il convient de faire état, dans l'étude de la formation des croyances et des règles de leur discrimination, de contenus, ce n'est pas pour reconduire l'idée d'un existence objective et parfaitement authentique d'un monde extérieur aux impressions et aux représentations et, ainsi, retomber dans les apories dénoncées par Hume. C'est pour donner corps à cette idée que les contenus de représentations sont relatifs et fixés dans des circonstances; qu'ils ont une histoire; que les poser – c'est le cas des croyances religieuses – comme des vérités absolues est un coup de force qu'une déconstruction historique parvient seule à mettre au jour.

Le bénéfice de la critique épistémologique du dualisme trouve ici toute sa raison d'être puisqu'il permet de dénoncer, par la voie d'une histoire, ce qui a pu être posé comme objet, c'est-à-dire comme vérité absolue et indiscutable; ce qui a pu être qualifié d'authentique et d'originel et qui n'est, en raison même des tendances naturelles de l'esprit humain, que le résultat de généralisations portées par des individus ou des groupes. C'est bien parce qu'il n'y a aucun caractère d'objectivité aux contenus des représentations des croyances communes qu'il importe de les retenir et d'en faire l'histoire : l'histoire apparaît ici, sur le plan empirique de l'étude des croyances communes, comme ce qui permet de reconstruire, *a posteriori*, le caractère relatif de leurs contenus, et donc de mettre à nu la manière dont ces contenus particuliers ont pu être reliés à des idées plus générales pour en faire des absolus ou des universaux abstraits susceptibles d'être imposés au moyen de la violence, comme ce fut le cas par exemple des croyances religieuses.

LA « RÉALITÉ » DU MONDE EXTÉRIEUR COMME MOYEN DE DISCRIMINATION ENTRE CROYANCES, CHIMÈRES ET SUPERSTITIONS

La croyance est affaire d'intensité des affections de l'imagination. Le second Livre du *Traité*, principalement consacré à l'étude du double système d'association des impressions et des idées, lequel est au principe de tous les mouvements passionnels, rend compte de certaines manières dont on peut appréhender affectivement la « réalité » du monde extérieur[1]. Cette réalité, supposée ou non, tient une place décisive dans le déroulement ordinaire des expériences au moyen desquelles opèrent les discriminations utiles à la coexistence des hommes en société. Quel est cette « réalité » ? Comment est-elle instituée ? Comment intervient-elle dans le jeu régulier des différenciations nécessaires entre les croyances communes ?

Qu'est-ce que la réalité extérieure ?

La réalité est un double système. Il y a, tout d'abord, le système des impressions et des idées de la mémoire ; ce qui fait système, dans ce cas, tient à la mise en cohérence des impressions présentes avec les perceptions antérieures contenues dans la mémoire. Il y a, ensuite, le système issu des jugements au moyen desquels il devient possible de « connaître » ce qui est « hors de la portée des sens et de la mémoire » [TNH : 186]. Non seulement l'union des deux systèmes[2] permet de construire et de stabiliser les représentations ordinaires de ma réalité mais, en outre, l'usage consolidé et régulé par la coutume des inférences causales me permet d'imaginer des réalités qui me sont, en tous points, étrangères ou extérieures parce que les impressions primitives auxquelles elles correspondent ne font pas parties de ma mémoire. Par un travail de conception, j'élabore des idées, par exemple celle de Rome, « que je ne vois ni ne me rappelle » ; je pose des liaisons avec des idées d'impressions occasionnées par des conversations et des lectures et, finalement, je me représente ce qu'a pu être cette capitale « dans le passé ». Hume affirme ainsi que « tout cela et toute autre chose que je crois, ce n'est rien que des idées, bien que leur force et leur ordre établi engendrés par l'accoutumance et la relation de cause à effet les font se distinguer des autres idées qui sont de simples créatures de l'imagination » [TNH : 186]. Un travail de conception qui donne naissance à des idées auxquelles on croit et qui, d'un côté, donne consistance et fermeté aux objets de ma propre réalité (premier système), de l'autre, me permet d'ima-

1. Sur le double système, TNH : 381 *sq.* ; sur le caractère très divers des « causes » de l'orgueil et de l'humilité, par exemple, TNH : 377 *sq.*

2. L'homme « découvre qu'à ce système de perceptions la coutume en a uni un autre », *Ibidem.*

giner ce dont je n'ai pas l'expérience directe. Dans ce dernier cas, les idées auxquelles je crois ont la fermeté et la vivacité de croyances parce que leur caractère d'objectivité leur vient de ce qu'elles sont en adéquation avec ce que l'expérience commune, étendue *via* la coutume, me permet d'établir.

L'autorité de la « réalité extérieure », en tant que facteur de variation des intensités portant les impressions affectant l'imagination, a donc une double origine : celle de la mémoire, celle de l'expérience, du moins dans la forme raccourcie et commune que lui donne le travail de la répétition, et dans sa condensation en un principe actif qui est celui de la coutume. L'union des deux sources de l'autorité confère à chacun des deux systèmes d'objets de ma représentation de la réalité encore plus de fermeté et de solidité. Les voies par lesquelles l'autorité de l'expérience vient à être menacée, rendant plus incertains et plus flottants les objets de croyance qui participent de la construction commune de la réalité, concernent principalement le second système des jugements.

Dans ce système général de la réalité, la croyance en l'existence des objets extérieurs est essentiellement garantie par l'usage des relations causales; elle ne peut être provoquée par la ressemblance et la contiguïté. Ces dernières ne font qu'aviver, « seconder » [TNH : 186; 188]. Leurs effets induits sur l'imagination permettent de conclure que seule la causalité est capable de présenter à l'imagination des objets qui correspondent à ce que l'opinion commune s'attache à nommer « réalité »[1] : « les objets qu'elle présente sont fermes et invariables » [TNH : 188]. Tout cela ne fait qu'exprimer, sur le plan des contenus, la nécessité par laquelle l'esprit est « déterminé à passer de l'impression à l'idée (...) sans pouvoir choisir ni hésiter » [*ibid.*]. Pour la ressemblance et la contiguïté, « il n'y a aucune espèce de nécessité pour l'esprit à imaginer des objets semblables et contigus » ; « c'est un principe flottant et incertain, aussi est-il impossible qu'il agisse jamais avec un degré considérable de force et de constance » [TNH : 187].

La religion sert encore d'exemple pour illustrer ces principes. La visite des lieux saints renforce et consolide la croyance religieuse parce que l'esprit, par contiguïté, va aisément de ces lieux réels « aux faits qui, admet-on, y sont liés » [TNH : 188]. On comprend, à partir de là, et ceci avait déjà été suggéré quelques pages auparavant[2], la fonction du rite[3] qui, égale-

1. « nous jugeons bon de l'appeler une réalité », TNH : 186.

2. TNH : 176, à propos des « cérémonies de la religion catholique romaine » et « des expériences de même nature ».

3. Cette question du rite est amplement traitée dans l'*Histoire d'Angleterre*. Par exemple, la présentation de la réforme de l'Église anglicane pendant le règne d'Elisabeth qui conduira à l'Acte d'Uniformité : HA-IV : 136 *sq.* ; HE-IV : 116 *sq.* ; *infra*, p. 136 *sq.*, « La balance comme "dispositif" de neutralisation ».

ment, raccourcit les distances entre impressions actuelles et idées corrélatives et ravive la force de la croyance. Le jeu des associations par contiguïté et ressemblance, sans se confondre avec celui de la causalité, est donc toujours susceptible d'augmenter la force d'une idée déjà donnée par la tendance naturelle de l'esprit à passer de l'impression présente et actuelle à cette idée à laquelle on croit. Plus encore, cette expérience est susceptible d'une certaine permanence dans ses effets puisque ceux qui ont visité de tels lieux passent pour toujours plus croyants.

Tous ces dispositifs se valent et c'est bien là une difficulté car on ne peut distinguer ce qui relève des croyances ordinaires, communément fondées sur l'expérience et l'habitude, de tous ces « faits » que l'on admet être en relation avec des impressions présentes, par exemple les croyances religieuses. Qu'il soit établi ou admis, le « fait » dont il s'agit se trouve toujours consolidé dans sa force d'affection par le jeu des contiguïtés et des ressemblances jusqu'à produire tous les effets habituels de la croyance véritable. Cette égalisation des « influences » en matière de répartition des forces d'affection des impressions sur l'imagination – un paysage, un rite, un argument sont également capables de produire des variations d'intensité affective[1] – laisse ouverte la possibilité de manipulation des circonstances conduisant à de telles variations jusqu'à amener certaines idées ou conceptions, dans leurs effets, à jouer comme des croyances véritables[2]. Si la contiguïté et la ressemblance ne valent pas comme principe direct de production de la croyance en regard de la causalité, elles n'en sont pas moins capables de provoquer des variations d'intensité qui peuvent, sous condition, renforcer l'analogie entre croyance et idée, entre croyance et conception. Autrement dit, l'objet étant donné, la contiguïté et la ressemblance agissent indifféremment, qu'il s'agisse d'une croyance fondée ou d'une pure fiction. C'est dire si, d'un point de vue pratique, la question des contenus de croyance, qui n'est pas sans relation avec celle des contenus de représentations, est loin d'être accessoire.

Les bornes de l'espace commun des croyances

La solidité et la fermeté des constructions communes de la réalité extérieure sont, le plus souvent, garanties par cette double autorité de la mémoire et de l'expérience sous forme de liaisons coutumières. Reste qu'il s'agit là du régulier, du plus fréquent et que cette stabilisation des « relations » à la réalité n'en souffre pas moins de nombreuses exceptions, elles

1. « Le souvenir de ces campagnes et de ces cours d'eau a, sur l'homme du commun, la même influence qu'un nouvel argument et pour les mêmes causes », TNH : 188-189.

2. « L'effet de la croyance est donc de monter une simple idée à égalité avec nos impressions et de lui conférer une influence analogue sur les passions », TNH : 198.

aussi naturelles, c'est-à-dire tout à fait conformes aux propriétés distinctives de la nature humaine, aux opérations normales de l'imagination. Il convient de suivre Hume dans l'analyse de certains de ces cas qui forment, à n'en pas douter, des exceptions à caractère général de grande importance pour la question de la discrimination entre croyances.

Le premier d'entre eux est la crédulité, cette « foi trop complaisante au témoignage d'autrui » [TNH : 190]. Une telle crédulité fait jouer principalement, pour ne pas dire exclusivement, l'autorité d'un seul type de témoignage, celui d'autrui, et évite ainsi à celui qui le reçoit de le confronter à d'autres observations possibles. La crédulité est un penchant porté par un principe d'économie : je suis tenté de me soumettre à l'autorité du témoignage d'autrui [TNH : 191] parce qu'il revêt toutes les apparences d'une ressemblance véritable avec ce qui pourrait être fondé sur l'autorité de ma propre expérience. La transition entre le témoignage et l'idée en est alors facilitée et, conformément à la nature de mon imagination, je vais croire ce qu'on me rapporte[1]. La crédulité est l'effet d'une sorte de délégation naturelle de l'autorité de l'expérience : on s'en remet au point de vue d'autrui et il s'agit là, pour certaines matières[2], d'une véritable « propension » à croire. L'ignorance, souvent dénoncée par Hume, comme l'une des sources naturelles de la crédulité et, sous une autre forme, de nombreuses superstitions, peut alors se définir comme l'ensemble de ce qui prédispose l'homme du commun à s'en remettre à autrui, du point de vue de l'autorité des expériences favorisant le développement de certaines de ses croyances. On comprend alors pourquoi l'éducation de l'opinion – l'éducation comme moyen susceptible de réduire les effets de l'ignorance – revêt, chez Hume, une dimension politique si essentielle. La crédulité trouve donc sa justification naturelle à partir d'une ressemblance donnée pour véritable entre des expériences ; elle est, en cela, tout à fait conforme aux propriétés anthropologiques de la nature humaine et, dans sa généralité, du moins dans son caractère commun, elle peut être comprise comme aspect d'un problème politique majeur.

Hume montre, symétriquement, et c'est la seconde exception à caractère général, que le défaut de toute ressemblance entre l'idée et l'impression actuelle va jusqu'à détruire la possibilité même de la croyance. C'est le cas de la croyance en la vie future [TNH : 191-193]. Si la ressemblance n'est pas susceptible de produire la croyance, son absence est

1. « bien que l'expérience soit le véritable critère de ce jugement aussi bien que de tous les autres, nous nous réglons rarement complètement sur elle », *ibid.*

2. « nous avons une propension remarquable à croire tout ce qu'on nous rapporte, même au sujet d'apparitions, d'enchantements et de prodiges, quelle qu'en soit l'opposition à l'expérience quotidienne et à l'observation », TNH : 191.

néanmoins capable de la rendre impossible. De ce point de vue, si elle n'est pas à confondre avec la causalité, elle n'est pas non plus à mettre sur le même plan que l'association par contiguïté. Ce qui réduit ici la force de l'impression sur laquelle peut s'édifier la croyance repose sur un conflit d'autorité entre l'impression actuelle[1] et l'idée qui lui est artificiellement associée par répétition ou par éducation. L'association entre l'impression présente et l'idée au moyen de laquelle la croyance se stabilise suppose une autre condition implicite, du moins dans l'exemple choisi, à savoir le faible contraste entre les intensités associées ; ce qui, une fois de plus, confère à la ressemblance une fonction négative de premier ordre.

Faut-il rappeler que la liaison coutumière par laquelle se renforce la croyance en un objet[2] repose, par construction, sur le principe de répétition qui, lui même, trouve son efficace dans la ressemblance des liaisons répétées. La causalité ne peut conduire à la croyance que parce qu'il existe une grande ressemblance entre les expériences qui lui donnent sa validité. Indirectement pour ce qui est de la production de la croyance, directement pour ce qui est de sa destruction ou de tout ce qui peut y faire obstacle, la ressemblance est bien le principe majeur de l'association par quoi se déploient, dans l'univers de la croyance, les transitions et les conversions d'intensités affectives.

On ne sera pas étonné de l'importance de l'éducation dans la fabrication de l'opinion et de la croyance puisque, dans son principe, elle joue sur la répétition[3] et agit, comme une cause artificielle, dans le renforcement des intensités affectives liées aux idées qu'elle inculque : « Toutes les opinions et notions des choses auxquelles nous avons été accoutumés dès notre enfance prennent si profondément racine qu'il nous est impossible, par toutes les puissances de la raison et de l'expérience, de les déraciner » [TNH : 194]. Il y a là, incontestablement, une généralisation : de même que la crédulité évite le conflit d'autorité des expériences par délégation, conduisant à renoncer au privilège du témoignage de ses sens ou de son jugement, de même certaines opinions et croyances acquises par habitude, répétition, entre autres par éducation, rendent inopérante l'autorité de l'expérience et du jugement : « Je suis persuadé qu'à l'examen nous trouverons que plus de la moitié des opinions qui triomphent parmi les hommes sont dues à l'éducation et que les principes, qu'on embrasse ainsi

1. « C'est ce qui apparaît très manifestement chaque fois que des hommes ont l'occasion de comparer les plaisirs et les douleurs, les récompenses et les punitions de cette vie avec ceux de la vie future… », TNH : 193.

2. « l'accoutumance, à laquelle j'attribue toute croyance et tout raisonnement, peut agir sur l'esprit en renforçant une idée de deux manières différentes », TNH : 194.

3. « La fréquente répétition d'une idée la grave dans l'imagination », TNH : 195.

implicitement, l'emportent sur ceux qui sont dus au raisonnement abstrait et à l'expérience » [TNH : 195].

La crédulité représente, sans aucun doute, une limite négative et flottante de la croyance pour laquelle il n'y a pas de véritable conflit d'autorité entre témoignages. Les croyances portées par l'autorité de l'expérience et par la répétition de liaisons devenues coutumières désignent une autre limite, plus positive et plus ferme, de l'univers des croyances. Entre les deux s'étend tout un monde d'opinions et de croyances ordinaires. Entre les deux, encore, l'autorité de l'expérience et des témoignages, le système de la « réalité extérieure » joue de manière différenciée, avec plus ou moins d'efficacité, comme facteur de consolidation et de validation des contenus de croyances, comme moyen de classement des croyances en chimères, fictions et autres inventions de l'imagination.

Dire que le système de la réalité extérieure permet de discriminer les croyances, c'est aussi reconnaître le caractère nécessaire de l'observation, des liaisons coutumières; en un mot, c'est reconnaître toute l'importance de l'expérience et des jugements qu'elle autorise, à l'aune desquels les productions de l'imagination se trouvent mises à l'épreuve, confrontées et avérées pour ce qu'elles sont; même si, finalement, la plupart de nos opinions ordinaires s'imposent à l'imagination par éducation, préjugé et autres principes encore, affaiblissant du même coup l'autorité d'une justification par le raisonnement et l'expérience. Dans ce cas, l'éducation, ou le préjugé, fonctionne comme des raccourcis d'expériences et l'habitude, devenue seconde nature, rend inutile tout recours direct à de telles expérimentations. Tout se passe « comme si ». Voici ce qui advient le plus fréquemment, le plus régulièrement.

Les conflits d'autorité entre expériences de la réalité extérieure

Mais des circonstances peuvent survenir où la réalité extérieure, cette somme activée de tous les critères de discrimination, est rendue inopérante, comme si tous ces éléments qui la composaient avaient perdu leur capacité à répartir efficacement les forces et les intensités. Il peut advenir des circonstances où les facteurs qui donnent consistance et fermeté à certaines idées ou conceptions communes plutôt qu'à d'autres paraissent se détacher de toute confrontation positive au système de la réalité. Comment rendre compte de ce renversement par lequel les critères habituels de discrimination entre croyances et opinions perdent leur puissance d'action? Telle est bien la question qui maintenant se pose.

La discrimination entre les types de croyance relève donc d'une étude des circonstances qui invalident l'autorité de l'expérience et du jugement raisonné, de celles qui confèrent à certaines formes de témoignage plus de force et d'influence que celles qui doivent normalement, c'est-à-dire régulièrement, les accompagner. Il n'est pas sûr que cette étude puisse prendre la forme générale d'une théorie. Certes, Hume indique des causes générales pour lesquelles l'autorité de l'expérience peut être diminuée en regard de la puissance d'affection de l'imagination. Mais leur généralité, c'est-à-dire leur abstraction, ne permet pas de comprendre, empiriquement, comment de telles irrégularités adviennent, comment de telles inversions se produisent. Dire, enfin, qu'il serait possible d'élaborer une telle théorie des conditions d'invalidation de l'autorité de l'expérience commune reviendrait à imputer la totalité des raisons à la nature humaine et donc à nier aux circonstances leur valeur de facteur déterminant. Or c'est bien parce que ce qui peut disqualifier, à un moment donné, le poids de la réalité extérieure relève d'une nature, celle de l'homme, et de circonstances, qu'il n'est pas possible d'en faire la théorie. Tout au plus peut-on en écrire l'histoire. Dire que l'histoire contribue à la reconstruction critique des croyances communes ou populaires, c'est reconnaître qu'elle est capable de rendre compte, *a posteriori*, des agencements de circonstances qui définissent ces situations où, précisément, le jeu des tendances naturelles de l'homme ordinaire peut aller de pair avec le développement de croyances infondées, le renforcement de la crédulité et l'empire croissant de superstitions imposées par la force et l'autorité de témoignages émanant de certains groupes : les partis, les sectes ou les factions.

Repérer de tels agencements, on le verra, est une tâche importante de l'histoire humienne; il importe de revenir sur ce qui, dans le fonctionnement régulier de la nature humaine, autorise de telles invalidations, de telles inversions de signes dans la répartition des intensités susceptibles de produire les discriminations entre croyances. La section 10 (« Influence de la croyance ») [TNH : 196-204] apporte ici des précisions déterminantes qui vont permettre, entre autres, de nuancer ce qui, au départ, avait été posé comme une coupure claire et nette, une séparation évidente entre croyances et idées ou conceptions pures de l'imagination.

Si l'on admet que la croyance « n'est rien d'autre que la simple conception vigoureuse et intense d'une idée », que l'effet de la croyance est aussi « de monter une simple idée à égalité avec nos impressions et de lui conférer une influence analogue sur les passions » [TNH : 198], il en résulte deux conséquences : d'une part, la frontière entre croyance et idée est naturellement diffuse; d'autre part, l'idée, indirectement, peut agir sur les conduites, sur les actions, à partir du moment où, montée à égalité d'intensité avec une impression primitive, elle produit des effets analogues à ceux d'une croyance véritable. La médiation étant ici la dimension passionnelle, comme autre impression originelle, déclenchant le mouvement. Si donc la croyance est nécessaire à l'éveil des passions, l'idée élevée au rang de croyance peut, à son tour, stimuler les passions. La réciproque jouant pour les premières comme pour les secondes : « de même les passions, à leur tour, favorisent grandement la croyance » [TNH : 198] et, peut-on ajouter, certaines idées.

Comparant alors le monde de la poésie et celui de la réalité, Hume s'attache à montrer comment procèdent les variations d'intensité d'affection et comment il est possible de toujours conserver à l'esprit l'idée d'une séparation entre ces deux mondes. Qu'elle soit tragique ou comique, la poésie joue sur un mélange de vérité – de réalité ?[1] – et de fausseté, celle-là facilitant les transitions dans l'imagination du lecteur. Il suffit même que l'un des événements narrés soit objet de croyance pour conférer à tous ceux qui lui sont contigus, par transition, force et vivacité. Hume écrit encore que, dans la plupart des cas, « cette vigueur ne peut parvenir à la certitude parfaite » [TNH : 201] ; autrement dit, il est toujours aisé de marquer la séparation entre fiction et réalité.

À l'inverse, dans le cas, déjà évoqué, de la pathologie individuelle de la croyance[2] où le délire de l'imagination rend inutile tout contact avec la réalité, il devient impossible de distinguer entre vérité et erreur, entre réalité et fantasme. Il s'agit, certes, d'un état limite ; mais celui-ci illustre néanmoins un principe qui, s'il devient pathologique par l'excès, n'en repose pas moins sur un fonctionnement naturel de l'imagination : « la vivacité que produit l'imagination est dans de nombreux cas plus grande que celle engendrée par l'accoutumance et l'expérience » [TNH : 201]. Il se trouve que ce qui produit les augmentations d'intensité affective n'est pas toujours la « réalité » des impressions premières ; ce peut être des produits de l'imagination car « une imagination vigoureuse et forte est, de toutes les aptitudes, la plus propre à produire croyance et autorité » [*ibid.*].

Il y a un paradoxe qui, souvent, prend les allures d'une véritable tension. D'un côté, le principe de réalité, si l'on peut risquer l'anachronisme, au travers de l'expérience et des liaisons coutumières, au travers du jugement raisonnable, se présente comme un mode austère de discrimination, peu séduisant et, vraisemblablement, moins attractif pour une imagination qui demande toujours à être séduite[3]. De l'autre côté, « il nous est difficile de refuser notre assentiment à ce qu'on nous dépeint avec toute la couleur de

1. « même lorsque des idées n'ont aucune espèce d'action sur la volonté et sur les passions, la vérité et la réalité sont encore requises pour leur donner de l'intérêt aux yeux de l'imagination », TNH : 199-200.

2. Développements en I, III-10, [TNH : 202].

3. « La croyance doit séduire l'imagination par la force et la vivacité qui l'accompagnent », TNH : 201.

l'éloquence» [TNH : 201], les productions de l'imagination étant, souvent, plus vives et plus colorées que «celles engendrées par l'accoutumance et l'expérience». Il n'y a rien là que de très normal et de très régulier : l'expérience et le jugement sont des retours réflexifs qui valent comme autant de correctifs et, par là, s'opposent au prolongement immédiat, aux extensions non contrôlées et spontanées de l'imagination, celles-ci étant la marque d'une tendance très commune et très ordinaire [TNH : 234].

Il est plus aisé de se laisser aller à la force de certaines idées qui, reliées à quelque motion passionnelle, poussent à l'assentiment, que de résister en se soumettant à l'autorité de témoignages, d'impressions ou d'idées contraires ou simplement contrastés. Ce qui vaut paradoxe, une fois encore, est porté par un conflit d'autorité qui n'est pas le signe d'un dysfonctionnement de l'imagination mais, au contraire, la marque de son mouvement régulier. Par nature, l'imagination préfère la vivacité et les couleurs de ce qu'elle engendre; c'est une des premières causes naturelles de disqualification de l'autorité de certaines circonstances réelles.

Mais le conflit d'autorité entre jugement et tendance est étudié par Hume à propos d'une autre situation ordinaire qui montre, si besoin était, toute la difficulté qu'il y a à maintenir, en de certaines circonstances, une distinction ferme et stable entre réalité et fantasme. Dans la section consacrée aux «probabilités non philosophiques» Hume envisage les effets contradictoires de l'accoutumance sur le jugement et sur l'imagination [TNH : 232 *sq.*]; en guise d'illustration, il prend l'exemple célèbre de l'homme suspendu dans une cage de fer : il «ne peut s'empêcher de trembler quand il regarde le précipice en dessous de lui, bien qu'il se sache parfaitement garanti contre la chute par son expérience de la solidité du fer» [TNH : 232][1]. L'exemple n'est pas tout à fait de même nature que le précédent. Il s'agit de montrer comment une circonstance particulière, la suspension dans le vide, crée les conditions d'une concurrence entre autorités d'expériences diverses qui ne garantit pas, *a priori*, ni ordinairement, le triomphe du jugement (de son autorité) sur l'imagination (l'autorité de ses affections présentes). D'un côté, il y a une expérience antérieure, celle de la solidité du fer, qui doit permettre à l'imagination de donner plus de force à l'idée de sécurité et donc de nuancer, de relativiser l'autorité immédiate des idées associées à celle de chute. De l'autre, il y a des impressions présentes provoquées par les «circonstances» de «profon-

1. Exemple topique qui parcourt le scepticisme moderne. On trouve ainsi, chez Pascal, dans la *Pensée* 44 (Lafuma) : «Le plus grand philosophe du monde, sur une planche plus large qu'il ne faut, s'il y a au-dessous un précipice, quoique sa raison le convainque de sa sûreté, son imagination prévaudra».

deur »[1] et de « descente » qui contredisent, en intensité et vivacité, l'autorité du jugement précédent portée sur la circonstance de sécurité. Plus encore, ce déséquilibre initial est potentialisé, relayé, par les passions associées aux idées que ne manquent pas de réactualiser le conflit des circonstances et de l'autorité des impressions qui leur sont liées : aussi l'« imagination accueille avidement son objet et éveille la passion qui lui correspond » et, inversement, « cette passion se retourne sur l'imagination et avive l'idée ». Dynamique extraordinairement puissante car « son imagination et son affectivité, s'appuyant ainsi l'une sur l'autre, font que le tout a sur lui une grande influence » [TNH : 233]. Cette dynamique portée par une amplification, *ad infinitum*, de l'autorité de l'imagination, renforcée par son « affectivité », peut être considérée à juste titre comme le paradigme d'un mouvement qui sera décrit et illustré par Hume dans ses écrits historiques.

Ces « difficultés » [*ibid.*] ou conflits entre autorité du jugement et intensité des affections présentes, reliées à une circonstance particulière ne peuvent être écartées « d'aucune autre manière qu'en admettant l'action des règles générales » [*ibid.*]. Ce qui ne résout que partiellement la difficulté, étant entendu que ces « influences », comme on sait, peuvent être de deux sortes. La première, prolongeant la tendance naturelle de l'imagination, concerne plus généralement la manière dont est guidée l'imagination de l'« homme du commun » ; la seconde, correctrice, est sans aucun doute le propre des « sages » [TNH : 234-235], du moins de ceux qui, par l'éducation et la pratique, sont susceptibles de rectifier la portée du conflit des forces en concurrence pour redonner à celles fondées sur le jugement et l'observation – en un mot l'expérience – l'autorité qu'elles n'ont pas spontanément.

La stabilité relative des relations du moi avec le monde extérieur

Ces conflits, les formes de concurrence entre l'autorité des productions de l'imagination et de l'« affectivité » et l'autorité des témoignages et de l'observation, indiquent combien les relations construites par le « moi » avec le « monde extérieur » sont loin d'être toujours fermes et stables, combien elles sont loin de faire avec évidence le départ entre le réel, le vraisemblable et l'irréel, l'invraisemblable, le fantasme ou la chimère. Si l'influence des règles générales permet, dans les situations les plus fréquentes, de stabiliser de telles « relations », il n'en reste pas moins que, du point de vue de l'homme ordinaire, de nombreuses circonstances peuvent rompre cet équilibre des autorités et conduire à prendre pour réalité ce qui

1. « Les circonstances de profondeur et de descente le frappent si fortement que leur influence ne peut être détruite par les circonstances contraires de support et de solidité qui doivent lui donner une sécurité parfaite », TNH : 233.

n'est que le produit fantasmé de l'imagination. Ce conflit des autorités vaut pour la distinction entre croyances d'un côté, superstitions, « craintes » et « préjugés » de l'autre [EEH : 53].

À ceci près, toutefois, que l'étude de ces circonstances ne relève pas d'une théorie générale. Il ne s'agit pas seulement d'indiquer pourquoi l'imagination peut, dans son fonctionnement régulier, être soumise à des autorités illégitimes. Il convient, surtout, de décrire les circonstances communes qui produisent de telles invalidations de l'autorité de l'expérience et des liaisons coutumières ; de rendre compte des effets qui en dérivent. Ces qualifications précises de « circonstances » et d'« effets » sur le plan des conduites et de la vie communes débordent largement le cadre d'une théorie générale.

Le problème des frontières entre « réalité », « chimères » et « contrefaçons », entre croyances véritables et infondées, se trouve donc au cœur de toute l'anthropologie et de l'épistémologie humiennes. La remise en cause de leur effectivité, si elle peut se révéler désastreuse pour l'individu isolé en proie aux délires de son imagination, n'est pas sans conséquences dès lors qu'on la considère du point de vue de ses manifestations collectives.

Car la formation de la croyance – a-t-on déjà constaté – est aussi affaire de rapprochement, de raccourcissement des distances qui séparent les individus affectés des objets qui les affectent ; en un mot, l'inverse du mouvement de généralisation [1]. Par l'invention d'artifices, l'institution de situations particulières, la force d'affection d'une idée peut être augmentée, avivée (*enliven*) au point de pouvoir la faire passer (*to imitate*) pour l'impression présente, c'est-à-dire pour ce qu'elle n'est pas. Tel est l'un des effets de l'organisation du rite dans le culte de l'église romaine [TNH : 176 *sq.*]. Au moyen de symboles, d'« effigies » [2], la distance est raccourcie, de manière fictive certes, entre le catholique et son Dieu et les associations par contiguïté vont pouvoir produire leurs effets : le culte extérieur joue alors comme un expédient, comme un artifice permettant de tromper la distance, c'est-à-dire de réduire l'indétermination, l'abstraction ou encore l'effacement de l'idée à laquelle on croit pour lui rendre, par des apparences, la force concrète d'une impression vive et, ainsi, ranimer ou entretenir la foi.

Le jeu de la distance [3] par l'éloignement ou le rapprochement d'objets, par l'établissement de circonstances particulières, permet ainsi d'agir sur

1. Ce que montre Hume dans les deux exemples qu'il choisit pour illustrer son propos en [I, III-8] : le portrait d'un ami cher, les rites religieux [TNH : 175-176].

2. Le texte anglais parle, plus explicitement encore, de « sensible types and images », THN : 100.

3. Nous retrouvons ici le problème, du moins son symétrique, de la distinction entre les idées de l'imagination et celles de la mémoire. Ce qui distingue les dernières réside, entre

les transitions et la circulation des intensités affectives; sur leurs conversions, lesquelles, à leur tour, produisent des effets qui peuvent rapprocher idées et impressions au point de les confondre. Alors, « l'idée est considérée ici non pas comme la représentation d'un objet absent, mais comme une perception réelle dans l'esprit, dont nous avons la conscience intime (...). L'idée ici tient lieu d'impression et il y a entre elles identité complète » [TNH : 183].

Ce travail sur les distances, par l'intermédiaire d'artifices et d'inventions, permet de lier le problème de la croyance au problème politique de la production des circonstances qui les renforcent, leur donnent stabilité, force et efficace : l'Église et ses institutions, par exemple, dans le domaine de la religion; la Constitution et ses institutions dans le domaine du gouvernement politique de la société.

Des circonstances donc, produites au moyen d'artefacts et à partir desquelles l'égalisation devient possible entre séries d'intensité affectant l'imagination; des circonstances qui produisent la confusion entre divers domaines de l'expérience commune, invalident l'autorité de certaines d'entre elles au profit de la reconnaissance, qui est toujours d'abord une imposition, d'autres sources ou d'autres formes d'autorité. Le conflit d'autorités n'est plus, seulement, à comprendre du point de vue de l'imagination isolée qui tente de surmonter les effets contradictoires de certaines influences; il est à envisager du point de vue de ses manifestations communes dans l'ordre de la coexistence et de ses dimensions politiques et morales. Dans cette perspective – on en conviendra aisément – l'étude des facteurs naturels d'invalidation de l'autorité de l'expérience, ainsi qu'elle a

autres, dans la « conservation » de l'« ordre primitif » où elles apparaissent « alors que l'imagination les transpose et les change à son gré... », TNH : 158. Qualité qui se réduit, *in fine*, à un problème d'intensité, de différence de vivacité : « il suit que la différence qu'il y a entre elle et l'imagination, se trouve dans sa force et sa vivacité supérieures », TNH : 159, c'est-à-dire à une problème de distance. « C'est de l'impression primitive que dérive la vivacité de toutes les idées au moyen de la transition coutumière de l'imagination; cette vivacité doit évidemment s'affaiblir par degré en rapport avec la distance et elle doit perdre de son éclat dans chaque transition. », TNH : 228. Chaque « transition », qui accroît la distance entre l'impression originelle et l'idée qui en émane, a donc pour effet de réduire d'autant la force qui la détermine. Eloignement entre impression et idée porté par l'écoulement du temps d'un côté, amenuisement de la distinction effective entre imagination et mémoire de l'autre : « Nous hésitons fréquemment sur les idées de la mémoire puisqu'elles deviennent très faibles et sans vigueur; et nous avons du mal à définir si une image procède de l'imagination ou de la mémoire quand elle ne se présente pas sous ces vives couleurs qui distinguent cette dernière faculté. »,TNH : 160. La question est de savoir comment il est possible de réintroduire ce qui parvient à relativiser sinon la distance du moins ses effets pour maintenir la ligne de partage entre idées de l'imagination et idées de la mémoire. Dans le cas de la crédulité, le problème est bien de réintroduire cette distance, du moins de relativiser les effets de la proximité sur le cours de l'imagination : les croyances illégitimes.

été précédemment proposée, ne permet pas de répondre à toute la question. La prise en compte de cette dimension commune de la croyance et de ses mécanismes introduit à la dimension politique et conduit à reformuler autrement la question de l'invalidation de l'autorité de certains types d'expérience.

La situation extrême de l'imagination délirante, qui ne relève pas directement de la question, exhibe, comme un état limite, toutes les difficultés qu'il y a à poser une distinction stable entre croyances positives et avérées et croyances abusées en des fictions. On sait également que parmi les facteurs qui sont susceptibles de marquer la différence entre les deux, Hume mentionne la réflexion [TNH : 203]. La vivacité et la force des fictions ne résistent pas au travail de la réflexion qui, en retour, fait valoir toute la « vigueur » des conceptions authentiques, « véritables ». En un mot, la réflexion est toujours ce qui permet de faire l'épreuve du réel [1] parce que les « fictions ne sont reliées à rien de réel » [TNH : 204].

Si l'imagination, en situation d'isolement, peut trouver de telles garanties dans cette activité réflexive au moyen de laquelle s'exerce l'influence positive et correctrice des règles générales, il reste que cette situation est abstraite. Dans le cours ordinaire de la vie commune, les individus ne sont jamais seuls, ils sont en relation. Les motions passionnelles à partir desquelles s'agence le double système d'idées et d'impressions, lequel détermine une grande partie des conduites humaines, sont tributaires d'opinions, de représentations communes vis-à-vis desquelles le travail de la critique n'est ni aisée, ni toujours possible. Comment expliquer, sinon, la solidité de certains idées fausses, de croyances infondées, ou bien encore la longévité de certaines de leurs conséquences ? À l'évidence, il y a une dimension supplémentaire qu'il convient de prendre en compte pour énoncer plus exactement le problème qui, une fois encore, exige un déplacement du strictement épistémologique vers le politique.

Qu'est-ce qui, en dépit du travail individuel de la critique réflexive, peut faire perdurer des croyances infondées ? Qu'est-ce qui fait que la vivacité et la force de certains fictions communes peuvent résister, justement, au travail de la raison critique ? Reconsidérer le travail de l'histoire, pour ce qui est de la description et de la qualification des circonstances, toujours particulières, qui invalident l'autorité de l'expérience, permettra de répondre à une partie de la question. C'est aussi à condition de rendre manifeste ce qui appartient au monde de la croyance illégitime, dont les formes les plus fréquentes et les plus redoutables dans leurs effets sont, à l'époque de

1. « Nous pouvons noter que la poésie a le même effet à un degré moindre ; avec cette seule différence que la moindre réflexion dissipe les illusions de la poésie et place les objets sous leur jour véritable », TNH : 204.

Hume, la superstition et l'enthousiasme, que l'on pourra consolider ce qui fait la fermeté de certaines croyances nécessaires à la vie commune.

HISTOIRE ET RÉHABILITATION DE L'AUTORITÉ DE L'EXPÉRIENCE LA PERTE D'INFLUENCE DE LA SUPERSTITION SUR L'OPINION COMMUNE

L'un des projets légitimes de l'histoire chez Hume est de rendre compte de ces circonstances, de ces agencements de situations au cours desquels l'autorité, c'est-à-dire la réalité d'expériences communes qui stabilisent les conditions de la coexistence humaine, a pu être remise en cause, relayée par d'autres formes d'autorité. Ce projet est, également, de décrire les circonstances à partir desquelles une telle autorité a pu être restaurée, reconstruite ou réinventée. Il y a une tâche pratique qui relève d'une exigence politique: contribuer à la réhabilitation d'un certain « sens commun », c'est-à-dire à la réhabilitation de l'expérience comme source de confrontation positive avec l'autorité de certains témoignages. Efficacité de l'expérience, « autorité » du témoignage, autant de vecteurs à partir desquels relativiser la force des croyances, religieuses par exemple, et amoindrir leurs conséquences sur le plan politique.

L'histoire, en tant que récit organisé, narration ordonnée de faits et de témoignages discriminés à l'aune de la vraisemblance, de la probabilité sinon de la preuve, peut jouer un rôle décisif qui ne se limite pas à la fonction d'illustration et d'édification morale de la philosophie facile. L'histoire, au même titre que la philosophie authentique, a pour ambition de discuter et de hiérarchiser les témoignages pour en rectifier la teneur en degré de réalité. Ses moyens, s'ils empruntent en partie à ceux de la philosophie ne s'y réduisent pas. Il importe de relier ici le travail de l'historien Hume à cette exigence politique de la reconstruction d'une opinion populaire, ce qui suppose la restauration de l'autorité des témoignages, gages de l'effectivité du sens commun. Ce sont donc des raisons internes suffisamment conformes aux principes de son anthropologie et de sa politique qui en posent la nécessité[1].

La superstition comme invalidation de l'autorité du sens commun

Ce problème de l'invalidation des autorités de l'expérience, du sens commun, est souvent posé, chez Hume, à partir de la question de la

1. Le passage de la philosophie à l'histoire n'est pas seulement circonstanciel. Hypothèse pourtant défendue par certains historiens anglo-saxons qui y voient le résultat d'une série d'échecs et de déceptions liés à la non reconnaissance de ses premiers écrits philosophiques. Ceci est discutable. Voir, pour un exemple, V. G. Wexler, [1979 : III; 4-7; 9 *sq.*].

superstition. L'enjeu est clair et son explicitation relève d'un véritable défi lancé à l'historien : l'un des changements repérables dans l'avènement des établissements politiques modernes, dont l'Angleterre fournit le paradigme, est la perte progressive d'influence des superstitions religieuses sur l'opinion commune. Il est pourtant insuffisant de limiter l'acception du terme de superstition à un contenu strictement religieux. Ce dernier en forme vraisemblablement, encore à l'époque de Hume, la part essentielle; mais ce qui importe tout autant est que ce caractère religieux de la superstition vaut par ses implications politiques et qu'il engage – l'*Histoire d'Angleterre* en fournit une illustration exemplaire – certains types de rapports entre la religion et la politique.

La préférence humienne pour la philosophie, toujours revendiquée en dépit de ses intermittences sceptiques, peut se comprendre, également, comme une prise de position dans le monde de la vie courante contre la superstition : « à cet égard, j'ose recommander la philosophie et n'aurai aucun scrupule à lui donner la préférence sur la superstition de tout genre et de tout nom » [TNH : 364]. Si les « erreurs » de la philosophie, de peu de conséquences pour la vie commune, « sont seulement ridicules », « les erreurs de religion sont dangereuses » [TNH : 365]. Cette prise de position confère à la superstition une extension bien plus grande : celle-ci est une catégorie générale de la croyance populaire infondée et il convient d'en décrire les « contenus » et d'en retracer les « genèses ». En tant que telles, donc, les superstitions incluent des qualifications et des genres divers faisant d'elles une réalité susceptible d'être dangereuse en raison même de sa nature commune, publique pour tout dire; en raison de ses implications morale et politique.

Les métaphysiciens et autres constructeurs de systèmes, annonce encore Hume, sont du côté des fabricants de superstitions et ils alimentent toutes sortes de craintes : « Chassés du pays découvert, ces voleurs se sauvent dans la forêt et guettent pour faire irruption dans toute avenue non gardée de l'esprit et pour l'écraser de craintes religieuses et de préjugés. Le combattant le plus vigoureux est accablé s'il quitte sa garde un moment » [EEH : 53]. Le travail de la critique, assurément un combat continué et toujours menacé dans la solidité de ses résultats, est donc ce qui correspond à l'exigence pratique de l'exercice de la philosophie véritable, à son mode d'implication dans la vie commune, d'autant que les « philosophies abstruses », « en se mêlant à la superstition populaire » [EEH : 54], rendent leurs propres systèmes tout à fait impénétrables. En effet, si ces philosophies accomplissent une partie du chemin dans la critique des opinions vulgaires, elles ne s'en émancipent pas vraiment et elles alimentent toujours avec autant d'effet ce qui peut porter ces opinions à s'enthousiasmer[1]. Le mélange de fausses philosophies et de croyances populaires, voilà donc ce qui peut caractériser, dans son principe, la crainte religieuse, et certaines théologies en sont devenues des vecteurs redoutablement efficaces. Le philosophe peut ainsi trouver dans l'activité historienne une occasion supplémentaire d'intensifier sinon d'étendre le travail de la critique qui répond à l'exigence pratique de son implication dans la vie commune : une forme élargie du combat contre la superstition qui vise un auditoire plus vaste et plus susceptible d'être réceptif.

Si la philosophie véritable permet à ceux, peu nombreux, qui la pratiquent de proportionner leurs croyances aux évidences nourries par l'expérience[2], la crédulité en matière de religion, plus commune et plus répandue, se déploie, au contraire, à partir de la disjonction déjà repérée, entre les affections liées aux expériences et la tendance à croire, laquelle est aussi « amour du merveilleux ». La croyance aux miracles, par exemple, est toujours alimentée par « la passion de la surprise et de l'étonnement » ; ce qui en fait « une émotion agréable » qui renforce « une tendance sensible à croire les événements dont elle procède » [EEH : 190]. Les conditions sont alors remplies pour que toute forme de témoignage raisonnable, fondé sur l'expérience et accordant à celle-ci une capacité d'influence positive perde son « autorité » : « si l'esprit de religion se joint à l'amour du merveilleux, c'est la fin du sens commun et, dans ces circonstances, le témoignage humain perd toute prétention à l'autorité » [EEH : 191]. Aussi peut-on dire, dans ce cas précis de la superstition, que la crédulité qui lui est nécessairement reliée, conduit à une forme de soumission à l'autorité d'un point de vue imposé de l'extérieur et auquel on croit. On voit comment la critique de la superstition peut fournir le paradigme de la critique des autorités illégitimes sur le plan politique. Il n'est pas étonnant qu'elle forme l'une des trames essentielles des écrits historiques humiens.

La perte d'autorité du témoignage de l'expérience est cependant alimentée, voire accentuée, par la dynamique des relations naturelles entre croyances et passions. L'esprit religieux enthousiaste croit voir ce qui n'est pas et, cherchant à promouvoir sa cause quels qu'en soient les moyens, persévère toujours dans sa tendance [EEH : 191 *sq.*]. La vanité, encore plus puissante dans ses effets sur de tels esprits, reliée à l'intérêt personnel, stimule l'imagination et le désir de convaincre. Et ces entreprises sont toujours plus aisées lorsqu'elles ne rencontrent que la crédulité et qu'elles jouent sur la sublimité et le mystère des sujets de la croyance. Dans ces conditions, l'usage de la rhétorique va jouer comme catalyseur des

1. Voir *supra*, p. 26 *sq.*

2. « Le sage proportionne donc sa croyance à l'évidence », EEH : 184-185.

intensités et des affections et produire tous ses effets : « L'éloquence, à son plus haut sommet, laisse peu de place à la raison et à la réflexion; mais comme elle s'adresse entièrement à l'imagination ou aux affections, elle captive les auditeurs complaisants et subjugue leur entendement » [EEH : 192]. Le règne de l'éloquence est donc celui d'une collusion particulièrement efficace de la passion de convaincre et de la tendance naturelle à croire; il est celui où la puissance des mots, de leurs liaisons parvient à jouer comme parfait substitut des impressions premières, à produire des effets analogues à ceux que produisent normalement et régulièrement les impressions sur l'imagination au moyen des transitions coutumières. Aussi l'opinion commune, puisque tel est l'objet privilégié de cette éloquence, est-elle sujette à d'amples variations d'orientation et d'intensité.

La perte d'influence de la superstition sur les opinions populaires

Hume définit le triomphe de l'opinion en opposant une époque ancienne et illustre[1], où l'exigence de l'auditoire rendait inopérants les artifices les plus grossiers de la rhétorique et donnait à peu d'hommes la capacité d'influer sur les passions[2] par le discours, et une époque moderne où le moindre « capucin », le moindre « prédicateur ambulant ou sédentaire » peut y parvenir « sur la plupart des hommes et à un haut degré en touchant de telles passions grosses et vulgaires » [EEH : 192]. L'opposition, en dépit de son schématisme, délimite l'espace à l'intérieur duquel jouent les mécanismes créateurs de croyances collectives : d'un côté, un auditoire restreint et cultivé, plus résistant et plus indifférent aux effets grossiers de la rhétorique, de l'autre un auditoire élargi, plus vulgaire ou commun; d'un côté, des rhéteurs plus savants et plus virtuoses et donc moins nombreux, de l'autre des prédicateurs nombreux et pour qui l'enthousiasme et la superstition tiennent lieu de culture et de raison. Alors la « crédulité » des gens ordinaires accroît l'« impudence » de ces prédicateurs et, en retour, leur « impudence subjugue leur crédulité » [*ibid.*].

L'un des problèmes politiques posé par l'histoire humienne se formule ainsi : les sociétés qui se civilisent sont aussi des sociétés qui s'ouvrent à de nouvelles influences; par exemple, les opinions diverses et l'autorité de ceux qui les tiennent. D'une certaine manière, le jeu de la rhétorique, dans

1. L'époque d'un Cicéron ou d'un Démosthène, EEH : *ibid.*

2. Hume dit encore à propos de ce que doit être l'éloquence des grands : « De quelle flambée d'éloquence fallait-il que ce discours s'enveloppât pour se rendre agréable et faire impression sur les auditeurs? Et quel art supérieur, quels talents sublimes fallait-il pour s'élever, par de justes degrés, à un sentiment aussi fort et excessif, pour enflammer l'auditoire et lui faire partager des passions aussi violentes ou des conceptions aussi élevées, et pour cacher enfin sous un torrent d'éloquence l'artifice qui était à l'œuvre! », Essai « De l'éloquence », ET-I : 158.

sa dimension publique, acquiert une importance de premier plan. L'élargissement de l'auditoire, du nombre de ceux qui sont susceptibles d'entendre et d'être influencés par de telles opinions va de pair avec une transformation de ceux qui font usage de la rhétorique, de ceux qui fabriquent des opinions : la figure du rhéteur savant et soucieux des dispositifs à partir desquels produire l'effet recherché cède la place à de nouvelles figures, moins virtuoses, moins scrupuleuses et plus intéressées dans leurs fins, dont la plus emblématique, dans la société anglaise d'avant la révolution, est probablement celle du prédicateur, quelle que soit son obédience.

Dans l'Essai « De l'éloquence », Hume stylise de manière encore plus nette cette opposition et il y rajoute cette considération en forme de paradoxe : d'où vient que l'Angleterre n'a pas donné naissance à de grands orateurs alors même que la consolidation du nouvel établissement politique va de pair avec la multiplication des espaces de délibération ? On pourrait s'attendre à ce que la rhétorique et l'éloquence y jouent un rôle de premier plan. Hume constate pourtant que l'« autorité » des grands parlementaires de génie « semble avoir été un effet de leur expérience, de leur sagesse ou de leur puissance, plus que de leur talents oratoires » [ET-I : 156]. Ce qui pourrait alors signifier que la stabilisation du gouvernement mixte soit allée de pair avec la valorisation plus grande de vertus telles la sagesse et l'expérience, avec la relativisation de l'impact de certaines formes d'éloquence sur l'imagination et les conduites.

Pendant toute la période des anciens établissements politiques, en l'occurrence pendant les guerres civiles, il y a cet état de l'opinion où l'homme du commun peut être facilement subjugué par le moindre prédicateur : les superstitions ainsi que les croyances religieuses, exacerbées par la toute puissance de mauvaises rhétoriques, y orientent les opinions et conduisent, le plus souvent, à agir pour l'intérêt de factions [1]. Avec l'instal-

1. L'*Histoire d'Angleterre* est pleine de descriptions portant sur ce premier état de l'opinion populaire, sur la mise en évidence des rôles joués par les prédicateurs de toutes sortes et autres factions politico-religieuses dans sa consolidation, voire ses manipulations. Par exemple, la présentation de la politique religieuse écossaise de Charles Ier, dans les années 1637-1639 [HA-V : 106 *sq.* ; HE-V : 249 *sq.*], insiste sur l'importance de toutes ces médiations rhétoriques – les « déclamations » publiques, les « discours en chaire » du clergé, le rôle actif de « chefs populaires », etc. [HA-V : 114 *sq.* ; HE-V : 256 *sq.*] – dans la production puis l'amplification des dynamiques de fanatisation du peuple. Hume décrit celles-ci comme résultant d'un véritable procès de production permettant l'institution d'un état social des affections communes à partir duquel la crédulité peut être exploitée comme une ressource de mobilisation politique des foules de premier ordre. Voir, sur cette même période du règne de Charles Ier, l'étude des prophéties dont le but est de subjuguer par des paroles publiques, souvent prononcées avec emphase et violence, des foules dont on cherche à obtenir l'adhésion par soumission aux autorités qu'elles représentent : l'exemple de la prophétesse Michelson [HA-V : 121 *sq.* ; HE-V : 263 *sq.*]. Sur cette question du fanatisme dans l'*Histoire d'Angleterre*, voir C. Gautier *in* C. Gautier, O. Le Cour Grandmaison (éd.) [2002 : 75-87].

lation des nouveaux établissements politiques, avec la stabilisation du gouvernement mixte [1], il semblerait que les discours religieux et sectaires, leurs cortèges d'incitations et d'appels au soulèvement en tous genres, aient perdu la plus grande part de leur influence [2]. Et c'est bien là ce qu'il convient de décrire et d'expliquer. Comment advient cette perte d'influence sur l'opinion commune de tout ce qui a tendance à stimuler la superstition religieuse et la crédulité ? Pour quelles raisons un tel renversement a-t-il été possible ? L'histoire peut décrire certaines des circonstances particulières et essentielles qui rendent compte de cette inversion, de cette relativisation. C'est aussi en ce sens qu'elle a vocation à reconstruire, de manière critique, les croyances politiques communes.

1. De ce point de vue, on peut souligner que l'*Histoire d'Angleterre* s'achève avec la Glorieuse Révolution et que ce sont les *Essais politiques, moraux et littéraires* qui vont constituer ce que J. Pocock a si justement nommé des « essais d'histoire contemporaine ». D'une autre manière, les problèmes que pose l'histoire de l'Angleterre au XVIIIe siècle, à partir de la fin du règne des Stuarts, ne sont plus de même nature.

2. Plus précisément, c'est la nature du contenu de ces superstitions qui est l'objet d'une transformation : de religieux qu'il était, il va devenir plus politique et séculier. Il n'en gardera pas moins son caractère de superstition. De ce point de vue, l'importance attribuée à la question de la liberté de la presse, aux divisions partisanes et à leurs causes, etc., dans les *Essais politiques, moraux et littéraires*, montre bien que la stabilisation du gouvernement mixte, au XVIIIe siècle, du moins à l'époque de Hume, ne s'était pas encore traduite par l'éradication de toute influence en provenance de ce genre de superstitions.

CHAPITRE II

LES POINTS DE VUE PARTISANS COMME OPINIONS SUR LES GÉNÉRALISATIONS EN POLITIQUE

La contribution critique de l'histoire à la reconstruction des croyances communes en politique repose sur ce point décisif de la discrimination entre croyances fondées et infondées. Tout en étant du côté d'une philosophie facile par son style et par ses destinataires, l'histoire n'en doit pas moins répondre à des exigences qui, sur le plan des connaissances, la rapprochent de la philosophie véritable et, d'un point de vue pratique, lui assignent une tâche aussi radicale. Le matériau sur lequel la critique doit avoir prise est l'opinion. Pour Hume, cette dernière permet, en effet, de comprendre pourquoi « le grand nombre est gouverné par le petit » : « la FORCE (est) toujours du côté des gouvernés, les gouvernants n'ont rien pour se soutenir que l'opinion »[1].

Ce sont les croyances[2] en tant qu'elles se fixent communément dans des opinions que l'histoire va prendre comme objet de réflexion critique. Le règne de l'opinion qui, par bien des aspects, est susceptible de contenir sinon d'inverser le rapport objectif des forces entre gouvernants et gouvernés, assigne à l'entreprise historienne une place remarquable. Cette dernière est un préalable à la théorie politique, au travail portant sur les généralisations. Il importe de comprendre plus précisément comment.

L'histoire développe sa critique sur certaines manifestations particulières de l'opinion : celles portées par les églises et les sectes religieuses ; mais aussi, pour ce qui est de l'époque plus contemporaine de Hume, celles revendiquées par les factions et les partis politiques dont la multiplicité et

1. Essai « Les premiers principes du gouvernement », ET-I : 93.

2. Dans l'essai « La liberté de la presse » et dans un paragraphe de conclusion supprimé de l'édition de 1770, Hume distinguait soigneusement le travail des sectes religieuses et le principe de la liberté de la presse, entre autres, pour la raison suivante : « Quand je lis un livre ou un libelle je suis seul avec moi-même, l'esprit calme. Personne n'est là qui m'enflamme de sa passion », ET-I : 80.

les rivalités sont naturellement reliées au caractère mixte des gouvernements. Dans les deux cas[1], il s'agit de soumettre à la discussion et à la critique ce que les porteurs d'opinion tentent, le plus souvent, d'imposer comme étant naturellement indiscutable[2] et parfaitement légitime. En effet, les points de vue de sectes ou de partis ont ceci de spécifique qu'ils cherchent à s'imposer comme des expressions authentiques de la vérité. Ce sont toujours des points de vue particuliers, ancrés dans des circonstances, déterminés par des intérêts[3] qui font l'objet de généralisations, qui sont établis comme points de vue généraux. C'est ce moment de généralisation que l'historien, critique des croyances et des opinions communes, peut restituer pour ce qu'il est, à savoir un point de vue résolument particulier auquel on a rattaché « par conjonction » un terme plus général[4].

L'analogie entre idée et point de vue tient dans la désignation du mouvement par lequel le particulier est relié à un terme général; au-delà, elle cesse et le cadre strictement épistémologique[5] doit être élargi pour rendre compte, dans le domaine de la politique, des fonctions et des usages dont sont susceptibles de telles relations de généralisation. En effet, lorsque les croyances concernées portent sur des superstitions religieuses, sur le devoir d'obéissance, le gouvernement des sociétés ou les sources de l'autorité par exemple, leur caractère de généralité s'ajoute à une autre qualité, sociale celle-là, leur dimension commune: ces croyances sont en effet partagées par un grand nombre d'individus. En religion, comme en politique, de telles croyances, lorsqu'elles sont erronées [TNH: 365] peuvent être dangereuses. Leur généralisation, toujours portée par des groupes, des partis ou des sectes, n'est pas le fait d'un travail contrôlé de l'imagination qui construit ses abstractions. Le caractère commun et la

1. Pour ce qui est des opinions religieuses et sectaires, elles feront l'objet de narrations détaillées dans l'*Histoire d'Angleterre*; c'est dans les *Discours politiques* que l'on trouvera les études concernant la genèse et le développement des clivages partisans.

2. Il s'agit, par exemple, du lien classique posé entre monothéisme et intolérance: « comme chaque secte affirme avec assurance que sa propre foi et son propre culte font l'entier agrément de la divinité, et comme personne ne peut concevoir qu'on puisse plaire au même être avec des rites et des principes différents et opposés, les divers partis en viennent naturellement à se faire la guerre et déchargent les uns contre les autres cette rancœur et ce zèle sacrés qui constituent les passions humaines les plus furieuses et les plus implacables qui soient », HNR: 72.

3. La définition humienne des partis distingue des propensions à la division fondées sur des « principes », des « intérêts » ou sur l'« affection », Essai « Des partis en général », ET-I: 117 *sq.*; *infra*, p. 84 *sq.*

4. L'analogie peut être retenue avec la définition humienne de l'idée générale: « Une idée particulière devient générale quand on l'unit à un terme général; c'est-à-dire à un terme qui, par conjonction habituelle, a rapport à de nombreuses autres idées particulières et les rappelle promptement dans l'imagination », TNH: 89.

5. Et celui, plus anthropologique, des opérations et tendances de l'imagination.

prétention à la généralité des contenus de croyance ou d'opinion d'un côté, de l'autre la spécificité des agents et des facteurs de généralisation justifient le travail critique de l'histoire. Celui-ci permet de décrire les conditions et les voies de formation de ces opinions; il doit, également, rendre compte des institutions qui les portent et des discours et arguments qui les enveloppent pour en consolider l'autorité.

Toutefois, dans les sociétés modernes, fondées sur des constitutions stabilisées, il convient de faire une distinction majeure entre croyances religieuses et croyances politiques. L'intransigeance et l'intolérance accompagnent, le plus souvent, les prétentions des religieux sectaires lorsqu'ils cherchent à imposer leurs croyances en forme de dogmes et elles conduisent à des manifestations radicalisées de violences: «si les Chrétiens, les Anglais et les Hollandais ont embrassé les principes de la tolérance, cette singularité a eu pour origine la détermination des magistrats civils, qui se sont opposés aux efforts répétés des prêtres et des fanatiques» [HNR: 73]. Du côté des croyances politiques, l'expression des différends peut emprunter plus régulièrement, quoi que non systématiquement, la forme des clivages partisans et d'une concurrence non violente. Si les premières ont vu leurs effets relativisés pour ce qui est des manifestations de l'intolérance et de la violence, c'est en raison de l'établissement d'un rapport particulier de détermination du religieux par la politique [1].

Ce danger avéré de l'erreur en matière de croyance religieuse, déjà évoqué et, sur un autre plan, celui de l'erreur en matière de croyance politique, rend utile l'analyse de ce que désigne la généralisation d'un point de vue. Sur ce plan précis, et à l'exclusion de ses conséquences dont on sait qu'elles diffèrent grandement, rien ne permet de séparer, en effet, l'étude de la conviction religieuse sectaire de celle de la conviction politique partisane. Il est possible de les penser ensemble. Les différences, inévitablement liées à la pluralité des points de vue que requièrent les interpré-

1. Une autre trame de l'*Histoire d'Angleterre*, chez Hume concerne ce rapport et toute la description de l'autonomisation du pouvoir royal vis-à-vis de Rome est portée par cette hypothèse. Ce n'est pas par «émancipation» mais par subordination au gouvernement politique des sociétés que les effets souvent dévastateurs des superstitions religieuses ont pu être, historiquement, contenus. Est ainsi démentie, dans ce cas particulier mais exemplaire, la thèse générale d'une modernisation politique par «émancipation» du politique vis-à-vis du religieux. Une thèse qui exprime le point de vue libéral d'une lecture rétrospective portant sur la naissance de la société politique moderne. Voir L. Dumont [1977]; pour une critique, C. Larrère [1992: 9 *sq.*; 317-318] et C. Gautier [1993: 10 *sq.*; 19 *sq.*]. Sur l'hypothèse d'une histoire des Lumières portant sur les «sociétés civiles», mettant l'accent, non plus sur une régulation portée par «la langue, la loi et la foi», mais sur une régulation induite par les «mœurs» et les «manières», voir J. Pocock [1999-II: 16; 153 *sq.*]; N. Phillipson, *in* L. Stone (ed.) [1975: 407-448]; *in* J.C. Brown (ed.) [1979: 140-161]; *in* R.A. Mason (ed.) [1987: 226-246]; *in* G.J. Schochet (ed.) [1993a: 305-318]; *in* J.G.A. Pocock (ed.) [1993b: 211-245].

tations du monothéisme et de ses rites pour la religion, les lectures des titres à l'exercice légitime de l'autorité dans une constitution mixte pour le gouvernement des sociétés pour la politique, vont s'incarner dans des différends eux-mêmes radicalisés et portés aux extrêmes par le jeu des passions. Hume n'aura pas de mal, d'ailleurs, à montrer comment, dans les temps forts de crises et de guerres civiles, les types religieux et politiques de ces différends vont s'épauler et se renforcer réciproquement, sans toujours trouver de terrain de rencontre, de lieu commun d'expression.

En raison de ce rapport très particulier du passé au présent qui fixe le point de vue narratif de l'historien, il est possible pour celui-ci, connaissant l'aboutissement des séries d'événements dont il parle, d'en faire une présentation critique. Mais cela suppose, cependant, des conditions que ne remplissent pas toutes les histoires engagées. Pour les mettre en évidence et pour comprendre comment Hume, dans son projet, tente d'y répondre, il faut souligner la proximité, voire l'analogie, qui existe entre la manière dont s'affrontent dans l'espace public les opinions sectaires et partisanes [1], et les conflits entre historiens engagés dans l'interprétation de la Révolution Anglaise [2]. Les partis pris interprétatifs qui orientent l'écriture de l'*Histoire d'Angleterre* sont sans doute liés chez Hume, comme on le verra plus loin, à une manière critique de penser la position des historiens « partisans » [3] à l'égard de leur objet.

1. On pense, entre autres, à cet exemple illustre des conflits d'opinions entre Ministérialistes et Bolingbroke au moyen de la presse écrite : *The Crafstman*, *The Spectator*, etc.

2. Ces affrontements sont particulièrement vifs lorsqu'il s'agit de narrer l'histoire de certaines dynasties, celle des Stuarts et, notamment, les règnes de Charles Ier ou de Jacques II. Ce n'est pas un hasard si un grand nombre d'historiens des années 1720-1750 – on pense à Rapin Thoyras [1739 : *Histoire d'Angleterre*], à J. Hervey of Ickworth [1734 : *Ancient And Modern Liberty Stated And Compare'd*], à William Guthrie [1744 : *A General History of England*], à Thomas Salmon [1751 : *Nouvel Abrégé Chronologique de l'Histoire d'Angleterre*], et à bien d'autres avant Hume – éprouvent le besoin de prendre position sur ce débat récurrent à cette époque, qui porte sur la prétendue objectivité des historiens parlementaristes ou royalistes ; *infra*, p. 103 *sq*.

3. Il y a une intention polémique dans le travail historien de Hume, qui est la marque incontestable du caractère toujours circonstanciel de l'écriture historique et qui situe l'une des dimensions de son propos. Cependant, il est possible, D. Forbes l'a déjà suggéré avec l'Affaire « Wilkes » et M. Malherbe le réaffirme pour les *Essais*, de mesurer à quel point le travail de réédition et celui des épurements successifs sont aussi un effort de mise à distance progressive avec ces circonstances et constituent, entre autres, une entreprise de neutralisation toujours plus grande du point de vue, de modération de celui-ci. On comprend ainsi pourquoi l'essai « Un portrait de Robert Walpole », publié pour la première fois en 1742, quelques mois avant la fin de son ministère, sera reporté en note à la fin de l'Essai « Que la politique peut être réduite à une science » dans les éditions successives de 1748 à 1768 pour être, finalement, supprimé dans les éditions ultérieures. Voir D. Forbes [1985 : 134-142] ; M. Malherbe, *in* C. Gautier (éd.) [2001 : 116-117].

La mesure de ce à quoi correspond, chez Hume, ce travail de la critique des points de vue engagés des historiens suppose un détour par la qualification de la politique et des conditions requises pour en faire une théorie, pour en construire un savoir positif. Au centre de ces questions, le problème de la « généralité » et de la « généralisation » [1]. Dans un premier temps, nous montrerons pourquoi la politique, dont le gouvernement des sociétés est une détermination essentielle, repose sur un travail de généralisation. Nous envisagerons alors l'étude des points de vue sur la politique ; des points de vue portés, comme les opinions populaires dans la vie commune, par un esprit de parti. Ces points de vue engagés ont au moins une revendication commune : prétendre dire la vérité, c'est-à-dire exhiber les voies d'une authentique et légitime généralisation.

LA POLITIQUE COMME TRAVAIL DE GÉNÉRALISATION DU PARTICULIER

Chez Hume, la politique est qualifiable à partir d'une anthropologie [2] ; l'objet de la théorie politique vise toujours les principes de la nature humaine à partir desquels comprendre l'origine du gouvernement et son développement. Une telle manière d'aborder la politique ne se retrouve pas explicitement dans les théories du contrat ou du droit naturel. Partir de la nature humaine, c'est situer le raisonnement sur le plan de la généralité, laquelle n'a pas – ou peu – de rapport avec ce que le rationalisme volontariste entend désigner lorsqu'il pose que le contrat est au fondement de toute société politique légitime.

La recherche des origines du gouvernement concerne plutôt ce qui peut répondre « généralement » [3] et avec la plus grande « régularité » aux déterminations de l'homme entendu comme nature. Si les hommes ont « intérêt » au maintien de la société, à l'observation des règles de justice, cet intérêt doit être suffisamment « grand » et « tangible » pour l'humanité entière, y compris pour « l'individu le plus primitif et le plus inculte de la race humaine » [TNH : 655]. Il se caractérise donc par sa force et par son

1. Cette question de la généralisation, qui traverse toute la pensée de Hume et forme l'un des axes de son anthropologie et de son épistémologie, ne sera étudiée que dans ses rapports à la politique.

2. D. Deleule [1979 : 27-47 et 74 *sq.*] ; pour une présentation générale et plus récente de ce point de vue : D. Deleule *in* C. Gautier (éd.) [2001 : 19 *sq.*].

3. TNH : 86, sur la ressemblance et la négligence des menues différences à propos de la formation des idées abstraites ; TNH : 595 sur la relation entre signes et motifs des conduites et sur la tendance à négliger les « choses signifiées » ; TNH : 657 sur la négligence des menues distinctions, sur la mise à distance et la non prise en compte des circonstances particulières dans la qualification de l'intérêt général, etc.

évidence. C'est à partir d'un système de forces que Hume commence par décrire le paradoxe apparent qui permet de justifier l'origine de la société politique.

En effet, nous savons que l'évidence ou la force de cet intérêt au respect des règles générales de justice ne parvient pas à contrebalancer, isolément, cette autre « tendance » ou « inclination » à vouloir ne répondre qu'aux sollicitations de l'intérêt particulier[1] ; en conséquence de quoi l'homme s'expose, tout aussi naturellement, aux effets de la transgression des règles générales[2]. Le problème n'est pas envisagé ici dans les termes d'un conflit entre nature ou passions d'un côté, raison ou volonté de l'autre ; il est envisagé comme recherche d'une possible résultante stabilisée dans un système de forces qui confronte des tendances également naturelles, nécessaires ou générales. C'est en cela que l'argument politique est d'abord anthropologique. La question se déplace : si, dans son principe, la coexistence est toujours déjà donnée dans l'établissement des règles stabilisant le rapport des individus aux objets externes[3], ce qui devient objet de la réflexion politique réside dans la délimitation de ce qui fait obstacle, de ce qui produit la ou les résistances au libre jeu des tendances naturelles entre elles. La question du gouvernement, de son origine et de sa stabilisation, est aussi celle de l'élucidation du contenu, de l'intensité et de l'orientation des résistances faisant obstacle au respect des règles générales de justice.

La généralisation des intérêts particuliers

La question [TNH : 656] est celle-ci : pourquoi l'homme peut-il agir en parfaite contradiction avec ses intérêts ?[4] Pourquoi est-ce naturel ? Pourquoi cela n'implique-t-il pas de qualification négative de la nature humaine ?

1. « l'expérience prouve suffisamment que les hommes, dans la conduite ordinaire de la vie, ne regardent pas aussi loin que l'intérêt public, quand ils paient leurs créanciers (...). C'est là un motif trop lointain et trop élevé pour toucher la généralité des hommes et pour agir avec quelque force sur des actions aussi contraires à l'intérêt privé... », TNH : 597.

2. - « quel principe il y a dans la nature humaine, assez puissant pour subjuguer une passion aussi forte ou assez violent pour obscurcir une connaissance aussi claire ? », TNH : 655. Voir aussi l'essai « L'origine du gouvernement », ET-I : 97.

3. Par exemple, les règles de la propriété stabilisent la relation comme rapport de causalité entre un individu et un objet externe en III, II-3, [TNH : 620-621].

4. Dans l'essai « L'origine du gouvernement » Hume use de formulations plus radicales et, après avoir constaté que la solution au problème relève, tout au plus, du palliatif et non du « curatif », il s'interroge sur ce qui permet « d'obliger les hommes, en dépit d'eux-mêmes, à consulter leurs intérêts véritables et permanents », ET-I : 98. Sur l'usage de l'analogie biologique, voir D. Deleule [1979 : 105 *sq.*].

Pour répondre à ces questions Hume propose de partir de la distinction entre les deux types d'intérêt comme qualification d'une différence d'intensité affective. Cette différence dans la force des affections liées à l'expression des intérêts permet de comprendre la récurrence d'une erreur commune qui veut que ce qui nous apparaît sous un jour plus lumineux, c'est-à-dire porté par une intensité plus grande, est affecté d'un degré plus élevé de vraisemblance, d'un coefficient plus fort de « réalité », d'objectivité : l'objet ainsi désigné à notre intérêt est plus vrai, plus réel que « sa valeur réelle » [TNH : 655] [1] et nous le percevons de manière erronée. Il y a, entre les deux, le même contraste qu'entre une idée « vive » et « forte » et une idée « sous un jour sombre » [*ibid.*]. La vivacité de la première tient dans sa proximité et sa contiguïté spatio-temporelle. On retrouve ce qui a déjà été dit des modes d'affection de l'imagination : le présent l'emporte en intensité sur le futur, le proche sur le lointain [2].

Pas de contradiction réelle, la différence d'intensité, elle-même déterminée par la proximité et l'actualité d'une affection, a pour effet de solliciter, de mobiliser et d'orienter le sens de la conduite. L'éloignement de l'intérêt général, c'est-à-dire son abstraction, va de pair avec la perte de son caractère d'évidence, c'est-à-dire de la force au moyen de laquelle il est, originellement, susceptible d'affecter la conduite. Entre ces deux types d'intérêt, il y a le même rapport qu'entre des raisonnements théoriques plus ou moins évidents. La distance et la multiplication des étapes du raisonnement, quoique légitimes, sont autant d'éléments qui viennent soustraire à l'évidence primitive de sa force et de son efficace [TNH : 228]. Entre la prémisse et la conclusion, les maillons jouent comme des réducteurs d'intensité et de force de l'évidence primitive et il convient d'avoir recours à d'autres artifices pour actualiser ladite évidence, lui donner à nouveau l'intensité qui puisse alimenter la conviction, au besoin nourrir la croyance.

L'intérêt général peut être considéré en des termes analogues : par la multiplication des intermédiaires, c'est-à-dire par les effets de la complexification et de l'enrichissement de la société civile [TNH : 660; 662], l'évidence et la capacité d'affection de l'intérêt général diminuent alors que demeurent inchangées l'exigence ou la nécessité de le respecter. L'indétermination dans l'espace et le temps, la faible lisibilité immédiate des conséquences de toute conduite n'observant pas les règles générales [3],

1. Sur l'analogie entre mode de transition d'une idée à l'autre dans l'esprit et transition d'une passion à l'autre [TNH : 382-383 ; 446].

2. « ... nous cédons aux sollicitations de nos passions qui plaident toujours en faveur du proche et du contigu », TNH : 656.

3. « Des circonstances extraordinaires peuvent faire qu'un homme trouve ses intérêts mieux servis par la fraude et la rapine que blessés par la violence que son injustice cause à l'union sociale », ET-I : 97.

l'amplification et la multiplication des comportements de transgression par contiguïté et imitation[1] contribuent à rendre effective la confrontation entre les deux types d'intérêt. Il n'y a rien de paradoxal dans la conclusion selon laquelle l'acte d'injustice est naturel; qu'il participe d'une tendance, d'une inclination ou, pour employer le mot de Hume, qu'il est une « qualité » de la nature humaine.

La contradiction y est alors extrême puisque « incapables de préférer le lointain au contigu, ils (les hommes) ne consentiront jamais à accepter ce qui les obligerait à choisir de pareille manière et à contredire d'une manière aussi sensible, leurs tendances et leurs principes naturels » [TNH: 656; 597]. Il n'est pas question de « choisir », encore moins de « vouloir ». Dans les deux cas, ce qui fait balance et pose le système des forces, ce sont des tendances naturelles contre lesquelles on ne peut pas agir directement. Les théories du contrat se trompent sur la nature du palliatif[2] qu'il est possible d'administrer; ce serait vouloir que l'homme s'obligeât lui-même en niant sa nature. Telle est bien l'erreur ou l'illusion: croire qu'il est possible, par un décret de volonté, d'instituer contre nature, ce qui permettrait de faire basculer le rapport des forces en faveur de l'intérêt général[3]. Dans le Livre II du *Traité*, la question des rapports entre raison et passions est posée en des termes clairs qui soulignent l'impuissance de la raison, comme cause première, à « jamais produire une action », à jamais « engendrer une volition » quelconque. Et c'est dans le langage de la force, de l'influence et de la contre tendance que Hume s'exprime: puisque la « raison n'a pas d'influence primitive, il est impossible qu'elle puisse contrebalancer un principe qui a ce pouvoir ou qu'elle puisse faire hésiter l'esprit un moment » [TNH: 524]. Il est vain de vouloir « dénaturer » ou « instituer » l'homme ou le peuple[4]. La solution ne peut être que naturelle; plutôt, l'artifice par quoi sera rendue possible l'observation inflexible des règles générales de justice consistera à prolonger de manière oblique[5] la nature; en l'occurrence, à jouer sur les « circonstances » ou les « situations » extérieures.

1. « Votre exemple me pousse en avant dans cette voie par imitation », TNH: 656.

2. Terme employé par Hume lui-même: « Cette grande faiblesse de la nature humaine est incurable. Les hommes doivent donc tenter de pallier ce qu'ils ne peuvent guérir », ET-I: 97.

3. « Il est donc impossible que cette passion (comme existence primitive) puisse être combattue par la vérité et la raison ou qu'elle puisse les contredire » et, un peu plus loin: « Si une passion ne se fonde pas sur une fausse supposition et si elle ne choisit pas des moyens impropres à atteindre la fin, l'entendement ne peut ni la justifier ni la condamner », TNH: 525.

4. J.-J. Rousseau, *Du Contrat social*, II-7; *Émile ou de l'éducation*, I-1.

5. TNH: 182 sur la production de la coutume par la raison de « manière oblique et artificielle »; voir aussi TNH: 216-217.

Reprenant la question classique de la confrontation entre intérêts particuliers et intérêt général, Hume entend lui donner une signification nouvelle qui n'a pas, d'abord, de connotation morale; qui, au contraire, reste liée aux principes de son anthropologie et de son épistémologie. Il n'y a pas de différence de nature entre l'intérêt particulier et l'intérêt général. Le second n'exige pas, pour être compris, de métamorphose particulière, de changement de point de vue. Il peut se définir comme un intérêt « particulier » auquel on rattache un terme général [TNH : 89] par « conjonction habituelle »; il est ensuite le résultat d'une « abstraction », c'est-à-dire d'une stylisation produite par la raison qui, en généralisant, « néglige » les « menues différences » et ne retient que la tendance. L'intérêt général est ainsi l'effet d'une abstraction de ce qui est en commun, de ce qui régulièrement se trouve en particulier dans l'intérêt de chacun [1]. Ce qui démarque principalement les deux tient dans la distance et l'éloignement, dans une moindre vivacité et dans une moindre intensité de force. On comprend, dès lors, que la question politique par excellence réside dans la facilitation du passage de l'un vers l'autre, c'est-à-dire dans l'élaboration des conditions d'une transition aisée permettant de passer de la particularité à la généralité des intérêts et inversement. Nous retrouvons ici les principes généraux de son épistémologie, celle des transitions aisées [2] et, par voie de conséquence, de son anthropologie, celle de la circulation et de la conversion des intensités.

La préférence pour le présent, le proche est donc naturellement liée à « notre négligence à l'égard d'objets éloignés », à notre « tendance naturelle à les négliger » [TNH : 657]. Généraliser, c'est alors ne pas prendre en compte ce qui détermine une situation dans laquelle se manifeste un intérêt, se délimite un objet, s'exprime une notion ou une idée : les « circonstances ». La mise à distance, conséquence de la généralisation, produit toujours de l'indétermination grâce à quoi je puis ne me préoccuper que de qualités plus générales, de propriétés communes [3]. Dès lors que je me rapproche à nouveau, la particularité des contextes, les situations et les circonstances « exercent une influence sur ma conduite et mes affections » [*ibid.*]. À propos des expériences concernant les facteurs de variation de la force d'une idée [TNH, I, III-8], Hume évoque, à côté de la contiguïté et de la ressemblance, la distance : « Certainement, la distance diminue la force de toute idée; et si nous nous approchons d'un objet,

1. À propos de la définition du sens de « nature » entendu comme « ce qui est commun à l'espèce », TNH : 601.

2. M. Malherbe [1992 : 121-126].

3. « La distance où je suis de la détermination finale fait que s'évanouissent toutes ces menues différences et que je ne suis touché que par les qualités générales et plus discernables de bien et de mal », TNH : 657.

celui-ci (…) agit sur l'esprit avec une force qui contrefait [« imitates »[1]] l'impression immédiate »[2]. La proximité accroît, l'éloignement diminue la force de l'idée. Et l'intérêt général, en tant qu'il est distant, peut être à son tour considéré comme une « idée » dont la force est relativement faible ; en tout cas plus que celle de l'intérêt particulier qui est toujours un intérêt immédiat, présent et relié au moi.

Parler d'un acte de généralisation comme s'il s'agissait de l'effet direct d'une faculté est tout à fait inexact. Il conviendrait plutôt de dire que le travail de la généralisation, dont l'imagination qui raisonne est le lieu, est principalement la conséquence de déplacements, de mises à distance.

Nous avons déjà vu que Hume partait du mécanisme inverse de celui de la généralisation pour étudier la formation de la croyance, le rapprochement, le raccourcissement des distances ; qu'au moyen d'artifices et d'expédients, on pouvait amenuiser de manière fictive les distances et, ainsi, réduire l'indétermination affective d'une idée trop générale en lui rendant la force concrète d'une impression vive. Le jeu sur les distances par établissement de circonstances particulières permet donc d'agir sur les « transitions », les « circulations » entre intensités affectives, leurs conversions.

La politique est affaire de « généralisations »

Le problème de la politique chez Hume est ainsi celui des conditions au moyen desquelles l'intérêt général demeure un objet susceptible d'avoir des effets sur ma conduite, sachant que cette dernière est toujours naturellement tendue vers la satisfaction partiale d'un intérêt particulier. Il est celui de l'invention d'un « expédient » « qui guérirait les hommes de leur faiblesse naturelle et les mettrait dans la nécessité d'observer les lois de justice » [TNH : 657-658]. Un expédient qui va porter, comme artifice ou remède, sur les circonstances extérieures[3] au moyen desquelles raccourcir la distance à la source de l'affection susceptible d'influencer les conduites.

Deux remarques ici s'imposent. La solution proposée ne consiste pas dans l'invocation d'un principe extérieur, dans une quelconque transcendance ou dans un éventuel pouvoir de la raison au service de la volonté. Elle est immanente, c'est-à-dire incluse dans les principes de la nature humaine.

1. « it operates upon the mind with an influence that imitates an immediate impression », THN : 100.

2. [TNH : 177]. Plus loin : « Penser un objet conduit aisément l'esprit aux autres objets contigus au premier ; mais c'est seulement la présence effective d'un objet qui l'y conduit avec une vivacité supérieure », *ibid.*

3. « comme il est impossible de changer ou de corriger quoi que ce soit d'important dans notre nature, le plus que nous puissions faire, c'est de changer les circonstances et la situation où nous nous trouvons », TNH : 657-658.

Elle est une dimension essentielle de l'anthropologie[1]. Mais, en tant qu'elle n'est qu'un expédient[2], même nécessaire, cette solution n'est pas stable. Tout en permettant de surmonter la difficulté – la problématique compatibilité entre deux propensions naturelles de l'homme – elle ne la résout jamais définitivement. C'est dans ce caractère instable des effets produits par l'artifice que réside l'une des difficultés de la politique comme pratique de gouvernement; mais aussi, et pour ce qui nous intéresse, comme théorie. La science politique peut alors être considérée comme un savoir des circonstances et des artifices permettant d'infléchir, sans jamais les contredire ou les nier, les inclinations des individus en tant qu'ils sont dotés d'une nature; comme un savoir des circonstances qui suppose une attention particulière aux « effets », aux lignes « obliques » et aux moyens indirects. La politique est un savoir des médiations et des intermédiaires par le moyen desquels sont rendues compatibles des exigences contraires, également nécessaires parce que naturelles.

La politique est, à ce titre, une affaire de généralisations. Comme ensemble de pratiques, elle désigne l'ensemble des palliatifs, des artifices et des « institutions » au moyen desquels se trouve sans cesse actualisée la relation nécessaire et instable entre particularité des intérêts individuels et généralité de l'intérêt commun à la coexistence. Si les règles générales et naturelles de justice sont nécessaires car elles posent les conditions mêmes de la coexistence – on sait qu'elles précèdent l'établissement de la société politique[3] –, elles n'en sont pas moins des artifices et, sur le plan de leur institution, soumises à d'amples variations empiriques[4]. La détermination de ces règles ne préjuge pas des lois positives leur donnant une effectivité. Il faut stabiliser les relations aux objets externes – la propriété pour les biens, l'allégeance pour le souverain –, mais rien ne permet, *a priori*, d'inférer quoi que ce soit des formes institutionnelles qui les soutiendront. La propriété et l'allégeance sont alors soumises au principe des différences et, pour cette raison, susceptibles, dans les moments de leur institution, de controverses. Entre les règles générales et les lois positives qui leur donnent

1. En quoi cette connaissance des effets, ce savoir de nature anthropologique dépend bien de ce que Hume nomme « la science de l'HOMME », TNH : 58.

2. Le mot anglais est également « expedient », THN : 537.

3. Ce que Hume rappelle en affirmant, dès le début de [III-2, 8], que cette invention n'est « pas nécessaire dans toutes les circonstances », TNH : 660. Dans l'« enfance des sociétés », le besoin d'une organisation politique est faible sinon inexistant; mais surtout, le besoin de gouvernement naît des rapports entre sociétés : il est donc lié, en premier lieu, à un mode spécifique de relation externe.

4. Variations spatio-temporelles qui, pour être décrites, impliquent l'adoption d'un autre point de vue que celui de la déduction, point de vue prédominant dans le troisième Livre du *Traité*.

corps il y a un espace ouvert : celui des inventions, des justifications et des croyances humaines.

La théorie politique permet certes de dégager les raisons de cette nécessité, celles de la prévalence d'un intérêt général, de la stabilisation de certaines formes de la propriété et de l'allégeance[1] ; il n'en reste pas moins que cette nécessité ne va pas de soi considérée dans sa dimension phénoménale. Elle se donne dans une série d'effets qui ne sont repérables et explicables que de manière *a posteriori* dans les termes d'une histoire. Les opinions politiques que l'on peut alors avoir sur ces formes empiriques – les institutions, les règles positives, etc. – sont diverses et conflictuelles. Le monde des opinions politiques communes est donc traversé par des divergences et par des conflits; il réfracte, à sa manière, des généralisations distinctes, souvent contradictoires, qui portent sur ces questions de l'intérêt général. Comment de telles opinions politiques se clivent-elles ? Comment se réfractent-elles dans des généralisations partielles et partiales ?

LE POINT DE VUE PARTISAN COMME EXPRESSION D'UNE GÉNÉRALISATION ORIENTÉE D'INTÉRÊTS PARTICULIERS

Entre les règles générales et leurs incarnations dans des lois positives il y a donc un lieu d'indétermination ouvert aux différences spatio-temporelles. Un lieu traversé par des polémiques et des conflits. Les points de vue s'y affrontent[2] qui concernent l'élucidation de problèmes particuliers.

Avec le gouvernement « mixte », propre aux établissements politiques modernes, ce lieu d'indétermination entre « principe » ou « règle générale » et forme de la loi positive est, pour ainsi dire, inscrit au cœur même du dispositif politique. Hume ne fait-il pas valoir[3] l'existence d'une impossibilité logique et pratique à vouloir légiférer en matière de responsabilité du monarque ? Il n'est pas possible de limiter, par une loi positive, l'étendue du pouvoir royal sauf à donner un pouvoir de contrôle supérieur à une instance qui, dès lors, romprait tout l'équilibre entre prérogative du roi et privilèges des parlements : « Ce cas (…) n'est jamais expressément prévu par les lois, parce qu'il leur est impossible, dans leur cours ordinaire, d'y remédier, pas plus qu'elles ne peuvent établir un magistrat, investi d'une autorité supérieure, pour châtier les outrances du prince » [DP : 211]. C'est à partir

1. Voir l'essai « Que la politique peut être réduite à une science », D. Hume, ET-I : 81 *sq.*

2. Voir ce qui est dit des « discussions » et des « disputes » à propos des différends concernant la jurisprudence ; disputes qui « ne peuvent souvent recevoir de décisions, ou (qui) ne peuvent se décider par une autre faculté que par l'imagination », TNH : 625-626.

3. Voir l'essai « De l'obéissance passive », DP : 208 *sq.*

de ce lieu d'indétermination que Hume énonce, sur le terrain de l'histoire précisément et non pas seulement sur celui du droit, le problème de la résistance[1]. En l'absence de lois positives, c'est le jeu des circonstances qui oriente les choix d'une issue, par exemple l'obéissance ou la résistance, la restauration ou la révolution, etc. ; qui oriente, en dehors des circonstances de crise, la fixation d'une relation régulière et stable entre autorité et liberté. Il n'y a pas, dans tous ces cas, de règles *a priori* qui permettent d'en fixer la forme. Ces situations sont également celles où l'opinion, ceux qui la produisent et la diffusent, jouent un rôle de tout premier plan.

Dans une « monarchie mixte de ce type », il y a donc « une sorte de no man's land constitutionnel entre le roi et le parlement ». Celui-ci forme une « circonstance dans la constitution Anglaise qu'il est très difficile, voire presque entièrement impossible, de réguler par des lois ». D. Forbes ajoute encore que cet espace « doit être gouverné plutôt par l'idée particulière et délicate de convenance et de décence que par une règle ou une prescription exactes »[2]. On peut alors admettre que les opinions qui véhiculent des représentations et des croyances communes portant sur les manières de circonscrire ce « no man's land » sont une donnée essentielle de la politique moderne. Les idées de « convenance », de *propriety*[3] n'ont aucun caractère d'évidence et ne sont pas fixées *a priori*. Elles sont, au mieux, des effets liés à l'expérience ; des résultats. Elles sont, dès lors, des objets de controverses et de confrontations entre « points de vue ». L'autorité qu'elles acquièrent résulte de processus et de médiations souvent conflictuels qui engagent des institutions aussi différentes que l'« antiquité » d'une expérience, les « intérêts » défendus par des factions ou par des partis, etc.

On retrouve donc à différents niveaux la question des opinions. Des opinions communes qui, portées par des points de vue différents sinon opposés, prétendent toujours donner, sur les problèmes en litige, des solutions « générales » et acceptables, énoncer les principes d'une vérité, religieuse ou politique, indiscutable comme devant s'imposer au plus grand nombre. Sur quoi repose une telle prétention à construire des généralités qui débordent toujours des opinions particulières ? La réalité de cette prétention, la manière dont elle s'exprime dans les points de vue qui la soutiennent, la légitimité souvent problématique des contenus revendiqués apparaissent exemplairement dans le développement des clivages partisans, autre signe de la modernité des établissements politiques étudiés par Hume dans ses *Essais* et son *Histoire d'Angleterre*.

1. Cf. *infra*, p. 172 *sq*.
2. D. Forbes [1985 : 170-171].
3. *Ibid*.

Opinions sur les « principes » et opinions intéressées

On a souvent commenté l'essai « Les premiers principes du gouvernement » [ET-I : 93 *sq.*] à partir de la relativisation humienne du modèle harringtonnien de la loi fixant la relation entre distribution de la propriété et distribution de l'autorité[1]. C'est là, incontestablement, une dimension décisive de l'essai. Il semble pourtant utile de faire valoir un point de vue complémentaire qui n'est pas moins éclairant. Dans cet essai très concis, Hume revient en effet sur le problème de toute théorie politique moderne, celui de la relation entre opinion et gouvernement. Le titre est explicité dans une formulation lapidaire : « c'est sur l'opinion seule que le gouvernement est fondé ». Plus précisément encore, c'est sur l'autorité de l'opinion que se fonde le gouvernement. L'opinion y est alors un « sentiment » qui demande à être partagé par « le plus grand nombre » [ET-I : 94].

Telle est la difficulté : par définition, l'opinion n'est pas immédiatement généralisable. En même temps, lorsqu'elle s'étend au plus grand nombre, elle peut devenir un facteur de stabilisation politique, un facteur de « sécurité » pour le gouvernement : elle est alors au principe de son « autorité ». Il en est ainsi des « opinions d'Intérêt » qui portent sur la justification du gouvernement, du caractère avantageux de son action. L'autorité de cette opinion première, qu'elle soit d'« intérêt », de « droit de puissance » ou de « droit de propriété », y combine toujours un sentiment et une conviction[2]. L'extension d'une telle opinion semble revêtir un caractère objectif : elle s'impose[3] en raison de l'évidence de ses contenus ; elle contraint à l'assentiment et, par ce moyen, elle accède à un certain degré de généralité. Ce mouvement a pour autre résultat de conférer à l'opinion le statut d'une croyance partagée et, dès lors, d'en produire tous les effets. Comprendre ce qui fait l'autorité de l'opinion commune à partir de laquelle, par exemple, tout gouvernement peut trouver les éléments de sa stabilité, revient à identifier et à décrire les circonstances et les facteurs qui produisent la croyance en sa légitimité, c'est-à-dire en la « réalité » d'une relation particulière entre le souverain et les individus-sujets. Il est possible de reconduire la distinction humienne entre les catégories d'intérêts à partir de cette interrogation sur l'autorité des opinions que ces dernières véhiculent et des agents ou institutions qui en sont les représentants.

1. Sur la critique humienne de *The Commonwealth of Oceana* [1656], se reporter à D. Deleule [1979 : 337 *sq.*] ; D. Forbes [1985 : 228-229 ; 312] ; pour une histoire des lectures critiques de J. Harrington, voir J. Pocock, [1986 : 124 *sq.*] ; *in* J. Harrington [1977 ; 1995 éd. fr. : 183 *sq.*].

2. « le sentiment de l'avantage (...) joint à la conviction... », ET-I : 93.

3. « Quand cette opinion s'impose dans un État, chez le plus grand nombre... », ET-I : 94.

Ce point de vue de lecture souligne, dans le domaine des opinions politiques, le caractère incontournable des agents d'opinions comme le droit, son ancienneté, les factions et les partis. L'opinion de droit – de puissance comme de propriété – acquiert d'abord son autorité par ancienneté : son « antiquité » [ET-I : 93]. Autre manière de désigner le caractère producteur du temps comme cadre de l'expérience au moyen duquel la répétition et l'habitude contribuent à la croyance en la réalité de telle ou telle relation de souveraineté[1]. Reconnaître au droit, à son ancienneté, ce qui fait la force et l'autorité d'un intérêt et de l'opinion qui le représente, c'est également admettre que le « droit », ainsi entendu, a précédence sur d'autres instances possibles de légitimation. Aussi comprendra-t-on que lorsqu'elles sont portées par la défense d'intérêts concernant « un point de droit ou de principe », les factions « montrent davantage de persévérance et un sens plus déterminé de la justice et de l'équité » [ET-I : 94]. Elles y trouvent, par contiguïté, un supplément de légitimité, de réalité, et combinent vertueusement les dispositions humaines à la sociabilité. Dans cette circonstance, et dans cette circonstance seulement, Hume reconnaît la positivité du parti ou de la faction comme médiation permettant de préserver voire de restaurer la force d'une opinion, quand la source de son autorité se trouve en dehors d'elle, dans le droit et dans son ancienneté. Le travail politique de généralisation auquel contribue ce genre de faction est donc légitimé par l'extériorité des principes défendus, leur « objectivité » étant toujours déjà posée.

Pourtant le problème se complique : le même principe, « la disposition naturelle des hommes à la société » [ET-I : 94], permet aussi de rendre compte d'un autre type d'engagement factieux ou partisan. Il repose alors sur des motifs qui portent à « négliger tous les liens de l'honneur et de la moralité » au service d'un parti. Tantôt porteur d'une opinion légitime concernant le principe ou le droit, le parti peut tout aussi bien, et par le jeu de la même tendance naturelle, construire des justifications, des opinions d'« intérêts propres » dont les effets en matière de conduite politique, ne seront pas moins réels bien que discutables, voire contestables. Dans les deux cas, la généralisation et l'autorité qui l'accompagne sont susceptibles de produire tous leurs effets.

Ce qui vaut pour l'élaboration d'une connaissance positive de l'homme et qui suppose la distinction entre bonnes et mauvaises croyances, vaut alors pour la politique : différencier les opinions communes véritables et utiles et les opinions communes discutables et nuisibles. Le projet d'une histoire critique des opinions politiques communes trouve sa justification dans celui, plus général, d'une connaissance de l'homme.

1. Cf. *infra*, p. 222 *sq*.

La distinction est d'autant plus nécessaire et difficile à conduire que la réalité des oppositions factieuses et partisanes ne se limite pas à la confrontation des opinions d'« intérêt public » ou de « droit » ; il ne s'agit là que de « premiers principes » pour reprendre le titre de l'essai. Il en est d'autres, dérivés ou seconds, comme « l'intérêt propre, la crainte et l'affection » qui, même s'« ils supposent l'influence antérieure des opinions » déjà évoquées, n'en sont pas moins susceptibles de produire d'autres effets [ET-I: 94-95] [1]. La formation des opinions communes combine donc des croyances en des principes et des passions particulières, et le travail de généralisation qui l'accompagne pour influencer le plus grand nombre doit se comprendre à partir de là. Le jeu des circonstances et la nature des tendances qui opèrent, la mobilité des agencements de principes premiers et dérivés, la dynamique des passions, tout cela rend impossible et vaine une connaissance théorique par établissement de lois générales [2].

Dans ce contexte, le renversement de l'énoncé harringtonien [3] manifeste toute l'importance qu'il convient de donner à l'étude de ces circonstances : le cas de l'Angleterre et des Communes n'est, justement, qu'un cas particulier non généralisable. C'est parce que l'opinion sur laquelle repose l'autorité des prétentions à l'exercice de la puissance ne peut pas exclusivement être fondée sur la distribution de la propriété qu'on peut, empiriquement, observer une certaine indépendance entre les deux distributions, la coïncidence prenant alors toutes les allures d'un cas particulier et exceptionnel.

S'il faut distinguer, avec Hume, ces principes premiers dont la légitimité est un effet du temps qui leur confère toute l'apparence d'une réalité à laquelle on peut croire, il ne faut pas oublier qu'ils n'agissent jamais isolément et qu'ils sont en relation avec d'autres qualités, passionnelles celles-là, de la croyance et des opinions. Hume indique bien que les principes dérivés « renforcent » l'autorité des premiers principes ; qu'en l'absence de ces derniers, il n'y a pas d'autorité qui tienne ; mais aussi, que la « puissance additionnelle » [ET-I : 94 ; 95] liée au jeu de ces intérêts et de ces passions demeure vaine sans l'autorité des opinions premières. L'autorité de ces premiers principes, par analogie, remplit la même

1. Que Hume va aborder de manière plus précise dans les Essais [VIII-IX] concernant les partis politiques.

2. Ce qui ne contredit en rien l'affirmation selon laquelle « la politique peut être réduite à une science », ET-I : 81 *sq.* On verra plus loin qu'il s'agit d'un cas exemplaire de conditionnement du travail de généralisation en politique par l'établissement de circonstances historiques particulières.

3. « Une gouvernement peut subsister pendant plusieurs générations, quoique la balance de la puissance et celle de la propriété ne coïncident pas », ET-I : 95.

fonction que l'impression de la mémoire ou des sens pour ce qui est des raisonnements par causalité : la chaîne des inférences doit s'adosser à des impressions originelles qui, elles, fondent l'autorité de la croyance[1]. De la même manière, les associations par contiguïté et ressemblance amplifient, étendent mais ne produisent pas la croyance. Dans le cas de l'autorité des opinions politiques communes, ce qui fait le départ c'est l'intérêt commun ou le « sentiment de l'avantage général », le droit. En l'absence de telles « impressions originelles », les passions, pour ne prendre que cet exemple, n'auront que peu d'effet. Elles ne peuvent, en aucun cas, jouer comme puissance instituante, seulement comme « puissance additionnelle ».

Est-ce si simple? Non bien sûr. Il n'est pas étonnant que la typologie humienne des partis politiques réfracte certains effets de cette articulation instable entre principes et passions. Les croyances ainsi façonnées et véhiculées, leur impact sur les différents publics et sur la stabilité des gouvernements impliquent les partis et les factions qui les soutiennent. Il faut mettre en rapport les conflits qui opposent ces partis et leur prétention à poser comme des vérités générales ces croyances et ces représentations particulières dont ils se font les porte parole. La question de la description des formes empiriques de généralisation des points de vue en politique, à partir desquelles se construisent de telles opinions communes, met donc au cœur du processus les sectes, les factions et les partis.

Interprétations partisanes des « principes » et mobilisation des superstitions

Il n'est pas sans intérêt, pour comprendre l'importance de cette typologie des modes de clivage des opinions communes par faction ou parti, d'évoquer la manière dont Hume décrit la forme générale des confrontations entre membres du *Court party* et du *Country party* dans l'essai « L'indépendance du parlement »[2].

Plusieurs aspects de cette qualification peuvent retenir l'attention. Outre la stylisation psychologique des caractères[3] qui met en avant des agencements particuliers de passions, il y a la relation clairement établie entre type de comportement et rapport à l'opinion du public. Si le représentant du *Pays* est emporté et s'il rejette, souvent violemment, la contradiction, c'est en raison de son « amour de l'esprit public » et de son « zèle

1. TNH : 156; 157.

2. ET-I : 101 *sq.* Il s'agit, plus précisément, de l'introduction supprimée dans les éditions postérieures à 1760 et donnée en ET-I : 101-3n.

3. À propos des premiers, ils sont « moins arrogant(s) et moins tranchant(s) dans les débats », « portés à faire des concessions », etc.; quant au Wigh, « il ne peut souffrir qu'on le contredise », etc.; ET-I : 101.

ardent pour la constitution » [ET-I : 101]. « Manifestement très populaire », « accoutumé de triompher en société, il ne peut souffrir d'entendre contredire ses opinions » ; en un mot, « il est certain de la faveur publique ». Les représentants de la *Cour*, conscients de leur singularité, de la moindre proximité de leur rapport à l'opinion publique, sont soucieux d'« atténuer d'autant les préjugés qui peuvent peser sur eux » [ET-I : 102]. D'un côté, le sentiment de représenter l'opinion du plus grand nombre paraît rendre arrogant et plus emporté ; de l'autre, la conscience d'un éloignement plus grand par rapport à elle, impose plus de pondération, exige moins de tranchant dans la rhétorique. La manière de poser l'autorité de ce que l'on dit est donc, en partie tout au moins, déterminée par le sentiment que l'on a de représenter l'opinion du plus grand nombre[1]. L'intensité des controverses, les formes de la dispute et des débats, sont à mettre en rapport avec la manière dont chacun des partis endosse les opinions communes. Cette « relation » à l'opinion commune ou populaire permet de comprendre jusqu'aux agencements particuliers d'affections et de passions qui semblent typifier les conduites des représentants de chaque camp. Cette stylisation, d'ailleurs, n'est pas exclusivement psychologique ; plutôt, sa dimension de fait psychologique trouve sa justification dans une détermination de nature sociologique et politique plus large qui est celle de la relation à l'opinion commune. Ce rapport à l'opinion commune est l'une des modalités de revendication du caractère général de l'idée ou de la position défendue par le parti ou la faction correspondante.

La typologie humienne des partis[2] reconduit tout d'abord la distinction précédemment évoquée entre premiers principes et principes dérivés [ET-I : 114]. Il y a, d'un côté, les législateurs et les bâtisseurs d'État[3] dont l'action porte sur ces principes. Il y a, de l'autre côté, les factieux et les hommes de partis dont l'action contredit souvent la loi en faisant valoir d'autres déterminations et en jouant de leur rapport à l'opinion[4]. Pourtant, constatant la mixité des établissements politiques modernes, Hume convient du caractère indépassable des factions ou des partis[5] qui mani-

1. Cf. *infra*, p. 222 *sq*.

2. Essais « Des partis en général » et « Les partis de la Grande-Bretagne », ET-I : 113 *sq*.

3. Les partis qu'ils forment sont des « partis de principe », ET-I : 121.

4. Ces fondateurs de sectes « suscitent les animosités les plus cruelles entre les hommes d'une même nation, qui se doivent pourtant secours et protection mutuelle » ET-I : 114.

5. « bien que les gouvernements absolus n'en soient pas entièrement délivrés, il faut avouer qu'elles poussent plus aisément et se propagent plus rapidement dans les gouvernements libres », *ibid.* Dans l'Essai IX, à propos de ces partis de principe que sont la *Cour* et le *Pays* pour la Grande Bretagne, Hume affirme encore qu'ils « sont inséparables de la nature même de notre constitution », ET-I : 121.

festent, sur un mode exemplaire et paradoxal, toute la force des libertés politiques.

Deux critères permettent alors de distinguer les factions : celles qui reposent sur les personnes ; celles qui sont portées par des distinctions réelles de sentiment ou d'intérêt. Les premières sont historiquement datées et correspondent, dans leur principe, à l'identification immédiate de l'opinion de quelques-uns à celle de tous, à l'indistinction entre le privé ou le domestique et le public ou le politique[1] ; les secondes paraissent se développer plus largement dans les « temps modernes », surtout lorsque la différence est portée par des « principes » et non pas seulement par des « intérêts » ou des « affections ». Ce qui ne veut pas dire que les premières ne se rencontrent pas dans les sociétés modernes ; elles se combinent alors aux autres critères et, lorsque les différences n'ont plus lieu d'être, elles pérennisent le principe même de la distinction ou de l'opposition partisane.

La singularité des partis modernes, leur détermination historique reposerait sur ceci que les principes à partir desquels ils s'opposent peuvent être « généraux », « abstraits » ou, dit encore Hume, « spéculatifs »[2]. Il convient de distinguer, à l'intérieur de cet ensemble, ce qui ressortit au conflit exclusivement « politique » [ET-I : 117] et ce qui se rapporte au conflit religieux. Le premier a cet avantage de traduire directement le principe dans des « conduites opposées » inconciliables : ainsi en est-il des prétentions au trône et des querelles de succession. Il ne peut y avoir qu'un homme ou qu'une famille régnant. Le conflit a donc pour issue la prééminence de l'un des points de vue qui s'affrontent car « chacun souhaite que le droit s'impose selon la notion qu'il s'en forme » [ET-I : 118]. Dans ce cas précis, le travail de généralisation par lequel l'opinion d'une faction ou d'un parti cherche à s'imposer comme un point de vue universel, la confrontation des « notions » du droit à partir desquelles rendre compte de la suprématie d'une famille ou d'un homme portent non pas sur la nécessité du principe – la légitimation de la succession par le recours à un principe général et originel de droit –, mais sur la manière de le comprendre et d'en faire la jurisprudence. Le différend implique ici l'interprétation du principe. Cette interprétation a toujours pour finalité de se poser comme l'expression unique et légitime d'une vérité générale et, pour cela, imposable au plus grand nombre. L'affrontement politique – au sens étroit du terme – revient donc, si on en considère l'épure que présente Hume dans

1. Dans ces « petites républiques », « la moindre querelle domestique y devient une affaire d'État », ET-I : 114.

2. « Les partis qui naissent de principes, en particulier de principes spéculatifs abstraits, ne sont connus que des temps modernes et constituent peut-être le phénomène le plus extraordinaire et le plus inexplicable qui se soit jamais présenté dans les affaires humaines », ET-I : 117.

cet essai, à mettre en rapport des visions, des représentations, des interprétations concernant des origines et des prétentions légitimes à l'exercice de la souveraineté. Des affrontements qui sont un moment décisif du travail de généralisation par le moyen duquel sont étendus des points de vue partiels.

Cependant, les motifs de confrontation entre partis modernes ne sont jamais exclusivement politiques[1]; il s'y mêle, le plus souvent, des facteurs concernant la croyance religieuse où le travail de généralisation, plus arbitraire mais aussi très efficace, produit des effets dévastateurs. La première différence entre ce principe « religieux » de confrontation et le principe « politique » tient dans son caractère « spéculatif » éloigné de toute conséquence pratique immédiate: « la différence des principes (ici) ne s'accompagne pas d'une contrariété d'action » [ET-I: 118].

Le premier type de principe, politique, se situe d'emblée dans une dimension publique, commune, puisqu'il implique *ipso facto* des confrontations en matière de conduites, de comportements; le second, qui s'en tient au caractère abstrait de représentations et de croyances religieuses, n'implique pas nécessairement de traduction dans des conduites incompatibles entre elles. Cette absence de traduction pourrait justifier la coexistence de croyances diverses: la tolérance. L'une des déterminations premières des guerres de religions tient dans la volonté politique des gouvernants et des chefs de sectes[2] de traduire dans des comportements communs posés comme incompatibles ces différences de principes et donc de rendre impossible leur coexistence. Lorsque Hume parle à leur propos de principe « abstrait » ou « spéculatif », il faut entendre par là ce qui n'implique pas de connexion nécessaire entre certains contenus de croyance et certaines conduites.

Ce qui va rendre la connexion inévitable, pendant les établissements politiques anciens et, surtout, pendant les guerres de religions, c'est que la généralisation du principe politique par laquelle se justifie la force des croyances portant la légitimité du souverain est, le plus souvent, insuffisante pour fonder toute l'autorité d'une prétention et qu'elle implique de s'adosser aux croyances religieuses parce que ces dernières sont d'abord celles du « peuple », c'est-à-dire celles d'un grand nombre: « Le magistrat embrassait la religion du peuple et, comme il entrait volontiers dans le soin des affaires sacrées, il y gagnait naturellement de l'autorité, réunissant ainsi

1. Au sens étroit, les problèmes de succession et d'attribution des sources de la souveraineté légitime.

2. Ce qui permet à Hume de montrer comment l'affrontement des croyances en matière de religion peut être compris à partir du « principe » du côté du peuple et de l'« intérêt » du côté des prêtres et des chefs de faction; ET-I: 119.

le pouvoir ecclésiastique et le pouvoir civil» [ET-I : 118]. L'efficacité de ces dernières croyances est d'autant plus redoutable qu'elles sont, le plus souvent, des superstitions et qu'elles vont être entretenues, sinon renforcées, par le jeu des intérêts sectaires et par la conduite des prêtres et des dirigeants de factions.

L'efficacité du principe politique de division gagne donc à partir du moment où s'y ajoute l'autorité de la croyance commune en matière de religion, laquelle est portée par des représentants de sectes, en partie pour des raisons d'intérêts. Ce qui doit retenir l'attention ici c'est que le travail de la théologie, à l'intérieur du Christianisme par exemple, celui des « docteurs » de ces nouvelles sectes, comme dit encore Hume [ET-I : 119], a pour effet de produire les instruments de généralisation au moyen desquels les prêtres vont pouvoir « susciter la haine et l'inimitié entre leurs adeptes abusés » [*ibid.*].

Après le temps des révolutions, celui des consolidations des nouveaux établissements, les confrontations partisanes en vue d'établir des points de vue plus généraux en politique ne devraient plus se soutenir de croyances religieuses populaires : la modernisation politique passe ainsi par la restauration de l'autorité d'un sens commun disqualifiant les superstitions religieuses comme origine et source d'une autorité devenue illégitime. Ce qui pourrait faire le caractère novateur des confrontations partisanes ou factieuses résiderait dans l'absence de tout recours à de telles croyances, ces dernières relevant, pour ce qui est de leur utilité sociale, d'un espace non directement superposable à celui de la société politique. Ces deux mouvements, la perte d'influence politique des croyances et des superstitions religieuses et l'absence de leur mobilisation par les partis, pourraient alors conjuguer leurs effets et renforcer la stabilité de l'établissement politique ainsi que la légitimité des prétentions partisanes à exprimer des opinions générales. Tel serait le cas de figure idéal ; du moins la forme adéquate des conflits d'opinions portant sur les questions du gouvernement dans les sociétés politiques modernes.

Est-ce ainsi que les choses se passent ? Rien n'est moins sûr. Pour s'en convaincre, il suffit de revenir à la typologie humienne des partis politiques et de constater que la prégnance des premiers principes est loin d'être, en pratique, garantie. C'est alors toute la valeur de généralisation des opinions et des intérêts portés par les partis qui devient suspecte ; à tout le moins, susceptible de « critique ». Par exemple, il est toujours plus aisé de généraliser un « point de vue » portant sur les titres à l'exercice de la souveraineté en consolidant l'« autorité » des opinions qu'il soutient par la mobilisation de superstitions religieuses ou de croyances populaires déjà établies, plutôt qu'en explicitant les « principes » premiers qui le fondent. Au demeurant, les principes sont toujours éloignés, abstraits et de faible intensité d'affection. La pratique politique des partis conduit, le plus souvent, à additionner les faibles capacités d'affection portées par des « principes » toujours trop distants et « généraux » à celles d'impressions plus actuelles dont les forces d'affection sont toujours plus grande. On peut encore parler de la transformation des « principes » en « affection ».

Dynamique des clivages et transformation des « principes » en « affection »

Les principes sur lesquels se fonde la généralité des raisons de choisir un parti peuvent être convertis en des intérêts particuliers et plus proches; rien qui soit contraire aux réquisits de l'anthropologie humienne. Le raccourcissement des distances d'affection à partir desquelles consolider l'autorité des opinions partisanes suppose de telles transitions et de telles conversions d'intensités affectives[1].

Le modèle à partir duquel les clivages partisans deviennent intelligibles, du moins dans les *Essais*[2], est composé de trois éléments. D'un côté, le *principe* qui renvoie à une détermination objective, générale et devenue plus stable de l'établissement politique: la « constitution »[3]. De l'autre, l'intérêt qui renvoie à une détermination moins générale, plus proche et plus instable des individus membres des partis[4]. On retrouve, par analogie – ce n'est pas un hasard – l'opposition entre intérêts général et particulier ainsi que les effets de la distance dont le raccourcissement ou l'accroissement induit le degré de généralité et la force des impressions correspondantes. Ce sont de telles variations qui expliquent une part des relations entre principes et intérêts partisans. Le troisième élément, essentiel car il fait le lien entre ces circonstances et les individus, est le « sentiment », l'« inclination » au moyen duquel les variations d'intensité

1. ET-I: 130n; paragraphe absent des éditions de 1741 et 1742.

2. L'analyse sera reprise et amplifiée dans l'*Histoire d'Angleterre*: « Plusieurs des opinions présentées dans ces Essais, touchant les affaires publiques du siècle dernier, ont été abandonnées par l'Auteur, après un examen plus attentif, dans son *Histoire de la Grande Bretagne* », Essai IX, ET-I: 129n.

3. « Avant cette période [celle de la Grande Rébellion], la constitution anglaise était plongée dans une sorte de confusion », ET-I: 124. Hume peut affirmer que, maintenant, et par principe, le gouvernement mixte repose naturellement sur deux conceptions également probables de la constitution, chacune étant alimentée par la valorisation de l'un des termes de la balance qui la caractérise, l'élément républicain ou l'élément absolutiste.

4. Encore qu'il faille distinguer ici entre les représentants qui dirigent les factions pour qui l'intérêt seul est en cause, du reste des partisans pour qui l'orientation des conduites est déterminée par le principe. Les partis de la *Cour* et du *Pays* sont des partis mixtes « soumis à la fois au principe et à l'intérêt. L'intérêt pour l'ordinaire gouverne les chefs des factions; et le principe guide leurs troupes », ET-I: 122.

produisent tout leurs effets[1]. Le langage lui-même, dans le déroulement des controverses entre factions et partis, en forçant à adopter des points de vue ou des représentations, est un excellent conducteur de sentiments[2].

C'est à partir de ces éléments que Hume va raconter en quelques pages ramassées la genèse et l'évolution des oppositions entre partis de Grande Bretagne, faisant valoir comment le principe peut se changer en affection[3]; comment les principes, tout comme les affections, peuvent ne pas correspondre à la situation objective de l'établissement politique issue de la Glorieuse Révolution [ET-I: 127]: Plus que l'histoire de ces clivages, c'est la manière dont la confrontation des principes et des intérêts permet de comprendre la formation et la généralisation des points de vue qui animent les controverses qui doit être retenue. Ces controverses ne manqueront pas de conditionner, à leur tour, les opinions politiques et les croyances communes.

Deux propositions servent de point de départ. À propos des divisions religieuses, Hume affirme: « On a donc droit d'affirmer que de telles divisions sont du côté du peuple des factions de *principe*, mais que du côté des prêtres qui en sont les premiers moteurs ce sont en vérité des factions d'*intérêt* ». Pour ce qui est des divisions politiques, il dit également: « L'intérêt pour l'ordinaire gouverne les chefs de factions; et le principe guide leurs troupes » [ET-I: 119].

L'élite des dirigeants, des prêtres et des chefs de factions sont du côté de l'intérêt alors que le commun, le plus grand nombre, en raison de son éloignement, est du côté des principes. « Quand le Christianisme parût, les docteurs de la nouvelle secte furent contraints de former un système spéculatif, de diviser avec une certaine précision leurs articles de foi, d'expliquer, de commenter, de réfuter, de justifier... » [ET-I: 119]. De ces divergences doctrinales, souvent passionnées[4], on institua des schismes, des hérésies qui aidèrent « les prêtres dans leur politique, qui était de susciter la haine et l'inimitié entre leurs adeptes abusés. » Si la généralité de la croyance religieuse, dans sa dimension anthropologique [HNR: 39-40], n'est pas discutable, du moins la manière de la diviser, de la porter au conflit avec

1. On comprend ainsi de telles formulations: « Qui aime passionnément la monarchie prend facilement ombrage... », ou bien encore, « qui aime passionnément la liberté pense facilement... », ET-I: 122.

2. « Les Tories ont été si longtemps obligés de parler à la manière républicaine qu'ils semblent s'être convertis sous l'effet de leur hypocrisie et avoir embrassé les sentiments aussi bien que le langage de leurs adversaires », ET-I: 128.

3. À propos du déplacement, par contiguïté, de l'amour du principe vers l'amour de la personne qui l'incarne dans les querelles de succession ou les changements dynastiques, voir ET-I: 130n. Voir également l'essai « De la succession protestante », DP: 219 *sq.*

4. « Il s'ensuivit naturellement une grande chaleur dans les disputes... », ET-I: 119.

elle-même relève-t-elle d'un artifice qui, loin de faire valoir la généralité d'un principe, introduit des différences artificielles comme autant de particularités exclusives les unes des autres. Des particularités comme le rite eucharistique et, plus largement, les canons liturgiques, auxquelles les rhéteurs et autres prêtres patentés vont tenter de donner une valeur universelle, un niveau de généralité qui ne peut être avéré qu'à condition de disqualifier ce qui s'y oppose ou, simplement, s'en démarque.

Hume dit encore autre chose : la politique des prêtres est de mobiliser, de « susciter » par la dimension affective et passionnelle de la conduite des adeptes, le sentiment d'opposition, d'intolérance. Ce qui caractérise ici le nombre, c'est que s'il est plus spontanément et plus directement du côté du principe, il est aussi plus facilement affecté et donc soumis par délégation à l'autorité de points de vue sur les principes. La crédulité, ajoutée au caractère superstitieux de la croyance religieuse, fait des hommes du commun une destination aisée pour les guides et théologiens de toutes sortes.

Ces clivages, en matière de religion, ont toujours été violents, radicalisés qu'ils furent par des généralisations portées par des abstractions et des intérêts particuliers et sectaires. Dès lors, aucune inclination n'est possible, ni à la modération, ni à la pondération : « à l'époque moderne, ces mêmes partis de religion sont plus furieux et plus enragés que les factions les plus cruelles qui soient jamais nées de l'intérêt et de l'ambition » [ET-I : 119]. Le surcroît de violence, sa radicalisation dans les conflits nés des guerres de religion, tout cela tient à l'abstraction des convictions sur lesquelles reposent ces constructions elles-mêmes renforcées dans leur capacité d'affection par la dynamique des intérêts qui opposent les chefs entre eux. Ces violences de l'abstraction sont donc la marque avérée de leur caractère illégitime ; en même temps, elles fournissent le paradigme à partir duquel comprendre comment étudier la dynamique des conflits entre croyances, représentations et opinions.

Pour ce qui est des clivages politiques, pour les « partis de principe » comme Hume les appelle, ou encore, à propos du *Court Party* et du *Country Party*, pour les partis mixtes, la différence entre dirigeants et adeptes repose, une fois de plus, sur la démarcation entre principe et intérêt. Si les deux jouent, ils ne dominent pas également. L'intérêt justifie le plus souvent la conduite des dirigeants ; les adeptes, quant à eux, parce qu'ils sont toujours plus éloignés, plus distants de ces intérêts, vont donner plus d'importance au principe. Reprenant à son compte ce qui, depuis la *Dissertation sur l'origine du gouvernement d'Angleterre* de Rapin Thoyras [1717] [1] était devenu un *topos*, Hume suggère de possibles lignes de clivage

1. La *Dissertation sur l'origine du gouvernement d'Angleterre et sur la naissance, les progrès, les vues, les forces, les intérêts, et les caractères des deux partis des Whigs et des*

à l'intérieur de chacun des grands partis anglais : les absolutistes d'un côté, les républicains de l'autre[1]. Une opposition interne qui peut être portée, à son tour, par les orientations religieuses des uns et des autres.

Pourtant, il est des circonstances particulières, peut-être exceptionnelles, où le jeu des intérêts se neutralise au profit de la confrontation exclusive entre principes : la naissance des Têtes Rondes et des Cavaliers dans les années 1640 est expliquée en ces termes par Hume : « L'espoir de l'emporter étant presque égal des deux côtés, l'intérêt n'entrait pas beaucoup dans cette dispute. C'est pourquoi, les Têtes Rondes et les Cavaliers furent uniquement des partis de principe » [ET-I : 125].

Cette appréciation positive de telles divisions partisanes, qui ne vaut que si l'on reste à hauteur de la confrontation générale entre partis, met en avant ce qui peut constituer un aspect de la modernité politique : il est des circonstances où la dynamique des intérêts peut être neutralisée, non pas supprimée, au profit d'une confrontation portant sur des principes généraux, par exemple la défense de la monarchie, la défense des libertés.

Torys paraît à La Haye, chez Le Vier éditeur en 1717. Elle est presque simultanément traduite en anglais : *An Historical Dissertation upon Whig and Tory*, tr. J. Ozell, Londres, Curll éditeur, 1717, *fac simile* in *Partis et factions dans l'Angleterre du premier* XVIII*e siècle*, *in* B. Cottret, M.-M Martinet (éd.) : 1983.

On peut dire que Rapin Thoyras esquisse dès la DOG le modèle retenu par Hume et bien d'autres. Il faut pourtant convenir que l'usage des termes de principe, d'intérêt, etc., reste flou et indéterminé. Si le principe est bien ce qui oppose de la manière la plus générale les deux partis [les Whigs modérés « sont à peu près dans les principes des Torys modérés (...), on doit (les) regarder comme de véritables Anglais, qui souhaitent que le Gouvernement se maintienne sur ses anciens fondements », DOG : 84], il est parfois qualifié de « dogme » [« Un autre caractère des Torys est qu'ils changent de principes, selon que leur Parti est dominant, ou abaissé. Quand ils ont le Roi pour eux, ils appuyent, de tout leur pouvoir, le Dogme de l'Obéissance Passive... », DOG : 145] et il n'est pas toujours aisé de le démarquer des intérêts, même si, le plus souvent, Rapin différencie ce qu'il appelle les « desseins particuliers » et l'« intérêt » du roi ou de la couronne [« le parti du Roi était composé de deux sortes de Gens, dont les uns avaient principalement en vue, l'intérêt politique du Roi, et de la Couronne, et les autres, celui de l'Église Anglicane. Mais ils se réunissaient tous en ce point, qu'ils trouvaient leur avantage réciproque dans la prospérité du Roi, sans quoi ils ne pouvaient espérer de réussir dans leurs desseins », DOG : 36]. Il faut également noter que le modèle explicatif de Rapin, dans cette dissertation, fait déjà valoir la double division interne des deux partis articulées autour d'un intérêt politique et d'un intérêt religieux [DOG : 36 *sq.*], distinguant ainsi des factions internes qui vont pouvoir se combiner au gré de circonstances pour aboutir à des jeux de coalition souvent inattendus. En même temps, les explications qu'il donne de la collusion d'intérêt entre les Torys et les Whigs modérés se retrouveront chez Hume. On peut ainsi lire chez Rapin : « Il n'est donc pas étonnant, que ces deux branches des deux partis opposés, se joignent ensemble, quand le besoin de l'État le demande. En effet, ils ont également en vue de conserver la Constitution du Gouvernement » [DOG : 86], même si ce n'est pas pour les mêmes raisons, c'est-à-dire pour la défense des mêmes principes, au sens de Hume.

1. « Quant aux républicains ou aux partisans du pouvoir absolu, ils restèrent cachés de part et d'autre, et leur nombre était peu considérable », ET-I : 154.

Ce qui n'empêche pas Hume de reconnaître, dans le même temps, qu'à l'intérieur des partis, la distinction intérêt/principe soit toujours pertinente, toujours susceptible de produire ses effets, avec peut-être moins de violence et de rage que dans les anciennes guerres de religion.

La défense des principes qui manifestent en politique le degré le plus élevé de généralité – les intérêts communs – n'est jamais directement portée pour elle-même. Non seulement elle s'adosse à des conflits d'intérêts particuliers, de factions, de sectes, religieuses ou politiques, mais encore faut-il que ces intérêts viennent à se neutraliser pour que le principe soit une fin explicite des revendications partisanes, et donc du travail d'élaboration rhétorique qui les accompagne. Rien là que de très naturel, de régulier et de conforme aux qualités de la nature humaine.

Le point de vue partisan est toujours à comprendre comme la résultante d'une double détermination, générale et particulière, universelle et circonstancielle. S'il est vrai qu'en raison du caractère mixte de la constitution, chaque parti trouve une part de sa légitimité dans la défense des libertés ou de la monarchie, la généralité de tels principes n'exclut pas, loin s'en faut, la diversité des interprétations[1] et donc les controverses. On retrouve ici l'espace indéterminé dont D. Forbes[2] soulignait l'existence à propos des gouvernements mixtes. Le Parlement en représente une incarnation exemplaire.

L'originalité de l'interprétation humienne du *Long Parliament* et, plus largement, des années 1640-1688, tient dans l'exploration rigoureuse des conséquences politiques liées à l'adoption de ce postulat : le Parlement n'a pas restauré quelque privilège que ce soit ; il a construit, inventé, imposé et consolidé sa prétention à partager l'exercice de la souveraineté[3]. Et s'il faut parler, à ce propos, d'une invention comme d'une institution, et non pas comme d'une restauration, c'est parce que l'espace politique de « constitution » de l'établissement mixte, largement indéterminé dans la qualification des relations entre pouvoirs, contenait des possibles auxquels le jeu des circonstances a permis de donner forme[4]. Le travail de l'historien consiste à restituer ces collusions productives entre jeux des intérêts et des principes d'un côté, dynamiques des circonstances de l'autre.

1. L'un des exemples souvent évoqué dans les *Discours Politiques* est celui de la succession ; voir l'Essai « De la succession protestante » déjà cité, DP : 219 *sq.*

2. D. Forbes [1985 : 170 *sq.*].

3. Voir les analyses détaillées dans la seconde partie de ce travail.

4. Même si Hume, par des remarques faites en passant, condamne ces circonstances. Par exemple, et toujours à propos des Têtes Rondes et des Cavaliers, « ils étaient ce que sont le Court party et le Country party, mais échauffés et jetés dans une guerre civile par un malheureux concours de circonstances et par l'esprit turbulent de l'époque », ET-I : 125.

Le jeu des intérêts particuliers, de groupes ou de personnes, ne manque pas d'influer les formulations et les élaborations concurrentes qui conduisent chaque parti à défendre une position, à promouvoir une opinion. De telles opinions ne sont jamais neutres, par construction, puisqu'elles renvoient à l'un des principes qui s'affrontent; par nature, puisque s'y trouvent toujours mêlés des intérêts de toutes sortes que seule une étude précise des circonstances permet de comprendre et d'expliciter.

Autant de perspectives qui justifient le travail de l'historien. Celui-ci devant considérer que la présentation de telles opinions, l'élucidation des conditions de leur genèse et la description de leurs effets sur le public sont un des moyens privilégiés pour comprendre comment se forment certaines des croyances politiques communes mais, également, pour rendre plus aisée les discriminations nécessaires entre celles de ces croyances qui sont utiles ou nuisibles à la stabilité politique, à la préservation des libertés et de l'autorité.

Autant d'exigences qui, si elles suffisent à faire de l'histoire un savoir positif à part entière susceptible d'implications pratiques, ne se heurtent pas moins à une difficulté redoutable qu'il faut maintenant aborder. La neutralité, ou l'impartialité, de l'historien face à son objet est-elle possible ?

CHAPITRE III

LA DÉCONSTRUCTION HISTORIENNE DES OPINIONS PARTISANES

La règle, le principe et l'intérêt sont donc des inventions politiques en ce qu'ils sont reliés au problème de la généralité. Généralité de la règle de justice qui doit s'appliquer de manière inflexible à tout membre d'une société; généralité du principe à partir duquel légitimer le type d'établissement politique qui organise la société; généralité des intérêts au nom desquels les gouvernements politiques parviennent à maintenir l'effectivité de toutes ces règles, la réalité de tous ces principes.

Si le travail de la politique a pour fin, entre autres, de faciliter par le biais d'artifices et d'institutions, les transitions allant du particulier au général et inversement, le savoir sur la politique est alors un savoir sur les généralités, plus précisément, sur les manières de généralisation : celles des règles dans les lois et la jurisprudence; mais aussi celles des opinions et des croyances dans les points de vue partisans. Qu'il s'agisse des lois, des opinions, le statut de « généralité » n'y est jamais exempt d'équivoques [1]. La généralité n'est jamais qu'une extension infléchie de la particularité.

On a montré comment la construction des opinions de partis, par le jeu complexe de principes et d'intérêts, mais aussi par celui des circonstances, aboutissait à des arguments rhétoriques portant sur des généralités, déplaçait ces dernières ou les transformait en intérêts, mais aussi – et peut-être surtout – en affections. Jeux multiples des déplacements au cours desquels les principes se muent en affections – de la « monarchie » au « monarque », des « lois de succession » aux « familles dynastiques » – donnant ainsi occasion aux passions de déployer tous leurs effets, de radicaliser les différends et les oppositions entre factions et partis.

Un telle intrication du général et du particulier par le biais des affections, des passions ou des sentiments, rend délicat, pour ne pas dire

1. Voir, par exemple, les notes importantes en TNH : 624n; 625n *sq.*; 628n *sq.*

incertain, le savoir sur la politique, celui qui concerne l'élaboration des principes au nom desquels justifier les formes d'établissements politiques, leurs genèses et leurs évolutions. Dès lors que l'on prétend soumettre un tel savoir aux normes d'une certaine objectivité, la question se pose, méthodologique par excellence, de démêler, dans ces complexes, ce qui relève des principes, des intérêts et des affections ou passions.

Le privilège de l'historien est de proposer un certain savoir des événements politiques une fois achevés les enchaînements de circonstances et de facteurs qui les ont déterminés. L'étude, cependant, de quelques-unes des controverses qui animent les débats entre historiens modernes des guerres civiles et de la Révolution Anglaise montre à l'envi toutes les difficultés qu'il faut surmonter pour tenir une telle distance si nécessaire à la narration et aux savoirs de l'histoire. De plus, il serait vain de croire épuisées, en ce début du XVIIIe siècle, les conséquences liées aux circonstances qui ont donné naissance aux établissements politiques modernes.

On voudrait montrer que certains des problèmes qui se posent à l'historien moderne sont liés aux clivages partisans qui ont accompagné l'institution de la constitution mixte, que toute la difficulté repose sur la manière de mettre à distance la force et l'autorité de tels clivages. Une fois posés ces éléments de contexte, on pourra mesurer l'originalité de la solution humienne, achevant ainsi de justifier l'importance du point de vue de l'histoire dans le projet d'une science nouvelle de la nature humaine.

Le moment anglo-écossais des « narratives of civil government » se caractérise par une transition[1] : l'histoire classique, pré-moderne dans sa facture, ses modèles rhétoriques et ses ambitions morales, laisse place à une histoire plus critique et politique pour laquelle le gouvernement des sociétés civiles devient un objet de prédilection[2]. Comme toute période de transition, celle-ci est marquée par l'éclosion de controverses qui posent les premiers éléments d'un nouveau discours sur la méthode. La présentation qui va suivre propose d'en retracer les lignes principales en procédant

1. J. Pocock [1999-II : 24 *sq.*]. Pour ce dernier, c'est autour des années 1750 qu'il faut situer cette phase de transition.

2. Voir les hypothèses, désormais classiques, de P. Hicks [1996 : 26 *sq.*] sur la définition de l'histoire néo-classique; sur la question des rapports entre classicisme et modernité du point de vue de l'écriture de l'histoire : [1996 : 31 *sq.*; 91-93; 94-97]. Il convient, en même temps, de relativiser la netteté de cette opposition puisque certains des modèles pour Hume, sont choisis parmi les anciens et que l'adoption du style « néoclassique » peut se comprendre comme une stratégie rhétorique d'écriture permettant de se situer, comme on verra, au-delà des clivages partisans. C'est aussi la conclusion de P. Hicks : « Paradoxically, he (Hume) found that the best way to modernize and moderate the political philosophies of whigs and tories was to write in the manner of the most ancient, not modern, historians, using the polite style of the classical historians », [1996 : 216].

par comparaison. Les auteurs retenus ont écrit leurs histoires sur une période qui couvre largement la première moitié du XVIIIe siècle, de 1717 pour les premiers textes de Rapin Thoyras à 1747-1751 pour ceux de William Guthrie; sans parler, bien sûr, de Hume qui rédige son *Histoire d'Angleterre* entre 1754 et 1762. L'objet essentiel de la polémique que l'on cherchera à restituer et qui justifie ce choix d'auteurs porte sur des difficultés épistémologiques de premier ordre : comment définir la relation de l'historien à son objet ? Qu'est-ce qu'une source ? Qu'est-ce qu'un fait ? Comment les choisir ? Comment doit-on écrire les narrations qui en rendent compte ?

Certains enjeux de ces controverses portent donc sur des conflits de définition des pratiques d'historien, sur des problèmes de légitimation des instruments les plus adéquats pour les rendre rigoureuses et contrôlées. S'il n'est pas encore possible de parler d'historiens de « métier »[1], il n'en reste pas moins que les attentes exprimées, les limites dénoncées, dans ce contexte des années 1720-1750, peuvent se comprendre comme autant de formulations visant l'élaboration d'une nouvelle manière de faire de l'histoire. Les auteurs choisis, plus ou moins illustres pour certains, retiendront ainsi notre attention pour comprendre comment émergent ces narrations que J. Pocock regroupe sous le terme générique d'« Enlightened narratives ». Ils forment, en outre, le cadre contextuel à partir duquel les déplacements opérés par Hume vont prendre leur ampleur et leur signification.

Neutralité, extranéité et indépendance chez Rapin Thoyras, Thomas Salmon et William Guthrie

Rapin Thoyras[2] peut être considéré comme un point de départ important pour poser le problème de la neutralité ou de l'impartialité de l'historien, véritable obsession des auteurs du XVIIIe siècle. Non qu'il soit le premier, ni même le plus important. La manière classique de l'histoire, telle qu'elle se constitue à l'époque de la Renaissance, les *Artes historicae*, contient à titre de principe une forme de neutralité : construire une narration continue de « choses vraies » rédigées avec esprit, éloquence et jugement, « décider » des causes des événements racontés. Autant d'exigences qui ne pouvaient être satisfaites que dans un style « poli » et

1. L'écriture de l'histoire est encore, dans cette période intermédiaire du XVIIIe siècle, le fait d'« amateurs and virtuosi » [J. Pocock, 1999-II : 7] appartenant à une élite littéraire d'hommes d'Église, de juristes et d'humanistes.

2. Pour une présentation biographique de Rapin Thoyras, Nelly Girard d'Albissin : 1969.

« non polémique » [1]. Un critère de neutralité existait donc qui reposait sur le point de vue du « bien public », sur la nécessité d'adresser des conseils impartiaux aux princes qui, avec l'élite qui les entourait, formaient les principaux destinataires de ces histoires. Pour autant, cette question de la neutralité n'était pas posée comme un problème. Le tournant des deux siècles et son contexte politique [2] allaient faire émerger tout le caractère problématique et largement indéterminé de ce critère. Le choix de Rapin se justifie alors par ceci qu'il propose une formulation de ce problème en un langage clair et stabilisé qui peut servir de commencement à l'étude de la controverse. À cela s'ajoute la singularité d'un parcours intellectuel et la popularité avérée de ses écrits [3]. La question, déjà soulevée dans la *Dissertation* de 1717, sera reprise et amplifiée dans son *Histoire d'Angleterre*.

La *Dissertation* est essentiellement composée de deux parties. La première [4] consiste en un abrégé de l'histoire politique anglaise qui relie la naissance et le développement des deux grands partis à l'évolution des rapports entre prérogative royale et privilèges du parlement. Une seconde partie, plus longue, concerne précisément ce que l'auteur entend par l'étude des « forces », des « intérêts » et des « caractères » de ces deux partis [5]. Justifiant l'intérêt de l'enquête, en raison des possibles conséquences politiques de l'équilibre partisan sur la puissance anglaise, et sur celle de l'Europe, Rapin affirme que les écrits anglais ne sont que des « libelles » sur « cette matière » : « Aussi n'y en a-t-il pas un seul, qui ne porte des marques sensibles de la partialité de son Auteur. C'est plutôt d'un Etranger, qu'on doit attendre une instruction impartiale sur ce sujet » [DOG : *5].

Il serait impossible, sur cette période, de mettre à distance les termes de ces oppositions partisanes. Ecrire l'histoire de leur genèse est une tâche risquée, toujours susceptible d'être contaminée par la polémique et donc de se réduire à n'être que libelle ou critique peu sérieuse. Ceux qui s'y lancent sont pour la plupart des « Auteurs visiblement suspects » de sympathie avec leur objet et, pour cette raison, peu crédibles. Rapin, lui, invoque son

1. P. Hicks [1996 : 8].

2. Période récente de la crise d'Exclusion (1678-1681) qui avait replacé le problème de la guerre civile sur l'agenda public, les débuts de la guerre de succession en Espagne (1701), l'Acte d'Etablissement (1701) qui devait définitivement régler la question de la succession au trône au bénéfice des descendants de Sophie de Hanovre.

3. La *Dissertation* [DOG] est traduite en anglais l'année de la parution de la version française, 1717. Quant à son *Histoire d'Angleterre* [HAngl.] [1724-1727, La Haye], elle connaîtra, grâce à son traducteur Nicolas Tindal, une renommée exceptionnelle en Angleterre. Jusqu'à l'époque de Hume, elle est citée pour s'y reporter comme à une autorité ou pour la critiquer.

4. DOG : 2-77.

5. DOG : 78-184. Ces termes sont contenus dans le sous-titre général de la dissertation.

extranéité comme garantie d'objectivité. Etranger par la langue, la culture et la tradition politique[1], il ne peut être suspecté, du moins le croit-il, de telles collusions. L'extranéité est donc posée par l'auteur de la *Dissertation*, comme ce qui garantirait au plus haut point le principe même d'une rupture épistémologique, seul moyen de se mettre à distance de son objet et d'en faire l'histoire.

L'extranéité signifie, dans les termes de Rapin, « neutralité ». Sur le plan de la méthode en histoire, la neutralité est l'exact symétrique de la modération en politique. De nombreuses considérations témoignent de cette équivalence : toute la description du système des divisions internes à chacun des partis repose, en effet, sur la démarcation entre les tendances politiques « outrées » et « modérées » et les orientations religieuses « rigides » et « mitigées »[2]. La modération, la « mitigation » permettent, dans l'univers des conduites, d'accéder à la vérité de la politique. L'amour des « principes » y est modéré parce que les inclinations naturelles pour la monarchie d'un côté, le parlement de l'autre, ne vont jamais jusqu'à sacrifier les prérogatives des sujets ou celles de la Couronne [DOG : 82].

Tout comme la modération permet de poser un domaine de définition légitime de l'espace politique à l'intérieur duquel chacun peut exprimer ses différences, la neutralité, garantie ici par la position d'étranger, permet de dessiner un autre espace, moins polémique, à l'intérieur duquel penser la genèse et le développement des clivages partisans ; à partir duquel en écrire l'histoire. Alors que les circonstances peuvent incliner les modérés de chaque parti à se regrouper ou s'unir pour défendre la nation[3], une certaine hauteur du point de vue peut rendre possible l'élaboration d'un discours porté par des intérêts plus généraux, moins suspects d'inclinations partiales ; en un mot plus libre[4] et, pour user d'un anachronisme, plus objectif[5].

1. « Du reste, il [Rapin] n'est attaché ni par inclination, ni par intérêt, à aucun des deux Partis », DOG : *5*verso*.

2. DOG : 34-37 ; à propos des Têtes Rondes et des Cavaliers : 78 *sq.* ; sur les principes de division : 82-84.

3. « les Whigs et les Torys d'État Modérés sont à peu près, dans les mêmes sentiments (…) ils ont également en vue de conserver la Constitution du Gouvernement », DOG : 86.

4. N'étant attaché « ni par inclination ni par intérêt, à aucun des deux partis », l'auteur « se trouve dans un Pays, où il n'a rien à craindre, ni à espérer, de l'un, ni de l'autre », DOG : *6.

5. Ce problème de la conjonction possible des « modérations » comme manifestation de la vérité en politique ne vient pas de nulle part. Il y a des précédents qui, du point de vue de l'histoire des historiens, ne sont pas sans intérêt et dont Rapin avait certainement connaissance. On pense ainsi à cet historien mineur, Laurence Echard [1670?-1730] qui publie *The History of England* entre 1707 et 1718. Echard était membre de la petite cléricature campagnarde, whig modéré et critique obstiné du système partisan dans ses effets sur l'établissement de la vérité en histoire. Cependant, la manière « tory » du premier volume de cette histoire a de quoi surprendre sauf à considérer qu'il existe un point de rencontre entre les « modérés », du côté des whigs comme de celui des torys : « What Echard did was to quote or

Il y a bien sûr de la naïveté à croire qu'il suffit d'être un étranger pour échapper à la force et à l'autorité du clivage auquel renvoie, par construction, le système de la constitution mixte. William Guthrie, et d'autres avant lui, le rappelle assez fermement[1]. Pour autant, la manière de Rapin n'est pas si simpliste, le parallèle suggéré entre opinions partisanes et écriture de l'histoire loin d'être infondé. Il sera repris différemment, comme on verra, par Hume.

Le problème est posé en des termes plus amples, quelques années plus tard, dans l'*Histoire d'Angleterre*. En effet, dans le Volume VIII de l'édition de 1749, la question, juste évoquée à propos du caractère de Jacques Ier [HAngl.-VIII: 270], est enveloppée dans un vaste propos liminaire à l'étude du règne de Charles Ier : « Considérations sur les auteurs qui ont écrit l'histoire du règne de Charles Ier » [HAngl.-VIII: 358-368]. Comment se fait-il qu'il soit si difficile d'écrire une histoire impartiale de ce règne? Telle est la question posée. La réponse y est progressive; elle fait valoir des arguments de contexte politique, des arguments méthodologiques de critique des sources et, enfin, elle conduit à justifier le point de vue adopté par Rapin.

Tout d'abord, Rapin constate que les récits concernant ce règne sont tributaires des alternances politiques qui, depuis le Long Parlement jusqu'à la fin de la Restauration, ont autorisé ou interdit certains partis pris d'interprétation : « le parlement acquit une supériorité qui lui donna lieu de tenir le parti du roi, ou des Cavaliers, dans une espèce d'esclavage, dont il ne fut délivré qu'en 1660, par le rétablissement de Charles II. Depuis ce rétablissement, le parti royal devint à son tour si supérieur, que l'autre n'osa plus lever la tête. (...) C'est dans l'un ou dans l'autre de ces deux intervalles, qu'ont été écrits la plupart des ouvrages, où divers auteurs ont entrepris de donner une exacte connaissance des troubles dont l'Angleterre fut agitée » [HAngl.-VIII: 358].

Dans un tel contexte caractérisé par l'absence de liberté d'expression et qui faisait se succéder la domination de partis contraires, « on publia une infinité d'Ecrits polémiques, avec tant d'animosité, d'injures et d'invectives » [HAngl.-VIII: 358-359]. L'impossible équilibre dans les relations entre partis, avant l'établissement et la consolidation du gouvernement mixte, l'impossible balance entre privilèges du Parlement et prérogative du

paraphrase Clarendon (...) demonstrating that a moderate whig could find much common ground with a moderate royalist, particularly on the issue of King Charles as guardian of Anglicanism », P. Hicks [1996: 105].

1. William Guthrie s'en prend à Rapin, dont il dénonce « the ridiculous prepossession that a foreigner was best fitted to write the English history », GHE, 1 : III. Avant lui, c'est aussi le cas de Thomas Salmon, 1725, dans *The History of Great Britain and Ireland*..., whith a preface where in the Partiality of Monsieur Rapin is demonstrated...

roi définissaient un contexte où les lectures présentes du passé ne pouvaient être qu'enrôlées dans le tourment des polémiques partisanes. Rapin est conscient du caractère hautement problématique de l'écriture des histoires concernant cette période, du caractère analogique des clivages qui opposent les historiens et les hommes de lettres d'un côté et, de l'autre, les partis politiques et les factions religieuses.

C'est dans ce cadre général que Rapin examine quelques-uns des ouvrages principaux parus sur la période et pendant la période pour tenter de dégager une ligne de conduite générale concernant leur utilisation ainsi que celle des sources qu'ils établissent. Rapin évoque successivement l'*Eikon Basiliké* attribué à Charles Ier et paru en 1649 [HAngl.-VIII: 359 *sq.*], les matériaux et sources réunis dans les *Collections Rushworth*, les ouvrages du Dr Franklin[1], parus sous le règne de Charles II et, pour finir, l'*Histoire de la Rébellion et des guerres civiles d'Angleterre* de Clarendon[2]. Le constat est clair: «Ces trois derniers ouvrages ont été composés sous le Règne de Charles II, dans un temps où ce prince avait poussé l'autorité royale beaucoup plus loin que le roi son père n'avait jamais fait, dans un temps où ceux qui avaient été partisans du Long Parlement, ou qui étaient dans les mêmes principes, étaient cruellement persécutés, et où il était plus dangereux d'être presbytérien, que d'être athée» [HAngl.-VIII: 360].

Revenant à Rushworth, le commentaire se fait plus technique et soulève le problème de la fiabilité des sources [HAngl.-VIII: 365]. Si, en première apparence, ces *Collections* se présentent comme un recueil de «matériaux qui peuvent servir à (...) composer une (histoire) suivie», si une telle compilation a le privilège de laisser chacun «libre d'en faire l'usage qu'il trouve à propos, selon ses propres principes» [HAngl.-VIII: 359], très vite Rapin montre que ces recueils ne sont pas exempts de partialité: «le but et l'intention de Rusworth (*sic*), en publiant ses Collections, a été de décrier la conduite du Roi, et de favoriser la cause du Parlement» [HAngl.-VIII: 365]. Les biais sont simples: choix des documents retenus, élision de passages, élimination de pièces défavorables, absence d'indications concernant leur provenance, etc.

Rapin ne dépasse pas cette critique superficielle et c'est dommage car elle aurait permis de montrer que l'autorité des clivages ne se faisait pas sentir sur le seul plan de l'écriture et de la structuration des récits; qu'elle commençait à produire ses effets au moment de la collection des sources.

1. Docteur Franklin, *Les annales de Jacques Ier et de Charles Ier* ainsi que le *Recueil Impartial des affaires d'État, depuis le commencement de la Rébellion d'Ecosse, jusqu'au meurtre du Roi*, paru en 1682, voir HAngl.-VIII: 360-361.

2. Lord Clarendon [1702, Oxford], *History of The Rebellion and Civil Wars in England.*

De ce point de vue, d'ailleurs, la critique en apparence plus rigoureuse de Thomas Salmon sur la question des « faits » et des « dates » qu'il conviendrait de relater de manière brute en des *Tables Chronologiques* ne va pas au-delà. Elle laisse non questionnée la nature des faits retenus; elle revendique la nécessité de ne pas trier l'essentiel de l'accessoire[1]. Cette dimension de la polémique, qui oppose plutôt les historiens « littéraires » et les chronologistes plus soucieux d'exactitude et de faits, forme un autre axe du contexte de la controverse qui, par des arguments plus techniques, tend à mettre au second plan la question de l'orientation politique des travaux. Cette discussion est, toutefois, plus tardive et se situe dans un contexte politique plus pacifié. Parlant de la période des guerres civiles et de la Révolution, Guthrie rappelle, tout comme Rapin, que « it had been dangerous for a writer to have attempted a fair and impartial history of England » [GHE-I : III].

Rapin, à partir d'exemples qui ont presque valeur de paradigme, illustre la manière dont les récits historiques sont enrôlés dans les termes de l'opposition partisane entre royalistes et parlementaristes[2]. Un exemple, parmi d'autres, porte sur la qualification de la conduite générale du roi Charles Ier. D'un côté, celle-ci était envisagée comme une longue série de rébellions et de trahisons visant l'instauration d'un gouvernement arbitraire; de l'autre, il s'agissait de montrer que le roi n'avait jamais eu de telles intentions[3] : « les oppositions que Charles Ier rencontra, ne provenaient point de la persuasion du Peuple, que le Roi eût excédé les bornes de son pouvoir; mais d'un projet formé de longue main, de changer la Constitution de l'Église » [HAngl.-VIII : 366]. Autrement dit, si le roi a été conduit à de tels extrémités, c'était en réaction aux intentions cachées mais

1. La préface rédigée pour l'édition française de son *Nouvel Abrégé*... est révélatrice des conflits qui opposent historiens littéraires et chronologistes : « le public avait plutôt besoin d'un supplément à l'*Histoire d'Angleterre*, que d'une Histoire même; que d'ailleurs ce supplément ne devait être composé que de faits, parce que les Historiens se sont toujours piqués de beaucoup réfléchir; que ceux-ci ne s'appliquèrent jamais à la recherche des dates, quoiqu'elles soient universellement regardées comme fort essentielles... », *Nouvel Abrégé*, Préface : IV.

2. Voir l'exemple de la présentation tronquée du discours de Jacques Ier prononcé le 30 Janvier 1620 devant les assemblées ainsi que les reproches adressés à Rushworth par les historiens royalistes : « Rushworth, pour favoriser le sentiment des Communes, et pour justifier l'exclusion des Evêques, a fait dire à Jacques Ier ce qu'il n'a pas dit », HAngl.-VIII : 361-362. La restitution intégrale de ce discours est donnée en HAngl.-VIII : 158 *sq.* La critique des sources par les historiens est donc toujours soutenue par la confrontation principale qui construit ou déconstruit la légitimité des prétentions du roi ou du parlement.

3. « Ils traitent de chimère les prétendus efforts du Roi pour établir un Gouvernement arbitraire, soutenant que ce qu'on voulait appeler Pouvoir arbitraire, était précisément ce que les Lois adjugeaient au Roi », HAngl.-VIII : 366.

néanmoins réelles des « presbytériens »[1] qui voulaient changer la « constitution » de l'Église. En déplaçant le travail d'imputation causale du gouvernement de la société, la balance entre prérogatives et privilèges, vers la « constitution » religieuse, l'argument royaliste pouvait alors requalifier les actes de Charles Ier, non pas comme l'expression d'un dessein absolutiste, mais comme les termes d'une série de réactions à des circonstances qui s'imposaient à lui et qu'il fallait contrer pour maintenir la constitution de l'Église.

L'intérêt de cette présentation, même si Rapin n'en tire aucune conséquence méthodologique véritable, est d'attirer l'attention du lecteur sur ce que le choix des causes et des facteurs conduit toujours à redéfinir le fait, les conduites ou les attitudes que l'on cherche à expliquer. Elle permet également de suggérer comment opèrent en profondeur les préventions et les préjugés qui fonctionnent comme de véritables *a priori* conditionnant tout le travail de construction des faits.

Reste que de telles remarques ne sont pas explorées plus avant; Rapin s'exempte de la difficulté arguant que les documents contenus dans les *Collections* de Rushworth sont cités et utilisés par les historiens des deux partis : « Je ne vois donc point de raison qui doive obliger à rejeter les Pièces que Rusworth a insérées dans ses Collections, d'autant que les deux partis les ont également employées » [HAngl.-VIII : 365]. « Candeur »[2] de la part de Rapin ? Celui-ci n'en relève pas moins que de telles sources vont faire et font encore l'objet d'« usages » parfaitement opposés[3]. La supériorité de Rushworth résiderait, finalement, en ce qu'il aurait su établir des matériaux sans former aucun « système », des sources qui sont « communes aux deux partis » [HAngl.-VIII : 368].

L'authenticité ou la vérité des sources, telle qu'elle est ici entendue, traduit l'idéal d'une objectivité du matériau qui dissocie, une fois encore, sa constitution et ses usages. Parce que la vocation de l'historien est bien de rechercher les origines des choses ou des faits, il doit pouvoir séparer les faits et leurs interprétations, du moins ce que Rapin appelle les usages. Sur ce plan, les propositions de T. Salmon, valorisant le travail du chronologiste sur l'historien littéraire ne font que conduire à l'extrême la position suggérée par Rapin. La préface à son *Nouvel abrégé* stylise ainsi l'opposition : tandis que les chronologistes « ont porté l'exactitude jusqu'au

1. Catégorie large que Rapin utilise sans distinction aucune, D. Forbes [1985 : 237 *sq.*].

2. D. Forbes, [1985 : 234]; sur son incapacité à répondre à son exigence d'impartialité, [238-239]. Ce qui importe est ici la manière de poser cette question de la neutralité et ce qu'elle implique pour la définition du projet d'écriture historique. Sur ce plan, Rapin reste l'un des termes importants du débat.

3. « Mais ils en ont fait des usages très différents. Les uns s'en sont servis pour soutenir la cause du Parlement, et les autres, pour soutenir celle du Roi », HAngl.-VIII : 365.

scrupule, et leurs erreurs, supposé qu'il leur en ait échappé quelqu'une, ont été plus qu'involontaires; elles étaient forcées», «Les plus fameux historiens au contraire, ne se piquèrent jamais de cette sorte de justesse; contents de la hardiesse de leurs pensées, ou de la beauté de leur diction, et souvent mal assurés de la vérité des faits (auxquels ils ont néanmoins quelquefois adapté des circonstances qui leur étaient tout à fait étrangères) ils craignirent cette fatigante monotonie que la Chronologie exige, et dédaignèrent, comme autant de minuties, les détails qu'elle rend absolument indispensables» [*Nouvel abrégé* : I-II].

Dans cette période de transition où les historiens sont de plus en plus nombreux à discuter et formaliser les règles d'une méthode, l'opposition entre l'histoire sérieuse et soucieuse de vérité d'un côté et, de l'autre, l'histoire plaisante, obnubilée par des règles de rhétorique pour satisfaire un public[1], est caricaturale. Elle dénonce, sans aucun doute, le travers d'une époque et le dévoiement d'un genre. Les termes de l'auteur, la violence des contrastes suggérés trouvent une bonne part de justification à l'intérieur de cette polémique. Ce qui retient l'attention concerne plutôt le modèle posé comme référent idéal : celui du « tableau »[2] qui, jusque dans sa présentation graphique, paraît déjouer les tours de la rhétorique et de la narration «littéraire» pour ne laisser au regard du lecteur que la forme sèche d'une succession infinie de dates et de consignations brèves.

Une correspondance posée comme rassurante entre une forme austère de présentation de la vérité sans fards et des faits compilés dans leur dépouillement essentiel puisque neutre. L'idéal serait donc réalisé dans l'établissement de ces « Collections », « Tables » et « Tableaux » dépourvus de toute forme de narration, de toute forme d'«usages» et pouvant, dès lors, servir à l'élaboration de différents «systèmes» d'interprétation. La vérité de l'histoire et de la tâche de l'historien se trouverait dans l'établissement de telles *data*. Le reste ne serait que vaine littérature.

Ce que T. Salmon revendique, «la vérité sans figures» [*Nouvel abrégé* : III], ne semble correspondre qu'à une étape du travail pour Rapin. Le fait dans sa brutalité ne parle pas; du moins n'est-il pas immédiatement déchiffrable. «On m'objectera peut-être, concède T. Salmon, que les événements, quelques essentiels qu'ils soient par eux-mêmes, ne nous intéressent qu'autant que nous pouvons facilement nous en rendre raison;

1. On trouve encore cette remarque de T. Salmon, oh combien révélatrice de la difficulté : « n'auraient-ils pas mieux fait [ces historiens] (j'en appelle au jugement du public) d'être un peu moins avides d'ornements, et un peu plus jaloux d'exactitude ? » et un peu plus loin : « je sais qu'il faut s'efforcer de capter le Lecteur, et que son attention se détache naturellement des idées qui sont elles-mêmes décousues », *ibid.*

2. Sur le tableau comme établissement d'un nouveau type de lien entre les « choses », le « regard » et le « discours », M. Foucault [1966 : 140 *sq.*].

et en apercevoir du même coup d'œil les causes et les suites principales. » Mais cela n'est tout au plus, à ses yeux, qu'un inconvénient pour un public non averti. La formulation d'une telle restriction laisse entendre, pourtant, qu'il s'agit là d'une insuffisance qui exigerait, pour être comblée, un autre travail : la narration des faits et leur inscription dans des histoires. La mise en discours équivaut nécessairement à un déplacement du regard sur les faits, elle rend inévitable la transformation de ces derniers. Tel est le dilemme auquel se confronte Rapin, qui ne parvient ni à l'exprimer complètement, ni à en tirer des conséquences positives pour l'écriture de son histoire. Tel est ce que reconnaît, sans doute plus fermement quoique à son insu, T. Salmon qui rédige son *History of Great Britain and Ireland* dans la seconde moitié des années 1720 et opte pour ce qu'il pose comme étant « la simple exposition des faits ».

Pour Rapin, il y a donc tout intérêt à se reporter aux recueils de matériaux tels les *Collections* de Rushworth car il s'agit là de « faits » et de « documents » sans discours ni systèmes, dotés du privilège quasi ontologique de neutralité. Quant aux usages partisans, ils se discréditent d'eux-mêmes en ne contenant « ni l'un ni l'autre, toute la vérité » [HAngl.-VIII : 367]. La vérité de ce dont on doit faire l'histoire exigeant toujours que l'on restitue la multiplicité des motifs et des intentions éclairant les actes du roi d'un côté, ceux du parlement de l'autre. Il est partial de vouloir rabattre, comme le font les histoires évoquées par Rapin, les conduites des uns et des autres sur le versant exclusif des intentions et des motivations les plus radicales de type « républicain » ou « absolutiste » [HAngl.-VIII : 367-368][1].

Avec W. Guthrie[2], la polémique prend encore de l'ampleur. Il ne s'agit plus seulement de dénoncer, il faut expliquer pourquoi; surtout, il faut tenter de se donner des moyens pour rendre inopérantes les causes ainsi manifestées. Guthrie est l'auteur d'une imposante *General History of Angland* peu reconnue de son vivant et oubliée[3]. Comme d'autres, il

1. On laisse de côté le cas de Lord Bolingbroke qui fait un usage directement polémique des travaux de Rapin, tout particulièrement de sa *Dissertation* de 1717, dans un texte paru d'abord sous forme de livraisons dans *The Craftsman*, puis réunies dans *A Dissertation Upon Parties*. Voir *Dissertation* in [*Lord Bolingbroke's Works*-II : 1844, Londres]; mais aussi *Remarks on the History of England*, [1730] *in* [*The Works of Bolingbroke*-I : 1841, Philadelphie]. Sur les emprunts et la dimension polémique, D. Forbes, [1985 : 240-247]; I. Kramnick, [1968 : 181 *sq.*; 258 *sq.*]; du même, (ed.) *in* Lord Bolingbroke, *Historical Writings* [1972 : XI-LIII].

2. William Guthrie est écossais. La publication de sa *General History of England* a été garantie par une souscription de Lord Chesterfield. Il aspirait à devenir un « professional man of letters ». Il n'y parvint pas selon P. Hicks [1996 : 155 *sq.*].

3. Voir les remarques de D. Forbes [1985 : 253n] où l'auteur renvoie aux références connues de la correspondance de Hume à cet auteur : un appendice à la Lettre du 16 Février 1751 au Colonel James Abercromby [Letters-I : 146] et [Letters-II : 340n] où il est associé à,

ambitionne un nouveau projet d'écriture pour l'histoire. Par de nombreux aspects, celui-ci le rapproche singulièrement de Hume. Il déplace, une fois encore, les termes de la polémique en ne limitant pas le problème de la neutralité ou de l'impartialité à la seule question des effets du contexte politique. Ce dernier ne fait qu'accuser des tendances ou des dispositions qui existent indépendamment de lui. Raison pour laquelle il est tout simplement naïf de croire que le fait d'être étranger suffirait à garantir quelque neutralité que ce soit [GHE-I : III]. Le problème de la neutralité en histoire est lié à une double série de contraintes : la première concerne le statut social et économique de l'historien ; la seconde est naturellement liée à sa constitution d'homme susceptible d'éprouver des affections ; rien dont on puisse se prémunir par le fait d'une extranéité.

Guthrie préfère parler, d'ailleurs, des « dépendances » de l'historien. Il s'agit là d'un terme plus large qui renvoie à des facteurs divers, susceptibles de dénaturer le discours de l'historien. « Rapin's History appeared at a time, when the principles on which he wrote were useful to a party, who therefore powerfully recommende it from the press, of which they were then the masters » [GHE-I : III]. Evoquant Rapin, Guthrie souligne qu'à son époque, l'enrôlement dans les conflits de partis trouvait un relais actif et décisif dans la « presse ». Pour ses titres principaux, celle-ci restait largement inféodée aux partis politiques, et choisir de s'y exprimer supposait alors de « prendre parti » [1]. Sur un plan plus général, Guthrie indique là qu'il y a une tension constitutive de la position de l'historien, laquelle est source de dépendances multiples : l'homme de lettres cherche à s'exprimer et à faire connaître publiquement son travail ; en même temps, il emprunte des médiations qui l'obligent à prendre position. L'exigence de publicité, la construction d'une relation à l'opinion publique commune peut se traduire pour l'historien de métier par la soumission à des règles ou à des limitations contraires aux principes qui déterminent la neutralité de son point de vue de narrateur. L'alternative est la suivante : accepter ce risque et les difficultés à en contenir les effets ou renoncer à la carrière d'homme de lettres par un isolement plus grand. Dans le premier cas, le public saura faire la part des choses et reconnaître le mérite du travail accompli. Même si le temps écoulé depuis la fin de la révolution favorise la mise à distance du travail d'interprétation des faits de l'histoire récente par rapport aux clivages

sinon confondu avec, son ami jacobite James Fraser ; une lettre datée du 16 Octobre 1754 à l'Abbé Le Blanc, [Letters-I : 209 ; 209n].

1. Sur l'émergence d'un lectorat, l'accroissement du nombre des lecteurs publics comme étapes dans la construction d'une « indépendance » des historiens vis-à-vis des institutions, J. Pocock [1999-II : 168 *sq.*].

partisans et aux factions, la nature de ce travail qui le destine à un public déplace la contrainte plus qu'elle ne la supprime.

Cette dépendance ambiguë à l'égard d'un public peut revêtir, cependant, une forme bien plus radicale qui est celle de la relation de patronage. Comment l'historien peut-il s'exempter de tout parti pris si la possibilité même de son travail reste conditionnée par des formes de servilité ? Guthrie n'a pas de mots assez durs pour dénoncer les effets d'une telle réduction à la condition de « valet »[1]. Dans ce cas, il est peu vraisemblable que la renommée, ce qu'il appelle encore le « mérite » d'un tel travail, survive à son auteur et à ceux qui l'ont commandité[2]. L'une des conditions matérielles rendant possibles les narrations authentiques de l'histoire n'est autre que l'indépendance économique de ceux qui prétendent tenir un discours sur les événements du passé. Leurs « mérites » en sont tributaires. Voilà qui s'ajoute encore aux raisons déjà évoquées du « retrait » revendiqué comme moyen presque exclusif de garantir la neutralité de l'historien. Les seules dépendances légitimes qu'il devrait accepter sont celles du travail de collation du matériau et celles de ses aptitudes à en faire un usage adéquat [GHE-I : II].

Mais l'argument de W. Guthrie ajoute encore ceci. L'historien est avant tout un homme et, comme tel, il est soumis à des influences diverses ; parmi elles, les « affections » [GHE-I : I]. Il est difficile, le plus souvent, d'anticiper leur nature et leur provenance : ce peut être une « manière d'être », un « air »[3]. En tout cas, ces affections déclenchent des mouvements d'excitation, d'aversion ; elles provoquent des « inclinations » [*ibid.*]. Les causes qui sont le plus susceptibles de les déclencher concernent les « caractères » et les « représentations »[4] propres aux temps révolus, aux événements du passé. Guthrie invoque cette distinction pour affirmer que l'historien,

1. J. Pocock suggère encore ici les termes complexes d'une comparaison entre la fonction de l'histoire et le statut sociologique des historiens dans la France d'Ancien Régime et dans l'Angleterre post-révolutionnaire. Alors que l'histoire a pour vocation d'un côté, la « *glory* » du monarque [1999-II : 167], Outre Manche elle se construit principalement autour de la question des factions, des divisions et de leurs effets. Pour les premiers, la monopolisation et la centralisation, *via* des académies et des institutions, organisent le statut de l'historien en fonction politique ; pour les seconds, l'absence de centralisation, l'émergence d'un nouvel espace public lié au développement d'une société de commerce, conditionnent tout autrement la question du rapport de l'historien au problème du pouvoir, de sa légitimité, etc. Voir [1999-II : 166-168].

2. « it is not in the power of the great to make his labours live bayond a venal, temporary subscription, for which he must mingle with the perquisited varlets or his patrons », GHE-I : II.

3. « We daily observe, in common life, that men are subjected to unaccountable affections. A manner, a face, an air... », *ibid.*

4. Le terme anglais est précisément celui de « representations ».

plus que tout autre homme de lettres, doit être libre de toute influence[1]. Influence qui, du point de vue de la psychologie de celui qui narre, se traduit par l'existence de « préjugés ». À cette détermination affective et passionnelle du regard de l'historien, qui se noue dans l'existence de préventions, s'oppose la dimension raisonnable du jugement qui, elle, renvoie au savoir authentique, à la vérité en histoire. Il n'y a pas chez Guthrie, comme on va le trouver chez Hume, de véritable systématisation des conséquences liées à cette distinction entre déterminations affectives du regard et déterminations rationnelles du jugement. Le jugement porte sur des « faits » et seuls ces derniers peuvent se fonder sur une autorité. Aussi, pour ce qui est des historiens de la nation anglaise, s'il en est de grands sinon de très grands, ils émaillent toujours leurs propos de considérations contraires à la « vérité de l'histoire »[2]. Ils ont toujours tendance à gratifier les faits, personnages et acteurs des drames qu'ils racontent, d'« épithètes » parfaitement discutables, probablement contraires à celles qu'ils auraient choisies en toute liberté de jugement[3]. Mais l'usage répété de ces épithètes illégitimes, avec le temps, reconduit insidieusement des erreurs qui finissent par faire corps avec l'objet, l'événement ou le personnage; des erreurs qui deviennent alors imperceptibles et « invétérées »[4].

Avec Guthrie, on comprend donc mieux pourquoi la neutralisation du point de vue d'observation de l'historien se heurte toujours à des obstacles qui en menacent la valeur de « généralité ». La généralité ou le désintéressement de la position, recherché dans une quête infinie et presque obsessionnelle de la neutralité, est infléchi par le jeu de circonstances externes telles le contexte politique des clivages de partis, la dépendance à l'égard du public, la dépendance économique; jeu lui-même intensifié par des circonstances internes propres à la dimension affective de la nature humaine. À prendre au sérieux ces conclusions, la neutralité comme préalable nécessaire au caractère général et légitime des narrations historiques est, en pratique, inaccessible. De telles remarques suffisent néanmoins à questionner rigoureusement la nature des prétentions toujours affichées par

1. « ought to be the most free of influence from any species of mankind », W. Guthrie, GHE-I : I-II.

2. « inconsistent with the truth of history », *ibid.*

3. W. Guthrie use d'une comparaison, courante avec l'écriture de théâtre : « Thus, they have done as if a dramatic writer should, in the conduct of his play, contradict the characters given to the persons prefixed to the drama », GHE-I : II.

4. Ce que dit à nouveau Guthrie, sous une autre forme, quelques milliers de pages plus loin : à propos des auteurs de mémoires concernant des personnages, « their partiality for friends, or their hatred of soes, leads them to advance, as facts, either what is not strictly true, or what is directly false, and by often repeating them, they first talk themselves into a belief of them, and then transmit them to posterity », GHE-III : 1225.

ces historiens qui portent sur la généralité des discours qu'ils tiennent à partir de leurs points de vue.

Sans s'y réduire en totalité, il existe une profonde analogie entre les « principes » et « intérêts » à partir desquels les historiens s'opposent et entrent en conflit et ceux à partir desquels se nouent les relations entre partis politiques et factions. Il arrive même que le combat d'idées cède le pas à l'affrontement par les armes : « In the days of Charles I, there were several gentlemen in the opposition to his government, who could have done justice to the English Nation, by a full and impartial history of their country ; but arms instead of books, soon filled their hands » [GHE-I : I-II]. La partialité aiguisée par les préventions et les inclinations les plus diverses a bientôt raison de la délibération par le savoir qui cède le pas à des moyens plus radicaux. L'historien, du moins celui qui aurait pu l'être, renonce ainsi aux vraies maximes du savoir et se comporte comme n'importe quel bigot, éloignant le peuple d'une connaissance exacte de ses droits. La dénaturation du genre historique provient donc de ce renoncement qui, au profit de circonstances, ne permet plus de distinguer entre l'historien et l'homme politique le plus commun, entre l'historien et le prêtre. Rien ne s'oppose plus alors à ce que les controverses entre historiens obéissent aux clivages politiques entre partis et factions. L'analogie se fait identité.

Quelle est alors la ligne de conduite que se donne W. Guthrie pour écrire son histoire générale ? Tout d'abord, « to give a general view of our fundamental liberties and constitutions, and to describe the great scenes of action (...) without deviating from truth » ; ensuite, écrire avec un style et des figures qui doivent être « plain and simple ». Termes qu'il convient de comprendre ainsi : « by plainness and simplicity, is meant, that it ought not to animate and affect » [GHE-I : IV]. D'une certaine manière, la boucle est bouclée : la neutralité de l'historien est donc un résultat qui ne trouve sa raison d'être que dans une orientation indéfectible de la narration vers la « vérité » et dans un emploi des moyens qui, pour reprendre des termes humiens, maintiennent le lecteur dans la position d'indifférence positive. La neutralité, comme ce qui désigne l'idéal de la position objective de l'historien, requiert donc sa condition épistémologique qui est celle d'un régime de vérité du discours tenu sur les événements, à savoir l*a prior*ité donnée aux « faits », et sa condition psychologique qui est celle de la plus grande distance maintenue par rapport aux affections les plus diverses : le calme des passions et des sentiments sans quoi le jugement ne peut être qu'infléchi et dévié par le préjugé ou la prévention.

À la neutralité de l'historien répond donc la capacité à juger qui doit s'exercer, avant toute chose, sur des « faits ». La vérité des faits est ce qui demeure en deçà de tous les mésusages qui ne font qu'obscurcir, par autant d'épithètes inadéquates, la réalité des actes, des conduites et des événements. L'historien soucieux de vérité doit dissocier, dans les narrations et les témoignages sur lesquels il s'appuie, ce qui appartient aux faits de ce qui n'est qu'invention ou fiction. À propos du caractère de Charles Ier, voici comment est posé le problème : « With some (historians), his conduct is all perfection ; with others, it is all deformity, and to me, none seems to have considered it dispassionately. It has ever been examined by the chimerical standards, which the two political parties amongst us have set up, and which men of sense, through conveniency, ambition, or safety, have adopted. » Et, un peu plus loin « to form a true test of the conduct of Charles, we must not examine it by principles (for by those he must be condemned, to whatever set we appeal) but by circumstances » [GHE-III : 825 ; 825-829].

Des propositions exemplaires qui, sans aucun doute, permettent de mieux comprendre en quoi réside, aux yeux de Guthrie, le travail de l'historien, ce travail de la dissociation au terme duquel parvenir à juger des « faits ». L'adoption d'une telle position consiste à démarquer les principes abstraits, « chimériques » à partir desquels les hommes du commun, pour des raisons souvent différentes, regardent les conduites et les actions, des circonstances qui, seules, permettent de fournir le critère susceptible de juger du caractère adéquat ou non de ces mêmes conduites. L'abstraction de ces principes « généraux » est, de surcroît, un facteur d'intensification des affects par lesquels sont radicalisées les condamnations ou les louanges. Mais, dans aucun de ces cas, on ne se trouve en mesure de dire, au juste, ce qu'a été la conduite de Charles Ier et pourquoi elle est ou non discutable. Le travail sur les circonstances est donc ce qui va réintroduire dans la matière même de la narration historique un élément de réalité, d'objectivité, à l'aune duquel confronter les conduites et les attitudes. Il est d'ailleurs tout à fait remarquable de constater l'importance que prend, chez Guthrie, en début de chaque règne, l'exposé de faits et facteurs qui constituent l'héritage politique, diplomatique et économique du nouveau monarque[1] ; comme s'il devait s'agir, par ce moyen, de mieux discerner entre ce qui relève de formes de dépendance, les contraintes liées au jeu des circonstances, et ce qui est plus directement imputable à la conduite et aux décisions du monarque. Il importe donc, pour l'historien, de travailler à la récollection de ces faits qui permettent de qualifier les circonstances à l'intérieur desquelles se déroulent les actions des hommes politiques qui sont l'objet de son jugement.

Si la distinction guthrienne entre fictions et faits, principes chimériques par excès de généralité et circonstances réelles, permet de poser plus correctement le problème de l'historien, il reste que dans la pratique du métier, Guthrie – pas plus que Rapin, Salmon ou d'autres encore – ne

1. En l'occurrence, ici pour le règne de Charles Ier, GHE-III : 825-829.

parvient à les mettre en œuvre de manière rigoureuse et systématique. Plus, et il n'y a pas de quoi s'en étonner, lorsque la question du statut des sources, à travers les *Recueils* et *Collections* divers, vient à être posée, la réponse n'est pas différente de celle de Rapin. C'est en avant-propos à la narration de la période du Protectorat que W. Guthrie envisage le problème, évoquant d'ailleurs, tout comme Rapin l'avait fait avant lui, des auteurs comme Whitlock et Rushworth. S'il reconnaît que ces collections introduisent au cœur de l'édifice et dans la fabrique de l'histoire, néanmoins les matériaux qu'elles retiennent « lie rude and dispersed without any order but that of time » [GHE-III : 1225]. Sans aucun doute, et d'une manière plus subtile, Guthrie retrouve la distinction rapinienne entre faits et interprétations. Ces collections de faits sont donc, sur le plan de leur statut épistémologique, qualitativement supérieures à celle des histoires narrées par d'autres historiens pour lesquels Guthrie ne manque jamais de dire, pourtant, son admiration : Lord Clarendon par exemple. Elles le sont pour cette raison essentielle : « his authority [Whitlock], in point of fact, must have been superior to that of Clarendon, because he must have composed it when he could be under no tentations of partiality towards the cause he espoused, and his opportunities of information were greater » [GHE-III : 1226]. Éloignement vis-à-vis des événements, accès plus libre aux sources sont autant de conditions dont n'a pu bénéficier Clarendon, qui, de plus, était acteur de l'histoire qu'il écrivait.

Toutes ces raisons font que, sur le plan de l'autorité des faits, les *Collections* jouissent aux yeux de Guthrie d'une incontestable supériorité. Pour autant, celles-ci n'en demeurent pas moins silencieuses, telles de longues séries discrètes seulement ordonnées par des chronologies. Si de telles « autorités » devaient « assister » le « jugement », en aucun cas elles ne devaient constituer des « autorités » susceptibles de déterminer la « narration »[1] proprement dite. Par cette distinction, Guthrie se retrouve encore du côté de Rapin. Lui aussi convient à sa manière de l'importance de la mise en récit, ce moment irréductible qui fait que l'histoire n'est pas une érudition pure d'un côté, ou une spéculation éthérée de l'autre. Bien au contraire, l'écriture de l'histoire est un agencement, un dispositif qui articule, en un récit, « a narrative », le fait et son estimation. Agencement ou dispositif instable, toujours menacé par les contraintes qui viennent d'être évoquées et qui agissent comme autant de particularisations des opinions ou des narrations. Equilibre précaire toujours miné et traversé par le fantôme du pyrrhonisme qui menace y compris la valeur de ces faits, de ces *data*. Ainsi, si les *Collections* Rushworth sont indéniablement de

1. Les termes en anglais sont précis : à propos d'auteurs « whom I have used as assistants to my judgement, but not as authorities to my narrative », GHE-III : 1225.

qualité et contiennent les papiers officiels, les gazettes et autres documents qui fixent les circonstances des événements à étudier, il n'en reste pas moins, par exemple, que « The very men who composed the state papers were interested to represent facts as they wished them to be, and to state disputes according to their meanings or intentions » [GHE-III : 1226]. Il n'y a pas de raison de faire de différence entre l'homme politique, fût-il député, et le simple soldat[1]. Le point de vue de ce dernier sur la bataille qu'il livre n'est jamais que partiel, et pour cause; celui du membre du parlement également. Cette analogie des positions ne parvient qu'à réintroduire le doute sur la valeur même de ces faits à partir desquels peut s'exercer le jugement et se déployer la narration. Cécité et partialité proprement constitutives et dont on ne peut pas se départir. Cécité et partialité que la dynamique des affects ne fait que renforcer en produisant l'illusion ou la croyance selon laquelle ce qui est dit, vu et jugé, serait la « vérité », le « général ». Toujours à propos du soldat et du député, Guthrie affirme : « each (is) writing as he affects, not as he comprehends, and (is) substituting fancy for knowledge ».

La tâche de l'historien est bien d'accomplir cette inversion par quoi les narrations réintroduisent la discrimination positive entre « réalités » et « chimères ». Ainsi, il faut être circonspect, même à l'égard des journaux de la Chambre des Communes, leur fameux « state papers », parce que ceux qui les rédigent, et ce qu'ils rédigent, sont la matière même du fait dont ils prétendent donner la vérité : « they are in themselves, if I may be allowed the expression, facts, and such facts as history ought to be built upon » [GHE-III : 1226]. L'inversion ne peut donc advenir, si jamais elle le peut, que par mise à distance et multiplication des positions d'observation : dans les termes, c'est bien le principe d'une forme d'objectivation par quoi le fait pourrait acquérir sa qualité de fait. On verra bientôt comment Hume entend répondre à cette difficulté. Si W. Guthrie en est, par moment, conscient, il ne paraît pas pour autant en tirer les conséquences pour élaborer ce dispositif de narration au moyen duquel, justement, en relativiser les effets.

Tel est bien un certain état de la question qui se présentera à Hume, en tant que philosophe devant situer l'histoire parmi les disciplines susceptibles de contribuer à la nouvelle science de l'homme, mais aussi en tant qu'historien devant inventer des techniques d'exposition permettant de neutraliser les effets de tels « principes » et « intérêts ». Sur ce plan de la qualification de la neutralité, la position de W. Guthrie est assez proche de ce que l'on retrouvera chez Hume. La méthode de la balance, comme prin-

1. « When a man is assigned to a post in a battle, or to a department in business, he is apt to think that the work of the day lies principally where he is engaged, and that he holds the pen to all the policy in the nation », *ibid.*

cipe de présentation des points de vue, chez ce dernier, répondra en parti à l'exigence de neutralisation par confrontations successives d'arguments opposés[1].

L'ÉNONCÉ MÉTHODOLOGIQUE DU PROBLÈME CHEZ HUME

Une lecture suivie de la correspondance de Hume autour et à propos de son travail sur l'*Histoire d'Angleterre* permet de situer assez précisément la place qu'il entend tenir au cœur de cette controverse. Hormis Rapin qu'il lui arrive de nommer et pour lequel son admiration n'est rien moins qu'évidente, Hume n'évoque pas, ou très peu, les auteurs dont on vient de parler[2]. Il reste que les formulations retenues et les préoccupations qu'elles révèlent appartiennent tout à fait à cette controverse et se caractérisent, d'abord, par une communauté de langage employé, par la mise en avant des mêmes obsessions.

Dans une lettre de 1754 (?) adressée à son ami John Clephan, Hume affirme : « I have begun a work which employ me several years, and which yields me much satisfaction. Tis a *History of Britain*, from the Union of the Crowns to the present time. I have already finished the reign of King James. (...) You know that there is no post of honour in the English Parnassus more vacant than that of History. Style, judgment, impartiality, care – everything is wanting to our historians; and even Rapin, during this latter period, is extremely deficient. I make my work very concise, after the manner of the Ancients ... » [Letters-I: 169-170]. Ou encore cette autre remarque adressée à James Oswald of Dunnikier : « the more am I convinced that the History of England has never yet been written, not only for style, which is notorious to all the world, but also for matter; such is the ignorance and partiality of all our historians. Rapin, whom I had an esteem for, is totally despicable. I may be liable to the reproach of ignorance, but I am certain of escaping that of partiality » [Letters-I: 178-179]. Des textes qui éclairent quelques-unes des préoccupations de l'auteur alors même qu'il entreprend la rédaction de ce qui n'est encore, dans les années 1754-1755, que l'*History of Britain*[3].

1. Le jugement négatif de Hume sur cet auteur est donc, une fois encore, assez surprenant. Il l'est d'autant plus que, comme on verra, la lecture que propose Guthrie du règne d'Elisabeth, par de nombreux côtés, voisine celle de Hume. L'importance méthodologique de la référence à cet auteur est maintenant établie. Il fera parti des termes de la comparaison des histoires, avec celle de Rapin, que l'on présentera dans la seconde partie de cet ouvrage.

2. Les *Rushworth's Historical Collections* ne sont citées qu'une fois dans sa correspondance, Letters I : 334n.

3. Pour une interprétation du changement de titre, J. Pocock [1999-II : 199-202].

À ses yeux, le problème de l'écriture d'une histoire de l'Angleterre n'est pas résolu. L'enjeu est immense puisqu'il recouvre tout à la fois, sur le plan méthodologique et épistémologique, le problème du « jugement » et de l'« impartialité » et, sur le plan de la rhétorique, la question du « style » et de la « concision ». Autant de qualités qui font défaut aux histoires déjà rédigées. D'une certaine manière, au tournant des années 1750, les obstacles déjà repérés par les prédécesseurs ou les contemporains immédiats de Hume ne paraissaient pas surmontés et les appréciations d'un Rapin ou d'un Salmon, données dans les années 1710 et 1720, pouvaient être aisément reconduites.

À ceci près, qu'une difficulté allait croissant, liée qu'elle était à l'émergence et au développement rapide d'un public de lecteurs : l'essor de l'imprimé allait de pair avec des changements importants dans la composition sociale des auteurs, historiens entre autres, mais aussi, et peut-être surtout, de l'audience et des lectorats. Dans le quatrième Appendice, rédigé à la fin des Règnes d'Elisabeth et de Jacques Ier, Hume évoque les changements intervenus en matière de goût et de création littéraires. Représentant d'une culture de l'érudition, il ne pouvait alors s'empêcher de dénoncer les effets d'une telle « vulgarisation ». Comparant les origines et conditions sociales des « auteurs » chez les anciens [1] qui, pour la plupart, « étaient des personnes de la plus haute qualité » et celles des auteurs de l'époque des deux règnes concernés, la multiplication de leur nombre, la diversité de leurs conditions ne pouvaient être imputable qu'à la diffusion du livre et de l'imprimé : « Comme il n'y a point d'avantage humain qui n'ait ses inconvénients, le changement des idées sur ce point peut être attribué avec vraisemblance à l'invention de l'imprimerie, qui a rendu les livres si communs que même les fortunes les plus minces peuvent y accéder » [HA-IV : 621, modifié; HE-V : 154]. Aussi, pour ce qui est de l'histoire, la création d'un marché, d'un véritable commerce devait encourager des historiens non qualifiés à écrire pour de l'argent et non pas pour l'édification des princes ou pour la postérité. L'histoire de l'édition aux XVIIe et XVIIIe siècles [2] fait apparaître, d'ailleurs, la multiplication des ouvrages commandés par souscription, des histoires populaires : séries, abrégés, histoires de désastres naturels, histoires secrètes, etc.

Ce lectorat, sans cesse plus important et plus diversifié dans ses origines et dans ses attentes, était également, plus que tout autre, soumis aux tensions des opinions partisanes ; autre obstacle majeur que devait affronter Hume pour réaliser son ambition d'historien. C'est cette dimension politique, ou politisée, du lectorat qui se ressent si concrètement dans ses

1. HA-IV : 621 ; HE-V : 154.
2. Par exemple, pour ce qui est de l'histoire, Robert Mayer [1994 : 391-419].

effets à la lecture de la correspondance portant sur la réception[1] des premiers volumes de l'histoire des règnes des Stuarts[2]. Autrement dit, la question de l'impartialité du point de vue du narrateur, encore pendante au moment où Hume entreprend ce projet d'écriture, est redoublée et comme amplifiée par l'impossible neutralité de celui ou celle qui en fera lecture. Dans une lettre destinée à William Mure of Caldwell, Hume pouvait ainsi confier son découragement face à la mauvaise réception du premier volume de son *Histoire* : « The Opposition, I may say the Rage with which it was received by the Public, I must confess, did not a little surprize me. Whatever Knowlege I pretend to in History of human Affairs, I had not so bad an Opinion of men as to expect, that Candor, Disinterestedness, and Humanity cou'd entitle me to that Treatment. Yet such was my Fate » [Letters-I : 241-242].

L'exemple de l'*Histoire de la Grande Rébellion* [1702] de Lord Clarendon a ceci de remarquable : il montre comment peuvent être radicalement dissociés le travail d'écriture d'un auteur et le contexte, ainsi que les raisons, de sa publication[3]. L'écriture d'un texte d'histoire pose donc le problème de sa lecture. Il ne suffit pas d'écrire à partir d'un point de vue neutre et impartial, encore faut-il que ce qui est écrit soit lu et perçu comme tel ; encore faut-il que le lecteur, lui aussi, soit impartial.

1. On trouve dans sa correspondance la manifestation du souci permanent et aigu de la réception de son travail d'écrivain. En 1754, à l'Abbé le Blanc : « The great Distance, which I have always kept from all Party and Dependance, from all Satyre and Panegyric, has made the Public entertain Expectations from this Work ; and I tremble, I own, the more for the Opinion, which will be form'd on its publication. » Letters-I : 193 ; voir également, la même année, la lettre à Lord Balgarres, Letters-I : 105.

2. Lettre de 1755 à W. Straham, à propos de la parution du second volume de son *Histoire d'Angleterre*, Letters-I : 221.

3. Clarendon meurt en 1674. En 1702 paraît son *Histoire de la Grande Rébellion*. Celui-ci avait refusé la publication de son vivant car l'interprétation de la guerre civile y était encore objet de polémiques violentes. Les manuscrits se retrouvent dans les mains d'une famille royaliste, les Hydes, étroitement liée au Collège Christ Church d'Oxford, très royaliste aussi (P. Hicks [1996 : 62 *sq.* ; 73 *sq.*]). Dans son doyenné sera préparée la première édition de l'*Histoire*... Depuis 1660, les alliances entre le milieu anglican et les grandes familles politiques se consolident et finissent par redéfinir les orientations générales d'une éducation destinée au public de la « gentry » et de l'aristocratie Tory. Une éducation, fondée sur les « polite learnings » et sur un style – la « politeness » –, qui implique modération dans la forme et balance dans la présentation des arguments. Ces traits, culturellement identifiables, devenaient des ressources de mobilisation permettant d'exprimer, dans les termes d'un langage politique parfaitement repérable en ce début des années 1702, le point de vue et la cause Tory. Par le biais des éditeurs de Christ Church, ces derniers trouvèrent opportunes les conditions d'une première édition de l'*Histoire de la Grande Rébellion*. Le contexte politique du tournant des deux siècles allait favoriser l'enrôlement du texte dans une série de controverses et, par voie de conséquence, imposer des significations et des fonctions polémiques inattendues : il devenait le manifeste du nouveau parti Tory.

Cette élargissement du problème de la neutralité à l'ensemble de la communauté des lettrés, des gens cultivés, auteurs et lecteurs, ne fait qu'énoncer dans les termes d'une plus grande généralité la question de l'élaboration d'un point de vue à partir duquel poser des évaluations convergentes et communes portant sur des objets moraux, politiques et littéraires. Il y a dans la dernière partie du Livre III du *Traité* un ensemble de considérations sur le « goût » et la possible « convergence » des évaluations morales qui permet de répondre en partie à ce problème de la neutralité et qui rejette tout dimorphisme anthropologique quel qu'il soit. Il n'y a pas de raison d'imaginer, en effet, que ce qui corrompt le point de vue du lecteur des histoires ne soit pas de même nature que ce qui oblitère la narration de l'historien[1]. Une telle extension de l'énoncé, parfois implicitement évoqué chez Guthrie, toujours explicitement mis en avant par Hume, correspond, à n'en pas douter, à un déplacement important.

On présente le problème à partir de propositions tirées de l'Essai « Que la politique peut être réduite à une science » qui reconduisent, à propos de l'étude des matières politiques, certains résultats du *Traité*. Que signifie l'« indépendance » des lois ? Comment cela conduit-il à statuer sur la nature de l'objet et sur la position de celui qui observe ? Cette perspective de lecture est relativement indifférente au problème de la distinction entre science et histoire de la politique, même s'il n'est pas inutile d'indiquer ce que cela implique plus spécifiquement pour l'histoire. « Si grande est la force des lois et des formes définies de gouvernement, elles dépendent si peu des humeurs et des tempéraments des hommes, qu'on peut en déduire parfois des conséquences presque aussi générales et certaines que celles qui sont proposées par les sciences mathématiques » [ET-I : 82].

Sont indiquées les raisons pour lesquelles une science politique est possible en tant que connaissance : les lois et les formes de gouvernement, qui en sont l'objet, sont « indépendantes » des humeurs, en un mot, de tout ce qui relève de la dimension affective des conduites et des caractères. Il existerait des conditions à partir desquelles l'observation et la description de ces objets pourraient prétendre à une certaine neutralité, une certaine objectivité. Parce qu'ils sont eux-mêmes indépendants des affections et des tempéraments des hommes, en d'autres termes, parce que la régularité et la stabilité de leurs manifestations n'en sont pas tributaires, ces objets le seraient également de tout ce qui peut affecter « le point de vue » de qui les étudie. Les auteurs de ces observations, toujours susceptibles d'être

1. On rappelle que cette préoccupation du lectorat est loin d'être discrète; elle est, au contraire, permanente. On en trouve une formulation tout à fait développée dans l'Essai « L'étude de l'histoire ».

affectés par des impressions et des passions, ne seraient donc pas directement en relation avec ces objets.

Cette indépendance, ou cette neutralité, n'est jamais envisagée comme une sorte de privilège ontologique qui voudrait que le narrateur pût, par le jeu de vertus particulières, contenir les effets de ce qui l'affecte. C'est parce que, d'une manière générale et régulière, ces lois et formes politiques sont « indépendantes » des humeurs de tous les hommes dans leur ensemble, qu'elles le sont, en particulier, de celles des observateurs. Il n'y a point de dimorphisme entre le théoricien et le commun, d'idéalisation du premier au détriment du second. On trouve seulement le jeu de circonstances particulières qui peuvent établir les conditions d'une possible objectivité. Une fois élucidées les significations et les conditions de cette « indépendance », il sera aisé de reconstruire la position de Hume dans la controverse des historiens.

Ce principe d'indépendance est à comprendre comme l'énoncé d'une double exigence. D'une part, une exigence épistémologique, une condition à partir de laquelle il doit être possible de repérer, dans le cadre d'une connaissance de la politique, des régularités dont on pourra trouver les raisons en rapportant les conduites ou les institutions à l'étendue de toute la nature humaine. D'autre part, à travers ce principe, une affirmation anthropologique : invoquer le principe d'une indépendance des humeurs et des tempéraments, c'est reconnaître que la relation se situe à un autre niveau, celui d'une généralité plus grande que le savoir anthropologique sur la nature humaine permet de mettre à nu.

Par la première exigence, Hume entend démarquer la théorie politique du discours et des opinions moralistes, y compris dans leurs formes plus dégradées et plus polémiques que sont les positions partisanes. Cette démarcation a pour résultat principal d'éviter le rabattement de la théorie sur la dénonciation. L'exemple qui a valeur de paradigme et qui souligne toute l'originalité du propos humien sur ces questions de principes porte sur le problème de la corruption. Objet de cristallisations polémiques virulentes dans les années 1720-1740 entre les principaux partis de la *Cour* et du *Pays*, l'application stricte du principe d'indépendance permet de dépasser le plan superficiel de la justification ou de la critique de la corruption comme pratique de gouvernement.

Si l'on veut expliquer ce phénomène dans le cadre d'une théorie politique rigoureuse, il n'est pas satisfaisant d'en réduire les causes à l'existence de tempéraments ou de caractères essentiellement pervertis. En effet, ce qui frappe l'observateur attentif est bien plutôt la généralité de la pratique du patronage, sa permanence dans le temps[1]. Doublement déterminées par cette généralité et par cette relative permanence, ces conduites désignent alors des régularités qui en font le véritable objet de la théorie[2]. Le travail d'imputation causale doit s'exercer dans une autre direction que celle, immédiate et inexacte, de la psychologie.

Le rejet du psychologisme[3] posé comme dimension de l'approche moraliste du problème et la nécessité de réorienter le travail d'imputation des causes conduisent à la seconde exigence de l'énoncé qui est anthropologique. Ainsi, il est erroné de comprendre la corruption comme l'effet d'une perversion qui fait prévaloir de plus en plus systématiquement les satisfactions immédiates d'intérêts partiaux et égoïstes sur les intérêts généraux et plus lointains. Les règles générales concernant les modalités d'affection, les transitions et les conversions entre intensités des impressions sont là pour rappeler que, du point de vue de la nature humaine, ce qui frappe l'imagination conduit toujours, sauf « expédients » ou « remèdes », à donner la priorité à l'immédiat et à l'actualité du moment présent. En cela, les conduites de corruption ne sont pas à comprendre comme des aberrations ou des conduites « contre-nature » ; elles sont des « effets », des « conséquences » liées aux mouvements des inclinations et des penchants qui définissent l'homme comme nature. Il est dans la nature humaine des gouvernants et des gouvernés de privilégier le particulier et le circonstancié par rapport au général et à l'abstrait ; de préférer le proche au lointain, le présent au futur.

Le postulat d'indépendance des lois et des constitutions par rapport aux humeurs et aux tempéraments permet d'indiquer, par le respect de cette double exigence épistémologique et anthropologique, ce qui relève de l'étude politique des causes de stabilité ou d'instabilité des gouvernements, lesquelles ont peu de rapport avec la qualification morale de tempéraments ou caractères.

Ce principe d'indépendance peut être transposé au problème spécifique de l'histoire et de la neutralité du point de vue de narration. Rapin et Guthrie sont naïfs de croire que le « mérite » du travail d'historien puisse reposer *in*

1. À propos de l'une des trois coutumes que Hume observe et étudie dans l'Essai : « De quelques coutumes remarquables », DP : 112.

2. Concernant cette pratique, Hume ne manquera pas d'y voir un instrument parmi d'autres de limitation de l'indépendance des parlements pour conserver à la constitution son caractère mixte ; Essai « L'indépendance du parlement », ET-I : 104 *sq.*

3. À propos de Bolingbroke, D. Deleule parle d'une « interprétation psychologique dans la mesure où elle admet que ce qui est pur ne se corrompt jamais de lui-même », [1979 : 336].

fine sur les vertus et la probité morales des auteurs[1], comme si ceux-là pouvaient aller contre leur nature pour s'ériger en arbitres neutres et impartiaux. Si la neutralité est une exigence incontournable du travail d'historien, y parvenir exige d'abord de renoncer à cette construction idéaliste et impose, ensuite, de tirer tout le parti du réquisit anthropologique selon quoi les hommes qui agissent et forment la trame des faits dont on écrit l'histoire et ceux qui font métier de l'écrire sont d'une commune nature. Il n'y a pas, d'un côté, des hommes agis par leur passions et, de l'autre, des historiens qui agissent sur leurs passions. C'est dans la qualification même de l'objet dont on fait l'histoire que l'on identifiera ce qui n'est pas directement tributaire, dans les conduites et les comportements à expliquer, des orientations affectives des observateurs.

La première étape au moyen de laquelle ceci peut être obtenu renvoie à l'exigence épistémologique de la démarcation nécessaire entre le discours de l'historien et celui de la morale : la positivité de la narration historienne trouve alors une partie de sa légitimité dans le souci constant d'une séparation claire d'avec les opinions et dénonciations communes. L'obsession guthrienne, ne jamais dévier de la « vérité », devient réalisable si l'on entend par là ce qui permet de toujours mettre à distance la narration vis-à-vis de la dénonciation. Hormis la concession faite au genre de l'époque et qui veut que l'on rédige, en fin de chaque règne, le « caractère » du monarque, le texte de l'*Histoire d'Angleterre* est assez dépourvu de considérations psychologiques et de stigmatisations moralisantes. Ne sont retenues, ou susceptibles de l'être, parmi les tempéraments et les caractères des personnages, que des qualités communes à toute l'espèce humaine [TNH : 590-591], c'est-à-dire des qualités moyennes, et moyennement distribuées, à partir desquelles se construisent des régularités ou des généralités dans les conduites.

Dans ce cadre, la restriction inaugurale de l'*Histoire d'Angleterre* prend un sens tout particulier. En effet, le premier chapitre consacré aux Bretons débute par une série de considérations générales portant sur la question des sources. Hume revient, entre autres choses, sur un *topos* de l'époque : quelles différences y a-t-il entre « barbares » et « civilisés » ? Une formulation qu'il déplace et qui éclaire particulièrement ce qui fait, à ses yeux, la limite presque infranchissable de tout projet historien : « les révolutions inopinées, violentes et accidentelles, qui arrivent chez les barbares, sont si fort l'ouvrage du caprice, se terminent si souvent par des excès de cruauté, et se ressemblent tellement, qu'elles nous rebutent par

1. W. Guthrie esquisse ainsi le portrait de Lord Clarendon historien : « He has his weaknesses, it is true, but they are amiable ; he has his partialities, but they are pardonable ; he has his marvels, but they are immaterial », GHE-III : 1225.

leur uniformité seule… » [HA-I : 1 ; HE-I : 1]. Ce qui fait les barbares, entre autres choses, est justement l'impossible existence d'une indépendance de principe entre leurs établissements politiques, leurs révolutions, et les tempéraments de ceux qui en sont les auteurs et les acteurs. Cette impossible indépendance rend les événements tellement tributaires du caprice de leurs complexions, de leur cruauté, rend les changements si accidentels qu'il est presque vain d'en vouloir narrer l'histoire. La différence entre les barbares et ce dont on va pouvoir raconter l'histoire, le mouvement d'une « civilisation », tient en partie, du point de vue de l'objet, à l'émergence de cette possible « indépendance ».

Mais parler d'indépendance comme principe à partir duquel poser les termes de l'analyse politique du changement, pour revenir à l'énoncé de l'essai, ne signifie pas, non plus, que les conduites, et ce qui les détermine, n'ont jamais eu d'effet ou soient sans effet sur les lois et établissements politiques dont on fait la théorie ou dont on écrit l'histoire. La question peut même être inversée : dans quelles circonstances les conduites des hommes, gouvernants, magistrats, et plus généralement, des partis et factions, peuvent-elles avoir une importance si grande que l'équilibre et donc l'indépendance d'un établissement peuvent s'en trouver menacés ? À quelles conditions l'indépendance des lois politiques vis-à-vis des humeurs et des tempéraments peut-elle être minée au point de faire de certaines conduites individuelles, de caractères particuliers, de leurs vertus ou de leurs vices, les conditions du maintien ou de la ruine d'un établissement politique ?

Autrement dit, quels sont les facteurs de limitation à l'application du principe général d'indépendance ? La perspective se déplace et l'on est conduit à réfléchir sur ce qui, dans la nature des circonstances, rend de telles conduites susceptibles d'une aussi grande influence. C'est encore l'attachement aux circonstances qui permet d'éclairer plus objectivement ce qui donne à des décisions politiques, à des attitudes de résistance ou de rébellion par exemple, un impact si grand. Les causes ne sont pas plus à rechercher du côté des arguments psychologiques. L'analyse, et dans le cas de l'histoire, la narration détaillée des circonstances qui forment les contextes d'action, permet seule d'élucider ce qui donne prise aux conduites particulières et leur confère de manière directe ou latérale un certain pouvoir causal qui n'est, au juste, qu'un effet.

Le domaine d'application du principe d'indépendance est ainsi déterminé. La pertinence de son usage méthodologique pour les objets de la politique n'est pas toujours fermement établie. Cela n'est avéré que dans le cas des gouvernements républicains, dit encore Hume, pour lesquels « (l)es choses ici dépendent si peu de l'humeur et de l'éducation des hommes que la même république peut être sagement conduite dans une de ses parties, et fort médiocrement dans une autre, et cela par les mêmes hommes, à cause des formes et des institutions différentes qui régissent ces parties » [ET-I : 88]. L'indépendance est soumise à conditions et la neutralité de l'historien, comme problème épistémologique pertinent, se trouve historiquement déterminée : elle suppose des circonstances, en un mot, un contexte politique.

Hume introduit dans les termes de la controverse des éléments de complexité qui lui confèrent une grande part de son actualité. Reconnaître que la possibilité de la neutralité repose sur des conditions qui échappent, en partie tout au moins, au travail de l'historien, que celles-ci renvoient à l'avènement de circonstances qui rendent possible cette objectivité ; reconnaître que la question de la neutralité est proprement historique et qu'il n'est pas pertinent de la formuler dans les termes du langage devenu inadéquat de la morale du narrateur, dans les catégories toujours imprécises d'une certaine psychologie, correspond à un déplacement décisif dans l'énoncé du problème controversé. Cela revient à prendre au sérieux les données de son anthropologie à partir desquelles définir les conditions de possibilité d'une connaissance en général, celles de la politique en particulier.

La question méthodologique de la neutralité de l'historien ne peut pas être adéquatement posée dans les termes d'une psychologie réductrice qui n'est jamais qu'un effet de la reconstruction moralisante du problème. L'impartialité de la posture de l'historien doit être exigée, d'abord, pour des raisons de méthode et, à ce titre, les conditions qu'elle implique ne sont pas psychologiques mais méthodologiques. Plus, une telle impartialité doit pouvoir être obtenue, non pas contre les inclinations naturelles et naturellement orientées des historiens, mais avec elles et par leur moyen.

Ce déplacement de la solution au problème de la neutralité, du domaine de la morale vers celui de la méthode, déplacement qui désigne aussi l'exigence d'un savoir faire, d'une pratique et, progressivement, la définition d'un métier, correspond, sans aucun doute, à une étape importante dans l'histoire de l'historiographie des Lumières, laquelle participe de ce passage d'une conception classique du travail de l'historien vers une conception plus positive et moderne de celui-ci.

Parce que les historiens, comme les hommes ordinaires ou les hommes politiques, appartiennent à une commune nature humaine, le problème de la neutralisation des affects qui dégradent leurs narrations ne sera susceptible de trouver de solution que si l'on y remédie au moyen d'artifices. Les magistrats ne gouvernent pas par pur désintérêt et il importe toujours de relier positivement la satisfaction de leurs intérêts immédiats au maintien et à la poursuite d'intérêts communs de la société ; de manière analogue, il faudra bien comprendre que les « remèdes » méthodologiques, au moyen desquels répondre à cette condition indépassable de la neutralité, ne peuvent prétendre à une quelconque efficacité s'ils restent conçus comme de purs principes de négation et non pas comme des moyens qui, en jouant des formes naturelles de la « partialité » l'étendent jusqu'à lui permettre de se construire en nouveau point de vue.

LA QUESTION DE L'IMPARTIALITÉ

Par nature, l'historien est un homme doté d'une partialité limitée [TNH : 605-606][1], laquelle est au principe même de ses préventions et de ses préjugés. L'impartialité, dans le jugement moral tout comme dans l'évaluation des conduites politiques formant la trame des narrations historiques, est alors à comprendre comme une vertu « artificielle », comme l'effet d'un « remède »[2] qui, seul, permet d'étendre la partialité originelle. À quelles conditions une telle extension est-elle possible ? Pour comprendre ce qu'une telle extension peut avoir de spécifique dans le cas de l'historien, revenons au mécanisme de la sympathie.

Il peut paraître surprenant d'aller chercher dans la troisième partie du Livre III du *Traité*, principalement consacrée à la critique des systèmes de morale et à la présentation du système de Hume[3], de quoi reformuler l'énoncé de la question de la neutralité en histoire. Pourtant, l'analogie est grande entre la position de qualification morale des conduites et le point de vue impartial de l'historien. Dans les deux cas, ce dont il s'agit porte exactement sur les manières dont l'imagination peut être affectée par des objets extérieurs, et sur les voies d'une dissociation toujours possible entre des appréciations plus générales et indépendantes des circonstances particulières et des appréciations directement portées par la situation et les intérêts particuliers de celui qui observe [TNH : 712]. Une telle dissociation permet alors l'établissement d'un « accord », car « il est impossible que les hommes puissent jamais s'accorder dans leurs sentiments et leurs jugements, sauf s'ils choisissent un point de vue commun, d'où ils puissent examiner leur objet et qui permette à celui-ci d'apparaître le même à tous les hommes » [TNH : 717]. Au terme près, une telle formulation est transposable à la question de la neutralité en histoire : comment trouver un « point de vue commun », si cela est possible, à partir duquel les

1. Pour une autre formulation, TNH : 706.

2. « Le remède, alors, se tire non pas de la nature, mais de l'*artifice* ; ou, pour parler avec plus de propriété, la nature fournit, dans le jugement et l'entendement, un remède à ce qu'il y a d'irrégulier et d'incommode dans les affections », TNH : 606.

3. Voir TNH, III, III-1 : « Origine des vertus et des vices naturels », 699 *sq.*

qualifications portant sur les faits et les actes dont on raconte l'histoire, puissent s'accorder?

L'examen des vertus « naturelles », qui ne dépendent d'aucune « invention » [TNH : 699], est l'occasion de considérer « deux principes très manifestes de la nature humaine » [TNH : 719] : « la nature et la force de la *sympathie* » [TNH : 701] [1] ; mais aussi, à partir de la section 2, celui de la « comparaison » [TNH : 720 *sq.*]. Hume part de ce qui relie idée et impression : « L'idée vive d'un objet approche toujours de son impression » ; une proximité encore « plus remarquable pour les opinions et les affections » [TNH : 420]. La sympathie est la forme de la relation par laquelle une idée se transforme en impression [2]. Toutefois, cette conversion ne se fait jamais directement [3], elle procède par une sorte d'inférence qui fait remonter des effets, les manifestations du sentiment ou de la passion, vers les causes, lesquelles, à leur tour, affectent l'imagination de celui qui observe au moyen d'une impression ou d'une passion : « C'est de ces causes ou de ces effets que nous inférons la passion : ce sont eux, par suite, qui engendrent notre sympathie » [TNH : 701]. Dire que le spectateur peut « éprouver » par sympathie les sentiments de celui qu'il observe, qu'il se met, dans une certaine mesure [TNH : 489], « à sa place » [4], ne signifie pas autre chose que ceci : la considération des causes provoque des affections analogues au degré de vivacité près.

Comment joue alors la confrontation entre, d'un côté la sympathie étendue et, de l'autre, la générosité limitée ? Hume affirme qu'il n'y a pas, entre elles, de contradiction [5] qui tienne et que le mouvement de sympathie peut agir sans pour autant conduire à sacrifier « quoi que ce soit de mon intérêt personnel ». Autrement dit, « il faut que les sentiments touchent le cœur pour qu'ils commandent nos passions ; mais il n'est pas nécessaire qu'ils dépassent l'imagination pour qu'ils influencent le goût » [TNH : 712]. Les exemples proposés par Hume illustrent ainsi la distinction entre ce qui relève du « sentiment » et qui provoque toujours des motions passionnelles et ce qui s'adresse au « goût » et qui autorise un jugement

1. La première occurrence concernant la sympathie intervient en [II, I-11] à propos de l'amour de la renommée : TNH : 417 *sq.*

2. « Dans la sympathie, il y a une évidente conversion d'une idée en une impression. Cette conversion naît de la relation des objets à nous », TNH : 421.

3. « Nulle passion étrangère ne se découvre immédiatement à l'esprit », TNH : 701.

4. « Les sentiments d'autrui ne peuvent jamais nous affecter qu'en devenant les nôtres en quelque mesure », TNH : 719-720.

5. « nous pouvons écarter aisément toute contradiction qui peut se produire entre la sympathie étendue, dont dépendent nos sentiments de vertu, et la générosité limitée qui, ai-je souvent noté, est naturelle aux hommes et que supposent la justice et la propriété… », TNH : 712.

plus général porté sur l'objet. Il faut distinguer, par la manière dont elles affectent l'imagination, les « tendances apparentes » des objets qui « touchent l'esprit » et les « émotions qui naissent des conséquences réelles des objets » [*ibid.*]. L'évaluation morale, la constitution de normes au moyen desquelles porter un regard plus détaché et convergent sur des conduites ou des actions humaines, reposent, entre autres, sur cette capacité naturelle de l'imagination qui « s'attache aux vues générales des choses et distingue les manières de sentir qu'elles produisent de celles qui naissent de notre situation particulière et momentanée » [TNH : 713].

On comprend, dès lors, comment il se fait que l'appréciation des conduites soit rendue possible, en morale, par l'élaboration d'un point de vue toujours dissocié de celui qui est directement relié au moi, et à partir duquel un accord devient pensable. Une telle élaboration vaut également pour la neutralité de l'historien. Ce dernier doit construire un point de vue à partir duquel il est possible de sortir de la prégnance des divisions partisanes, des conséquences affectives portées par les conflits de factions. On peut admettre qu'un tel point de vue trouve sa légitimité, en partie tout au moins, dans la possibilité qu'il offre de séparer ce qui relève des « vues générales des choses » à partir desquelles construire la narration proprement dite, des émotions induites par les circonstances particulières dans lesquelles nous sommes, à des degrés divers, impliqués ; entre autres, les convictions partisanes et religieuses.

Tout ce qui renforce et stabilise cette dissociation entre le jugement porté à partir d'un point de vue commun et l'imagination qui est affectée par des émotions liées à la situation particulière de l'observateur, est souhaitable. S'il n'y a pas de contradictions, sinon apparentes, entre sympathie et générosité limitée de l'homme, s'il est possible d'éprouver l'une sans revenir sur les règles générales rendues nécessaires par l'effectivité de l'autre, il n'en reste pas moins, comme toujours chez Hume, que la compossibilité de ces inclinations, pour naturelle qu'elle soit, doit être instituée, prolongée et consolidée.

L'imagination, qui juge de la beauté d'un objet, par exemple, peut toujours s'attacher à des « vues générales » parce qu'elle possède son propre « jeu de passions » caractérisées par des intensités moindres que celles portées par des croyances véritables[1] ; elle peut reconnaître ainsi la splendeur d'une muraille entourant une cité ennemie tout en désirant la voir détruite [TNH : 713] ; elle parvient donc à maintenir la distinction entre deux ordres d'intensité des affections, celles plus effacées, moins vives,

1. « L'imagination a son jeu de passions, qui lui appartient, et dont dépendent grandement nos sentiments de beauté. Ces passions sont mues par des degrés de vie et de force, qui sont inférieurs à la croyance et ne dépendent pas de l'existence réelle de leurs objets », TNH : 711.

à partir desquelles l'activité du jugement peut se déployer de manière plus « indifférente », celles plus vives et plus renforcées qui concernent la croyance en l'existence des objets et pour lesquelles l'imagination doit compter avec les « conséquences réelles ». Ce qui agrandit et renforce une telle séparation entre ordres d'intensité garantira la plus grande impartialité du jugement moral, mais aussi, pour l'historien, la plus grande neutralité de son point de vue.

Le second des principes retenus par Hume, à savoir la comparaison, produit des effets opposés à ceux de la sympathie. Un tel principe autorise les jugements sur les objets « plus par comparaison que d'après leur valeur et leur mérite intrinsèques » [TNH : 720] et il suppose, justement, un certain niveau d'intensité des affections qui est un juste milieu entre l'excès qui fait éprouver par sympathie[1], et le défaut qui laisse indifférent : « Il y a donc évidemment un milieu dans ce cas : si l'idée est trop effacée, elle n'a aucune influence par comparaison ; d'autre part, si elle est trop forte, elle agit sur nous entièrement par sympathie, qui est le contraire de la comparaison » [TNH : 721]. L'exemple retenu pour illustrer l'oscillation entre ces deux états extrêmes, le débordement sympathique et l'indifférence neutre est, à cet égard, remarquable et peut, par analogie, fournir des indications utiles pour ce qui est de la position du narrateur de l'histoire. Il s'agit d'une expérience fictive [TNH : 720-721] qui consiste à imaginer comment je puis augmenter l'intensité de mon sentiment de confort et de sécurité sur terre. Cette augmentation, dans un premier temps, peut être recherchée du côté de l'imagination pure qui peut supposer des individus « en mer par une tempête », idée qu'elle doit, pour parvenir à ce résultat, tenter d'aviver[2] le plus possible. Mais cette fiction est faible dans l'intensité qui la définit et le contraste est si fort entre celle-ci et les impressions liées à ma situation présente que de comparaison il ne peut y avoir ; du moins est-elle peu « efficace ». Il en serait tout autrement « si je me trouvais effectivement sur le rivage et si je voyais de loin un navire ballotté par la tempête… » [TNH : 721]. Le degré d'intensité des affections liées à cette nouvelle situation est comparable à celle qui porte les affections liées à ma propre condition particulière ; ils deviennent comparables et ainsi, rendent possible, en retour, l'augmentation de l'intensité du sentiment de mon propre confort. Mais il convient que les idées liées à la contemplation d'une telle scène ne soient ni trop vives ni trop précises car elles rendraient, à nouveau, mais

1. Car le principe de sympathie est « d'une nature si puissante », « qu'il entre dans la plupart de nos sentiments et de nos passions », *ibidem*.

2. « je devrais essayer de rendre cette idée aussi forte et aussi vive que possible », TNH : 721.

pour la raison symétrique, la comparaison impossible en déclenchant la compassion[1].

Ainsi, l'expérimentation qui vise l'augmentation de l'intensité d'un sentiment donné en faisant jouer le principe de la comparaison d'idées par des fictions imaginatives montre que celle-là ne peut être obtenue que si la différence d'intensité n'est pas, au départ, trop importante. Un contraste trop grand – l'imagination produit des fictions de faibles intensités ou la situation alimente des affections de trop fortes intensités – interdit la comparaison. Lorsque la comparaison devient possible, le juste milieu entre défaut et excès n'est pas un dépassement ou une synthèse entre les plus et les moins. C'est un processus itératif, un mouvement qui conduit vers cet état positif d'indifférence qui définit, par excellence, le point de vue à partir duquel comparer des idées entre elles. Le travail de la comparaison implique donc, le plus souvent, une position du moi[2]; si, dans l'exemple évoqué, l'efficacité recherchée allait dans le sens d'un renforcement des termes ou des idées comparés, on peut imaginer que pour le narrateur, l'effet inverse sera souhaitable: tout ce qui permet, par la distance ou l'effacement, de poser les termes d'un comparaison qui affectent le moins possible le moi qui compare, rapproche de cette position idéale et méthodologiquement souhaitable de neutralité. Ni synthèse, ni négation, ni dépassement, une telle position ne peut être envisagée que comme un résultat, sans aucun doute celui d'une oscillation, d'une alternance dont la forme générale, sur le plan de l'écriture, est celui de la « balance ». La position du moi, ainsi décrite par Hume, à propos de la qualification de ce point de vue à partir duquel les comparaisons entre sentiments deviennent possibles, par élaboration d'un point de vue commun, représente le double, l'*analogon* de l'état de l'opinion du sage qui parvient à cette autre position d'une indifférence positive, à égale distance de l'opinion du vulgaire immédiatement indifférente à la recherche des causes des objets extérieurs qui l'affectent, et du philosophie abscons qui, tout en s'arrachant à la force de certaines habitudes et liaisons coutumières, croit encore aux inventions illégitimes de son imagination[3].

Entre ces deux positions, il existe un isomorphisme qui permet de décliner, dans l'espace de la connaissance philosophique, dans celui des qualifications morales et, pour ce qui concerne l'objet de cette étude, dans celui des savoirs de l'histoire en politique, les principes d'une indifférence

1. « il n'y a pas d'homme qui ait le cœur assez sauvage pour tirer un plaisir d'un tel spectacle, ou pour résister aux mouvements de la compassion et de la sympathie la plus tendre », *ibid.*

2. « nulle comparaison n'est plus manifeste que celle qui se fait avec nous-mêmes; aussi intervient-elle en toute occasion », TNH : 720.

3. Cf. *supra*, Introduction, p. 26 *sq.*

positive, d'une modération, d'une neutralité par le respect d'un juste milieu.

La correspondance de Hume est pleine de remarques éparses sur la désignation d'un tel principe, qui doit valoir tout autant comme méthode et comme règle d'écriture. Hume reconnaissait ainsi les vertus de sa propre impartialité en ce qu'elle indisposait tous les partis et suscitait l'ire généralisée des factions et des lecteurs : « I observe that some of the weekly papers have been busy with me. I am as great an atheist as Bolingbroke; as great a Jacobite as Carte; I cannot write English » [Letters-I : 105]. Dans une lettre de 1755 à l'Abbé le Blanc concernant une éventuelle traduction en français du premier *opus*, il affirme également : « You wou'd see, that it was not intended to please any Party; and it has here been extremely run down by factions » [Letters-I : 226]. D'ailleurs, quand il obtenait un regard plus bienveillant, ce pouvait être aussi bien des uns que des autres : « I have the impudence to pretend that I am of no party, and have no bias. Lord Elibank says, that I am a moderate Whig, and Mr Wallace that I am a candid Tory. » [Letters-I : 185].

La réception de l'œuvre, modérée dans sa facture comme dans ses intentions, posait pour principe qu'il fallait toujours se tenir à « distance »[1] des manques et des excès liés aux positions, croyances et interprétations radicales et partisanes. La neutralité des narrations, par les variations de point de vue qu'elle proposait, devait alors déclencher la violence des réactions d'un public toujours largement partisan et qui ne trouvait pas, dans de telles lectures, de quoi alimenter ses croyances et convictions fermes en la « vérité ». Ainsi peut-il dire à Adam Smith, « The Whigs, I am told, are anew in a Rage against me; tho' they know how to vent themselves; For they are constrain'd to allow all my Facts » [Letters-I : 311]. La modération provoque des résistances dont on peut dire qu'elles sont le signe paradoxal d'une neutralité avérée.

Les voies rhétoriques adéquates à la construction d'une telle position sont également évoquées par Hume et combinent plusieurs exigences qu'il résume assez bien dans un extrait de sa correspondance avec l'Abbé le Blanc[2]. Il faut concilier rapidité, concision et élégance du style. Ce dernier ne doit pas être fastidieux comme celui de ces histoires prolifiques[3] et

1. « The great Distance, which I have always kept from all Party and Dependance... », Letters-I : 185.

2. « ...you will conclude, that my Narration is *rapid*, and that I have more propos'd as my Model the *concise manner* of the *ancient Historians*, than the *prolix*, tedious Style of some modern *Compilers* », Letters-I : 191-193.

3. L'édition de Rapin de 1749 contient 16 volumes de près de 1000 pages chacun ; celle de Guthrie seulement trois volumes, mais *in octavo*, de plus de 1500 pages chacun. La liste est

infinies qui perdent leurs lecteurs dans les détails[1]. Le modèle est encore celui des historiens de l'Antiquité, probablement Tacite pour les latins[2]. Ce souci de rompre avec ce qui est posé comme la forme contemporaine d'une érudition lourde et ennuyeuse, cette exigence d'imitation prenant pour appui les histoires anciennes n'indiquent qu'une partie des difficultés qu'il convient de surmonter pour prétendre légitimement au Parnasse Anglais.

L'importance de la concision en tant que norme de narration et que Hume rappelle souvent par cette admiration éprouvée à l'égard du travail des Anciens, correspond également à un principe de méthode, celui de la sélection des « facts » : ceux qui importent vis-à-vis de ceux qui sont « uninteresting » [Letters-I : 192]. Question analogue que l'on a déjà rencontrée chez Rapin, Salmon et Guthrie. Il est possible de remarquer, dès à présent, que le fait, dans sa matérialité, est encore ce qui résiste le mieux aux emportements passionnés des points de vue partisans : en dépit de toute leur rage, les Whigs ne pouvaient que reconnaître les faits [Letters-I : 314]. Jusque-là, rien d'inédit qui n'ait été signalé par les auteurs précédents.

La question du fait, de la vérité qu'il exprime et qui lui confère justement son utilité, son intérêt, ne paraît pas devoir être tranchée *a priori*. Toute la force et l'invention de Hume, comme auteur de narrations historiques, trouve là une autre occasion de s'exprimer : le régime de vérité, qui permet de conférer aux faits de l'histoire qu'on écrit le statut de « fact », repose sur un mouvement qui organise la narration elle-même et que l'on qualifiera de balance. Rappelant combien l'histoire de Rapin était critiquable sous l'angle de la partialité et de la vérité des faits, Hume affirmait clairement « The Truth is, there is so much reason to blame and praise alternately King and Parliament, that I am afraid the mixtured of both in my composition, being so equal, may pass sometimes for an affectation, and not the result of judgement and evidence. » [Letters-I : 179].

La construction du récit dans l'historiographie moderne, tout particulièrement pour Hume, doit alors résoudre la question de l'articulation entre deux types de narrations dont les exigences formelles et conceptuelles ne vont pas de pair[3] : d'un côté, la narration porte encore sur la description des actions des grands hommes en un style qui imite la

longue. On sait aussi, pour finir, que l'*Histoire d'Angleterre* de Hume fera, dans sa conception finale, plus de 3000 pages.

1. « I have inserted, dit encore Hume, no original Papers, and enter'd into no Detail of minute, ininteresting Facts », Letters-I : 192.

2. Voir J. Pocock [1999-II : 201] sur la question des emprunts humiens à la manière d'écrire tacitéenne ; sur l'extension donnée au « modèle » des *arcana imperii*, [1999-II : 207]. En ce sens, il est possible de dire que « Voltaire, Hume, Robertson and Gibbon therefore continued to write classical history in the neo-classical manner », *ibid.*

3. J. Pocock [1999-II : 207-209].

manière des anciens historiens; d'un autre côté, la narration devient susceptible de montrer que ces actions et leurs résultats sont rendus possibles sous certaines conditions, historiques, et que les *arcana imperii* à partir desquelles imputer des causes, ne sont pas seulement celles de l'État – *ragione di stato* –, de la fortune et des passions mais, en un sens nouveau, celles de conditions historiques du « changement » et de la « permanence »[1]. Les arcanes cessent d'être envisagées comme des espaces clos et indéchiffrables pour être, désormais, historicisées. L'opacité qui renvoyait aux mystères d'une nature partiellement incompréhensible, à un État dont la raison échappait au travail d'élucidation, se dissout. Cette opacité peut être réduite dans et par le mouvement d'une histoire. À l'étude de l'histoire et de la politique est ainsi assignée une fonction positive : rendre visible, donc lisible, ce qui jusque-là était posée comme invisible sinon illisible. Cette visibilité inédite correspond sans doute à l'émergence de ce nouveau regard porté sur la société « civile » qui n'est plus à saisir dans les termes d'une théodicée mais à interpréter comme le résultat d'une invention humaine[2]. On a pu voir dans ce travail de conciliation entre ces narrations tout ce qui fera la spécificité de l'« histoire philosophique » de Hume[3]. Il ne s'agit cependant pas d'une synthèse, moins encore de l'invention d'une « méta-narration ». La conciliation consiste plutôt en des oscillations, des articulations qui contraignent le lecteur à faire le mouvement de l'une vers l'autre de ces narrations. Pris entre les « narrations politiques » et les « généralisations sociologiques » le lecteur balance et expérimente, à sa manière, ce que l'auteur – en l'occurrence l'historien – a voulu suggérer. La balance, si le terme est adéquat, est donc liée à la rencontre entre ces deux trames narratives, à la tension irréductible entre une composante historienne et une ambition théorique[4]. Ceci est une donnée importante dans la caractérisation de la manière humienne d'écrire l'histoire : l'existence d'un mouvement que le lecteur reconduit et expérimente à son tour. Dans une lettre à John Clephan [1753] Hume affirme : « I composed it *ad populum*, as well as *ad clerum*, and thought, that scepticism was not in its place in an historical production » [Letters-I : 189]. Si l'on admet que le point de vue de la narration, *stricto sensu*, relève d'une forme plus généralement accessible, propre à être reçue par un lectorat commun, et que la généralisation

1. J. Pocock [1999-II : 207-208].
2. C. Gautier [1993 : 254 *sq.*].
3. J. Pocock [1999-II : 209].
4. J. Pocock [1999-II : 21] parle d'un état d'esprit « philosophique ». Pour D. Forbes, la spécificité de l'histoire humienne vise la démarcation d'avec l'opposition partisane, triviale et « vulgaire ». Voir D. Forbes, [1985 : 125 *sq.* ; 193 *sq.*] sur l'identification d'un whigisme « scientifique » pour situer l'originalité du point de vue de l'histoire philosophique chez Hume ; sur les limites de l'« histoire philosophique », [1985 : 308 *sq.*].

sociologique, plus abstraite dans sa manière et donc moins accessible, vise un public moins nombreux et plus cultivé, il y a, sans aucun doute, dans cette tension entre des styles «*ad populum*» et «*ad clerum*» de quoi alimenter le balancement entre une histoire et une théorie.

Chez Hume, les tensions à l'intérieur des narrations historiques qui accompagnent de tels balancements, ne sont pas liées aux exigences de mise en cohérence des descriptions et des généralisations, du style commun et du style lettré. Il y a autre chose : la balance n'est pas un effet. Elle est un principe de construction, un dispositif. Ce dernier, par le caractère récurrent de son emploi, a vocation à structurer le récit en tenant compte des réquisits épistémologiques et des règles méthodologiques explicités par les termes de la controverse étudiée.

La balance comme dispositif de neutralisation

On voudrait partir de l'hypothèse selon laquelle la balance est l'occasion, pour Hume, de réinvestir un procédé rhétorique classique en lui donnant, par son usage régulier et presque systématique, les propriétés d'un dispositif. Elle n'a pas seulement pour fonction de rendre adéquats un style et l'articulation d'une double «narration». Il s'agirait, également, de rendre possibles les conditions d'une véritable expérimentation pour le lecteur. À partir de cette dernière, les croyances sectaires, partisanes ou religieuses, au moyen desquelles se construit la représentation des faits, des événements, pourraient être positivement avérées pour ce qu'elles sont : des croyances orientées, partiales sinon radicalisées. Une expérience qui, parce qu'elle impose au lecteur d'accompagner tout le mouvement de confrontation des points de vue, et cela sans *a priori*, doit permettre de neutraliser ce qui, dans la qualification des faits, tient trop manifestement aux croyances partisanes. Une neutralisation qui est à comprendre comme un résultat produit par un dispositif qui se justifie en ceci : la question épistémologique et méthodologique de l'impartialité des points de vue n'est pas propre à l'auteur; elle s'adresse aussi au lecteur et trouve sa pertinence dans l'énoncé anthropologique de la commune humanité des historiens et des lecteurs.

Il y a peut-être une origine de la question de la «juste mesure» ou de l'«impartialité» des points de vue à rechercher dans l'histoire de la rhétorique et celle de ses crises du XVIe au XVIIe siècle[1]. Dans cette histoire,

1. Le noyau de ce que M. Fumaroli appelle la «grande querelle de l'éloquence» [1994 : 47 *sq.*] est présenté à partir d'une tension productive entre deux types d'éloquence : d'un côté, l'œuvre de Cicéron qui sera lue et comprise comme «un programme de culture et d'action pour une aristocratie civique» qui porte en elle une justification de la rhétorique comme

le *judicium* pose également le problème de la composition en tant que le discours doit savoir articuler les moyens d'une rhétorique aux fins qu'il se propose. Il renvoie ainsi à une série d'artifices, chaque fois redéfinis, dont la justification se donne dans des effets, c'est-à-dire dans l'institution d'un rapport entre un texte et un lecteur, entre un discours et son destinataire. La norme du *judicium* a donc une portée et une signification qui débordent la dimension rhétorique; elle témoigne d'un souci pratique qui est celui des effets recherchés sur un public. Il n'est pas étonnant que cette norme puisse trouver, à propos de l'écriture de l'histoire, du moins dans sa facture humienne, une place de premier ordre. Le souci d'un lectorat plus large, fortement départagé et porté par des passions avivées par l'intensité des clivages de partis, de sectes religieuses, exige sans aucun doute la démultiplication de points de vue, leur juxtaposition comme autant de manières d'en révéler les conséquences.

Il n'est pas nécessaire de faire une recension exhaustive des passages qui, dans l'*Histoire d'Angleterre*, sont organisés par ce principe de balance entre points de vue opposés. À partir de deux exemples on voudrait montrer comment une telle confrontation est mise en œuvre; il sera possible d'en tirer des enseignements pour une lecture plus générale de l'histoire chez Hume, ainsi que pour une qualification de ce qu'on désigne habituellement par modération.

Le premier exemple retenu est emprunté à l'histoire du règne d'Elisabeth. C'est le siècle des guerres de religions et, pour ce qui concerne l'Angleterre, celui d'un retour et d'une consolidation de l'Anglicanisme par adoption de lois portant sur le canon et sur l'organisation des institutions de l'Église d'État. Surtout, le contrepoint à cette narration repose sur ce constat: si les guerres de religions se sont déployées sur le continent européen avec des degrés inouïs de violence, en France tout particulièrement, cela ne fut pas le cas en Angleterre [HA-IV: 136; HE-IV: 119]. Quelles sont les raisons susceptibles de rendre compte d'une telle différence et quels enseignements peut-on en tirer pour la lecture politique de la genèse des établissements politiques modernes?

La rédaction des règnes des Tudors est postérieure à celle des Stuarts et, par un mouvement rétrospectif[1], la recherche des déterminations et des circonstances qui éclairent le siècle des guerres civiles et de la révolution

activité légitime; de l'autre, il y a l'œuvre de Sénèque et de Tacite, adversaires de la « corruption de l'éloquence » [1994: 47-57]. Tel est le point de départ de cette « crise inaugurale » dont M. Fumaroli étudie les formes successives. Le « *Judicium* », ou juste mesure, peut alors être envisagé comme l'une des médiations permettant de s'opposer le plus efficacement à la corruption de l'éloquence [1994: 62; 188-189; 276 *sq.*].

1. Sur les conditions de rédaction de l'*Histoire* se reporter à J. Pocock [1999-II: 200 *sq.*].

conduit Hume à remonter au-delà de 1603. La période élisabéthaine offre une particularité de plus : elle n'est pas encore marquée, dans la trame des faits et des circonstances qui la traversent, par l'oscillation, si caractéristique des événements contemporains de la naissance des partis, entre défense des « privilèges du Parlement » et étendue de la « prérogative Royale ». Plus précisément, cette tension n'a rien d'instable puisque, durant tout le règne ou presque, elle est à l'avantage de la prérogative royale. L'importance de ce constat, plus que la manière de l'interpréter, se joue ici dans le souci d'éviter l'écueil d'une lecture rétrospective qui sera celle des parlementaristes bien plus que celle des royalistes après 1688. L'intérêt qu'on peut porter aux narrations concernant cette période, pour l'histoire humienne, repose également sur cet effort de ne pas reconstruire la logique des circonstances qui accompagnèrent le règne d'Elisabeth en fonction d'un problème qui n'était pas encore posé de manière centrale et qui n'engageait pas la totalité des relations nouées entre le Parlement et la Royauté.

Dans le premier des chapitres consacrés au règne d'Elisabeth, Hume aborde la question de la « réformation » et la manière dont elle a été conduite. Le texte débute par une appréciation générale et positive portée sur le sens et les moyens de cette réforme, sur son esprit général. Suit, immédiatement, une étude du « caractère des puritains » [HE-IV : 119-121 ; HA-IV : 136-137]. L'effet heureux d'une réforme presque douce dans sa manière et ses résultats est mis en rapport avec une double série de circonstances : d'une part, celle d'un mouvement lent et progressif des décisions humaines qui ont conduit « such a revolution »[1] ; d'autre part, celle d'une quasi-extériorité des agents qui ont entrepris la réforme : essentiellement les membres du « magistrat civil ». Lenteur d'une temporalité proprement historique qui oriente le sens et l'amplitude des transformations par déplacements progressifs dont la portée contraste avec les changements violents, extrêmes et, le plus souvent, arbitraires, revendiqués par les enthousiastes puritains ; mais aussi, neutralisation du mouvement par des acteurs qui, parce que « civils », du moins supposés l'être, allaient pouvoir adopter un point de vue plus distancié face à « la fureur et à l'animosité contre la religion catholique ». Deux circonstances qui conditionnent, par la suite, la présentation du caractère des puritains. Dès lors s'explique aisément la raison pour laquelle l'« édifice de la hiérarchie séculière fut entièrement conservé » [HE-IV : 119 ; HA-IV : 136] : préser-

1. « the gradual and slow steps, by which the reformation was conducted in that kingdom », HE-IV : 119 ; HA-IV : 136.

ver tout ce qui pouvait se concilier avec le nouveau[1]. L'innovation n'était pas introduite par pur esprit d'opposition[2], mais seulement pour mélanger [« mitigate », HE-IV : 120] et adoucir la force des superstitions communes; surtout, les rendre compatibles avec « la paix et les intérêts de la société » [HA-IV : 136 modifié]. Ce qui fondait une partie de la solidité, et donc de la légitimité, de la réforme tenait en ce que les raisons de son introduction devaient être recherchées au dehors de la sphère exclusive du religieux et des superstitions qui l'animaient. Il ne s'agissait pas de changer par pur esprit d'opposition mais parce qu'il fallait rendre compossibles[3] des superstitions communes, probablement irréductibles[4] et utiles, et des exigences politiques qui relevaient de la paix civile et des intérêts généraux de la société.

Un mouvement d'ensemble, composé et doté des propriétés d'équilibre, de modération, dont les finalités sont en partie extérieures au problème même de la croyance religieuse: tel était, en général, « l'esprit de la réforme » [HA-IV : 136, modifié; HE-IV : 120]. À cet esprit général s'opposent ceux dont la complexion, plus ardente et moins flexible, désire toujours porter la chose à son extrémité et, parce que enthousiaste, s'enfermer dans une opposition strictement dogmatique. Aucune composition ou mélange, seule l'« abstraction », et non la généralité, des principes guide la passion de réforme religieuse. Aussi n'est-il pas étonnant que ces puritains se « signalèrent par la violence de leur oppression et de leur antipathie pour tous les anciens usages » [HA-IV : 136; HE-IV : 119].

Dans un tel contexte, ce qui frappe est le caractère radical et superficiel des controverses opposant puritains et épiscopaux. Preuve en est la violence des manifestations fanatiques concernant les vêtements sacerdotaux [HE-IV : 121 *sq.*; HA-IV : 137 *sq.*]. Hume retient ce qui, du point de vue de l'esprit général et modéré de la réforme, justifiait qu'on imposât aux nouveaux prêtres de la religion anglicane de se distinguer par des tenues : « En vain allégue-t-on que les habits particuliers et les cérémonies constamment usités par le clergé dans le service divin, acquièrent de la vénération aux yeux du peuple, lui paraissent sacrés, excitent sa dévotion » [HA-IV : 137, modifié; HE-IV : 121]. Un attachement qui devait pouvoir

1. Entre autres tout ce que l'usage, le précédent et la tradition avaient rendu vénérable au sens premier du terme.

2. « un geste, un habit, une distinction métaphysique ou grammaticale, la moindre futilité, rendue importante par les disputes des théologiens, et le zèle inconsidéré du magistrat, suffisent pour détruire l'unité de l'église et même le repos de la société », HA-IV : 139-140; HE-IV : 123. Pour un développement analogue, HNR : 73 *sq.*, ou l'essai « Des partis en général », ET-I : 117 *sq.*

3. « rendering it more compatible with », HE-IV : 120.

4. « the ancient superstitions », *ibid.*

« engager le peuple à renoncer volontairement à ce qu'il y avait d'absurde et de pernicieux dans l'ancienne superstition » [*ibid.*]. Le maintien de ces observances « inoffensives » qui ne sont rien de réel, qui sont filles des sentiments [TNH : 627] et sur lesquelles le temps fait son œuvre, trouvait sa raison dans la relativisation possible des aspects les plus ineptes et les plus dangereux de ces superstitions « papistes ». Un tel maintien participait de ce mouvement de civilisation par quoi l'autorité de certaines superstitions communes sur les croyances politiques populaires pouvait être positivement remise en cause. C'est ce contenu libérateur qui allait fournir la raison de l'opposition violente des puritains : « Ces arguments, qui exerçaient une influence sur les hommes sages, furent les raisons mêmes qui engagèrent les protestants violents à rejeter ces coutumes » [HA-IV : 138, modifié; HE-IV : 121].

Une intransigeance qui, du côté des puritains, allait pouvoir se consolider et se généraliser à la fin du règne d'Edouard VI et, surtout, pendant le règne de Marie, en raison même des persécutions dont ils furent l'objet : « alors que le zèle de ces hommes s'était accru par la cruauté furieuse de leurs ennemis, ils étaient généralement inclinés à porter leur opposition contre les pratiques de l'église de Rome à la dernière extrémité » [*ibid.*, modifié; HE-IV : 122]. Lorsque Elisabeth entreprend de revenir à l'Église d'État, loin de céder à cette revendication, elle eut soin « de rapprocher le culte du rituel romain le plus qu'il serait possible » [HA-IV : 139; HE-IV : 122-123]. La raison, une fois encore, en était que ce rituel devait pouvoir, par des moyens innocents, « attirer », « fixer » le vulgaire sans pour autant « détourner les hommes plus éclairés » [*ibid.*, modifié]. Tel est bien l'esprit dans lequel elle fit adopter par le Parlement l'Acte d'uniformité.

C'est aussi l'une des raisons qui explique la différence d'intensité des violences entre la réformation en Angleterre et les guerres de religion en France : le magistrat civil, en dépit de ses maladresses et de certains égarements, a toujours su maintenir une distance qui permettait tout à la fois d'imposer aux zélateurs les plus ardents de se contenir [1] et d'arracher la querelle sur le canon et les rites aux risques d'une radicalisation inévitable si elle avait dû s'enfermer dans le jeu de la pure confrontation « métaphysique » et « théologique » [HA-IV : 139; HE-IV : 123]. Deux circonstances qui permirent, le plus souvent, de contrevenir aux effets aggravants, portés par les fanatismes de tous bords, parce qu'elles rendaient toujours possible de justifier l'existence d'un point de vue et de décisions politiques qui

1. Après l'acte d'uniformité, « les zélateurs, qui nourrissaient une forte antipathie pour l'ordre épiscopal et pour toute la liturgie, furent réduits en quelque sorte à cacher des sentiments qu'on aurait regardés à la cour comme très audacieux et très criminels. Ils bornèrent leurs objections ouvertes au surplis, etc. » HA-IV : 139.; HE-IV : 123.

trouvaient leur pertinence en dehors de l'opposition sectaire entre puritains et papistes. En d'autres termes, le rétablissement de l'Église épiscopale apparaissait, aux yeux de Hume, comme la voie politique de la modération qui permettait de soustraire la question politique de la religion aux débordements de son expression en des termes purement théologiques et dogmatiques. La force d'équilibration et de neutralisation du principe, en tant que les contraires sans être niés s'expriment sans produire tous leurs effets, provient de là.

Ce ne fut pas le cas de la France, qui est présenté, plus loin, comme l'exemple qui montre, *a contrario*, toute la pertinence et la singularité efficiente de la solution politique anglaise au problème de la religion. Outre Manche, après les massacres de la Saint Barthélemy, le peuple, bien plus qu'en Angleterre, était « divisé en deux factions théologiques »[1] et il ne semblait plus possible de trouver « la voie d'un accommodement entre elles ». Un tel contexte de débordement, associé à l'absence de neutralité du pouvoir royal [HA-IV : 183 ; HE-IV : 163] rendait presque impossible l'érection d'un point de vue distancié, plus neutre, à partir duquel rétablir l'autorité, du moins une certaine autorité, de la politique en face de la religion. Ainsi « Henri, considérant à quel point le trône était avili, avait conçu le projet de relever son autorité en s'établissant l'arbitre des deux partis, en modérant leur animosité, et en les réduisant à dépendre de lui » [HA-V : 188 ; HE-IV : 168]. Une part de l'échec est imputé par Hume au roi à qui la « fermeté » de caractère, « l'application » et le « jugement » font défaut. Mais de telles faiblesses ne font qu'accentuer la dynamique des circonstances et « au lieu d'acquérir de l'ascendant sur les deux factions, il perdit la confiance de l'une et de l'autre »[2]. L'habileté du roi Henri IV, qui contraste singulièrement avec la faiblesse du roi précédent, ne permet pas, non plus, le résultat souhaité : « La défiance continua de régner entre les partis ; la modération du roi fut suspecte à tous les deux. Chaque faction se fortifiait de son côté, comme prévoyant une rupture prochaine » [HA-IV : 189 ; HE-IV : 169]. Ce qui oppose, sur ce plan, l'Angleterre et la France, est la manière dont la politique investit la religion : d'un côté, elle contribue à rendre probable, du moins à terme, la tolérance ; de l'autre, elle interdit de l'envisager comme une possibilité[3].

Dans cet exemple, le caractère balancé de l'argumentation est moins explicite que dans les volumes consacrés à la dynastie des Stuarts ; il n'en

1. « enivrées d'un zèle furieux, et mutuellement irritées par les outrages qu'elles avaient faits ou par ceux qu'elles avaient reçus », HA-IV : 188 ; HE-IV : 167.

2. Il s'agit, ici, de la forme politisée du conflit des factions religieuses entre la Ligue et le parti royaliste.

3. « les cruautés et les violences passées de ses maîtres avaient rendu l'établissement de la tolérance impossible », HA-IV : 189 ; HE-IV : 169.

est pas moins présent et aisément repérable[1]. La structure générale de l'argument, ici, oppose deux niveaux de généralité à partir desquels les faits sont confrontés. Un premier niveau construit de manière signifiante une comparaison, une opposition, terme à terme, entre l'Angleterre et la France[2]; un second niveau de généralité consiste à présenter comment se conjuguent, dans chacun des cas, les déterminations religieuse et politique de la réforme. La singularité de la réformation anglaise apparaissant alors avec force à l'issue de cette démonstration par variations concomitantes. Au second niveau, la comparaison fait jouer la confrontation entre, d'un côté, les facteurs de destabilisation et de radicalisation de la réforme : les controverses théologiques et dogmatiques, les inclinations fanatiques des partis religieux sectaires; de l'autre, les facteurs de stabilisation, de réduction des déséquilibres, essentiellement l'invention et la construction d'un point de vue extérieur à partir duquel réinvestir politiquement le religieux et rendre les transformations que sa réforme occasionne compatibles avec cette autre exigence proprement moderne des sociétés civiles : la paix au travers de la tolérance.

Le lecteur a devant lui la possibilité d'accompagner deux types d'expérimentation distincts portant sur les manières de conjuguer religion et politique. Par la mesure des effets différenciés qui en découlent, il est conduit à repérer l'importance de cette innovation à partir de laquelle le pouvoir engage la réforme de la religion en Angleterre, à éprouver la dimension négative des exacerbations portées par les sectes qui, parce qu'elles hypostasient le réel sous la dimension exclusive du religieux, menacent l'ordre de la coexistence. La confirmation rien moins que paradoxale en étant donnée par les massacres de 1572 et par les remises en cause réitérées des édits de paix entre factions pendant les guerres de religion en France.

Le second exemple concerne le règne de Jacques Ier et porte sur la présentation d'un conflit d'« interprétation » des origines et de l'étendue des privilèges du Parlement qui opposa en 1621, d'un côté le Roi et les partisans de la Cour et, de l'autre, les « amoureux de la liberté » [HA-IV : 552,

1. Les termes de la controverse le laissaient entendre, la question de la neutralité se pose avec bien plus d'acuité pour les règnes de Charles, l'interrègne et la restauration. Chez Hume, également, la mise en œuvre de ce dispositif de neutralisation se fait plus accentuée et plus systématique pour l'écriture de l'histoire portant sur ces périodes. L'exigence de neutralité allant croissant, l'immunité contre les formes dégradées des positions partisanes et partiales exigeait un recours plus marqué à ces procédés.

2. Il faut convenir que cette opposition, qui structure une part des relations entre les deux pays, vaut souvent comme paradigme d'analyse puisque derrière elle se joue d'autres termes de comparaison, entre autres, entre monarchie et gouvernement mixte. On reviendra sur ce point dans la seconde partie de l'ouvrage.

modifié; HE-V: 94], la Chambre des Communes. C'est à propos de la question du soutien au Palatinat et de l'éventuelle attaque de l'Espagne, principal allié du parti catholique en Europe [HA-IV : 547 *sq.*; HE-V : 89-90], que naît et se développe le différend. Seul importe, ici, l'agencement des arguments.

La remontrance adressée au Roi par le parlement portant sur sa décision de politique étrangère y est qualifiée d'inédite : « Une démarche si hardie, sans précédent en Angleterre et depuis longtemps, presque inouïe même en un temps de paix, attaquait d'un seul coup toutes les maximes favorites de gouvernement du Roi, ses sages et pacifiques mesures, son indulgence pour la religion romaine, et son attachement à l'alliance espagnole… » [HA-IV : 547, modifié; HE-V: 90]. Elle introduit, par une rupture inattendue, ce changement de circonstance à partir duquel va pouvoir s'enchaîner la série des actions et des réactions qui explicitent les positions du roi et du parlement. La première innovation humienne, ici, est de présenter l'attitude du parlement comme « unprecedented », comme un pas « franchi et hardi » qui, dans le déroulement des circonstances, sera probablement l'une des causes décisives des faits à venir. La rupture provient d'abord du parlement. Elle ne préjuge en rien de sa légitimité. En revanche, elle inaugure un changement de rapport entre les forces en présence que les futures circonstances vont consolider. Hume ne juge pas en l'espèce; il cherche à restituer un enchaînement et propose une explication.

L'attitude du roi, par contraste, s'inscrit dans une parfaite continuité avec les usages précédents de la reine Elisabeth, qui sont de vouloir confiner le parlement dans un rôle réduit à sa plus simple expression : le roi « défendit expressément de se mêler de rien qui concernât le gouvernement et les profondes matières d'État ». Mais sa réponse « violente » [HA-IV : 548; HE-V : 91] au parlement est plus qu'une imitation des « former precedents », elle tentait de légitimer, en accord avec les traits de son caractère, une extension plus grande de sa prérogative. La réaction du parlement ne se fait pas attendre et elle s'adosse à un élément nouveau qui va jouer le rôle de circonstance essentielle pour rendre compte de la nouvelle attitude entreprenante des Communes : « Assurées de l'affection du peuple, et du penchant de la nation pour une guerre contre les catholiques au dehors, autant que pour la persécution contre ceux du pays, elles redoutèrent peu les menaces d'un prince qui n'était soutenu d'aucune force militaire » [*ibid.*].

Reprenant la controverse, du côté du parlement cette fois, Hume stylise le principe de l'argument, sans porter de jugement particulier, qui consiste dans l'invocation d'un droit[1] ancien et légitime sur quoi fonder de telles prétentions. La dynamique du conflit étant engagée, les intensités affectives liées aux positions respectives vont pouvoir se manifester avec toujours plus de violence : « Une réponse si vigoureuse n'était pas propre à calmer le roi ».

Il faut souligner l'importance du vocabulaire qui appartient au registre sémantique de la précipitation, de l'accélération du rythme des actions. Une accélération qui va de pair avec le caractère toujours plus virulent des énoncés retenus de part et d'autre : le parlement parle d'« abus » quand le roi, lui, n'hésitera plus à parler de « déclaration de guerre », etc. Il arrive donc un moment où le conflit révèle sa dimension politique décisive : « Le parti que (la Commune) crut devoir adopter fut d'opposer prétention à prétention » [HA-IV: 549; HE-V: 92]. Le terme de cette dynamique conflictuelle fut, comme on s'en doute, la prorogation du parlement.

Evitant de prendre parti, Hume qualifie, d'abord, la nouveauté de la circonstance ainsi apparue : les conditions étaient désormais établies qui faisaient de la délimitation précise des prérogatives et des privilèges un « problème » politique, c'est-à-dire un problème publiquement discuté par un nombre croissant d'individus : « personne ne fit plus de difficulté de se livrer à des examens et à des raisonnements politiques, et les factions qui avaient pris naissance dans le parlement se répandirent dans toute la nation » [HA-IV: 551; HE-V: 93]. Il propose, ensuite, dans un balancement caractéristique, qu'on retrouve jusqu'à la fin de cette *Histoire d'Angleterre*, les deux points de vue à partir desquels se confrontent non seulement le parlement et le roi mais aussi les partisans de « la cour » et de « la liberté » dans la nation[2]. On retiendra seulement, dans la manière, la mise en évidence du caractère toujours porté à l'extrême de l'argument : du côté du roi, « Le parlement est créé par la volonté du roi, et c'est la volonté du roi qui le congédie, etc. » ; du côté du parlement, à supposer établi un accord sur l'étendue des compétences du roi, ce qui n'est pas le cas, et « quelque modéré qu'il soit dans l'exercice de sa prérogative (...), s'il fonde son autorité sur des principes arbitraires et dangereux, il est nécessaire (...) de lui résister avec autant de vigueur, que s'il se livrait à tous les excès de la cruauté et de la tyrannie » [HA-IV : 553 ; HE-V : 95].

La résolution générale de la présentation intervient alors pour le compte de celui qui, ayant parcouru successivement les arguments de ces points de

1. « elles avaient le droit d'émettre leurs avis dans toutes les affaires du gouvernement ; que c'était aussi leur ancien droit, un droit incontestable, un héritage transmis par leurs ancêtres... », HA-IV : 548 ; HE-V : 91.

2. Pour la présentation du point de vue des partisans de la Cour, HA-IV : 551-2 ; HE-V : 93-94 ; pour le point de vue des « amoureux de la liberté », HA-IV : 552-553 ; HE-V : 94-95.

vue, ici inconciliables, tente de se mettre à distance pour former un juste sentiment[1] : « Au milieu de ces disputes, le sage et le modéré s'efforcèrent de préserver, autant qu'il était possible, une neutralité équitable entre les partis opposés » [*ibid.*, modifié]. Résolution ou tendance à l'équilibration par le balancement des deux types d'arguments, la confrontation est, une dernière fois, reprise à l'intérieur même du cheminement réflexif du « modéré » : « D'un côté... » ; « Mais lorsque de l'autre part, ils... ». Plus encore, il ne s'agit pas de fermer, comme on peut le constater dans la manière d'un Rapin, le balancement par le choix d'un des termes ; il s'agit, bien au contraire, d'ouvrir la série au jeu des circonstances qui, à ce moment-là de la narration, ne permet pas de conclure : « Le gouvernement turbulent d'Angleterre, toujours fluctuant entre privilège et prérogative, pouvait offrir une variété de précédents susceptibles d'être retenus de part et d'autre. En de telles questions délicates, le peuple devait être divisé » [HA-IV : 554, modifié ; HE-V : 96].

Solution aporétique pourrait-on dire ? Pas vraiment, car il ne s'agit pas d'autre chose que de reconnaître les indéterminations de l'histoire que l'on narre, que d'inscrire en son cœur, en évitant autant qu'il est possible les réductions anachroniques, l'indécision qui va travailler comme un contre-point les événements à venir. Indécisions dont Hume laisse, par ailleurs, entendre qu'elles vont être portées par des rapports de force et des circonstances liées aux divisions internes qui traversent le Parlement mais aussi, de manière inédite, la nation. Il y a, sans aucun doute, ici, une adéquation heureuse entre une forme de narration qui s'organise dans un tel balancement et ce qu'elle cherche à montrer.

Si la modération est une position politique qui vise la construction d'un point de vue irréductible à celui des partisans et des sectaires, on peut affirmer que la balance comme dispositif de neutralisation est quelque chose de plus qu'un moyen rhétorique. Elle participe de la réponse humienne aux interrogations méthodologiques décisives pour la constitution d'une nouvelle histoire positive, plus neutre et impartiale, qui s'interdit de trancher *a priori* entre les termes confrontés.

1. « plus ils réfléchirent au cours des affaires publiques, plus ils trouvèrent difficile de se former de justes sentiments à leur propos », HA-IV : 553, modifié ; HE-V : 95.

DEUXIÈME PARTIE

L'HISTOIRE COMME CRITIQUE DESCRIPTION DU TRAVAIL DE GÉNÉRALISATION EN POLITIQUE

L'histoire appartient légitimement à l'ensemble de ces nouvelles sciences au moyen desquelles élaborer une connaissance positive de la nature humaine. Si l'« Introduction » au *Traité*, à propos des sciences « dont la connexion avec la nature humaine est plus étroite et plus intime », ne la mentionne pas explicitement[1], la multiplicité des usages dont elle fait l'objet dans la plupart des textes humiens, et dont on a montré quelques exemples, est là pour soutenir, empiriquement tout au moins, la valeur de l'hypothèse poursuivie depuis le début.

De fait, et ce n'est pas le moindre intérêt de cette investigation, l'impossible assignation d'un statut univoque et clairement délimité, comme cela peut être envisagé pour ce qui relève de la «*Morale*» ou encore de la «*Logique*», ne permet pas à Hume d'identifier l'histoire et donc de l'assimiler, à titre préliminaire, à un champ précis de connaissance ou d'objets. À sa manière, il semble que l'histoire résiste à cette tentative d'inclusion dans la série d'une énumération relativement classique des domaines de connaissance.

Résistance ou impossible réduction: il convenait en tout cas d'en prendre acte pour tenter de cerner la complexité du statut de l'histoire et de ses fonctions dans l'œuvre. Là, sans aucun doute, réside l'une des justifications de la démarche constructiviste adoptée: le dévoilement d'une économie générale des rapports entre philosophie et histoire et, plus précisément, entre théorie politique et histoire, exige de reconstruire à partir de questionnements chaque fois distincts des cohérences qui éclairent ces différentes fonctions. On a choisi de procéder par séries; des séries qui ne

1. « dans ces quatre sciences, *Logique*, *Morale*, *Critique* et *Politique*, est compris à peu près tout ce que, d'une manière quelconque, il peut nous importer de connaître. », TNH : 59.

subsument ni ne résument la totalité des questions soulevées par ce problème de l'histoire.

L'étude des voies communes de discrimination entre croyances, la description des formes de correction susceptibles de les départager ainsi que l'identification des irrégularités dans leurs opérations permettent de conclure à l'implication nécessaire de l'histoire dans la connaissance de l'homme vivant en société. L'histoire n'est pas, seulement, un savoir des circonstances; elle est un savoir susceptible de relever ce défi qu'est pour Hume la question de la perte d'autorité de certaines expériences communes sans lesquelles il n'est pas de vie stable pour les hommes.

Le problème de la réhabilitation de l'autorité des témoignages et de l'expérience communs, en tant que principes stabilisateurs des relations que les « mois » construisent avec la « réalité extérieure » suppose, au préalable, un travail critique de déconstruction portant sur la nature des croyances et des superstitions qui ont indûment acquis de telles emprises sur les opinions. L'histoire, dans ce dispositif, y tient une place déterminante. On a pu, ainsi, justifier de quelle manière l'histoire pouvait contribuer à la formulation du problème général de la croyance chez Hume. À ce titre, son implication dans la philosophie politique est de principe.

Les exigences réciproques de l'histoire et de la philosophie dans l'œuvre de Hume font ainsi état d'une multiplicité de rapports qui excède l'idée d'une complémentarité entre généralité et particularité, entre explication et illustration. L'implication de l'histoire dans la connaissance de la politique, dont on va voir qu'elle permet de poser les termes d'une critique empiriste radicale du contractualisme, doit être précisée.

L'une des conditions pour que la politique soit « réduite à une science » est l'indépendance « des lois et des formes définies de gouvernement » vis-à-vis des « humeurs et des tempéraments des hommes ». C'est alors que peut être développé un savoir des généralités en politique. Cette condition, toutefois, est objet d'une détermination historique[1] puisque, selon Hume, elle se trouve plus régulièrement remplie dans les sociétés à gouvernement républicain [ET-I: 88]. Cette historicité des conditions, dont on a vu qu'elle conduisait à formuler en termes méthodologiques le problème de la neutralité du point de vue d'observation, laisse entendre ceci: l'histoire n'est-elle pas, ici, un savoir déterminant susceptible de décrire les circonstances à partir desquelles le travail empirique de généralisation en politique par construction de règles et de lois, ainsi que la connaissance que l'on peut en avoir, deviendraient possibles? En ce cas, l'histoire n'est probablement pas un savoir des circonstances qui commencerait là où

1. Cf. *supra*, p. 122 *sq.*

cesserait la connaissance théorique et générale des formes régulières et naturelles de la régulation morale et politique.

Les chapitres à venir sont consacrés à l'inventaire des différents moments de la critique historienne du contractualisme. Il est apparu, du moins dans les propositions des textes majeurs de la seconde et troisième parties du livre III du *Traité*, et dans certains *Essais*, que c'était à l'occasion de cette critique que l'articulation entre déterminations philosophique et historique du raisonnement y apparaissait le plus explicitement.

La remise en cause du contractualisme n'est jamais fondée sur des arguments purement théoriques. Ces derniers viennent buter sur des difficultés dont l'élucidation requiert toujours un changement de régime discursif. Symétriquement, la critique n'est jamais purement historique. Elle n'aurait, ainsi, aucune portée puisqu'elle ne ferait jamais que reconduire l'argument faible selon quoi il n'y a pas, empiriquement, de trace d'institution du contrat. Sur ce point, il est erroné d'isoler les conclusions de l'essai « Du contrat originel » et de n'y voir qu'une manière sommaire de confronter la réalité historique des sociétés civiles modernes au caractère fictif et hypothétique du contrat.

Ce n'est pas le caractère fictif du contrat comme tel qui est remis en cause. Il y a des fictions performatives essentielles, et la constitution « authentique », même si elle n'a jamais existé sous la forme invoquée par les whigs ou les parlementaristes, en est une. Ce qui est critiquable réside dans la décontextualisation ou, ce qui revient au même, dans l'absolutisation par « généralisation » d'une telle fiction et de ses origines. En procédant ainsi, le caractère fictif du contrat est oublié et, par voie de conséquence, ce qui n'est qu'une institution ou un artifice est posé comme naturel.

Ce décret d'une certaine raison politique a pour autre effet remarquable, et non moins discutable aux yeux de Hume, de réduire le sens de l'histoire du contrat à n'être qu'une construction téléologique, une entreprise de légitimation par identification des « origines ». On assigne pour seule finalité à l'histoire l'exhibition des preuves d'une authentique naissance. L'histoire se trouve, dès lors, enrôlée dans une fonction polémique qui ne lui permet pas de sortir des termes d'une opposition discutable entre points de vue et intérêts partisans. Elle ne peut, dans une telle configuration, prétendre poser les bases d'un savoir plus impartial sur ces mêmes questions.

Cette conception de l'histoire est une véritable contradiction dans les termes qui interdit d'attribuer une quelconque positivité au changement dans les sociétés civiles modernes. Inscrite dans un cadre interprétatif résolument finaliste, les actions de transformation en politique sont, au mieux, des restaurations. La révolution, par exemple, serait un « retour » aux fondements originels et authentiques du gouvernement mixte. Hume s'efforcera de montrer qu'une telle interprétation dénie aux faits révolutionnaires leur caractère d'événement, c'est-à-dire leur caractère inattendu et toujours inventif. À l'opposé, penser la révolution comme un événement permet alors d'en écrire, positivement, l'histoire. Dès lors, la révolution n'est plus réductible à la simple manifestation d'un *telos* toujours déjà donné.

Le sens ultime de la critique humienne du contractualisme est, non seulement, de proposer les termes d'une articulation féconde entre théorie et histoire mais, plus encore, d'établir un point de vue qui, parce qu'il sort de la téléologie, prend ses distances avec les conflits partisans. Alors, seulement, il est possible de développer un savoir authentiquement historique de l'institution des établissements politiques dans les sociétés modernes.

Dans un premier temps, on montre que la construction purement logique des moments du contrat se heurte à des difficultés qui ne peuvent être, sinon résolues, du moins clairement délimitées, qu'à condition de faire appel à un autre point de vue qui est celui d'une histoire. Cette mise en évidence doit porter sur deux déclinaisons essentielles de la théorie politique, celle qui institue la « propriété » comme relation stabilisée aux objets extérieurs ; celle qui institue la « constitution » comme relation stabilisée à l'autorité du souverain. Il apparaît que le volontarisme politique de la théorie du contrat ne permet pas de voir comment il se fait que la « liaison » des sujets à leur souverain paraît « indépendante » des consentements individuels. Cette interrogation suppose, elle aussi, un déplacement qui permet de prendre en compte une dimension jusque-là négligée par ces théories, à savoir que le « temps exerce une influence ». L'élaboration conceptuelle qui vise au fondement universel et *a priori* d'un ordre politique par contrat ne peut faire l'économie de la dimension empirique d'un temps producteur d'effets, lequel n'a rien à voir avec le temps logique de la déduction analytique.

On envisagera alors le second moment de cette critique du contractualisme. Celui-ci portera sur la genèse historique de la construction d'une constitution « authentique » comme fiction politique d'une grande importance dans l'univers des croyances politiques communes. Si Hume reprend à son compte certaines des critiques torys sur le caractère imaginaire et falsifié des origines de la constitution mixte, dont le précédent empirique majeur serait la *Magna Carta* et ses modifications, son point de vue porte plus radicalement la critique en la déconnectant de la polémique « idéologique » qui oppose parlementaristes et royalistes. Cette seconde dimension historique de la critique humienne du contrat permettra, sans aucun doute, de lire d'une autre manière encore, l'importance de cette détermination du temps qui exerce son « influence ».

CHAPITRE IV

PREMIÈRE LECTURE CRITIQUE : OBÉISSANCE ET RÉSISTANCE, « LE TEMPS (...) EXERCE UNE INFLUENCE »

La présentation de ce qu'on appelle la première critique du contractualisme suppose différents moments qu'il faut distinguer d'un point de vue analytique. Le résultat général de cette première critique est, en effet, donné dans la formulation lapidaire et néanmoins décisive de l'essai « Le contrat primitif » où il est affirmé, à propos des relations entre sujets et souverain : « Ces relations sont toujours tenues pour indépendantes de notre consentement, aussi bien en Perse qu'en Chine, en France qu'en Espagne... » [DP : 192]. Ce qui importe à Hume n'est pas tant de savoir ce qu'il en est de la réalité ou de la fiction du contrat que de comprendre pourquoi et comment il se fait que les sujets se représentent cette relation comme « indépendante » de leur consentement. C'est ce déplacement qu'il convient d'identifier et de justifier dans toute son ampleur.

Il faut, tout d'abord, montrer comment Hume fixe lui-même les limites de son propre discours théorique visant l'engendrement [TNH : 623] des conditions favorables à la stabilisation des « relations » que les hommes construisent entre eux et avec les objets extérieurs. Hume parvient, en effet, à identifier un certain nombre de difficultés qui doivent être surmontées – des conditions – sans quoi le mouvement de généralisation des règles de justice ne peut avoir lieu, et la théorie politique en rendre compte. Par analogie, on est tenté de rapprocher l'inventaire de ces difficultés, et ce qu'elles impliquent, de l'ensemble des questions que les contractualistes énoncent à partir de la fiction de l'état de nature. Il s'agit, dans l'un et l'autre cas – et sur ce plan la perspective est identique –, de mettre en scène un passage. Pour les uns, celui-ci est un changement d'« état » – de la nature vers la société –, pour Hume, celui-ci se manifeste à partir d'un série de discontinuités.

Ces discontinuités sont repérables à un double niveau qui engage les articulations essentielles de sa philosophie politique. D'un côté, il y a le plan des relations aux « objets extérieurs » où la discontinuité est enveloppée dans le mouvement de constitution du régime général de la propriété. De l'autre côté, il y a le plan des relations au souverain et la discontinuité est, cette fois-ci, enrôlée dans le mouvement de distinction nécessaire entre « magistrature » et « magistrat ». C'est à partir de ces discontinuités, et des manières de les indiquer dans la dynamique de déduction des règles générales, que l'on peut repérer, chez Hume, les lieux d'implication réciproque entre théorie et histoire (première partie).

Tirant les conséquences de cette formulation du problème du passage en termes de discontinuités, Hume étudie ce qui est essentiel pour la compréhension de la formation politique des sociétés civiles modernes : les raisons pour lesquelles la relation entre sujet et souverain est perçue comme « indépendante » de la volonté des premiers. La réponse ne consiste pas, comme on a pu le croire, dans une historicisation abstraite de l'état de nature, mais dans une description empirique et historique des circonstances particulières dans lesquelles de telles discontinuités sont surmontées.

La résistance peut alors être retenue comme un objet d'étude exemplaire car elle met au jour la fécondité de ces implications réciproques entre théorie politique et histoire. La résistance n'est pas seulement un « droit » légitime, elle est également un ensemble de conduites possibles et empiriquement observables, c'est-à-dire un fait dont il faut rendre compte. En passant du droit au fait, Hume propose, ni plus ni moins, la réintégration de l'état de nature, jusqu'ici pensé comme un moment fictif de pure indétermination, dans une histoire qui est celle de la formation des sociétés civiles modernes (deuxième partie).

DISCONTINUITÉS ET RELATIONS AUX OBJETS EXTÉRIEURS LA PROPRIÉTÉ ET L'ALLÉGEANCE

On a pu dire qu'il y avait un contractualisme déguisé dans l'argumentation portant sur les règles de justice, et que Hume ne parvenait pas à l'éradiquer en dépit de critiques souvent fort explicites[1]. Si l'on admet que le contrat désigne l'artefact majeur venant poser un commencement, qu'il qualifie une manière d'envisager le prolongement d'une nature dans un artifice, Hume ne rompt pas avec cette question, politique par excellence. La difficulté à résoudre est identique et elle porte sur la délimitation d'une

1. Sur la critique du contractualisme, voir la reprise dans l'essai « Du contrat originel », DP : 188 *sq.* B. Binoche affirme que Hume, « en tentant de dissoudre le scénario contractualiste et ses ruptures dans un procès graduel, ne fait guère que l'*étaler*, l'*étirer*, sans pour autant que la logique contractualiste cesse de jouer. », [1994 : 93].

rupture ou d'une discontinuité originelle qui marque le départ de toute société humaine.

Des conditions de légitimité au procès de légitimation

La question politique de l'institution de la société repose, entre autres, sur deux moments successivement abordés : celui de la constitution des règles de justice par quoi est fixé le régime de la propriété [TNH : III-II, 2-5]; celui de la constitution politique par lequel sont données les règles de désignation du magistrat ainsi que celles de la distribution des attributs de la souveraineté entre privilèges et prérogatives [TNH : III-II, 6-10]. Si la stabilisation des relations aux objets est une condition nécessaire à toute forme de coexistence, elle n'est pas, pour autant, une condition suffisante. Par analogie, la « constitution » résulte de la transposition partielle[1] des règles fixant la propriété des objets à celles définissant le souverain. L'ordre logique de la déduction ici retenu reste assez indifférent au problème qui porte sur la nature de ces relations, sur les facteurs de leur consolidation. Comment Hume pose-t-il le problème, classique depuis les théories du contrat, de l'invention, de la généralisation, et peut-être surtout, de la stabilisation de ces relations ?

La question est de savoir comment ces relations artificielles, construites entre les hommes et les biens appropriables, entre les hommes et leur souverain, acquièrent une capacité d'affection des imaginations, une intensité qui permet de les percevoir comme indépendantes des volontés individuelles. L'artifice n'est pas un principe de négation ou de dénaturation[2] dont la raison raisonnable donnerait la justification; il est une manière d'étendre et d'infléchir le jeu naturel des tendances de la nature humaine[3]. Il est un correction, c'est-à-dire un ensemble de réponses « circonstanciées » toujours susceptibles de modification. Le problème de la société est alors celui d'une organisation, d'une association[4] de ces tendances, c'est-à-dire de l'institution de ce qui les rend compossibles. En cela, d'ailleurs, toute société, en tant qu'elle est une organisation, suppose des transformations.

1. Alors que la propriété exige la modification de la première loi de nature en rendant possible son transfert, c'est au contraire en rendant impossible la mutation ou « changement » de l'autorité que l'intérêt public, entre autres la paix, pourra être assuré, TNH : 680.

2. Pour une formulation exemplaire, voir J.-J. Rousseau, *Du Contrat social*, II-7.

3. Sur l'égoïsme et la générosité restreinte, sur la nécessité de la société pour les satisfaire, TNH : 617; sur le rapport entre nature et règle dans le cas de la justice, TNH : 613; sur le principe d'extension appliqué à la sympathie, TNH : 492.

4. À propos de la distinction entre société et organisme; « Le tout n'est pas télos, mais détour, intermédaire, et l'agitation solidaire de ses composants mus par affinité ou sympathie renvoie bien plutôt à une association qu'à une intégration », D. Deleule [1979 : 65].

D'un côté, il y a le contrat, ce décret originaire et rationnel de la volonté qui fixe une origine et radicalise une rupture. Cette dernière n'est pas pensable autrement qu'en terme de « fondation » hors de l'histoire. De l'autre côté, il n'y a pas d'origine véritable mais plutôt des transformations continues, des séries de changements dont il est difficile de situer le commencement. Ce dernier, quand il est posé, revêt la plupart du temps un caractère fictif. L'intégration de la variable temporelle ne correspond pas à l'étirement de la rupture contractuelle, elle désigne, au contraire, un déplacement significatif du cadre d'analyse. Le temps y devient la condition de ce qui se modifie, de ce qui est modifiable; il devient le moyen d'une description possible de ces modifications.

Ainsi la propriété est-elle d'abord un « sentiment », une affection particulière dont la force et la solidité sont le résultat du temps [TNH : 627]; tout de même que « le temps seul donne de la solidité » par « longue possession » au droit de la magistrature [TNH : 679]. Qu'il s'agisse de propriété ou de loyauté, ce dont il s'agit est bien l'invention de relations, le renforcement de leur effectivité en tant qu'elles sont susceptibles de produire des croyances, de susciter des conduites spécifiques. Or, la relation n'étant pas, par nature, dans les termes qu'elle relie, il faut donc qu'elle emprunte son efficace à ce qui a permis de l'établir: l'expérience, la répétition et l'accoutumance[1]. La propriété, parce qu'elle est « une espèce de la relation de causalité » [TNH : 624][2], va s'ajouter à ce que livre l'expérience de la conjonction répétée de deux objets ou événements. Comme relation de causalité encore, elle donne une forme stable au débordement de l'imagination qui va de la personne aux objets possédés, facilitant par ce moyen le transport des impressions et posant en lieu et place de la discontinuité une forme arbitraire de continuité[3]. De même en est-il pour la relation aux objets du loyalisme, stabilisée par les différentes règles d'attribution des titres à l'autorité. Ces dernières rendent alors l'établissement politique relativement indépendant des humeurs et des tempéraments des hommes. Une fois encore, le temps, puisqu'il est la condition de la répétition et de l'intensification de la force des relations ainsi constituées, a bien un effet

1. Expériences, répétitions, liaisons coutumières, la production de la relation de propriété, tout comme celle de l'obligation d'obéissance, peut se comprendre comme termes d'une analogie essentielle entre nature de l'esprit et nature des artifices. Les transitions des causes aux effets et des effets aux causes y sont alors « des principes permanents, irrésistibles et universels de l'imagination » ; et ils « servent de base à toutes nos pensées et actions au point que leur disparition doit entraîner immédiatement la perte et la ruine de la nature humaine », TNH : 315.

2. Mais aussi TNH : 410 *sq.* ; 608.

3. « La nature même et l'essence de la relation est d'unir nos idées les unes aux autres à l'apparition d'une idée, de faciliter le passage à l'idée corrélative », TNH : 293.

producteur qui porte sur le « sentiment » et la manière de se représenter la nature de la relation, sa réalité présumée : il est condition de constitution de ces fictions performatives dont les « influences » vont être renforcées, à leur tour, par le jeu de nouveaux artifices, de nouvelles règles et de nouvelles institutions [1].

On peut donc affirmer, dans le cas de la déduction humienne, que l'institution rationnelle et préalable du contrat comme acte fondateur de l'ordre politique perd toute pertinence au profit de la reconnaissance de séquences de transformations empiriques des formes instituées de l'obligation de loyauté. La problématique de la fondation, qui pose la question en terme de légitimité, cède le pas à la recherche des facteurs de légitimation, c'est-à-dire à la mise en évidence des processus au moyen desquels une forme imposée et toujours initialement arbitraire de relation d'appropriation d'un objet extérieur, de relation d'obéissance entre sujets et magistrats, devient acceptable ou, au contraire, une occasion de contestation. Légitimation et non légitimité, la différence implique tout le mouvement d'une histoire.

Cet autre déplacement remarquable de l'interrogation humienne, qui met au cœur de l'étude politique de l'institution de la société le mouvement historique de son élaboration, ne prétend pas renier – cela se peut-il ? – toute la dimension d'arbitraire que suppose, par construction, le prolongement artificiel de la nature dans une institution. Qu'il s'agisse du contrat ou de la déduction humienne des règles générales de justice, il y a un saut ou une discontinuité qui, pour être dépassé, suppose un arbitraire nécessaire et originaire. Mais ce qui différencie radicalement les deux démarches repose sur ceci que Hume n'occulte pas cette dimension artificielle de l'institution : en aucun cas la consolidation de celle-ci, en quelque sorte sa naturalisation, ne fait disparaître le fait qu'elle n'est jamais qu'une réponse particulière, temporellement et – serait-on tenté d'ajouter – spatialement déterminée. À l'opposé, le contrat, revendiqué pour sa dimension universelle, correspond à une absolutisation de la fiction et de ses origines. Il masque ce qu'il est par définition : un artifice inventé pour stabiliser les conditions politiques d'une coexistence. Ce qui oppose donc Hume aux contractualistes relève d'une manière différente de décliner l'articulation entre nature et artifice. Dans le cas de Hume, l'institution de l'artifice ne peut pas être entendue hors d'une histoire pour cette raison que l'institution, en tant qu'elle est porteuse de différences, est elle-même soumise à une histoire. On peut dire que le fond de la critique humienne

1. « les impressions qui font naître le sens de la justice, ne sont pas naturelles à l'esprit humain, elles naissent de l'artifice et des conventions humaines », TNH : 617.

du contractualisme vise à réinsérer dans une histoire[1] ce qui a pu être posé et absolutisé comme un extérieur fondateur.

Cette critique, ainsi présentée, impose donc le recours à l'histoire. Seule cette dernière, en effet, permet de désigner le temps comme élément producteur et de rendre compte de ses effets ; seule, elle met en scène une temporalité qui est, par excellence, celle de la formation de ces relations et de leurs transformations ; seule elle permet, enfin, de comprendre de quelle manière ces relations ont été reconnues, acceptées ou, par la jeu de circonstances particulières, contestées et changées. Il est clair que dans le *Traité*, il ne s'agit que d'indications, de consignations par le moyen desquelles poser que de tels recours à l'histoire sont nécessaires au développement de l'argument dans son ensemble. Mais il serait vain de rechercher, dans le texte lui-même, une histoire positive portant sur les conditions d'établissement de la société politique.

Si certains aspects de la critique humienne de l'énoncé contractualiste permettent de poser l'existence de relations pertinentes entre un point de vue général et théorique sur la déduction des règles de justice et un point de vue particulier et historique sur les formes empiriques de stabilisation des liaisons qu'elles supposent, il reste encore à identifier quelles sont ces « discontinuités » originaires et comment il se fait que l'histoire, seule, peut en décrire les voies de résolution, c'est-à-dire les conditions particulières sans lesquelles aucun travail de généralisation en politique n'est effectif. C'est l'histoire qui permet d'éclairer certaines des conditions à partir desquelles une connaissance scientifique de la politique devient possible.

Les conditions au travail de généralisation en politique

L'histoire pourrait être ce point de vue à partir duquel reformuler le problème des discontinuités multiples entre instabilité naturelle et stabilité artificielle. Les deux exemples qui permettent de repérer l'existence de telles « circonstances » et, par voie de conséquence, le principe d'une conditionnalité du travail de généralisation, empruntent aux deux plans déjà évoqués de sa théorie politique, la propriété et l'autorité.

Une première discontinuité inaugurale doit être surmontée pour que puisse se faire le travail de déduction des règles générales de justice et d'équité. La condition porte précisément sur le passage qui relie ces deux termes : d'un côté, la nature instable et, de l'autre, une première forme de relation stabilisée aux objets. Ce passage nécessaire, qui est en même temps une condition, est évoqué par Hume dans les Sections 3 et suivantes

1. On le verra, dans les chapitres suivants, pour ce qui est de la « constitution » de la société civile anglaise.

du *Traité* [III-II]. L'histoire, cependant, permettrait d'expliciter les circonstances particulières qui lui donnent son contenu ainsi que les voies empiriques de sa réalisation.

Une seconde discontinuité concerne les relations à l'autorité et au souverain. Pour que le travail de généralisation puisse s'accomplir et définir les principes de reconnaissance des « titres » à l'exercice de l'autorité, une condition qui porte précisément sur la dissociation entre les deux objets distincts de l'allégeance – le magistrat et la magistrature –, doit aussi être remplie. Cette condition peut être posée et, à partir d'elle, le raisonnement déployé. Cependant, elle peut, à son tour, faire l'objet de descriptions pour établir, empiriquement, comment il y est satisfait, et de quelle manière s'enclenche le travail ultérieur des généralisations.

La déduction des règles de justice suppose, en effet, plus qu'elle ne le désigne, l'abandon d'un état originel et instable dont les déterminations relèvent de la définition anthropologique de l'homme. De manière identique, les modalités de stabilisation des relations d'obéissance entre les membres d'une société politique et l'autorité qui l'organise, que Hume présente à partir des sources de reconnaissance des titres à l'exercice de la souveraineté [TNH: 678], supposent l'abandon d'un état originel de mobilité radicale d'où, justement, toute stabilité est exclue.

Il y a, à propos des rapports aux objets extérieurs, un état originel et mobile où la relation n'est qu'un « expédient »[1] provisoire tout à fait incapable de procurer la stabilité indispensable à toute société. Un type d'attribution qui, quoique « naturel » [TNH: 623], n'est susceptible d'aucune extension ni d'aucune généralisation : « son utilité ne s'étend pas au delà de la formation de la première société »[2]. Cette impossible généralisation conduit alors Hume à distinguer quatre circonstances qui peuvent « engendrer »[3] la propriété[4]. La première des relations susceptibles de répondre à ces nécessités est décrite sous la forme primitive d'une relation incomplète aux objets extérieurs, l'« occupation ». L'homme peut satisfaire irrégulièrement aux exigences de la survie, la relation étant constamment prise dans

1. « les hommes accepteraient aisément cet expédient que chacun continue à jouir de ce dont il a la possession actuelle… », TNH : 622.

2. Car « rien ne serait plus funeste que la constante observation de cette règle, qui exclurait la restitution et autoriserait et récompenserait toutes les injustices », *ibid.*

3. « Nous devons donc chercher une autre circonstance qui puisse engendrer la propriété après l'institution de la société… », *ibid.* Le point de vue est bien celui d'une genèse générale ou d'un engendrement des catégories de la propriété en tant qu'elles sont des formes adéquates et successivement déterminées par des règles générales permettant de stabiliser les relations aux objets extérieurs.

4. Car « le malheur de l'état qui précède cette limitation (par les règles de justice) est la cause qui nous fait nous soumettre à ce remède aussi promptement que possible », TNH : 624.

la particularité de rapports individuels. Partielle et actuelle [TNH : 624-625], elle n'offre pas de moyens particuliers pour relativiser les effets des variations de circonstance. La possession est alors dépendante de la capacité de chacun à la faire durer[1], à lui donner les allures d'une permanence. Elle est exclusivement tributaire de la force et de l'instinct. Au-delà, la « propriété » correspond à une transformation de la relation première de « possession » en une relation stable et généralisable qui revêt toutes les qualités d'une institution. Telle est la possibilité de mettre à distance ce qui ressortit au jeu désordonné des variations d'intensité des passions, des forces ; en un mot, de la violence [TNH : 606].

La propriété ou possession constante « s'ajoute » [TNH : 622] à la possession immédiate. Si « la propriété n'est rien qu'une possession stable » puisqu'il s'agit d'une « relation de la même espèce » [TNH : 624], entre les deux tout sépare l'instabilité et la discontinuité d'un côté, la stabilité et la continuité de l'autre. La définition générale de la propriété désigne donc le type d'artifice qui surmonte la discontinuité, en relativise les effets[2]. La propriété qualifie une forme particulière de relation aux objets extérieurs qui suppose déjà surmontée la discontinuité. Il y a un saut que la théorie politique suppose toujours déjà franchi. Dans les termes comparés au moyen de l'analogie [TNH : 624], celui qui est développé porte exclusivement sur la relation de propriété ; la relation de possession ne fait l'objet d'aucun développement. Il n'est pas possible – ni nécessaire ici – de comprendre comment passer de l'une à l'autre, de rendre compte des moyens de la transformation de la possession en propriété. Le point de vue théorique suppose clairement l'exclusion d'un moment, d'une irréductible origine, qui est aussi celui de toutes les instabilités où, par définition, l'absence de règles implique la confrontation de forces, le jeu de la ruse et le poids des circonstances.

Hume situe l'ensemble des raisonnements portant sur la légitimité des titres à l'exercice de l'autorité dans la section consacrée aux « Objets du loyalisme »[3] qui prolonge les développements sur la déduction des règles générales de justice. Il y établit explicitement une analogie avec certaines des raisons de la transformation de la possession en propriété. L'intérêt

1. Alors ce « pouvoir d'user d'un objet devient plus ou moins sûr selon la plus ou moins grande probabilité des interruptions que nous pouvons rencontrer et (...) cette probabilité peut croître par degrés insensibles », TNH : 624.

2. « la propriété n'est rien qu'une possession stable, dérivée des règles de justice », *Ibidem*. Nous retrouvons ici toutes les propriétés objectives qui justifient, aux yeux de Hume, l'utilité des règles générales.

3. En [III, II-10], TNH : 676-690. Le titre anglais est « Of the objects of allegiance », THN : 553.

suffit[1] à nous faire adopter le principe d'un gouvernement pour la société en raison même de la nécessité qu'il y a à respecter les règles générales de stabilisation des relations aux objets extérieurs[2]. Mais ces règles, qui définissent les relations d'allégeance entre les membres de la société et l'autorité politique qui l'organise, supposent également une condition pour être effectives. Il s'agit de la distinction entre les deux objets vis-à-vis desquels se définit toute obligation d'obéissance[3] : la magistrature et le magistrat. Tant que perdure la confusion entre ces deux objets auxquels se rapporte l'obligation d'allégeance, aucune constitution politique stable ne peut s'établir[4].

Pour l'allégeance comme pour la propriété, il y a un saut, une distinction nécessaire que la théorie politique suppose et reconnaît[5]. L'élaboration d'une constitution, du moins l'effectivité de règles conférant les titres à l'exercice légitime de l'autorité, suppose une séparation préalable sur laquelle la théorie politique n'a pas grand chose à dire. D'ailleurs, Hume conclut très explicitement le raisonnement liminaire en affirmant : « quand le gouvernement est déjà établi sur ce pied depuis un temps considérable (...) le cas est complètement changé et une promesse n'est plus capable de décider du magistrat particulier; car elle n'est plus considérée comme la base du gouvernement» [TNH: 679]. C'est cette dissociation qui lui permet de revenir sur l'hypothèse contractualiste de l'origine du gouvernement.

À partir de ce moment, il est possible de poser séparément ce qui fait la base du gouvernement qui trouve sa forme dans l'établissement d'une « constitution » et l'obligation d'obéissance, plus large, générale et abstraite, qui ne vise pas une personne en particulier mais tout magistrat qui, en vertu des règles générales de désignation, a les titres les plus forts pour exercer l'autorité. Une transformation essentielle doit valoir à titre de condition pour rendre opératoires les règles générales de dévolution de l'autorité : tant qu'il n'est pas possible de dissocier magistrature et magistrat[6], c'est-à-dire fonction et personne, le travail de généralisation,

1. « Rien n'est plus avantageux pour la société qu'une telle invention; cet intérêt suffit à nous la faire adopter avec ardeur et allégresse », TNH : 679.

2. « C'est l'intérêt qui engendre l'instinct général; mais c'est l'accoutumance qui lui donne la direction particulière », TNH : 680.

3. « La même promesse, qui les lie [les individus] à l'obéissance, les enchaîne donc à une personne particulière et fait de celle-ci l'objet de leur loyalisme », TNH : 677.

4. Instabilité sans cesse réactualisée, même dans les gouvernements mixtes, par les transitions constantes des « principes » vers les « affections », *supra*, p. 94 *sq*.

5. TNH : 679 *sq*.

6. « Le même intérêt, qui nous fait nous soumettre à la magistrature, nous fait donc renoncer, lui-même, au choix de nos magistrats et nous soumet à une certaine forme de gouvernement », TNH : 678.

d'extension et de correction, au moyen de quoi se forme n'importe quelle règle, est incertain, instable pour ne pas dire ineffectif. Pour Hume, cette distinction est la plus essentielle: elle correspond, par analogie, à cette autre distinction valable pour le fonctionnement général de l'esprit, entre un « intérêt puissant » qui donne « l'impulsion » principale et un intérêt faible[1]. Les règles générales portant sur la qualification des sources de l'autorité vont répondre à ces intérêts de moindre puissance tout en étant nécessitées par le fait de « régler et diriger notre dévotion au gouvernement » [TNH : 679].

La nature et les artifices ne peuvent être reliés ni posés dans une continuité évidente. Une telle césure n'est pas sans conséquence sur la valeur de l'argument et indique très exactement qu'au départ, certaines conditions doivent être réunies pour qu'il soit possible de construire des généralités. Les différentes déterminations successives par quoi les règles générales concilient inflexibilité et adaptabilité [TNH : 620-621], parce qu'elles rendent possible la généralisation d'exceptions à caractère « général » [TNH : 675], n'ont alors de sens qu'une fois admis ce passage, qu'une fois surmontées ces discontinuités. Dans l'ordre du discours, comme sur le plan des objets désignés, ces discontinuités désignent une frontière en deçà de laquelle toute généralisation est, en pratique, impossible et, théoriquement, impensable.

Ce qui prévaut donc dans les sections consacrées à l'élaboration des règles générales de justice est l'énoncé des raisons logiquement articulées rendant compte de ces formes générales de stabilisation des relations aux objets extérieurs comme « propriété » et non pas la description ou la narration des voies par lesquelles s'accomplit cette institution et se construisent les croyances qui renforcent son utilité. De manière analogue, pour les objets du loyalisme la question devient : comment survient la distinction entre magistrature et magistrats ? Qu'est-ce qui la rend possible et la provoque ? L'indication donnée par Hume est claire : un « temps considérable » au terme duquel la distinction a eu lieu.

Décrire comment s'établit la césure originelle à partir de quoi la stabilisation des relations aux objets devient possible et pensable, rendre compte des voies de la dissociation entre les deux objets du loyalisme excèdent la simple illustration. Dans ces cas exemplaires, la théorie politique ne fait que désigner, suggérer ce qui n'est pas conceptualisé ni conceptualisable. Poser que la possession doive se stabiliser en une relation de propriété, que les deux objets de l'obligation doivent se séparer, tout cela apparaît bien

1. « L'impulsion de l'esprit provient d'un intérêt très puissant; les autres intérêts plus faibles servent uniquement à diriger le mouvement, sans rien y ajouter, ni rien en retrancher », TNH : 678.

comme des exigences rationnelles conformes aux réquisits d'une anthropologie et d'une épistémologie, mais cette position n'est jamais qu'une affirmation, une condition de la genèse des règles de justice, de la déduction des sources de l'autorité.

L'histoire, en tant qu'elle n'est pas une théorie mais bien ce qui permet la qualification circonstanciée d'un passage ou d'une séparation, peut donc être considérée comme le moyen de figurer les conditions à partir desquelles devient possible, dans l'ordre de la coexistence, la stabilité des sociétés politiques. Si Hume ne propose pas, dans le *Traité*, de conception historicisée de l'établissement des règles générales de justice, de lecture historienne de la séparation des objets du loyalisme, il en situe le lieu et l'implication nécessaires.

Il y a dans la trame du texte humien, et tout particulièrement dans ces développements concernant la genèse et l'institution de la société politique, des aspérités, des lignes de fuite qui indiquent des articulations possibles entre deux ordres discursifs distincts, entre deux logiques argumentatives séparées. Hume fait le choix de privilégier, dans le texte du *Traité*, le point de vue théorique de la reconstruction des règles générales de justice et d'équité, de la légitimité des titres à la souveraineté, tout en reconnaissant l'importance et le caractère déterminants des questions liées à la césure originelle entre possession et propriété, à la dissociation des objets du loyalisme. Une reconnaissance qui fait de toute réponse à ces questions autant de conditions à l'élaboration d'une authentique théorie politique.

OBÉISSANCE ET RÉSISTANCE
L'ÉTUDE HISTORIQUE DE LA « LIAISON » SOUVERAIN-SUJETS

Ces implications réciproques entre discours théorique et historique permettent donc de décliner à nouveaux frais la question des rapports entre nature et artifice. On peut en éprouver, encore, la fécondité à propos des solutions proposées par Hume au problème, topique au XVIIe et au début du XVIIIe siècle, du droit de résistance au souverain. En son principe, la résistance est un moment limite de confrontation entre « société » et « gouvernement » ; un moment qui enveloppe les risques d'une destruction de l'état de société, voire d'un retour à l'état de nature. L'enjeu politique et polémique des théories de la résistance et de l'obéissance passive se situe là : peut-on penser l'effectivité d'une résistance au souverain sans la relier à un retour envisagé comme inévitable à l'état de nature ? La question du droit de résistance est décisive en ceci qu'elle repose sur la délimitation du concept même de « société » : celle-ci peut elle exister ou, provisoirement, se maintenir sans souverain? Est-elle réductible au pouvoir constituant du magistrat?

Par exemple, la complexité, voire l'ambiguïté, de la conception lockéenne du droit de résistance repose sur une définition, en partie indéterminée, de la communauté sans gouvernement, de la société d'avant la constitution du « magistrat civil ». Une conception qui doit permettre, en principe, de comprendre qu'en cas de résistance légitime, la société ne disparaît pas et que l'état qui la caractérise n'est pas un état de nature. À cette complexité s'ajoute une difficulté qui tient à la prémisse individualiste du raisonnement. La lecture attentive du *Second Traité*[1] montre l'existence de plusieurs langages qui enveloppent des tensions, sinon des contradictions[2]. Ces langages sont l'occasion d'affirmer que, dans certains cas, la communauté détentrice de la souveraineté est une collection discrète d'individus toujours libres de résister individuellement à ce qui apparaît comme une transgression de la « loi de nature » [*2d Traité*: 14-§. 168]. Dans d'autres cas, la communauté est faite d'un peuple représenté dont la volonté est unifiée [*2d Traité*: 19-§ 240]; le vocabulaire y est d'inspiration monarchomaque et la communauté se trouve définie comme une pluralité d'hommes unis sous l'autorité d'une majorité: elle est un corps unifié voulant et agissant. La distance n'est plus très longue qui sépare ici cette manière de poser le problème de celle du volontarisme juridique intégral de Hobbes[3]. C'est le statut et le contenu du concept de société qui se trouve convoqué et discuté à travers certaines apories des théories modernes du droit de résistance[4].

La solution humienne, justement, permet de sortir d'une telle alternative et, posant la question sur le plan empirique et historique, elle engage la réflexion politique sur la qualification des « relations » entre sujets et souverain autrement qu'en termes de « droits » et de « devoirs ». Le « droit » de résister n'est plus, en tant que tel, un problème. Il ne s'agit plus de le justifier en son principe. Il est plus important de comprendre pourquoi et de quelle manière ce qu'il désigne, à savoir des actions de résistance, est empiriquement possible et avec quels effets sur la politique et le gouvernement des sociétés civiles modernes.

1. J. Locke, 1689, *Second traité sur le gouvernement civil*, J.-F. Spitz (éd.) [1994]

2. Sur l'identification de certains de ces langages, voir, par exemple, J. Tully, *in* J. H. Burns (dir.) [1997 : 566 *sq.*]; J. Franklin [1978 : 53 *sq.*; 87 *sq.*].

3. T. Hobbes, *Léviathan*, F. Tricaud (éd.) [1971]. Sur la réduction du droit à la volonté : la loi de nature est contenue dans la loi civile [XXVI, 289-290]; l'identification de celui dont la raison sera « reçue comme loi » [XXVI : 288]; la représentation comme délégation [XXVI : 295-296].

4. Pour un commentaire différent, J.-F. Spitz [2001 : 34 *sq.*; 43 *sq.*; 54 *sq.*; 259 *sq.*; 301-315].

La résistance n'est plus, dès lors, exclusivement pensable comme une limite infranchissable que viendrait styliser et justifier politiquement la fiction des deux états. Elle est une conjugaison de ces discontinuités précédemment repérées qu'il est possible de décrire empiriquement, c'est-à-dire historiquement. La réinsertion de ces discontinuités dans l'ordre d'un discours positif revient à déplacer la réflexion d'un champ polémique de confrontation d'énoncés prescriptifs – obéissance *vs* résistance – qui interdisent de produire une connaissance véritable des conduites ainsi stigmatisées vers celui d'une présentation plus positive et impartiale des circonstances qui les rendent possibles. Il n'y a pas, ici, de réduction de la norme au fait; ce déplacement ouvre, au contraire, une perspective nouvelle : étudier empiriquement les circonstances à partir desquelles des conduites de résistance peuvent causer certains changements dans les régimes politiques des sociétés civiles modernes.

Après avoir rappelé certains éléments de contexte propre à l'histoire des théories de l'obéissance et de la résistance, on verra comment Hume opère ce déplacement au terme duquel l'obéissance au souverain est perçue comme une relation « indépendante » de la volonté individuelle des sujets. Il sera enfin possible de montrer toute la fécondité de l'étude humienne de la « possibilité » de la résistance et ce qu'elle indique du point de vue de l'implication réciproque entre théorie et histoire.

Obéissance et résistance : éléments de contexte

S'il est une question débattue au moment de l'établissement de la nouvelle Constitution anglaise, pendant la Convention de 1689, c'est bien celle-ci : le roi Jacques, lorsqu'il quitta le sol d'Angleterre pour fuir en France, a-t-il renoncé à la royauté et laissé la succession vacante ? A-t-il rompu unilatéralement l'engagement qui le liait à son peuple, conférant ainsi à la communauté un droit légitime à résister? La seconde lecture renvoie à une interprétation « radicale » de l'événement[1]; la première, qui l'emporta, est apparue comme l'expression d'un compromis entre Whigs et Torys.

Très vite, en effet, fut évacuée l'interprétation qui faisait du roi Jacques un « traître », un « ennemi du peuple » ayant l'entière responsabilité de la

1. Se reporter à R. Ashcraft [1986; 1995, trad. : 591-594]; pour le conflit tory-whig sur la réponse à la question « qui est le peuple dépositaire ? », [1995 : 595-597]. Pour une évaluation contradictoire, J. Pocock [1986: 353-361, dont 357-358]. Pour la réponse de R. Ashcraft : [1995 : 204-n. 26].

rupture du contrat de gouvernement[1]. Le « langage »[2] qui décrit Jacques comme un « rebelle », un « tyran » disparut au profit de celui d'une motion commune plus large visant à constater, sans toutefois lever l'équivoque, que le roi avait « renoncé » à son droit de régner avant l'arrivé de Guillaume. Une motion qui ne tranchait pas sur le fait de savoir si Jacques avait « abdiqué » en raison de son mauvais gouvernement ou s'il avait « déserté » au moment de sa fuite en France. Une interprétation qui permettait d'envisager, aussi, la continuité de forme du régime politique avant et après 1688[3].

Il y avait là une sorte de compromis historique qui donnait, le temps d'une convention, le plan d'une rencontre possible entre ceux qui prônaient l'« obéissance passive » chez les Torys, et ceux, chez certains Whigs, pour qui l'existence d'un « contrat », le non respect de ses clauses, devait pouvoir justifier en droit le fait d'une résistance à l'encontre du souverain. À sa manière, la Convention permettait d'inscrire dans un texte fondamental ce qui résultait d'une conciliation éphémère d'intérêts entre deux conceptions contrastées du rapport entre le souverain et la société qu'il gouverne.

L'histoire de l'« obéissance passive » et celle des justifications des formes d'exception au nom desquelles il est possible de suspendre l'application universelle de cette obligation, est une histoire ancienne qu'il n'est pas ici question de retracer[4]. Notons que F. Oakley, dans « L'obéissance chrétienne et l'autorité, 1520-1550 »[5], trouve chez les premiers sympathisants anglais des idées luthériennes – William Roy, William Tyndale, etc. – des réflexions qui portent sur « le caractère divinement institué de l'autorité temporelle du dirigeant et, en conséquence, (sur) la gravité de l'obligation du sujet de lui obéir »[6]. Robert Barnes, dans la première version de *A supplication...unto the most gracyous prynce Henrye the*

1. C'était notamment la lecture d'un Robert Ferguson dans *A brief Justification of the Prince of Orange's Descent into England* [1689].

2. Sur l'étude comparée des deux *Traités* de Locke et du langage « radical » des tracts des années 1680, R. Ashcraft, [1995 : 364-372; 581-585; 591-599]. Sur le concept politique de « langage », voir J. Pocock, *in* A. Pagden (ed.) [1987 : 19-38].

3. Interprétation qui connaît, en France également, un certain écho. Par exemple, Montesquieu dans *De l'Esprit des lois* (XIX-27), [1973 : 348].

4. Sur l'histoire des théories de la résistance, Francis Oakley [1962 : 1-32]; sur la discussion de l'hypothèse d'une « continuité supposée » entre les doctrines conciliaristes du XVe siècle et les théories modernes de la résistance, voir également la position critique de J.H.M. Salmon [1987 : 136-154]; Francis Oakley [1965 : 673-690] et *in* J. H. Burns (dir.) [1991; 1997, trad. : 145-174]. Sur le conciliarisme, A. Black [1970] et *in* J. H. Burns (dir.) [1988; 1993 : 540-553]; surtout B. Tierney [1982; 1993 (trad.) : 17; 25-27; 32 *sq.*; 115-121].

5. F. Oakley *in* J.H. Burnes [1997 : 160-163].

6. F. Oakley [1997 : 160].

eyght[1], souligne et justifie la démarcation des domaines temporel et spirituel et de chacun de leur gouvernement. Le roi est le ministre de Dieu sur terre et, à ce titre, il convient de lui obéir, de ne jamais lui résister par la force et, si l'on a la conviction qu'il dépasse les bornes en s'immisçant dans les questions spirituelles, de lui désobéir humblement : « les chrétiens sont tenus d'obéir en supportant la tyrannie du roi mais non en consentant à son commandement injuste »[2]. Cette distinction entre les obéissances passive et active[3], qui sera reprise pendant le siècle des guerres civiles et de la Glorieuse Révolution, allait fournir l'une des topiques majeures de cette histoire[4]. Au XVIIe siècle, cette histoire, fortement associée selon J. Neville Figgis[5] à la question juridique des modalités de désignation du souverain légitime – le droit divin héréditaire des rois – s'illustre par le déploiement d'une activité intellectuelle et polémique intense. Il s'agissait de réaffirmer, à nouveaux frais, le nécessaire assujettissement des membres du royaume au souverain ; de fonder en raison, par l'énumération des malheurs que les guerres civiles n'avaient manqué d'occasionner, le retour aux règles du droit divin des rois pour désigner le souverain. Après 1688 et l'installation de Guillaume d'Orange, cette doctrine du droit divin allait connaître une nouvelle extension dans ce qu'il convenait alors d'appeler le « droit divin de Providence ». Il fallait pouvoir rendre compatible l'interruption de la dynastie des Stuarts avec l'établissement des Hanovriens. L'invocation de la Providence permettait de voir en Guillaume l'envoyé et l'instrument de l'intention et de la volonté divines[6]. À ce titre, il participait, tout autant que Jacques II, de l'autorité divine.

Entre 1700 et 1710, le débat allait rebondir et devenir plus complexe avec le changement des circonstances ; il se politisait également. En effet, l'interprétation de la doctrine paulinienne de l'obéissance fait à nouveau l'objet d'une controverse et se radicalise dans l'opposition entre le Tory Francis Atterbury (premier discours prononcé à la chambre des Communes le 29 mai 1701) et le Whig Benjamin Hoadly (dans un sermon commentant

1. Cité par F. Oakley [1997 : 160] ; la première édition de ce texte de R. Barnes paraît en 1531.

2. Robert Barnes, *A supplication*... [édition de 1573 : 295] cité par F. Oakley [1997 : 161]. Sur la politique religieuse de Henri VIII, G. Constant [1930 : 174-190 ; 250-255] ; J. N. Figgis [1896 ; 1965 rééd. : 311 *sq.*].

3. Voir F. Oakley [1997 : 159 *sq.*] ; R. N. Kingdon *in* J. H. Burns (dir.) [1997 : 182 *sq.*] ; sur l'établissement du Schisme Anglican, J. Lecler [1955 ; 1994 rééd. : 678-687].

4. Voir D. Deleule, *in* Berkeley : *De l'obéissance passive* [1983 : 25 ; 36n].

5. J. N. Figgis [1965] où l'auteur relie la doctrine du droit héréditaire des rois à la question de l'obéissance passive.

6. « Ainsi s'installe un partage des responsabilités au sein de la Glorieuse Révolution : Dieu en fut l'auteur, Guillaume l'instrument », D. Deleule, *in* Berkeley : *De l'obéissance passive* [1983 : 10]. Voir également G. Straka [1962].

l'Epître 13 aux Romains de 1706)[1]. Le second interprétant le devoir de loyalisme en accentuant les effets de la démarcation entre le temporel et le spirituel : l'obligation d'obéir concerne Dieu et Dieu seul; non pas les mauvais princes. À quoi le premier ripostera, dans un autre sermon de 1708, en invalidant la distinction entre bon et mauvais prince au motif que la lettre de l'Epître n'autorise pas une telle séparation. La forme de la controverse allait expliciter certains clivages politiques entre Whigs et Torys et relancer les interprétations à donner des événements de 1688-1689. Il était possible, telle était du moins l'intention de certains Whigs, de dissocier la question de l'obéissance passive de celle du consentement et de rendre compatible, dans une certaine mesure, le principe d'une obligation d'obéissance inconditionnée à l'égard de Dieu avec celui d'une obéissance conditionnelle à l'égard du souverain. Travail doctrinal de conciliation qui passait par la revalorisation de l'opposition entre souverains *de facto* et *de jure*. Ce qui revenait à poser des conditions de légitimité pour l'établissement du souverain. La réponse Tory s'efforcera de renouveler la doctrine de l'obéissance passive en cherchant à invalider également cette hypothétique distinction pour ôter tout fondement à l'idée même d'une conditionnalité de l'obéissance[2]. Abolition de la distinction qui permettait d'envisager la continuité de fait entre Jacques II et Guillaume d'Orange pour certains et donc d'évacuer de l'horizon des significations probables de la « révolution » celles qui la rendaient incompatible avec les principes Torys de représentation du gouvernement légitime; du côté opposé, exciper de la distinction devait permettre de poser des conditions à l'établissement de la nouvelle dynastie et, surtout, de marquer la rupture entre avant et après 1689.

Pour autant, la controverse reposait sur une donnée commune et ne cherchait pas à remettre en cause la nature du régime, c'est-à-dire la source partagée de la souveraineté qui l'organise. L'histoire conjointe de la « résistance légitime » et de l'« obéissance passive » illustrait alors, et illustrera encore tout au long du XVIIIe siècle, des conflits d'interprétation portant sur la forme ou sur l'institution du régime politique, et non pas sur les principes qui le justifient. Au demeurant, les interprétations de la Révolution Anglaise, l'écriture de son histoire supposaient, à titre de postulat et de conclusion démontrée par le récit ou la narration des « événements », une prise de position à cet égard. Il n'est donc pas étonnant de

1. Pour une présentation détaillée de la controverse, se reporter à D. Deleule, dans son édition, traduction et présentation de Berkeley : *De l'obéissance passive* [1983 : 11-16].

2. On trouve dans les trois sermons de Georges Berkeley, prononcés en 1712 devant les étudiants de Trinity College à Dublin, une formulation philosophique qui peut être envisagée comme l'une des expressions représentatives de la position Tory en la matière.

remarquer que Hume, comme nombre d'historiens et de philosophes de son siècle, soit concerné par cette question et par cette histoire.

Il ressort de ce qui précède que les questions de l'obéissance passive et de la résistance légitime, qui ne sont pas contemporaines de la Glorieuse Révolution, font explicitement l'objet de nouvelles mobilisations polémiques dans cette période qui va jusqu'à l'Acte d'établissement. Si la logique des clivages ne recoupe pas tout à fait, ainsi qu'il a été suggéré, celle des grandes oppositions partisanes, il n'en reste pas moins que le postulat partagé d'une distribution de la souveraineté entre roi et parlements, le gouvernement mixte, ne préjuge en rien de la répartition des attributs de la souveraineté. Et c'est bien cette répartition qui se constitue en enjeu de controverse. Car il ne s'agit pas seulement de donner priorité au roi ou au parlement; il importe encore de la poser, cette priorité, comme une vérité, sinon indiscutable, du moins parfaitement justifiée. Là, précisément, les lectures rétrospectives et les usages politiques des connaissances développées par les historiens et les juristes antiquaires deviennent autant de moyens pour fonder sur des « précédents », sur des « antécédents »[1], la vérité – leur caractère de généralité – de certaines interprétations.

Le déplacement humien de la question de l'obéissance

La conception humienne des rapports entre sujets et souverain conduit à des résultats qui éloignent définitivement sa théorie politique des présentations classiques en terme de droit de résistance ou d'obéissance passive. Parce que la qualification des liens entre « société » et « organisation politique » sur laquelle se construit cette théorie n'est plus une réflexion portant sur la source de la souveraineté – la constitution – ainsi que sur les conditions de sa légitimité, l'obéissance et la résistance peuvent être envisagées comme des problèmes de gouvernement. Ce qui revient à admettre que les conduites ainsi désignées, pour exceptionnelles qu'elles soient, n'en sont pas moins des conduites possibles, des expériences empiriquement observables. La résistance n'est plus une abstraction que la théorie dessine pour mieux souligner son impossibilité. Il faut, au contraire, reconnaître et expliquer comment, dans certaines circonstances, elle est un événement probable. Il n'est plus pensable de la définir comme un principe abstrait de limitation légitime, mais inapplicable en pratique, lorsqu'il s'agit de faire face aux usages dévoyés de la souveraineté.

Ces déplacements impliqués par la théorie humienne peuvent se résumer aux propositions suivantes : il existe une indépendance empirique

1. J.G.A. Pocock [1986; 2000 trad.], contribution majeure à l'histoire de l'historiographie au XVIIe siècle anglais; se reporter, entre autres, à « La controverse autour de Brady » [2000 : 231 *sq.*].

de la liaison sujet-souverain; la résistance est possible et, du point de vue d'une science de l'homme, il faut considérer cette dernière non plus à partir du droit mais du fait. Ce qui revient à admettre qu'il est, désormais, peu pertinent d'établir une théorie générale des conditions légitimes de résistance; que les «faits» de résistances, toujours hors du droit positif, ne peuvent être saisis qu'à partir du point de vue d'une histoire de la société civile, c'est-à-dire de celui d'une recherche des circonstances où les relations entre société et organisation politique font de la désobéissance une «possibilité». La théorie politique, comme savoir des «faits généraux» [EEH: 221], peut sans aucun doute apporter des précisions sur la nature de ces circonstances.

L'«intérêt naturel» pour le bien public permet de désigner tout ce qui rend effectif le respect inflexible des règles générales de justice et d'équité[1]. On a montré comment l'intérêt particulier et l'intérêt général diffèrent, entre autres, par l'intensité des affections dont ils sont susceptibles, le présent l'emportant sur le futur, le proche sur le lointain. La proximité et l'actualité d'un côté, le caractère décalé et éloigné de l'autre, permettent de distinguer les affections qui se rapportent aux intérêts particuliers et celles qui sont liées aux intérêts généraux[2]. En raison de l'élargissement des sociétés, essentiellement par accroissement des richesses [TNH: 662], l'intérêt général, en tant qu'il consiste dans le respect de ces règles, voit sa capacité d'affecter les conduites diminuer. Sachant, d'autre part, que la «raison n'a pas d'influence primitive» [TNH: 524] et qu'il est vain de vouloir instituer un homme directement soucieux de l'intérêt général, c'est le recours à des artifices[3] qui rend possible l'observation inflexible de ces règles.

Puisque le respect des lois de justice est subordonné à l'établissement d'un gouvernement[4], il suit que l'«observation rigoureuse» [TNH: 665] de celles-là est conséquence de l'institution du gouvernement. Une telle obéissance n'est pas l'effet de l'obligation de respecter une promesse

1. Voir les lois naturelles et fondamentales de stabilité, de transfert par consentement, et d'accomplissement des promesses, *Traité* [III-II, 3-5]. La section 6 rappelle que ces trois lois naturelles et fondamentales sont le produit des passions et qu'elles sont donc des «manières artificieuses» de mieux satisfaire ces mêmes passions; TNH: 676-690.

2. Cf. *supra*, p. 78 *sq.*

3. TNH: 182 sur la production de la coutume par la raison de «manière oblique et artificielle»; également TNH: 216-217.

4. Les hommes «ne peuvent, d'eux-mêmes, observer ces règles dans des sociétés élargies et raffinées, ils établissent le gouvernement comme une nouvelle invention pour atteindre leurs fins...», TNH: 665.

comme le suggèrent les théories du consentement[1]. L'obligation d'obéir au magistrat est distinguée de celle du respect des promesses ; il n'y a donc pas de dimension volontariste dans ce qui oblige à l'obéissance.

La question de la désobéissance au magistrat est alors évoquée une première fois en ces termes : « il n'y a qu'un grand avantage présent qui puisse nous conduire à la rébellion en nous faisant négliger l'intérêt éloigné que nous avons à préserver la paix et l'ordre dans la société » [TNH : 667]. Les variations d'intensité produites par des situations particulières indiquent alors la possibilité d'une rébellion, celle d'une opposition à l'obligation naturelle d'obéissance envers le magistrat. Elle consisterait dans l'existence d'un intérêt présent dont la force ou l'intensité d'affection l'emporterait sur la force ou l'intensité d'affection de l'intérêt général à obéir.

Il n'en reste pas moins que, pour le spectateur impartial, pour le moraliste également, et finalement pour Hume, la rébellion est presque toujours condamnable : « Ce qui naturellement nous fait éprouver un malaise à considérer de telles actions séditieuses et déloyales et nous leur fait attacher l'idée de vice et de laideur morale » [*ibid.*]. La désobéissance est donc ce qui introduit, du point de vue des intensités et du système des forces et des affections en présence, une rupture. Cette dernière produit un « malaise » qui, à son tour, fait obstacle aux transitions et aux conversions de ces intensités affectives. Dès lors, le but de « *l'éducation* et (de) *l'artifice des politiques* » est de « conférer plus de moralité au loyalisme », de « stigmatiser toute rébellion d'un degré plus grand de faute et d'infamie » [TNH : 668]. Autant de moyens artificiels devant permettre la stabilisation, la circulation et la conversion des intensités affectives entre intérêts particuliers et généraux, de rendre plus faciles les relations entre présent et proximité d'un côté, futur et éloignement de l'autre.

Mais la possibilité de rébellion n'empêche pas, selon Hume – et là est peut-être l'essentiel – que l'obligation d'obéissance envers le magistrat soit reconnue par tous, qu'elle ait une valeur générale, universelle pourrait-on dire ; qu'elle exprime, d'une certaine manière, le point de vue général de l'humanité[2]. Il importe de prendre au sérieux ce constat d'expérience que tout le monde[3] se représente comme indiscutable le fait de l'obéissance au

1. TNH : 665 : « Le même amour de soi, qui rend les hommes si déplaisants les uns pour les autres, prend donc une nouvelle direction, plus convenable ; il produit les règles de justice et il est le premier motif qui nous porte à les observer ».

2. « s'il est certain qu'il y a une obligation morale de se soumettre au gouvernement parce que c'est la pensée de tous, il est nécessairement aussi certain que cette obligation ne naît pas d'une promesse », TNH : 669 ; voir également TNH : 670.

3. « l'opinion générale de l'humanité a quelque autorité dans tous les cas (...), et dans le cas de la morale, elle est parfaitement infaillible », TNH : 675.

magistrat, et que les personnes qui gouvernent, dès lors qu'elles sont désignées conformément aux règles reconnues en matière de succession, sont perçues comme des « gouvernants naturels »[1]. Pour ces raisons donc, le titre à la souveraineté trouve les moyens de sa légitimité hors de l'adhésion volontaire et prend les aspects d'une relation naturelle qui enveloppe l'adhésion commune[2].

L'obligation d'obéissance au souverain se trouve détachée de l'obligation de respecter les promesses car elle répond, en un premier lieu, à un intérêt naturel et personnel dont la définition repose sur la qualification anthropologique de la nécessité : la survie de l'espèce et la coexistence dans une société élargie. Elle est, en outre, posée comme une relation naturelle que les croyances populaires viennent consacrer, rendant inutile jusqu'à l'idée même d'un consentement, pourvu que les règles de dévolution du titre de la souveraineté soient respectées. Ainsi peut-on comprendre ce qu'a d'essentiel ce déplacement de l'interrogation humienne, posé en termes concis et efficaces dans l'essai « Du contrat originel », et selon quoi les relations sujets-souverain « sont toujours tenues pour indépendantes de notre consentement ».

Du point de vue d'une science de l'homme, il est assez aisé de reconstruire la série des relations qui rendent raison d'une possible résistance. Parce que l'obéissance au souverain est toujours envisagée à partir de l'intérêt naturel sur quoi elle repose et que ce dernier « est la sanction immédiate du gouvernement » [TNH : 674], dès qu'il disparaît, les raisons d'obéir au magistrat cessent[3]. Cette possibilité de la résistance peut être envisagée à partir du système des forces et des affections portées par les intérêts en conflit. La rupture peut s'expliquer par le jeu des déterminations portant sur les modalités d'affection de l'imagination et ses conséquences. Dès que survient un déséquilibre entre intensités affectives au détriment des intérêts les plus éloignés, la rupture entre le particulier et le général peut conduire à la rébellion.

La disparition de l'intérêt à obéir est à mettre au compte de la nature humaine en général, de celle des magistrats en particulier qui, sous l'aiguillon de « passions déréglées », font donner la priorité à des intérêts immédiats, les conduisant à « violer toutes les lois de la société ». Puisque

1. L'adhésion peut être renforcée, dans ses effets sur l'imagination, par l'analogie partielle entre transmission privée du patrimoine et succession politique, TNH : 631-632. Sur le lien du sang, essai « De la succession protestante », DP : 219 *sq.*

2. Une absence de consentement explicite qui, dans les faits, n'équivaut pas à une absence d'autorité du gouvernement; l'expérience montre, le plus souvent, que les actes de rébellion y sont condamnés « sans aucune réserve », TNH : 670.

3. « La cause cesse; l'effet doit cesser aussi », TNH : 674.

ce que nous attendons des magistrats « dépend, dit encore Hume, d'un changement, non de leur nature, mais de leur situation », il n'est pas contraire à la nature de l'homme d'imaginer que « les gouvernants négligeront même cet intérêt immédiat et que leurs passions les emporteront à tous les excès de cruauté et d'ambition » [TNH : 674].

Si la moralité peut conférer à la qualification de ces conduites un degré plus élevé de faute, il ne s'agit là que d'une détermination seconde liée, au mieux, au mouvement réfléchi de la correction qui doit rendre plus malaisée, plus improbable, la rupture précédemment désignée. Il n'empêche, cette qualification de la transgression n'est pas première, et sa capacité à produire des effets peut céder devant la force de circonstances particulières et essentielles. Dans ces circonstances, la nature humaine et commune des magistrats fait prévaloir des intérêts présents et particuliers sur des intérêts communs et plus éloignés. La conclusion est aisée : « toutes ces causes doivent nous amener à ouvrir la porte aux exceptions ; elles doivent nous faire conclure que nous pouvons résister aux effets les plus violents du pouvoir suprême sans crime ni injustice », [TNH : 674-675]. Hume admet la possibilité de la résistance et celle-ci n'engage pas, directement, de discussion sur le terrain du droit et de la légitimité[1]. Cette conclusion n'est pas seulement liée à un raisonnement général portant sur la conditionnalité de l'obéissance ; elle s'impose également à l'observation de ce que révèlent l'expérience et l'histoire de l'humanité. Il y a des faits de résistance, des moments et des lieux où l'on a résisté. Ceci suffit à en indiquer la possibilité, étant entendu que notre connaissance de la nature humaine permet d'en donner les raisons. C'est pourquoi, du point de vue de l'opinion commune, et récusant comme une absurdité l'idée d'une obéissance passive, « nous permettons la résistance » [TNH : 675].

C'est ce « nous » qui importe, cet indéfini du sens commun, de l'« opinion générale de l'humanité » qu'emprunte ici Hume pour poser le constat avéré d'une pratique dont il s'agit de dire qu'elle est tolérée même si, à son propos, bien peu sont susceptibles d'en « exposer les principes qui la fondent » [*ibid.*]. En effet, Hume souligne encore que la « suite de raisonnement » au moyen de laquelle conclure à la rupture d'intérêt est « trop subtile pour le commun des hommes » et qu'alors ces derniers ayant « le sentiment qu'ils doivent obéissance au gouvernement uniquement en raison de l'intérêt public », ils peuvent renverser ce gouvernement dès lors qu'ils éprouvent que cet intérêt public est menacé.

C'est ce « sentiment » dont la force tient lieu de construction rationnelle, d'élaboration raisonnée ou de raccourci sensible de toutes les

1. En admettre la possibilité c'est, *in fine*, en donner l'autorisation si l'on veut absolument se situer sur le plan normatif.

séquences argumentées, qui éclaire les raisons d'une possible résistance, qui joue comme opérateur et rend possible la désobéissance au souverain. L'étude de la formation de ce sentiment doit être envisagé comme une partie intégrante de l'analyse politique de la résistance.

Parler d'indépendance empirique de la relation d'obéissance et de possibilité de la résistance c'est donc supposer que ce problème du lien entre autorités légitimes et sujets gouvernés ne peut pas se réduire à la formule individualiste du décret de la volonté, qu'elle soit explicite ou tacite. Non pas, d'ailleurs, que rien ne passe par de telles volontés, mais leur implication n'est ni directe, ni toujours évidente. Il y a cette difficulté, contre laquelle viennent buter les théories classiques du droit de résistance, et qui concerne l'impossible conciliation entre l'affirmation du caractère résolument individuel du droit à résister et l'identification de l'instance légitimée à reconnaître le débordement par lequel, pour reprendre une expression de J. Locke, « la tyrannie est l'exercice du pouvoir au-delà du droit » [*2d Traité* : 18-§ 199]. La position de Hume en la matière correspond à un dépassement de la difficulté qui rend compte du caractère extra-individuel des formes et des circonstances de la résistance.

S'il est assez aisé de reconstruire la série des relations qui rendent raison d'une possible résistance, rien, cependant, n'est encore donné du point de vue de l'opinion commune. Ce qui signifie qu'il ne suffit pas d'invalider une tradition d'analyse qui stipule ou réfute un droit de résistance, encore faut-il voir comment la résistance peut advenir. Ce qui implique de comprendre comment, du point de vue de l'opinion commune, il se fait que la résistance à l'encontre du souverain devient envisageable. Ceci conduit alors la réflexion sur le terrain des circonstances car ce qui peut advenir comme un « effet » causé par la destruction des intérêts naturels et individuels à l'obéissance envers le magistrat reste tributaire de la force de sentiments et de croyances, de la force et de l'orientation d'opinions. La question n'est plus celle, abstraite et générale, d'un droit de résistance, mais celle, empirique et circonstanciée, de l'effectivité de la résistance, c'est-à-dire des faits de résistance et de leur histoire. On peut maintenant montrer comment ce traitement de la question de la résistance implique, et de quelle manière, le recours à l'histoire.

La résistance comme objet d'une histoire politique

Hume endogénéise la source de l'obligation naturelle, la rendant adéquate aux présupposés de son anthropologie, mais il ne dit rien de la valeur ou des formes revêtues par cette obligation. Il abandonne, comme on sait, tout recours à une loi naturelle qui permettrait de fonder l'obligation morale au respect de la justice, c'est-à-dire de dépasser la contrainte de fait, la loi positive par exemple, par le principe même de l'obligation.

On sait que chez J. Locke, « les lois positives d'une société ne sont obligatoires ni par elles-mêmes, ni en elles-mêmes, ni autrement ; elles ne le sont qu'en vertu de la loi de nature qui ordonne de se plier aux ordres des supérieurs et qui maintient la paix publique »[1]. Locke peut également affirmer dans le VIe *Essai sur la loi de nature* et à propos de l'autorité des législateurs sur les hommes : « leur droit de conseiller l'obéissance et d'y forcer, ils l'empruntent à Dieu seul »[2].

À partir du moment où l'obligation est envisagée comme une réalité qui, empiriquement, existe en dehors des consentements réels des individus, ce qui est pertinent pour la connaissance positive et actuelle de la politique n'est pas tant la délimitation d'un principe premier fondant universellement le devoir d'obéissance que la description des séries et des formes antécédentes revêtues par ce même devoir. On se déplace du côté de l'élucidation des circonstances et des facteurs qui ont rendu certaines de ces formes possibles, acceptables et légitimées ; ou, au contraire, impossibles parce qu'inacceptables et rejetées : « Il est certain que, si nous remontons à la première origine de chaque nation, nous trouverons qu'il est rare de rencontrer une race de rois ou une forme de république qui ne se fonde pas primitivement sur l'usurpation et sur la rébellion et dont les titres ne soient pas en premier pires que douteux et incertains » [TNH : 679]. Les formes revêtues par l'obligation d'obéissance sont donc le résultat de conquêtes, de violences liées aux guerres civiles, de successions discutables, mais dans certaines circonstances, elles trouvent, avec le temps, parce que toute relation est « fille des sentiments », les principes d'une consolidation, d'une stabilisation dans un ensemble de règles qui, pour être acceptées, finissent par produire de l'accord et exercer une influence à laquelle on croit.

Ce déplacement, de la fondation au constat de l'indépendance de l'obligation vis-à-vis du consentement, s'accompagnera, chez Hume, d'un recours à l'histoire. Elle seule permet, en effet, de rendre compte de la genèse des institutions qui rendent effective l'obéissance au magistrat, qui stabilisent les règles qui l'organisent et renforcent les sentiments et croyances qui lui sont liés. Si Hume, dans le *Traité* et les *Essais*, donne plutôt l*a priori*té à la qualification de ce qui produit les conditions

1. J. Locke, 1664 : *Essais sur la loi de nature* ; H. Guineret (éd.) [1986] : Essai I « Est-ce qu'il nous est donné, par nature, des préceptes de conduite ou, plus exactement, une loi de nature ? Oui », [15-17].

2. Essai VI « La loi de nature oblige-t-elle les hommes ? Oui », [1986 : 107].

régulières, moyennes et ordinaires des liens entre sujets et souverain[1], il n'en justifie pas moins la nécessité de ce changement de perspective en affirmant que le domaine de définition au moyen duquel comprendre ce qui relève de la « généralité » de l'obéissance pour les tenants de la doctrine de l'obéissance passive, de la « légitimité » de la résistance pour les tenants des philosophies du consentement, est impossible à déterminer *a priori*. Les uns se trompent en faisant de la généralité un absolu, c'est-à-dire une universalité; les autres en faisant d'une exception une régularité possible.

Hume affirme sans ambiguïté que : « les lois, ni même la philosophie ne peuvent assurément établir des règles *particulières* qui nous permettraient de connaître quand la résistance est légitime» [TNH: 686]. Il n'y a pas, dans ce cas, d'exception généralisable, c'est-à-dire susceptible de faire l'objet de règles instaurant une régularité[2]. Ce qui paraît invalider l'étude de la résistance du point de vue d'une théorie politique générale, c'est ce constat qu'il ne peut y avoir de caractère récurrent de la résistance. Sa répétition ne peut être posée *a priori* et, pourtant, il est des circonstances où elle advient.

Hume suggère de comprendre le fait de résistance comme un événement et non pas comme un objet. L'événement est à saisir, ici, comme ce qui résiste au travail de théorisation; ce qui résiste, pour être plus précis, au principe de sa généralisation. Aborder la résistance dans ce qu'elle a d'événementiel, c'est-à-dire mettre au premier plan son historicité, c'est reconnaître qu'il est vain de statuer sur son «degré de nécessité» et que ceux qui tentent de le faire, ne sont que de «bons raisonneurs». Lorsque Hume parle des «cas extraordinaires où la ruine suivrait évidemment l'obéissance», ou bien encore des «cas d'urgence extraordinaires», cela signifie que l'ordinaire, ce qui se reproduit en raison de régularités que la théorie permet de repérer et de qualifier, cesse d'être effectif [DP: 209]. Cela signifie encore que si l'irruption des résistances peut être expliquée après coup, elle n'en est pas moins, d'une autre manière, imprévisible.

Hume en indique quelques raisons. Le problème de la résistance est aussi celui de la qualification de l'étendue de la soumission due au souverain [DP: 209], mais cette dernière n'en reste pas moins difficile à établir car, et tout est là, elle est objet de controverses qu'aucune loi générale ne peut terminer [TNH: 686]. Ce travail sur la limite, sur l'étendue,

1. «je pencherai toujours du côté de ceux qui rendent très étroit le lien de l'allégeance et considèrent sa transgression comme le dernier refuge dans les cas désespérés», DP: 209; mais aussi DP: 210.

2. Si tel devait être le cas, et d'une certaine manière cela peut l'être pour les « gouvernements mixtes », la résistance se confond alors avec la balance; elle est au principe du dispositif constitutionnel et désigne les formes de compensation au moyen desquelles se qualifient les étendues respectives de la prérogative et des privilèges.

n'est donc pas exclusivement l'œuvre de la raison. Il en est ainsi de ces « lois fondamentales » que la volonté d'un souverain ne peut changer : quel est leur domaine de définition, leur domaine d'extension? « Jusqu'où s'étendent ces lois fondamentales ? » À propos de cette limite, Hume laisse encore entendre qu'« il est impossible que cela soit jamais déterminé » [TNH : 684]. Du moins sa fixation est-elle « l'œuvre de l'imagination et de la passion plus que de la raison » [TNH: 685]. Par exemple, pour la transmission de la prérogative, dès qu'il y a conflit entre titres de légitimité pour l'exercice de la souveraineté, « l'étude de l'histoire confirme les raisonnements de la philosophie qui (...) nous apprend à regarder les controverses politiques comme ne pouvant recevoir aucune décision dans la plupart des cas et comme entièrement subordonnées aux intérêts de la paix et de la liberté. » Bien plus, ces conflits de titres « produisent souvent de la perplexité » et « ils sont moins susceptibles de recevoir une solution des arguments des légistes et des philosophes que du sabre et de la soldatesque » [*ibid.*]. Une formulation que l'on retrouve dans l'essai « De la succession protestante » : « entre des titres en conflit, le litige ne peut être tranché que par l'épée, la dévastation et la guerre civile » [DP : 225].

Des perplexités sources de controverses qui nourrissent des conflits souvent imprévisibles dans leur déroulement; des conflits qui ne sont intelligibles qu'à condition de les rapporter, toujours, aux « intérêts de la paix et de la liberté ». La narration de ces conflits peut être considérée comme la seule voie possible de compréhension et d'explicitation des modalités d'institution, de consolidation et de transformation des conditions empiriques de la paix et des libertés.

Dans ses *Discours politiques*, Hume revient sur l'impossible inscription de la responsabilité du souverain dans la lettre de la constitution sauf à rejeter le principe monarchique. Si la constitution limite la prérogative royale, cette limitation n'est garantie par rien d'autre que la « dignité » du souverain[1]. Dans le moment de la résistance, les rapports entre le roi et les chambres expriment le retour à un état de large indétermination du système des forces, état sinon inédit du moins imprévisible *a priori* et qui échappe au droit. Il s'agit là d'un moment de rééquilibrage qui fait jouer, toujours dans des contextes particuliers et non généralisables, des rapports de force et de violence.

La résistance est ce qui rompt le cours ordinaire des choses, ce qui donne sa pertinence à d'autres formes d'ajustement, lesquels, par définition, ne sont pas généralisables ou non encore généralisées. Le recours à l'histoire s'impose pour rendre compte, *a posteriori*, des circonstances

1. Essai « De l'obéissance passive », DP : 210-211. Sur les origines de ce type d'argumentation, J. H. Franklin [1978 : 18-20; 27-29].

particulières à l'intérieur desquelles, au nom des intérêts de la paix et de la liberté, les résistances, comme autant d'événements, se légitiment en tant que mode d'innovation, de rénovation ou de restauration d'un régime politique.

L'établissement des propositions générales de la théorie politique, dans le *Traité* comme dans certains *Essais*, n'occulte pas l'existence de difficultés dont la résolution pourrait bien conditionner la portée même des généralisations en politique. Ce qui a pu être pris pour la marque d'une inconséquence ou d'une faiblesse générale de la critique humienne du contrat peut être entendu comme ce qui en qualifie le domaine de définition. Cette critique ne revient pas à confronter, de manière illégitime, une théorie et des faits; elle indique pourquoi il convient de déterminer l'ordre des faits à partir desquels une théorie du gouvernement politique des sociétés est pensable. Or cette détermination des faits n'est pas établie dans le *Traité*, elle est seulement indiquée; elle est supposée. Pourquoi? Parce que le type de discours à partir duquel cette détermination est possible ne relève pas de la théorie politique *stricto sensu*. Qu'il s'agisse de la propriété ou de l'allégeance, ce qui est posé ou distingué doit être considéré comme ce qui désigne certaines des conditions de cette même théorie. Ces conditions, l'histoire permet de les restituer pour ce qu'elles sont : des résultats enveloppés dans la dynamique d'un temps producteur. Certes, ces résultats sont nécessaires, mais comme n'importe quelle artifice, ils sont particuliers et liés à des circonstances. L'histoire permet précisément de retracer les voies empiriques au moyen desquelles ils s'objectivent. À ce titre, l'histoire est un savoir portant sur certaines des conditions préalables au travail de régulation et non pas, uniquement, un savoir décrivant les circonstances et les actions que la régulation autorise.

Il n'y a donc pas de fausse critique cherchant à étirer la logique du contrat au moyen d'une pseudo historicisation du cadre général d'analyse. L'étude de la résistance confirme, tout au contraire, la positivité des déplacements revendiqués. Hume, conséquent avec lui-même, entend toujours distinguer ce qui appartient aux deux types de discours. Simplement, par la considération des effets producteurs du temps, par l'indication du caractère arbitraire des conditions à partir desquelles peut se faire le travail de régulation et de production des règles générales sont signalés comme autant de points d'articulation où théorie et histoire s'impliquent réciproquement et fixent le cadre général d'une étude de la politique dans les sociétés civiles modernes.

Tels sont les aspects les plus importants de cette première critique du contrat. Il en existe d'autres qui vont répliquer certains résultats du *Traité* et des *Essais* en prenant pour point de départ les discours partisans des hommes politiques et des historiens partiaux portant sur les origines et la nature de la constitution. Loin de se réduire à confirmer l'idée que le contrat n'a jamais existé comme institution, la force de ces nouvelles critiques est de montrer que défenseurs et adversaires de la lecture contractualiste de la constitution anglaise sont également dans l'erreur à partir du moment où ils perdent de vue ce que Hume, tout autant que les contractualistes conséquents, ne cesse jamais de mettre en avant : le contrat est une fiction, mais une fiction performative essentielle.

L'histoire devient alors le moyen, critique par excellence, pour reconstruire les voies de ces naturalisations conflictuelles portant sur les origines du gouvernement légitime; mais aussi, de faire apparaître les croyances qui leurs sont reliées pour ce qu'elles sont : des croyances particulières quoique communément partagées et fréquemment revendiquées avec violence.

CHAPITRE V

DEUXIÈME LECTURE CRITIQUE LA CONSTITUTION EST-ELLE UNE CONTRAT ?

On pourrait se demander pourquoi la réflexion politique sur la constitution, sa nature et ses origines, appartient à la critique des théories du contrat. Sans aucun doute, le cadre de la discussion se déplace pour quitter, un moment du moins, la plan d'une théorie générale, celui d'une philosophie politique au sens strict, et entrer dans celui plus polémique de la confrontation entre des représentations politiques communes portant sur la nature du gouvernement légitime et sur la valeur des preuves qu'il est possible d'en donner.

Ce déplacement de la théorie vers la politique est ici assumé par le changement de discours ; il est porté par le point de vue d'une histoire dont on va voir que la fonction critique est, justement, de proposer à l'intérieur de l'espace public des opinions lettrées, une interprétation ou une lecture désengagée de l'« origine » et, plus largement, de l'institution et de la consolidation de la constitution mixte. Pour ce faire, la narration historienne devra montrer en quoi les différents récits des origines sont fréquemment portés par des croyances politiques élaborées par des partis et, pour cela, marqués au coin de l'anachronisme. L'histoire risquerait ainsi de ne pas se démarquer de la construction idéologique ou de la fiction hagiographique.

C'est à condition d'avérer la dimension polémique de certaines histoires que l'étude politique de la constitution mixte pourra se constituer comme un savoir véritable et rendre possible l'administration de la preuve du caractère fictif du contrat. Elle permettra ainsi de comprendre pourquoi certaines de ces fictions autorisent des inventions et des institutions préférables en ce qu'elles favorisent « le nouveau plan des libertés » des sociétés politiques modernes.

Cette analyse, décisive pour cerner l'originalité du point de vue humien dans le domaine de l'histoire, suppose que l'on revienne à la question première de la définition de la constitution pour comprendre comment certains points de vue historique font de la constitution un contrat. À l'opposé, Hume fera valoir qu'une constitution est en « mouvement » et qu'elle exprime un ensemble de rapports de force en voie de stabilisation. Au point de vue statique et idéaliste du contrat y est alors substitué le point de vue empirique et dynamique de la constitution, c'est-à-dire le point de vue d'une histoire.

Pour rendre compte de ces déplacements, il faut restituer le contexte polémique à l'intérieur duquel Hume dialogue. Pour cela, il paraît judicieux de lire les auteurs déjà convoqués : Rapin Thoyras, William Guthrie entre autres, pour décrire et comparer quelques-uns des argumentaires significatifs développés pour expliquer les origines et la nature des constitutions mixtes. Cette approche trouve sa pertinence dans la première critique du contrat et elle en forme le prolongement. L'identification de la constitution au contrat conditionne le projet historien, le borne en quelque sorte à n'être que le récit du roman des origines.

Admettre que la constitution puisse s'interpréter comme une forme particulière du contrat est assimilé, dans la plupart des histoires whigs-libérales[1] à un axiome. Ceci n'est pas neutre et engage le travail de l'enquête sur la recherche de preuves, d'indices mais aussi de « précédents » susceptibles de confirmer la vérité de cette affirmation. Cette démarche renonce à la positivité du travail de l'historien parce qu'elle en inverse résolument le sens. On verra que la critique humienne consiste également, sur ce plan, à dénoncer le caractère partisan de ces histoires en proposant de montrer que ce qui est en apparence posé comme résultat d'une investigation historique n'est jamais que l'illustration rétrospective d'une pétition de principe.

La déconstruction humienne a donc pour résultat d'expliciter le caractère anachronique de l'enquête partisane ; elle en montre la dimension de croyance. À partir d'elle, il sera possible de comprendre pourquoi la question des libertés ne doit pas se comprendre dans les termes d'une opposition entre libertés « anciennes » et libertés « modernes ». Ceci n'est jamais que la formulation anachronique d'un problème nouveau qui n'a de pertinence que dans le siècle des guerres civiles et de la Révolution.

1. D. Forbes [1985 : 183-184 ; 233 *sq.* ; 260 *sq.*] ; sur la distinction entre « whigisme vulgaire » et « whigisme scientifique », [1985 : 125 *sq.*] ; sur l'interprétation du conservatisme de Hume, [1985 : 139] ; sur le point de vue des « middle ranks », [1985 : 176] ; sur l'Affaire Wilkes et le problème de l'impartialité, [1985 : 187-192]. D. Deleule [1979 : 359 *sq.*] sur « Le conservatisme de Hume et la situation de la classe moyenne ».

Quelques précisions sont nécessaires pour éviter tout contresens sur la portée des expressions « Constitution Authentique » ou « Ancienne Constitution » récurrentes dans les pages qui suivent. Les travaux portant sur l'histoire du droit et des pratiques parlementaires pendant les derniers Stuarts à travers les actes et les écrits de leurs membres d'un côté, l'histoire rédigées par les antiquaires et les juristes de l'autre, permettent de distinguer deux plans discursifs.

Il y a, d'une part, le travail polémique engagé par les parlementaires et leurs défenseurs pour tenter de rendre les libertés anglaises et les statuts des communes indépendants du roi. La revendication de l'ancienneté de la constitution et de son origine saxonne peut alors se comprendre comme une stratégie visant à fonder en légitimité les prétentions du parlement. L'authentique constitution, la coutume, le caractère immémorial et l'antiquité comme principes d'établissement des lois sont autant d'enjeux qui doivent être réinterprétés dans ce contexte polémique. La question pertinente ne porte pas, dès lors, sur le caractère exact ou erroné de ces affirmations. Il y a, d'autre part, au XVIIe et XVIIIe siècles, un certain état des connaissances historiques et des historiens qui font usage de ces mêmes expressions. Ce qu'elles désignent, les preuves concernant la réalité des institutions ainsi nommées sont également des objets de controverse. C'est ici que se situe l'analyse qui suit. Les narrations historiques que l'on étudie prétendent, au titre d'une certaine connaissance des faits, établir une vérité sur les origines de ces constitutions et de ces libertés. Elles demandent donc à être étudiées selon cette prétention. Il importe de garder à l'esprit la distinction nécessaire entre ces deux plans : celui des praticiens, des juristes et des hommes politiques d'un côté, celui des antiquaires et des historiens de l'autre[1]. Hume restitue, au cœur de son histoire, la description de ces pratiques discursives et polémiques. Il se donne ainsi les moyens d'expliciter le caractère commun et politique des croyances qui les déterminent.

LES ORIGINES AUTHENTIQUES DE LA CONSTITUTION CHEZ RAPIN

La lecture de l'*Histoire d'Angleterre* de Rapin ne paraît pas très originale quand on la considère du point de vue de ses positions sur le problème des origines de la constitution. D'une certaine manière, elle fait un usage commun du langage désignant l'« Ancienne Constitution », le « droit féodal », le partage toujours problématique entre « privilèges » des

1. Pour une présentation générale de la distinction entre praticiens et juristes d'un côté, et historiens de l'autre, J. Pocock, [1986; 2000 trad.]; C. C. Weston *in* J. H. Burns (dir.) [1997 : 351-352]. Pour la relativisation des thèses de Pocock, C. C. Weston [1997 : 353-355].

Chambres et « prérogatives » royales[1]. Rapin hérite ici des argumentaires fixés dans les termes de la « controverse autour de Brady » et, sans reconduire vraiment les positions de ce dernier, c'est avec son vocabulaire qu'il élabore son point de vue. Il importe d'en fixer les contours puisque l'*Histoire* de Rapin sera, en ce début du XVIIIe siècle, fréquemment évoquée pour être critiquée ou imitée. Elle définit l'un des termes de la discussion critique qu'engagera Hume sur ces problèmes. Elle est donc retenue tout comme elle le fut pour la question de l'impartialité de l'historien. Les difficultés qu'elle soulève sans parvenir à les résoudre sont, en outre, révélatrices des ambiguïtés de l'interprétation whig portant sur la nature du gouvernement mixte.

La constitution, avant d'être posée comme un problème en tant que tel, fait l'objet d'un ensemble de considérations éparses qui épousent le fil des règnes ainsi que la description des manières dont ils se succèdent. À propos de la succession du Roi Richard qui aboutira à l'élection de Jean sans terre, Rapin constate qu'« il n'y avait point de loi fixe qui réglât la succession du trône » [HAngl.-II : 292]. Et quand bien même certaines lois existaient, entre autres celles des Saxons, elles étaient « sans force ». La rupture de la conquête, en introduisant le droit normand, posait les principes d'une compétition entre systèmes de justification, accroissant l'incertitude et autorisant la multiplication des prétentions concurrentes[2]. La présentation du règne de Jean est alors organisée autour de ce principe d'incertitude, lequel inaugure une accession au trône pour le moins discutable qui va conditionner à son tour la plupart des relations nouées avec les barons.

La relation entre roi et barons est posée comme une relation concurrentielle et elle marque, au gré des circonstances, l'évolution des forces en opposition. Rapin, sans employer le vocabulaire de la résistance, n'en souligne pas moins des formes de confrontation[3]. Cette lecture revêt les allures d'une interprétation rétrospective, manifeste lorsqu'il s'agit d'envisager la portée politique de l'assemblée des seigneurs ecclésiastiques et séculiers qui se tiendra à Londres en 1213. Une assemblée dont les circonstances préfigurent, pour Rapin, celles qui conduiront quelques années plus tard à la *Magna Carta*. L'enjeu n'était autre que le rétablissement de l'« Église, la Noblesse, et le Peuple, dans leurs privilèges » [HAngl.-II : 338]. Invoquant alors un « précédent », celui de la Charte

1. Sur la qualification de ce « langage », J. Pocock, [2000 : 231 *sq.*].

2. « Tout ce qu'on pouvait alléguer de plus fort en faveur de Jean, c'était, que (...) son droit n'était pas moins valable que celui d'Arthur », HAngl.-II : 292.

3. À propos des premières « conférences » tenues entre seigneurs pour contrer le dessein du roi Jean : « Dans ces mêmes conférences, ils prirent la résolution de profiter de la première occasion qui se présenterait, pour faire connaître au Roi, qu'il n'était pas dans le dessein de se soumettre à un pouvoir absolu », HAngl.-II : 306.

presque oubliée du Roi Henri Ier, les dignitaires de cette assemblée « s'engagèrent par serment, à faire tous leurs efforts pour obtenir le rétablissement de leurs privilèges, et à se soutenir mutuellement. (...) C'est ici la première confédération qui s'est faite en Angleterre, pour soutenir les intérêts de la Nation contre le Roi » [HAngl.-II : 339].

Il est bien difficile de dire ce que représente ici la Nation. Du moins peut-on penser qu'elle incarnerait ce qui fait opposition au roi ; elle envelopperait le principe d'une séparation, de fait sinon de droit, avec les intérêts du roi toujours guidés par des motifs circonstanciels. Celle-ci résume alors tout ce qui n'est pas le roi, essentiellement la noblesse et le clergé. L'imprécision terminologique s'accroît encore par la mise en équivalence de la « nation » avec le « peuple ». « À mesure qu'il (Jean) perdait l'estime du Peuple, les Barons devenaient moins souples à son égard » [HAngl.-II : 343]. Certes, ce peuple dont il s'agit n'est pas le corps des barons, ceux qui vont demander « le rétablissement de leurs privilèges » ; mais il apparaît aux yeux de Rapin que les barons en sont les représentants naturels et que ce sont eux qui vont demander, une fois encore, au roi Jean de confirmer « cette Charte (qui) contenait en substance les libertés dont le Peuple d'Angleterre jouissait pendant la Domination des Rois Saxons » [*ibid.*]. Double anachronisme que celui d'une représentation légitime du peuple par des barons qui ne représentaient d'abord qu'eux-mêmes ; que celui de « libertés » quasi intemporelles, contemporaines des premiers rois Saxons, qu'il s'agirait de restaurer. Rapin importe des notions et des préoccupations étrangères aux circonstances de cette époque [1]. Ces « libertés » sur lesquelles rien n'est dit de particulier – le terme jouant comme un syntagme figé emprunté au langage commun de l'histoire parlementariste de la fin du XVIIe siècle [2] –, cette « représentation » du peuple par les barons, tout ceci est posé comme autant de vérités que l'historien accepte sans discussion.

Dépourvu de l'érudition et des connaissances que pouvaient détenir, avant lui, des antiquaires comme Spelman ou Brady, Rapin, lorsqu'il s'engageait sur le terrain de la confrontation des droits du roi et des barons, ne faisait que reconduire la forme stylisée des arguments d'une controverse déjà ancienne. C'est dans un développement qui précède la présentation de la Grande Charte de 1215 que l'historien discute, pour la première fois, la légitimité des prétentions royales et celle des revendications baronniales

1. Avant Hume, John Harvey of Ickworth [1696-1743] développe toute une argumentation qui montre le caractère anachronique du raisonnement opposant les « libertés anciennes » aux « libertés modernes » ; *infra*, p. 201 *sq.*

2. J. Franklin [1978 : 22 *sq.*].

[HAngl.-II : 343-347]. Cette présentation est tout entière organisée autour de la rupture de la conquête et des effets qui en découlent.

La conquête, c'est avant tout l'oppression des Anglais et peut-être surtout celle des grandes familles; le sort réservé au peuple n'étant pas même évoqué. Le rapport des forces y était tel que « les Anglais, qui avaient tant de sujet de se plaindre, alléguaient en vain leurs privilèges » que reconnaissaient « les lois saxonnes ». Ce sont alors les Normands qui s'emparèrent des dépouilles et ils « ne trouvaient nullement injuste que le Roi usât d'un pouvoir despotique, parce que c'était leur avantage » [HAngl.-II : 343]. Dans ce premier temps de la conquête, la répartition des privilèges est le seul fait de la force : le despotisme du conquérant n'a d'égal que l'arbitraire de la redistribution de ces privilèges. La séparation entre l'anglais, le normand ou l'étranger y est à son comble. Mais quand « ces mêmes Normands se virent suffisamment établis dans leurs nouvelles acquisitions, ils commencèrent à sentir combien il était dangereux de vivre sous un pouvoir arbitraire » [*ibid.*]. Dès lors, on redécouvrit les anciennes lois saxonnes et « Chacun voulut être Anglais, plutôt que Normand »; « les Normands parlèrent comme de véritables Anglais, et demandèrent avec ardeur le rétablissement des Lois d'Édouard » [HAngl.-II : 344].

La Conquête n'est qu'une parenthèse qui, au terme de la stabilisation des nouveaux barons dans leurs privilèges, conduit les principaux bénéficiaires à vouloir réactiver les anciennes lois, les anciennes libertés saxonnes, seules susceptibles de garantir contre les dérives despotiques du pouvoir royal. À ceci près que ceux qui vont se prévaloir de telles revendications ne sont plus les Anglais seulement mais aussi les Normands. La conquête n'a rien dénaturé de l'authenticité et de l'effectivité des lois du roi Édouard; elle les a rendues inopérantes. Les demandes répétées[1] qui conduiront à la Charte de 1215 vont permettre de leur redonner vigueur.

Les actes d'établissement de la Grande Charte ne sont jamais que la réactualisation solennelle d'un précédent que la conquête avait enseveli. Les termes employés sont ici d'importance : on demande le « rétablissement », « la remise en vigueur », etc. Il n'est pas question de voir dans les étapes qui vont se succéder jusqu'à 1215 autant d'événements qui conduisent à des résultats nouveaux. Le raisonnement reste tributaire de présupposés qui interdisent de tirer toutes les conséquences de ce que Rapin affirme lui-même : « Les conjonctures où les trois premiers Rois Normands se trouvèrent, en montant sur le trône, furent donc la véritable cause de ces fausses démarches, qui devinrent dans la suite si préjudiciables à leurs

1. « les Normands parlèrent comme de véritables Anglais, et demandèrent avec ardeur le rétablissement des Lois d'Édouard. Ils profitèrent principalement des circonstances où se trouvèrent Guillaume le Roux, Henri Ier et Étienne, en montant sur le trône », HAngl.-II : 344.

successeurs. » Est fait allusion aux engagements solennels souvent répétés par ces rois dont la légitimité des titres demeurait suspecte. Il s'agissait d'une conjoncture qui, parce qu'elle était défavorable aux rois, allait permettre à des barons d'étendre leurs prérogatives et, pour ce faire, de recourir à des arguments de légitimation tel le « précédent » des lois saxonnes. *A priori*, rien ne permettait de dire, pourtant, que c'était au nom de ces libertés que les barons finirent par imposer un tel rétablissement. Tout permet de penser que c'était même le contraire. Hume insistera sur la tyrannie des barons. Cette assimilation indue, en tout cas plus affirmée que démontrée, est une preuve supplémentaire du caractère rétrospectif de la lecture de cet épisode de l'histoire anglaise.

Cependant, les arguments mobilisés sont hétérogènes. Une hétérogénéité qui souligne la difficulté d'une interprétation exclusivement rétrospective. Si le droit des rois est devenu ambigu du fait de la conquête, s'il a multiplié les occasions de revendications concurrentes en faisant jouer des principes de justification distincts et non hiérarchisés des titres à l'autorité, la situation n'est pas plus claire du côté des prétentions des barons. S'ils ont acquis par le droit de conquête les propriétés des premières familles anglaises[1], se prévaloir ultérieurement des anciennes lois saxonnes pour en garantir la solidité avait quelque chose de paradoxal sinon de contradictoire. Ce que veut bien reconnaître Rapin. Mais la difficulté est, à ses yeux, surmontée par le caractère public et répété des demandes de rétablissement et par les promesses royales solennelles réitérées de remise en vigueur. Tout cela finissant par fonder un nouveau titre et de nouvelles prétentions. Le rapport circonstanciel des forces souvent reproduit devait finir par justifier ces nouvelles prétentions : « ces engagements solennels, et souvent réitérés, ne laissèrent pas de donner aux Seigneurs de race Normande, un droit qu'ils n'avaient pas auparavant. » Cette plausibilité du droit des Anglo-Normands – le rétablissement des « Lois de Saint Edouard » ou encore des « privilèges de la Nation Anglaise » [HAngl.-II : 344] – se heurtait à la volonté de Jean qui se croyait tout autant autorisé à refuser une telle reconnaissance. Cette dispute étant « demeurée indécise pendant plusieurs règnes, chacun de son côté avait conservé ses prétentions » [*ibid.*].

Ce qui est ici affirmé aurait pourtant permis d'inférer l'idée que le rétablissement de ces lois, depuis longtemps caduques, reposait aussi, pour ne pas dire principalement, sur la force et non pas d'abord sur la défense d'un principe de liberté. Le recours au « précédent », les utilisations du droit que l'on redécouvre à l'occasion de ces circonstances peuvent se comprendre comme autant de moyens susceptibles de donner un surcroît de légiti-

1. « parce que les principaux fiefs étaient entre les mains des descendants de ceux à qui Guillaume le Conquérant les avait distribués », HAngl.-II : 344.

mité aux coups de force engagés. De telles inférences supposaient toutefois que l'on ne considérât pas les différentes chartes comme autant de restitutions ou de rétablissements, comme autant de restaurations de droits originaux et, parce que tels, légitimes. Elles impliquaient, bien au contraire, que de tels événements fussent compris comme des effets momentanés d'équilibres de forces, comme des institutions qui incarnaient dans la lettre de textes ou d'accords, l'évolution des relations entre roi, barons et hauts dignitaires.

Ces lacunes de l'argumentation n'empêchent pas Rapin de conclure que c'est le rapport des forces, devenu favorable aux barons[1], qui allait permettre d'imposer au roi, contre sa volonté, cette reconnaissance et la signature des deux Grandes Chartes[2]. La conclusion de la présentation est exemplaire du parti pris théorique de l'historien : « Ce sont ces deux chartes qui, depuis ce temps-là, ont servi de fondement aux libertés de cette nation, malgré les efforts que Jean lui-même, et quelques-uns de ses successeurs, ont fait pour les révoquer » [HAngl.-II : 347]. Proposition paradoxale qui tend à faire de la *Magna Carta* – la *Charta communium lebertatum* – le résultat d'une histoire déjà longue mais aussi un re-commencement qui s'inscrit hors de l'histoire, un fondement auquel les acteurs de l'histoire n'auront de cesse de se référer. Ce qui va servir de fondement, la charte des libertés communes, n'est pourtant pas le simple rétablissement de lois plus anciennes qui, avant la conquête, auraient garanti privilèges et libertés « de la Nation ». Rapin lui-même affirme que la lecture de ces chartes instruisent le lecteur « des oppressions auxquelles les Anglais avaient été sujets depuis la Conquête, et de ce qu'ils gagnèrent en cette occasion » [*ibid.*].

En ce sens, la Charte est bien le terme d'une histoire; mais, comme fondement d'une histoire à venir, comme terme de référence, elle est, en quelque sorte, arrachée au cours de l'histoire pour être revêtue des oripeaux de la forme substantialisée; elle est, pour ainsi dire, abstraite du mouvement, figée et rendue intemporelle. Comme on s'en doute, l'histoire ne manquera pas de l'ensevelir à nouveau et il appartiendra encore à l'historien de raconter les voies de son rétablissement, de sa restauration.

L'histoire de Rapin peut être considérée, à bien des égards, comme une histoire cyclique qui n'est pas encore émancipée de la tutelle d'une conception prémoderne du changement[3]. Le cycle est construit autour de la

1. « Jean se trouvait précisément dans la conjoncture où ils les souhaitaient. Haï et méprisé de son Peuple, auquel il avait donné d'assez grands sujets de mécontentement, il ne pouvait espérer de regagner son affection. D'un autre côté il était sans ressources… », HAngl.-II : 345.

2. « Il signa donc deux Chartes, dans lesquelles les Barons avaient fait insérer tout ce qu'il leur avait plu. La première fut nommée la Charte des communes libertés, ou la Grande Charte ; la seconde, la Charte des Forêts », HAngl.-II : 347.

3. Sur la présentation de ce modèle, J. Pocock [1985 ; 1998, trad. : 15-54 ; 57-72].

figure de la « constitution », du moins d'une proto-forme de constitution qui va des lois saxonnes jusqu'aux Chartes de 1215 pour trouver, enfin, une forme achevée dans la Constitution mixte consacrée par la Glorieuse Révolution. Cyclicité des rythmes dont les apogées sont marqués par les restaurations, elles mêmes séparées par autant de phases d'ensevelissements et de redécouvertes. Il s'agit là d'un mélange qui résulte de l'adhésion à la définition contractualiste de la constitution et qui s'explique par l'intention naïve de vouloir en proposer l'histoire. La dimension anachronique ou rétrospective du propos rapinien renvoie, pour une large part, à cette tentative, assez commune à son époque, d'historiciser le contrat, de partir à la recherche de ses origines. On comprend le paradoxe déjà évoqué selon lequel la Charte est tout à la fois dans l'histoire et hors de l'histoire. Un paradoxe qui tient aussi en ceci que Rapin, à la différence de Hume, ne renonce pas à l'idée commune de la « réalité » du contrat. L'histoire est à ses yeux le moyen le plus sûr d'en rechercher les étapes et les voies de formation.

Il n'est pas étonnant de trouver sous la plume de Rapin autant de détails portant sur tout ce qui donne au rétablissement des Chartes le caractère d'un contrat : celles-ci furent « signées » solennellement par le roi et tous les seigneurs, ecclésiastiques et temporels ; elles furent « scellées d'un Grand sceau » ; « confirmées » par « serment solennel du Roi » ; sans parler du décorum exigé pour en assurer l'exécution [HAngl.-II : 347-348]. Tous ces développements révèlent au lecteur que ce moment et les actes qui le scandent sont fondateurs. L'histoire des règnes suivants permettra de montrer comment les termes du contrat ont toujours été menacés, remis en cause par la duplicité des rois manquant à la parole donnée[1]. L'histoire se construit comme un récit qui permet de montrer la série des écarts qui sont à comprendre comme autant de remises en cause de la légitimité de ce qui fut décidé et accepté en ce moment fondateur. On peut dire que la succession des règnes, à partir de cette date, et jusqu'à l'avènement du règne d'Elisabeth, pour ce qui concerne l'histoire nationale intérieure et constitutionnelle, met en scène les divers épisodes de ces trahisons ou de ces manquements à la parole donnée[2]. La liste serait longue et fastidieuse. Elle ne relève pas directement du propos.

1. C'est sous cet angle que sera narrée l'histoire du règne de Henri III de Winchester : les vicissitudes de la Charte, souvent compromise par les fluctuations marquant la balance des relations entre roi et barons ; HAngl.-II : 377 *sq.* ; 387-388 ; 393-394.

2. Ainsi, sous le règne de Henri III, pour l'année 1258, ce commentaire, souvent réitéré et représentatif de ce qui est posé comme axe de la trame historique désormais tissée : « Il n'était plus possible que tant d'oppressions ne lassassent enfin la patience des Anglais. Les Seigneurs se trouvaient encore plus lésés que le Peuple, en ce que les Charges les plus

Cette assimilation – de la constitution au contrat –, dont on mesure ici l'importance puisqu'elle stylise la manière whig d'écrire l'histoire, va de pair avec une autre difficulté, assez considérable, que Rapin minimise ou tente de résoudre en faisant valoir les autorités en la matière : qu'en est-il de l'origine de la représentation des communes au sein de ces Parlements, confédérations et autres associations qui, à intervalles assez réguliers, se réunissaient pour imposer au roi le renouvellement des chartes souvent demeurées lettres mortes. Si l'on peut considérer ces chartes comme autant de réactivations d'une constitution authentique, celle-là étant le véritable dépositaire des libertés de la nation anglaise (ce que défendra dans les années de rébellions et de guerre civile le parlement des communes), il faut que la valeur du point de vue soit également authentifiée par l'ancienneté du « parti » de ceux qui l'affirment. Plus cette origine est lointaine et avérée, plus elle fonctionne comme supplément de légitimation de l'argument contractualiste.

Or, comme toute problématique de la remontée aux origines, une telle question est peu historique; du moins contient-elle dans ses termes une forte contradiction. S'attacher à rechercher un point de départ, c'est se condamner à renoncer au caractère immémorial de l'institution que l'on décrit; c'est faire de celle-ci le moment d'une histoire; c'est admettre qu'elle n'a pas toujours été et que, comme élément d'une histoire, elle contient une part de contingence qui la rend tributaire de circonstances, d'un contexte. On retrouvera, et ce n'est pas surprenant, à propos de la question fort controversée des origines de la représentation parlementaire des communes, la tension entre des énoncés défendus par des historiens qui arrachent la représentation à l'histoire pour affirmer que celle-ci a toujours déjà été, quitte à tenir une position que les connaissances les plus établies ne confirment pas; des énoncés revendiqués par d'autres historiens qui, tout en cherchant historiquement et positivement un commencement, tentent de le reculer ou de l'avancer, cela dépend du parti pris défendu, pour donner corps au présupposé qui anime leur recherche. Dans ce cas, le travail est, de part en part, traversé par une série d'anachronismes, organisé par des préoccupations qui rabattent l'investigation de l'historien sur des lectures rétrospectives. Qu'elle soit whig ou tory, l'étude de ces « origines » repose sur des réquisits polémiques de nature identique.

C'est à propos de la tenue du Parlement d'Oxford en 1258, sous le règne de Henri III, que Rapin va poser la question de la représentation des communes. Fidèle à son parti pris de neutralité qui consiste, le plus souvent, à alterner le pour et le contre, puis à choisir par un effet de mise à distance

considérables, auxquelles ils croyaient avoir seuls droit de prétendre étaient possédées par des Étrangers », HAngl.-II : 494.

accrue par les artifices rhétoriques de présentation, Rapin constate : « Il est certain que douze députés des Communes assistèrent à ce Parlement. Mais si ce fut par Grâce, ou par Droit, je veux dire si ce fut une nouveauté, ou si les Communes avaient des députés pour les représenter dans les précédents Parlements, c'est ce que je n'oserais prendre sur moi de décider » [HAngl.-II : 496]. L'énoncé du problème mérite attention et on ne peut manquer d'être surpris par autant de lucidité inexploitée : affirmer qu'une telle représentation est octroyée par la « grâce » revient, *ipso facto*, à lui conférer cette qualité substantielle qui la soustrait à toute histoire. Intemporelle, la représentation des communes n'est pas discutable ; elle est, pour ces raisons, immémoriale. Plus, elle confère à ces dernières qui seront les porteurs véritables de la restauration définitive de l'authentique constitution, le point de vue de la « vérité » ou, celui d'une idée particulière jointe à un terme qui lui donne une signification plus étendue [TNH : 82-83]. La généralisation consiste, plus encore, en une véritable idéalisation qui détruit jusqu'à l'idée même qu'il puisse y avoir un commencement. Affirmer enfin que cette représentation est légitime parce qu'elle repose sur un « droit » revient à admettre, en principe tout au moins, son caractère profondément historique. Si les communes sont présentes au Parlement d'Oxford en vertu d'un droit, il doit être possible d'en rechercher le commencement, de fixer les conditions ou les circonstances au terme desquelles les communes ont acquis un tel droit et d'élucider les raisons pour lesquelles elles l'ont ainsi acquis.

Ce qui est indiscutable à ses yeux est le fait d'une représentation de la commune dès 1258. Tout en multipliant les formules de mise à distance[1], il reconnaît qu'il lui est impossible de n'avoir pas une opinion en la matière[2]. Optant résolument pour l'hypothèse défendue par nombre d'historiens de l'époque pour qui « c'est ici la première fois que les Députés des Communes ont été admis dans le Parlement » [HAngl. II : 497], Rapin n'en tire pas toutes les conclusions, du point de vue de sa démarche d'historien. Ce choix relève plus de l'argument d'autorité que de la justification historique[3]. En tout cas, aucune mention n'est faite des raisons pour lesquelles, à supposer qu'il s'agisse là d'une innovation, une telle représentation des communes par des seigneurs feudataires devenait possible. La nouveauté

1. « les Anglais n'en conviennent pas entre eux », HAngl.-II : 496.

2. « je ne ferais pas de difficulté de me ranger dans les sentiments de ceux qui croient que c'est ici la première fois que les Députés des Communes ont été admis dans le Parlement », *ibid.*

3. « il serait bien étonnant, si les Communes avaient eu ce droit auparavant, que les Historiens ne les eussent jamais distingués de la Noblesse » ; ou bien encore, toujours à propos de ces auteurs, « il ne s'en trouve aucun qui ait distingué les Communes comme faisant un Corps à part, ou une Chambre séparée dans le Parlement », HAngl.-II : 497.

d'une telle représentation n'est pas questionnée en tant que telle. Elle est admise comme étant l'expression d'une opinion largement partagée par les autorités ; mais ce fait ne sert pas, manifestement, à interroger le caractère circonstanciel d'une telle institution de la représentation du « peuple ». Ce qui le retient porte sur le contenu des décisions de ce parlement, sur le fait qu'il renouvelle une fois de plus les chartes précédentes. Rapin ne se pose pas la question en ces termes, en dépit de sa prétention à l'impartialité. Sans aucun doute, doit-on y voir un effet lié à cette construction téléologique du projet qui, de fait sinon d'intention, vise la restitution des étapes principales au moyen desquelles l'authentique constitution, c'est-à-dire le contrat, devient une réalité.

LES ORIGINES AUTHENTIQUES DE LA CONSTITUTION CHEZ GUTHRIE

Avec W. Guthrie la présentation de la question emprunte les mêmes voies ; une lecture fine fait cependant apparaître des nuances significatives. Par certains côtés, l'accent mis sur l'importance de la dynamique des forces, sur le « système d'opposition »[1] des barons au roi tyrannique, le souci de contextualiser plus précisément les événements fondateurs que sont les chartes de 1215 justifient qu'on s'y arrête.

La narration du règne de Jean sans Terre s'inscrit dans une série de considérations plus larges portant sur la résistance à la tyrannie. Evoquant les précédents fameux de Catilina ou Caligula, Guthrie, en une formule lapidaire et efficace, caractérise sommairement le règne de Jean : « The executive power of the English Government was then lodged in John » [GHE-I : 642]. Sous le signe de la tyrannie, il se trouve toujours des hommes pour servir d'instrument ; mais il finit toujours par y en avoir d'autres qui entrent en opposition. Cette dernière, toutefois, peut être déstabilisée, voire ruinée, par l'extrême hétérogénéité des motifs ou des raisons qui lui donne consistance[2]. Qui plus est, même si l'on s'entendait sur les fins, les divergences seraient presque inévitables sur les moyens. Autant de précisions donc qui permettent de situer la résistance des barons face aux excès d'un pouvoir royal tyrannique et mal assuré, dans un univers mouvant tributaire des circonstances, et dont le succès n'est pas déjà garanti. Sur ce plan très précis de l'étude guthrienne de la période, les

1. L'étude du règne de « John, surnamed Lack-Land » se trouve dans GHE-I : 622-697. L'année 1209 de ce règne est précédée d'une réflexion plus générale intitulée : « Remarks upon opposition in general and history of the opposition to John in particular », GHE-I : 642 *sq.*

2. « Opposition is formed of many members, perhaps all of them not respondent to the same principle ; some might oppose from private, some from general, motives », GHE-I : 643.

matériaux de la narration ne sont pas présentés comme s'ils étaient entièrement déterminés par une fin déjà connue. Il n'en reste pas moins qu'en ce lieu devenu légendaire du château de Holmsdale, à Tyegate, « the barons secretely met, and concerted the great plan of their country's deliverance » [GHE-I : 643].

Le vocabulaire avec lequel Guthrie désigne ici les progrès de cette résistance et tout ce qu'elle représente est précisément choisi. Cette résistance est souvent associée à l'« esprit de la nation » [GHE-I : 657] et, avec l'écoulement du temps, elle devient de plus en plus « forte ». Une force si grande que, justement, elle ne peut plus être confinée par les effets pernicieux de la tyrannie [1]. Comme Rapin, Guthrie reconnaît que les barons sont les défenseurs légitimes des « public rights » [GHE-I : 661]. Il souligne l'importance des circonstances de la défaite du roi Jean à Bouvines ; cette dernière fut un « incident favorable » pour la défense de ces droits. Prétextant l'organisation d'un pèlerinage, les barons se retrouvèrent à St Edmundsbury pour tenter de sauver les « reliques » de la liberté [GHE-I : 661]. Reconsidérant l'ensemble des « actes constitutionnels » établis par les rois normands, ils observèrent qu'ils étaient « déclaratifs » et ne modifiaient aucunement la plupart des droits stipulés et reconnus par le roi Edouard le Confesseur [GHE-I : 661-662].

Comme chez Rapin, le principe d'une relation possible entre l'avant et l'après Conquête est ainsi reconduit : les premiers règnes de la domination normande n'ont rien modifié des anciennes lois saxonnes ; ils les ont seulement rendues inactives. Le but de cette nouvelle confédération de barons sera de leur redonner une effectivité. Cela fit l'objet d'un serment solennel qui vaut ce commentaire enthousiaste : « Perhaps no history can parallel so unanimous a resolution as this was, among so numerous a body of men as the barons of England » [*ibid.*]. Ces revendications étaient d'autant plus légitimes aux yeux de Guthrie qu'elles ne faisaient qu'exiger ce qui avait été déjà établi et déjà reconnu. En d'autres termes, il ne s'agissait que de restituer ce qui existait, que de rétablir ces lois fondées sur des « plain positive concessions of the crown itself and other public acts in which both the crown and the people were parties » [GHE-I : 661].

Qu'en est-il de cet « esprit de liberté » tant revendiqué par les barons ? Guthrie donne là quelques indications générales. D'abord, cet esprit doit être réglé. Il doit être « régulier » dans son principe [GHE-I : 663]. Sans règles, la liberté ne peut que dégénérer en licence. La difficulté, laisse entendre Guthrie, consiste à identifier les « justes limites » [*ibid.*] qui doivent contenir un tel esprit. Le risque est celui des excès et de leurs

1. « the spirit of the nation had now become too strong to be any longer confined by the enchantments of royal, or priestly, craft », GHE-I : 657.

conséquences. À cette difficulté de principe s'en ajoute une autre, pratique et politique : qui peut connaître suffisamment ces limites pour les désigner et les faire respecter ? Cette connaissance est à la portée d'un petit nombre [1] et le commun les confond le plus souvent. L'absence de tels principes est préjudiciable à la liberté et, plus encore, à la coexistence; sortant de ses limites, la liberté se détruit et rend possible la tyrannie [2]. Cet esprit de liberté a donc pour condition une « constitution » qui en fixe les bornes. Si Guthrie ne pose pas explicitement la relation entre ces deux termes, tout dans son raisonnement le laisse entendre et se ramène au problème déjà formulé de l'assimilation des chartes à une constitution. Ceci permet de comprendre la position guthrienne sur la nature et la portée de cet événement majeur que fut la signature de la *Magna Carta*.

Cette charte est l'instrument par lequel les droits des Anglais furent enfin expressément déclarés et confirmés [GHE-I : 677]. Plus encore, elle représente un pas significatif dans l'édification de l'esprit de liberté : elle en est « l'instrument constitutionnel » [3]. Son caractère de document écrit doit servir à terminer les recours, les controverses et les altercations concernant les conventions établies entre le peuple et son roi. Ces chartes n'ont rien de ces contrats mal ajustés, elles sont « positively stipulated ». Voici donc ce qui fonde la positivité toute particulière de la charte : elle est un dispositif constitutionnel qui stipule les modalités de la convention passée entre le roi et son peuple.

La légitimité de ces actes en forme de contrat est renforcée par ceci qu'ils ne résultent pas, selon Guthrie, d'une entente entre le roi et une « représentation », mais bien d'un accord passé avec la totalité, « the collection, of Englishmen », des gens libres : « the whole body of his free subjects » [GHE-I : 677]. Il ressort de ces considérations que les Chartes de 1215 forment l'antécédent majeur [4] de la constitution; elles revêtent les propriétés du contrat expresse entre parties libres. Cette assimilation de la charte-constitution au contrat permet à Guthrie d'envisager de manière

1. « To know the true limits between these, is given to few : most people confound them together », GHE-I : 663.

2. « by entering on those paths, which begin in lawless confusion, are continued by dark design, and in irretrievable tyranny », *ibid.*

3. « This charter is (...) a more express, and more extensive, instrument of constitutional freedom; than any people ever could boast of », GHE-I : 677.

4. « the glorious instrument », *ibid.* On pourrait se demander pourquoi Guthrie ne fait pas allusion, dans ces développements, à l'octroi des lois d'Edouard le Confesseur par le roi Guillaume Ier, comme « précédent » qui vient encore s'intercaler entre les chartes et les fameuses lois de St Edouard. On peut supposer, ce n'est qu'un argument logique, que dans le raisonnement par recours aux « précédents », cela ne modifie ni la nature de l'argumentation ni sa force démonstrative. Pour un autre exemple et un commentaire sur ces raisonnements, voir C. Weston, *in* J.H. Burns [1997 : 348-349].

plus cohérente le problème de la rupture. L'engagement stipulé des partis au contrat suppose des conditions qui, lorsqu'elles ne sont plus respectées, autorisent la résistance. La valeur exceptionnelle de ces chartes repose, en partie, sur le fait de prévoir, grâce à la sagesse de ces barons[1] signataires, ce qui peut advenir en ce cas. Le « principe de résistance » et ses modes d'opération sont inclus dans la lettre même de la Charte[2]. L'élection d'un conseil restreint de barons choisis et armés favorise d'ailleurs le respect scrupuleux de la justice. La légitimité de toutes ces institutions repose, finalement, sur ceci que tout est explicitement déclaré et écrit [GHE-I : 678].

Le roi pouvait être contraint à respecter ses engagements et les formes de la contrainte elles-mêmes étaient strictement énoncées dans la Charte. On peut se demander ce qui différencie ces chartes de la nouvelle constitution mixte de 1688-1689 que Guthrie a manifestement en tête lorsqu'il commente ainsi les principes de la *Magna Carta*. Assurément peu de chose, quand on peut lire encore sous sa plume : « the channels of public justice are cleared and enlarged; and the reciprocal duties between king and people, from being habitual, become naturel » [GHE-I : 678].

Ces barons avaient donc établi, par le biais de telles chartes, un véritable dispositif constitutionnel reposant sur deux principes généraux : la résistance et la protection des droits héréditaires; principes dont il est dit qu'ils étaient demeurés longtemps « cachés », « secrets »[3] sans être pour autant annulés. Ce dispositif permettait également de dissocier la volonté politique du roi et la personne de celui-ci[4] d'un côté, et de rejeter l'idée même de l'obéissance passive de l'autre. Peu de chose sépare, aux yeux de Guthrie, les chartes de 1215 et ce que sera la constitution mixte issue de la Glorieuse Révolution; cette dernière ne faisant qu'exhumer ce qui, depuis cette époque originelle, avait été enseveli. La continuité est donc manifeste

1. « The barons under John, like men of sens, knew, that, where a power is given, there ought a faculty to be given for defending that power », GHE-I : 663.

2. « the English barons fixed not only the principle of resistance, but its very manner; they took from the most scrupulous all doubts with regards not only to the fitness, but the mode of opposition », GHE-I : 678.

3. « principles which long lurked in our constitution, but without being extinguished », GHE-I : 678.

4. « we find a plain distinction laid down between the political and the personal character of the sovereign », *ibid.* Sur les résistances parlementaires dans les années 1640 et l'« Ordonnance sur l'armée » du 5 Mars 1642, J. Franklin [1978 : 11-13; 18-20]; sur la distinction entre la « volonté politique » et la « personne physique » du roi ainsi que sur les auteurs qui vont légitimer la résistance du parlement – les « parliamentary publicists » tels H. Parker, C. Herle, etc. –, [1978 : 22 *sq.*]. W. Guthrie partage les grands principes qui justifient, pour ces parlementaristes, la possibilité d'une résistance au roi. Sa lecture est donc rétrospective en ceci qu'elle identifie, dans la résistance baronniale, ce qui relève des conduites du Parlement pendant la guerre civile des années 1640.

et, une fois encore, l'histoire peut être envisagée comme la narration d'une longue série de convulsions civiles qui, tout en méprisant ouvertement de tels principes, ne sont pas parvenues à en étouffer l'esprit[1]. Cette date est alors posée par Guthrie comme une origine et ce qui advient depuis résulte de méprises portant sur la valeur de ces principes ainsi que sur la nature de la relation qui les unit. Ces principes sont indissociables et les partis sont dans l'erreur quand ils les imaginent inconciliables, qu'ils défendent l'un à l'exclusion de l'autre. Tout le génie de la nouvelle constitution sera de restaurer cette unité perdue : « it is upon resistance and hereditary right that our present happy constitution now rests. »[2] Seule une telle unité peut contenir les effets de la puissance souveraine et des dérives factieuses; d'ailleurs, « our forfathers, at the time I now describe, looked upon them not only as united but inseparable » [GHE-I : 678].

La nouvelle constitution est donc une restauration en un double sens qui justifie les orientations principales de l'histoire guthrienne : elle réhabilite dans les termes d'un document écrit l'esprit de liberté qui n'a jamais cessé de survivre aux vicissitudes du temps; elle réunit ce que le temps paraissait avoir irrémédiablement dissocié et que, pourtant, le génie fondateur des grandes chartes avait pris soin de poser ensemble : le principe de résistance et celui des droits héréditaires. La portée du modèle historique ici exploitée par Guthrie ne se différencie pas vraiment de celui de Rapin. Le parcours qui conduit de la fin du règne de Jean sans Terre à Guillaume d'Orange n'est pas un parcours d'innovations et de transformations indiquant l'addition de changements; il est celui d'un cycle, ou d'une pluralité de cycles, qui conduit à renouer avec ce qui fonde l'authenticité des règles fixant le gouvernement équilibré de la société politique : les liens qui contiennent tout en même temps l'allégeance et la protection des droits. Tant et si bien que « the nation, in that case, was restored to that original and natural right of providing of its own safety which every people enjoyes » [GHE-I : 678].

Il reste, néanmoins, que le modèle constitutionnel des Grandes Chartes ainsi revendiqué par Guthrie, qui revêt toutes les propriétés de la forme contractuelle et mérite d'être compris comme une forme authentique et originelle de la Constitution, contient un dispositif particulièrement novateur par rapport à la présentation de Rapin : celui de l'unité indissociable du principe de résistance et de la reconnaissance des droits héréditaires[3]. Cette approche permet de surmonter les impasses qui bornent habituellement les

1. « (that spirit) was stifled by the practices of courts, as we shall plainly prove in the course of our history… », mais « it was the spirit only that survived », GHE-I : 678.

2. « while they are united, it rests upon a rock, which neither the power of sovereignty (…), nor the arts of faction can ever prevail against », GHE-I : 678.

3. Dans le vocabulaire de W. Guthrie, il s'agit d'entendre par là ce qui est consigné, par la tradition des lois saxonnes, comme étant les privilèges du parlement et les prérogatives du roi.

positions partisanes. Le propre du système constitutionnel, qui émerge au moment des Grandes Chartes et justifie sa restauration à l'époque de la Glorieuse Révolution, réside dans cette « chaîne » [*ibid.*] qui unit et contient l'allégeance, permettant la protection des droits et, en même temps, la résistance légitime. Guthrie parle très explicitement du « schème de la résistance et des droits » sur lequel, bien sûr, le gouvernement actuel est fondé[1]. Cela est si juste que, depuis les Grandes Chartes, le pouvoir ne reculera devant aucun moyen pour détruire cette unité. À ceci près, toutefois, que la forme particulière de la résistance prévue par les chartes de 1215, depuis cette époque, est devenue « impraticable » ; ce qui n'infirmait pas pour autant la valeur des principes sur lesquels elle reposait. La conclusion de tout ce raisonnement est claire, sans appel pour ce qui est des querelles partisanes : « Ridiculous, therefore, are the modern altercations of parties, who split into two factions that doctrine, which is, by the most august and most authoritative act ever granted or received, rendered inseparable, and interwoven so closely in the nature of our constitution, that, to hurt either, would abolish both, and end in absolute slavery, or unlimited anarchy » [GHE-I : 678-679]. La solidarité des deux principes devait permettre d'éviter l'écueil du despotisme absolu ou de l'anarchie sans bornes. L'histoire, pour Guthrie, sera l'occasion de rendre compte de la manière et des raisons pour lesquelles cet équilibre, qui est aussi une condition politique essentielle, fut détruit puis restauré.

Cette interprétation justifie donc le caractère symétrique des revendications parlementaristes et royalistes. Elles incarnent, chacune à leur manière, la transgression de l'équilibre originel et fondateur par quoi sont contenues dans des bornes naturelles les penchants du roi et ceux des chambres ; en un mot les prérogatives et les privilèges. Cette lecture rend possible, désormais, une confrontation dynamique des interprétations partisanes des principes de la constitution. Hume le fera de manière systématique. Guthrie, quant à lui, n'exploitera pas vraiment cette possibilité.

La présentation guthrienne de cette « époque »[2], si décisive pour l'histoire constitutionnelle et politique d'Angleterre, relève plus d'une vision rétrospective et de la justification du présent par reconstruction de « précédents ». Si Guthrie paraît résoudre les difficultés portant sur la délimitation respective des privilèges et prérogatives en identifiant l'unité, indéfectible en son principe, de la résistance et de l'allégeance, cela ne le conduit pas pour autant à renoncer au modèle constitutionnel implicite qu'il projette dans sa lecture des chartes. Cette projection, qui fait de la

1. « The same scheme of resistance and right continued, and the gouvernment of England is now founded upon both », *ibid.*

2. Hume, HE-I, A-2 : 488.

Magna Carta le grand précédent, ne permet pas plus à Guthrie qu'à Rapin d'émanciper la narration historique des contraintes liées au genre rétrospectif et téléologique.

Le même parti pris prévaut qui conduit à retrouver dans les chartes de 1215 ce qui demeurait enfoui des grandes libertés anciennes[1] que la Conquête avait brutalement rendues inactuelles. Il n'y a pas véritablement de différence, ici, entre les narrations proposées par Rapin et Guthrie. Tous deux font un usage analogue des grandes hypostases qui permettent de qualifier comme êtres génériques des entités telles le « peuple », la « nation », les « libertés », les « droits publics », etc. Autant de syntagmes qui, formant la trame d'un méta-discours dans la narration, véhiculent un ensemble de représentations et de croyances non questionnées. En effet, quoique de manière moins directe et moins simpliste, Guthrie n'en présente pas moins l'histoire de l'opposition baronniale aux ambitions illégitimes du roi comme toujours déjà inscrite dans l'esprit d'une défense générale, pour ne pas dire universelle, des libertés et des droits de toute la nation et de tout le peuple anglais.

Ce qui frappe le lecteur de ces histoires tient justement dans l'assimilation rapide et non discutée du particulier au général, de la partie au tout. Peut-on admettre si aisément que la défense des droits, telle qu'elle fut conduite par les confédérations baronniales, était, dès le commencement, aussi générale et aussi universelle? Les intérêts qui portaient ce mouvement d'« opposition » étaient-ils d'emblée si larges et concernaient-ils nécessairement le tout de la nation? N'a-t-il pas fallu le jeu de circonstances particulières qui imposèrent, du moins facilitèrent, la généralisation de ces intérêts? Ces derniers ne portaient-ils pas d'abord des privilèges particuliers? S'il ne s'agit pas de contester l'élargissement de la portée politique des droits qui furent défendus puis activement revendiqués lors de la signature des Grandes Chartes, peut-on admettre pour autant et sur simple affirmation qu'il en fut ainsi dès le départ? La généralité de ces droits et libertés attachée à l'esprit des Chartes de 1215 n'est-elle pas à comprendre comme un résultat? Comme un effet non intentionnel? Etait-elle toujours déjà donnée alors même que se constituaient les premières associations de barons? Probablement oui, si l'on défend le présupposé, partagé avec Rapin, qui identifie de tels actes à autant de moments du mouvement général de rétablissement des anciennes libertés et des droits.

Parler en ces termes interdit d'être attentif à tout ce qui peut advenir et qui résiste à ce mouvement général de restauration. Ce qui est nouveau et qui porte le fruit du jeu de circonstances imprévisibles dans leurs conséquences devient imperceptible et ne peut qu'être absent de la narration. Si

1. Sur le contenu de ces libertés anciennes et des droits, C.C. Weston [1997 : 341 *sq.*].

l'on en croit les historiens jusqu'ici convoqués, ces chartes ne sont pas l'occasion d'inventions politiques particulières. Le paradoxe de ces lectures rétrospectives réside bien dans ce dilemme : à rechercher les traces d'une hypothétique origine de cette constitution en forme de contrat, on s'impose de considérer les événements retenus pour cette histoire édifiante comme autant d'indices probants d'un commencement; et, par voie de conséquence, on se rend aveugle à la nouveauté, à ce qui, dans le jeu complexe des circonstances et des actions, produit des effets plus larges, imprévisibles et parfois porteurs d'innovations décisives. On retrouve toutes les propriétés des conceptions téléologiques de ces narrations historiennes.

Il reste à observer comment W. Guthrie pose le problème des origines de la représentation des Communes durant cette période; problème dont la solution participe de la légitimation plus grande du point de vue politique identifiant la recherche de l'« authentique constitution » à l'établissement du « contrat » originel entre la nation et son roi. Guthrie adopte une position prudente exigeant de présenter des preuves. Une fois encore, et là le raisonnement est proche de ce qu'il sera chez Hume, la valeur explicative de l'affirmation doit être en adéquation avec les formes de l'expérimentation historique. Au-delà, et en l'absence de témoignage direct ou rapporté, il convient de s'abstenir.

C'est à propos du Parlement d'Oxford réuni en 1258 que ce problème est envisagé et, ce qui va de pair, celui des modes de participation aux décisions du parlement. Dans un préliminaire sur l'état des tenures à cette époque [GHE-I : 780 *sq.*] Guthrie montre comment vient à se former une différence « matérielle »[1] entre les deux types du « devoir » d'assistance dont les barons, formant le « Conseil » ou la « Cour »[2] du roi, devaient s'acquitter : le devoir de « conseil », celui du « consentement » [GHE-I : 781]. Après la Conquête, la Cour du roi est cantonnée à la fonction de conseil : le niveau des affaires, les sources des revenus de la couronne et la répartition des fiefs n'imposaient que très rarement le recours à des revenus « extra-féodaux »[3]. Seuls ces derniers exigeaient le consentement des barons réunis en conseil. La multiplication et l'accroissement des besoins de la couronne allaient renforcer le pouvoir de consentement des barons, justifier la distinction fonctionnelle entre deux types de conseils : l'un pour les affaires ordinaires concernant la gestion du domaine, la justice et les

1. L'émergence de cette différence est le fruit d'un « process of time », GHE-I : 780.

2. « the King's Court, properly speaking » et, un peu plus loin : « therefore there was, in a strict sense, no other parliament », *ibid.*

3. « the vast revenues of the crown, and the nature of feodal tenures seldom subjected it to any extra-feodal demands », GHE-I : 780.

problèmes généraux de la propriété et l'autre, encore appelé « conseil national » ou « parlement », pour les demandes extra-féodales[1]. Parallèlement, et à partir du règne de Henri II, se creusait la distinction entre deux types de barons : les grands barons du premier ordre[2] dont les baronnies, issues directement du partage et des récompenses qui suivirent la Conquête, sont peu nombreuses et de grandes dimensions ; les barons du second ordre dont les titres, moins anciens, étaient rattachés à la redistribution de parcelles plus modestes, elles-mêmes issues d'anciens fiefs devenus vacants mais pour lesquels les rois conféraient les mêmes droits et privilèges.

Une distinction entre ordres perçue comme suffisamment menaçante pour les privilèges des grands qui obtinrent l'inscription d'un article particulier dans le texte de la grande charte ; celle-ci indiquait qu'ils étaient membres de droit et à titre personnel du parlement du roi, alors que les autres barons devaient être convoqués par les officiers de comté. Cette différence dans les titres à la présence des uns et des autres au conseil du roi justifiait la distinction des formes de la participation. Ceux du premier ordre avaient voix décisoire ; il n'en était pas de même pour les seconds. Du moins la question était-elle encore ouverte, et dans cette indétermination résidait l'une des difficultés portant sur l'origine de la représentation des communes et des formes de leur participation selon Guthrie. Les barons du second ordre, lorsqu'ils étaient présents par convocation, ne pouvaient qu'assister aux délibérations sans prendre part aux décisions ; ils servaient et assistaient les grands[3]. Mais il s'agit là, de la part de Guthrie, d'une conjecture bien plus que d'un fait [GHE-I : 781].

Guthrie reprend enfin un argument qu'on trouvera chez Hume quelques années plus tard, et qui porte sur les raisons économiques de l'absence de nombre de ces petits barons aux différents parlements. Une telle présence était coûteuse pour une participation qui n'était pas susceptible de peser sur les décisions ; aussi, obtenant des dispenses, l'habitude fut prise de se faire représenter : « the commons, about this time, finding that their attendance was not only expensive, but effectual, the decisive voice being lodged in the great barons, fought to obtain of the crown a dispensation from their attendance, and to lodge their interests in the hands of some... » [GHE-I : 782]. Tel serait le point de départ, l'« embryon »[4] non pas vraiment de la

1. « ordinary court » ; « national councils, which are now generally termed parliaments », GHE-I : 780-781.

2. Depuis la Conquête, les tenants *in capite* qui fréquentaient la *curia regis*.

3. « all the tenants in capite, by knights service or otherwise, who were summoned to parliament, served but as assistants to the greater barons, and without decisive voice », *ibid.*

4. « here I think we may fairly fix the embryo of the judiciary power of the commons in parliament », GHE-I : 782.

représentation des communes mais de leur participation effective aux décisions prises en conseil : représentés en tant que tels par des barons chargés de leurs intérêts, ils acquerraient ainsi une voix au sein du Conseil, mais par l'intermédiaire de porte parole. L'élection de ces « représentants » qui allaient prendre une part active aux délibérations du conseil constitue alors, aux yeux de Guthrie, un gain essentiel qui marquait le départ véritable de la participation des « communes » au « gouvernement ». Renvoyant dos à dos les historiens ennemis de l'antiquité des communes et les défenseurs trop partisans du parlement, Guthrie pouvait alors conclure sur cet argument méthodologique : il est purement conjectural et, vraisemblablement polémique, de vouloir affirmer que la participation active des communes, par l'intermédiaire de leurs représentants, soit antérieure à cette période. Ceci revient à parler sans la garantie des faits historiques[1].

Ce qui précède a permis d'illustrer quelques-unes des propriétés du discours historien lorsqu'il se construit à partir de la prémisse selon laquelle la « constitution authentique » est la forme historique du « contrat » originel établissant ou rétablissant les droits et les libertés de la nation anglaise. Cette identification, revendiquée sinon démontrée, assigne alors à l'histoire une tâche particulière qui est celle de la recherche des preuves qui attestent de la réalité empirique de ce contrat. Une réalité qui doit présenter deux propriétés contradictoires : d'un côté, marquer un commencement et, comme tel, appartenir au règne des faits pleinement historiques ; de l'autre, porter les signes d'une impossible historicisation puisque ce contrat particulier n'est jamais qu'un rétablissement, n'est jamais que l'une des multiples formes au moyen desquelles trouve à s'incarner, provisoirement, le substrat des droits et libertés anciens dont l'existence remonte toujours au-delà du temps de la mémoire[2]. L'histoire est donc, par construction, anagogique. Elle est, quoique les auteurs s'en défendent le plus souvent, une entreprise de déchiffrement des signes qui permettent de repérer les incarnations successives, les figures du contrat : les octrois, les confirmations, les rétablissements comme autant de manifestations de l'authentique constitution.

Loin d'être vecteur d'une lecture critique des croyances politiques, légitimes ou non ce n'est pas ici le problème, ces histoires prennent acte de

1. « To say that either the commons, or the tenants in capite, had this [more than a deliberative voice] before, is, I think, speaking without warrant from history », GHE-I : 782.

2. Pour reprendre l'expression récurrente chez les juristes antiquaires du droit coutumier de l'époque des derniers Stuarts. « Les polémistes de l'époque des Stuart utilisaient la date du couronnement de Richard Ier, le 3 Septembre 1189, pour distinguer le temps antérieur à la mémoire du temps couvert par la mémoire… », C. C. Weston [1997 : 342 ; 352].

certaines d'entre elles, la croyance en la réalité historique du contrat fondateur incarné dans la forme authentique de la constitution par exemple, et organisent le matériau de leurs narrations pour en administrer la preuve. Pour des raisons déjà étudiées, Rapin et Guthrie ne parviennent pas vraiment, dans cette recherche, à respecter les principes de neutralité ou d'impartialité de l'historien. Certes, ils multiplient les injonctions à la prudence ; ils émaillent leurs raisonnements de considérations portant sur le caractère contestable des lectures partisanes de telles origines ; certes, plus encore pour Guthrie, la construction du récit ouvre des possibles qui permettraient de mettre à distance le contenu de ces narrations vis-à-vis d'enrôlements partisans : le poids des circonstances dans les luttes baronniales pour la confirmation des droits, la lecture particulière de l'unité nécessaire des principes de la constitution, etc. Mais ce ne sont que des possibles qui ne pèsent pas beaucoup en regard du but assigné.

Le point de départ de ces entreprises historiennes est la croyance politique commune, forte à l'époque où ces auteurs commencent à rédiger leurs narrations, et positivement consolidée dans les acquis de la Glorieuse Révolution, selon laquelle le gouvernement mixte est bien l'unique forme viable qui garantisse, par l'équilibre des prérogatives et des privilèges des partis exerçant la souveraineté, les droits et les libertés de tous les membres de la société politique. Son corrélat, toujours en terme de croyances, est que les libertés ainsi consacrées par le nouveau contrat, sont aussi anciennes et légitimes que l'histoire de l'Angleterre. Ancienneté des droits et libertés, authenticité de la constitution : autant de déterminations qui, posées comme des abstractions ou des généralités hors du temps, conditionnent la forme du récit ainsi élaboré et, par un effet de construction rétrospective, interdisent de comprendre que ces droits sont eux-mêmes le produit d'une histoire, sont eux-mêmes dans l'histoire qu'il s'agit d'écrire ; qu'ils n'ont pas toujours été et qu'il a fallu des circonstances, des événements pour qu'ils adviennent comme autant d'effets, comme autant de résultats.

Mais pour parvenir à formuler en ces termes la question posée à l'historien, encore fallait-il comprendre, du point de vue de la politique, que la constitution, tout comme les libertés qu'elle confirmait, était une invention de la politique moderne ; encore fallait-il, pour cela, déployer toutes les implications liées au statut de « croyance » qui définit les idées et les valeurs politiques rattachées à l'institution de cette « constitution », à la défense de ces « libertés ». Encore fallait-il renoncer à l'idée que le contrat fût autre chose qu'une fiction pour mieux comprendre la nature empirique et historique de ses effets politiques. C'est tout cela que les projets de Rapin et Guthrie ne parvenaient pas à situer au cœur du travail de l'histoire. C'est cela que Hume tentera de faire.

UNE DÉCONSTRUCTION POLÉMIQUE DES LECTURES RÉTROSPECTIVES DES ORIGINES CHEZ JOHN HERVEY

Le travail de déconstruction auquel va se livrer Hume ne vient pas de nulle part et il serait faux de croire que, sur cet aspect, il soit d'une originalité exceptionnelle qui ferait contraste avec tous ses interlocuteurs. Ce qui est proprement exceptionnel, dans son œuvre, réside dans l'agencement rigoureux des conséquences qu'il tirera d'une telle déconstruction.

Il y a, en effet, dans le feu des polémiques entretenues par les détracteurs et défenseurs de Walpole, des pamphlétaires qui ont été conduits, eux aussi, à comprendre autrement qu'en termes d'ancienneté ou d'authenticité la problématique des « libertés » ; du moins à critiquer la portée de l'opposition souvent faite entre l'« ancien » et le « moderne ». L'un d'eux mérite une attention particulière : John Hervey of Ickworth [1696-1743]. Il faisait partie de la vieille garde des *Patriots* qui comptaient également dans ses rangs des hommes comme Carteret, John Duke of Argyll et, parmi les plus jeunes, William Pitt. Le but était d'obtenir la défection du gouvernement Walpole et il s'agissait là d'un groupe connu que Hume évoque plusieurs fois dans sa correspondance [1]. Il est raisonnable de penser qu'il ait eu entre les mains certains de leurs textes. Sans pouvoir en être certain, il n'en reste pas moins que les problèmes soulevés par l'*opus* de John Hervey, *Ancient And Modern Liberty Stated And Compar'd* [2], éclairent singulièrement les préoccupations de Hume sur le sujet.

Le texte se présente comme un pamphlet au style alerte et volontiers polémique; le propos y est concis et incisif puisqu'il entend parcourir l'histoire de l'Angleterre en soixante-dix pages pour poser les termes d'une « comparaison » entre « libertés anciennes » et « libertés modernes » [AML : 3]. Il ne s'agit pas de faire une histoire des libertés mais de conduire une démonstration et d'en tirer des conclusions. Entre autres, celle-ci : ce qu'on s'attache souvent à désigner par « libertés anciennes », comme pour les regretter à la lumière des temps présents, n'existe pas. Les libertés sont modernes; elles sont une invention ou un acquis récents. On voit alors tout l'intérêt d'une telle conclusion : en dehors de sa signification polémique dont la portée doit être resituée dans le cadre des controverses autour du gouvernement Walpole, il y a une dimension plus large de ce résultat qui permet d'engager autrement le projet d'une histoire des libertés. En effet, affirmer l'inexistence de ces anciennes libertés c'est déplacer le question-

1. Letters-I : 45, et Letters-II : 209-210; 260-261.

2. Le texte consulté et auquel on renvoie dans les citations qui vont suivre ne contient pas de nom d'éditeur ou de libraire : *Ancient And Modern Liberty Stated And Compar'd*, année d'édition : 1734; désormais AML.

nement portant sur les facteurs et les causes donnant naissance aux libertés que la révolution est venu consacrer. C'est, sans aucun doute, rendre plus difficile le travail partisan des lectures rétrospectives qui, partant toujours des libertés modernes, pour les critiquer ou les défendre, revient sur un passé entendu comme idéal, sur une constitution elle-même idéale et contemporaine de ces vraies libertés. Qu'il s'agisse de valoriser les libertés modernes ou, au contraire, de les relativiser pour leur préférer les libertés anciennes, le point de vue qui prétend démontrer que ces dernières n'existent pas a ceci de radical qu'il remet en cause la force d'évidence, sinon la possibilité, d'une interprétation rétrospective et contraint à interroger différemment le passé, et donc à poser autrement la question du commencement. Si tout ceci n'est pas contenu dans le texte de Hervey, il n'en reste pas moins que la forme de l'interrogation et la manière de solliciter les faits ouvrent d'autres perspectives pour l'entreprise historienne que Hume saura saisir.

Resituant la question des libertés dans le cadre, assez commun à l'époque, d'une liberté sous condition[1], il s'agit d'éviter les excès d'une liberté indéfinie devenant licence et source d'anarchie, mais aussi l'écueil d'une privation totale de liberté par les effets d'un despotisme absolu[2]. L'idéal se trouve dans une « forme de gouvernement »[3] qui, en évitant de tels extrêmes, préserverait l'homme de l'« oppression » tyrannique et de la « confusion » anarchique. C'est un idéal[4]. Les formes réelles des gouvernements sont toujours en deçà; aussi ne sert-il à rien de les mesurer à celuici; il est plus fructueux et, sans doute politiquement plus utile, de les juger respectivement les uns par rapport aux autres, c'est-à-dire par « comparaison »[5]. Non pas la comparaison qui confronte l'actuel, objet de toutes les critiques, avec l'idéal projeté dans l'ancien, « the Felicity of Times past », mais une comparaison qui fasse un usage rigoureux de ce qu'on est susceptible de savoir de ces temps passés. Il s'agit de proposer une mise en perspective résolument structurée autour de matériaux historiques pour tenter d'éprouver la teneur en degrés de réalité de ces regrets permanents d'un temps révolu toujours meilleur que le présent.

1. « all Order in Society is maintain'd by some Restrictions on natural Liberty », AML : 3-4.

2. « the Anarchy of natural Liberty wholly unrestrain'd » ; « the Slavery of no Liberty at all », *ibid.*

3. « the best regulated and best concerted Form of Government », *ibid.*

4. « there never was, nor perhaps ever will be, any Form of Government where this Medium was so exactly hit… », AML : 3-4.

5. « so it is impossible to judge of any human Institution (…), but by Comparison », AML : 4.

Hervey se propose de mener cette comparaison sur le plan des libertés. La réponse donnée est illustrée et justifiée par le rappel des différents moments clefs de l'histoire anglaise : « Till the *Restoration* there was no such thing as Liberty ; That after the *Restoration* was nothing compared to the Strength it gain'd at the *Revolution* » [AML : 5]. Jusqu'au terme des guerres civiles, il n'est pas vraiment question de libertés. Celles-ci sont récentes dans leur histoire et filles de la révolution. L'observation des principaux changements politiques qui accompagnent la période allant de la Conquête jusqu'à la Restauration, affirme encore Hervey, montre qu'il s'agit, pour l'essentiel, de modifications dans les « formes » de la tyrannie [1]. Et s'il est des tyrans plus ou moins glorieux, c'est toujours « the same melancholy Vicissitude in the manner of oppressing the People » [APL : 6]. La période qui va jusqu'au règne de Henri II voit se succéder des « types » de tyrannie : de la tyrannie « royaliste » des princes en passant par la tyrannie « aristocratique » des barons sans oublier la tyrannie « ecclésiastique » du clergé ; parfois même, rajoute-t-il, les trois se superposant [2]. Quel que soit le statut de ceux qui exercent la tyrannie, ils ont en commun de ne pas « représenter » la nation, souvent composée d'« esclaves » [AML : 8 *sq.*]. Il n'y a donc pas de représentation du « peuple » [3], y compris dans la période où les barons parviendront à restreindre l'étendue des prérogatives royales. La captation de la puissance ne permet pas – si tant est que cela fût jamais un but – la réduction de l'oppression du peuple. Lorsqu'on compare libertés anciennes et libertés modernes que compare-t-on ? S'il est question des libertés du peuple, de la nation, le terme « liberté » est dépourvu de toute signification ; il n'est qu'une projection transposant une vérité présente, les libertés actuelles du peuple anglais garanties par une constitution, dans un passé ancien. Cette démarche est illégitime une seconde fois parce qu'elle situe le « précédent » historique de la défense de ces mêmes libertés dans la conduite des barons. Parler de ces libertés anciennes comme celles des barons est acceptable, mais ces derniers ne sont pas la nation, ni le peuple. De telles projections sont plutôt des arguments polémiques susceptibles d'être utilisés comme pièces d'une stratégie politique [4].

1. « those Changes were nothing more than form one Tyrant, or one Kind of Tyranny, to another », AML : 6.

2. « and sometimes all together, in their different Juridictions », AML : 7.

3. « there was no Change but from *this* Tyrant to *that*, or form *one* to *many* ; and so little Appearance of Liberty of any kind among the People », AML : 7.

4. Cette proposition renvoie probablement à une polémique, importante pendant les guerres civiles, qui a opposé des juristes antiquaires à propos de la traduction du mot latin *barones* qu'on retrouvait dans les brefs royaux de convocation ou dans les textes des chartes. Certains parmi eux, parlementaristes comme Lambarde ou Coke, traduisaient *barones* de

Développant les termes de cette affirmation, Hervey peut ainsi dire que pendant la domination des rois normands, l'usage du droit de conquête facilitait le gouvernement tyrannique exercée par les « maîtres » et rendait encore plus difficile la résistance des « esclaves » [AML : 8]. Il n'y avait point de liberté en dépit de la reconnaissance, sous forme d'octroi, des lois d'Edouard par Guillaume Ier. Jusqu'au règne de Henri II, le défaut de légitimité supposé des porteurs de la couronne cédait devant la ruse et la force de ceux qui avaient pour ambition de prendre la place : « during these Reigns, it was *Force* only prevail'd, and the People enjoy'd *their* Right, no more than the lawful Prince did his » [*ibid.*]. Longue période donc où le prince légitime pas plus que le peuple ne pouvaient jouir de ses droits. Forme empirique de l'état de nature où le principe de légitimité des statuts ne s'imposait que par la force. Aucune place pour les libertés d'un peuple dépourvu de tout recours. Il y a, bien sûr, ces promesses sans cesse réitérées par les rois successifs [AML : 9]. Mais que valent-elles lorsqu'il s'agit de faire acquiescer le peuple à des usurpations répétées ?[1] Pure instrumentalisation de la promesse et de son contenu : à quoi servent effectivement les références constantes aux « privilèges » et autres « immunités » du « Peuple » ? La réponse est sans détour : « to facilitate and plane their Way to the Throne » [*ibid.*]. Aussi n'est-il pas étonnant qu'arrivés à leurs fins, une fois installés, ces rois trahissent leurs promesses.

Cette présentation a ceci de particulier qu'elle n'évalue pas, comme c'est le cas chez Rapin ou Guthrie, ces conduites comme autant de remises en cause d'un principe authentique qui serait celui de la restauration des droits et libertés anciens ; elle présente la dynamique des relations comme résultant d'un système des forces où certains sont en mesure d'instrumentaliser des croyances ou des institutions pour parvenir à leurs fins. Il n'y a donc ni trahison, ni dénaturation : il y a le jeu des forces et la dynamique des circonstances qui permettent à certains de triompher. Pas de *telos*, pas d'évolution particulière sinon celle des composantes d'un système en mouvement. Il se trouve, par cet effet de système, qu'à partir du règne de Henri II, premier des Plantagenets à accéder au trône, la couronne s'affai-

manière à désigner les comtes, les évêques et les communes ; d'autres, royalistes, comme l'auteur anonyme de *Freeholders Grand Inquest* (1648) – attribué à Filmer puis à Holbourne – refusaient une telle extension et n'incluaient pas les communes dans le terme. Dans ce dernier cas, bien sûr, il s'agissait de récuser l'argument parlementariste selon lequel, anciennement les barons d'Angleterre étaient le Conseil commun du royaume. Voir C. C. Weston [1997 : 363-364].

1. « these (...) Princes did successively promise the People, in order to make them acquiesce under this Usurpation, that they would re-establish the *Saxon Form of Government*... », AML : 9.

blit, perd en puissance[1]. Mais il n'en a pas résulté pour autant que le peuple a été plus libre : « their Condition was not better, for the King's being worse ». La dynamique des forces se déplaçait ainsi du roi et de quelques familles vers la puissance ecclésiastique. Là encore pas d'orientation particulière à donner à cette résultante du système sinon que le peuple ou la nation en était toujours exclu. Pas plus là que précédemment, il ne faut comprendre ces états successifs comme des étapes conduisant ou éloignant de ce que devait être, conformément à l'authentique commencement, la constitution des relations entre le roi, les grands et le peuple.

On ne peut s'empêcher de remarquer toute la rectitude, pour ne pas dire brutalité, du propos tenu par Hervey. On peut y voir, sur le plan rhétorique, une sorte de mise à distance indiquant la manière dont sont présentés les différents moments de cette histoire. Epoques qui ne sont pas évoquées autrement qu'à l'aune des rapports de puissance qui, entre les partis en présence, permettent de construire des équilibres toujours instables et, le plus souvent, défavorables au peuple ou à la nation.

Il n'est donc pas étonnant de voir comment Hervey stylise la période des « résistances » baroniales : à propos du règne de Richard Ier, « a Struggle for Liberty was again made, but not for the Liberty of the People » [AML : 10]. Ce sont les barons qui vont désormais exercer la tyrannie. Et ce déplacement du système des forces, ils l'ont obtenu à la faveur de circonstances sur lesquelles Hervey ne s'étend pas mais qui, on peut le conjecturer, ne seraient pas autres que celles qu'on trouve chez Guthrie. Cependant – et la différence est essentielle – avec ce résultat non moins remarquable qu'à leur tour, les barons deviennent des tyrans. La raison en est assez simple : « the Barons who had long tyrannised in their particular Districts over their Inferiors (...) now wanted to tyrannise over their Superior too » [*ibid.*]. Une longue habitude au service d'un renversement de l'ordre de distribution des puissances : tyranniser les « inférieurs » bien sûr, mais aussi les « supérieurs ». Il n'est donc pas question ici de libertés pour la nation ou le peuple, à moins de réduire la nation aux barons.

Hervey passe alors, sans aucune transition, au règne du roi Henri III ; il ne fait pas mention des Grandes Chartes de 1215. Il s'agit là, à n'en pas douter, d'une omission significative : à ses yeux, ces chartes ne sont pas fondatrices de quoi que se soit de nouveau pour la représentation du peuple comme pour l'établissement de ses libertés[2]. Sans revenir sur les effets d'un parti pris aussi radical, il n'en reste pas moins qu'un tel silence est tout

1. « it is true the Crown was less powerful », AML : 9.

2. Ce qui n'est pas la position de Hume qui distingue, à propos de la Grande Charte, ce qui est « rétabli » et ancien de ce qui est « accordé » et nouveau.

à fait cohérent avec l'hypothèse principale selon laquelle il n'y a pas de libertés que puisse revendiquer, à cette époque, le peuple ou la nation.

LA DÉCONSTRUCTION HISTORIENNE DES LECTURES RÉTROSPECTIVES DES ORIGINES CHEZ HUME

Les problèmes qu'on vient de présenter chez Rapin, Guthrie et Hervey, sont en partie repris et développés dans deux Appendices essentiels de l'*Histoire d'Angleterre*[1], qu'il faut maintenant étudier. Le premier est l'occasion de revenir sur les significations que Hume entend donner au mot « liberté » ainsi qu'à certains de ses dérivés tels que « représentation du peuple » à l'époque des Saxons. Le second permet de statuer sur la forme politique et sur le caractère novateur du gouvernement anglo-normand. Tous ces exemples, enfin, permettent d'éclairer ce qu'on peut nommer le point de vue de l'analyse historique des constitutions chez Hume.

L'étude du « gouvernement » des Anglo-Saxons commence par cette affirmation inaugurale : « Le gouvernement des Germains (...) fut toujours extrêmement libre » [HA-I : 164]. Une liberté qui est associée à deux autres déterminations pour caractériser les relations que ces « peuples du Nord », ces « fières nations » entretiennent avec leurs princes : l'« indépendance » d'un côté, la « persuasion » comme principe de soumission à l'autorité de l'autre. Le terme même d'indépendance revient plusieurs fois pour évoquer les « constitutions libres » qui caractérisent ces nations, pour désigner l'« esprit d'indépendance » qu'ils ne manquèrent pas de transporter Outre-Manche.

« Il est aisé d'imaginer qu'un peuple indépendant, si peu retenu par le frein des lois et par les connaissances cultivées de l'esprit, n'était pas très exact à suivre régulièrement le droit héréditaire dans le choix de ses souverains » [HA-I: 165 modifié]. Ce qui prévaut n'est pas d'abord la règle[2] quand elle existe, mais « la convenance présente » [HE-I, A-1 : 161] ; en d'autres termes, les circonstances actuelles. L'actualité ou commodité du moment l'emporte contre tout principe fixe. En la matière, la possession « actuelle » détermine le plus souvent l'accès au trône, quelle que soit la manière de l'obtenir [HA-I: 166]. La « possession actuelle » et non la « longue possession » : celle-là est considérée, dans le *Traité*, comme « la

1. HE-I, A-1 : « The Anglo-Saxon Gouvernment and Manners » : 160-185 et HA-I : 164-193 ; HE-I, A-2 : « The Feodal and Anglo-Norman Government and Manners » : 455-488 et HA-I : 472-507.

2. « il n'y avait nulle règle établie, ou cette règle n'était jamais constamment observée lorsqu'il fallait remplir le trône vacant », HA-I : *ibid.*, modifié.

seconde source de toute autorité publique » [TNH : 680] alors que celle-ci est au « fondement du droit de magistrature » dans les gouvernements « les mieux établis du monde » [TNH : 677].

Conformément aux principes définis dans le *Traité* portant les règles d'attribution de l'autorité des magistrats, les Saxons ne sont pas un gouvernement « établi », c'est-à-dire une « société politique » où les règles de transmission de l'autorité sont fixées et visent la stabilisation des conditions de la coexistence. Evoquant la différence entre les deux types de relations extérieures à la propriété et à l'autorité, Hume rappelle que la « continuité » imposée par les règles de succession en vertu du premier principe de « longue possession » vise au « maintien de la paix » car « les changements, s'ils peuvent se produire aisément dans les affaires privées, s'accompagnent inévitablement d'effusions de sang et de confusion, quand le public y est intéressé » [TNH : 680]. Faisant valoir *a contrario* cette distinction entre les deux relations, Hume peut alors affirmer, dans l'*Histoire d'Angleterre* et toujours à propos des Saxons, que « comme il y a une différence considérable entre un gouvernement et des possessions particulières ; comme toute personne n'est pas également capable d'exercer l'un et de jouir des autres, un peuple qui n'est pas conscient des avantages généraux attachés à une règle fixée, est susceptible de faire de grands bonds dans la succession et, fréquemment, d'ignorer la personne qui, ayant l'ancienneté et les compétences requises, aurait pu avoir les titres à la souveraineté » [HE-I, A-1 : 162].

Parce que les Saxons ne sont pas un peuple conscient[1] des avantages qu'il y aurait à suivre une règle générale et fixe de succession, ils n'ont pas encore « intérêt » à un tel respect, et ce qui est un avantage justifiant la différence entre transmission de la possession et transmission de l'autorité dans un gouvernement « établi » devient un inconvénient dans un gouvernement dépourvu d'établissement. C'est pourquoi l'« élection » du monarque[2], à chaque succession, trouve le plus souvent sa justification dans le poids des circonstances actuelles « quoique les intentions d'un prince y puissent être suivies lorsqu'il a désigné son successeur » [HA-I : 166]. Il y a donc une sorte d'indifférence au jeu des principes qui déterminent, dans la circonstance, la succession au trône. Pas d'établissement véritable, pas de jeu stable et explicite d'un principe discriminant les modes de transmission de l'autorité : voilà ce qui paraît caractériser d'abord le gouvernement des Saxons. On comprendra dès lors que l'usage du terme même de constitution demeure faible ; du moins ne désigne-t-il aucune

1. HE-I, A-1 : 162.

2. Sans pour autant que les Saxons soient une monarchie purement élective, voir HA-I : 166.

réalité politique au sens des développements du *Traité*. Les Saxons n'avaient pas de véritable « constitution » et ce qui tenait lieu de gouvernement reposait sur des règles qui, quand elles existaient, n'étaient pas respectées. On pourrait alors poser la question de savoir ce que signifie, dans un tel état, le terme de « liberté » ou bien encore celui de « constitution libre ». Il faut étudier plus en détail les institutions saxonnes telles qu'elles pouvaient fonctionner une fois reconnus les titres d'un prince à l'exercice de la souveraineté.

Une telle étude, cependant, se heurte à de nombreuses difficultés. Tout d'abord : « On convient que nos connaissances sur l'histoire et les antiquités saxonnes sont trop imparfaites pour nous mettre en état de déterminer avec certitude toutes les prérogatives de la couronne et tous les privilèges du peuple, et de donner un plan exact de ce gouvernement » [HA-I : 167]. Cette limitation objective par le manque de connaissances est amplifiée par deux autres obstacles liés à ce qui précède : d'une part la forte probabilité[1] de variation des gouvernements dans les états de l'heptarchie et d'autre part, la forte probabilité de variation de ces mêmes gouvernements dans la période allant de l'invasion des Saxons à la conquête des Normands. Incertitude des faits, variations dans l'espace et dans le temps, les propositions de l'historien sur les formes des institutions saxonnes seront donc conjecturales ; la force des conclusions proportionnée au degré de certitude des preuves mobilisées en cours de narration. Il arrivera fréquemment, pourtant, que les incertitudes soient masquées par des arguments dont la pertinence n'a pas grand chose à voir avec l'autorité d'une preuve : des préjugés et des partis pris partisans.

C'est avec ces restrictions méthodologiques fortes qu'il faut envisager le wittenagemot. Si l'on s'accorde à peu près sur le contour de ses fonctions[2], qui ne sont pas plus étudiées, le problème de la composition de ce « conseil national » a des solutions plus incertaines : « les anciens auteurs nous laissent ignorer quels étaient les membres qui formaient ce wittenagemot » [HA-I : *ibid.*]. Les marqueurs indiquant le caractère conditionnel et hypothétique de ce qui est affirmé par Hume sont nombreux : « il paraît », « On convient », « il est évident », « le wittenagemot passait pour », etc. Outre la présence des hauts prélats, évêques et abbés, on y trouvait aussi les « aldermen » qui, après l'occupation du Danois, furent appelés « comtes » [HA-I : 168]. Jusque-là les points de vue s'accordent. La difficulté survient lorsqu'il faut élucider le statut et l'origine de ceux qui, présents également,

1. « il est vraisemblable », HA-I : 168.

2. « assemblée de sages (...) dont le consentement était nécessaire pour passer des lois et pour ratifier les principaux actes publics de l'administration », HA-I : 167.

étaient encore appelés « wites »[1]. Une réponse claire et vraisemblable n'est pas envisageable[2]. En l'absence de position tranchée, observe Hume, ce sont les propos partisans qui vont prendre le relais et compenser, par la force dogmatique de leurs affirmations, la faible probabilité des conjectures : « comme les partis modernes ont voulu avoir une opinion différente sur cet article, on a mis la plus grande opiniâtreté dans la discussion, et les arguments employés de part et d'autre en sont devenus plus captieux et plus illusoires » [HA-I : 168].

L'intérêt de cette présentation est de différencier ce qui relève du savoir et ce qui, faute de preuve suffisamment établie, appartient au monde des croyances qui, rétrospectivement, sont imputées comme des causes véritables. C'est là, incontestablement, une rupture de ton qui indique avec efficacité ce qui appartient au probable et ce qui est objet d'une instrumentalisation au service d'intérêts étrangers à l'établissement des faits. La question de l'identification des « wise-men », par exemple, fut politique avant d'être entendue comme un problème d'histoire : « les partis politiques modernes ont choisi de se diviser sur ce point » [HE-I, A-1 : 168-169]. Ces partis modernes en viennent à faire de la résolution de cette question, dans le contexte de leur époque et pour des raisons qui ne sont pas ici indiquées, un enjeu de confrontations et de divisions portant sur les origines et la nature de la représentation de la nation.

Le mouvement est inversé et c'est un problème constitué en enjeu polémique qui est transposé, dans le passé, dans les termes d'une énigme à résoudre : la composition du wittenagemot et, plus exactement, l'identification de ces wise-men. Ceux-ci sont-ils les premiers représentants des communes ? C'est la thèse défendue par les « factions populaires »[3]. Mais que sont les communes d'alors ? Peu de chose en rapport avec ce qu'elles sont aujourd'hui. Faisant appel aux travaux de Brady[4], Hume montre qu'elles n'étaient qu'exiguïté et pauvreté, que ceux qui les habitaient y étaient « dans une telle dépendance des grands, qu'il n'(était) pas du tout vraisemblable qu'ils fussent admis dans le conseil national. » [HA-I : 168-169]. D'un côté, une affirmation dogmatique qui relève plutôt de la croyance difficilement fondée ; de l'autre, une inférence qui repose sur le principe de cohérence et de non contradiction : comment imaginer que des

1. HA-I : *ibid.* ; « the wites or wise-men, as a component part of the Wittenagemot », HE-I, A-1 : 163.

2. « Cette question serait vraisemblablement difficile à résoudre, quand même on la discuterait avec impartialité », HA-I : 168.

3. HE-I, A-1 : 169. Quant à la thèse défendue par « la faction monarchique », elle soutient qu'ils étaient des « juges ou (d)es hommes instruits de la loi », *ibid.*

4. Hume cite en note de bas de page le *Traité des Bourgs Anglais* de Dr. Brady : HA-I : 168 ; HE-I, A-1 : 164.

gens si fortement dépendants puissent, d'une manière ou d'une autre, être « représentés » comme un corps distinct ? Il y a une contradiction qui rend peu vraisemblable cette affirmation. Le recours à la comparaison augmente la force de l'objection : qu'en est-il des gouvernements établis par les Francs ou les Bourguignons sur le continent européen ? Là, « on est bien certain »[1] que les communes n'ont jamais participé à quelque titre que ce soit à leurs gouvernements. Admettre le point de vue « populaire » supposerait une exception particulière qui viendrait rompre la régularité d'un fait se retrouvant pour chacune de ces nations connues et réputées moins barbares que les Saxons. « Et il faudrait de fortes preuves pour nous convaincre qu'ils auraient admis quiconque à partager l'autorité législative, d'un rang aussi inférieur que celui d'un bourgeois » [HE-I, A-1 : 164]. Le wittenagemot, à l'origine, était un gouvernement de soldats[2] qui subsistaient de leurs possessions ; quand les « principautés » furent plus vastes, que les inégalités entre propriétés se furent accrues, « nous devons présumer que les assemblées nationales devinrent plus limitées à l'égard du nombre, et furent composées seulement des citoyens les plus considérables » [HA-I : 169, modifié].

Tel est le terme provisoire de la démonstration : on y est conduit par une série d'enchaînements qui forcent à conclure. La nature de cette conclusion n'est pas réductible à celle d'une position partisane. La force et l'originalité de la présentation humienne s'expriment ici dans cette capacité à balancer les arguments en évitant de reconduire de manière stérile l'affrontement des constructions rétrospectives, en faisant jouer les degrés de probabilité des faits qu'on connaît et en les articulant en un raisonnement déductif qui permette à l'inférence conclusive de trancher, du moins à un niveau donné de connaissance des faits.

Voici réglée la question de la représentation des communes : selon toute probabilité, il s'agit d'un anachronisme grossier qui résulte d'une méconnaissance de l'ensemble des faits dont le degré de certitude permet de conclure, par raisonnement, à l'impossibilité. Il n'en reste pas moins, la narration reprend ici ses droits, que le gouvernement saxon n'est pas despotique si l'on en croit les témoignages des historiens anciens. L'élite de la cléricature, les aldermen étaient nommés par le prince, les membres qui y siégeaient de droit étaient les riches propriétaires de terres. Le gouvernement saxon « penchait vers l'aristocratie avant la conquête des Normands »

1. HA-I : 169. L'anglais dit : « Les communes sont bien connues pour n'avoir eu aucune part aux gouvernements établis par les Francs, les Bourguignons, et les autres nations nordiques. », HE-I, A-1 : 164.

2. « La profession militaire était seule honorable parmi tous ces conquérants », HA-I : 169.

[HA-I : 170]. L'autorité royale y était limitée et, après la dissolution de l'heptarchie, les riches propriétaires ont encore accru leur autorité sur leurs vassaux ainsi que leurs moyens de résister au souverain lui-même [HA-I : 170-171]. Telle est la propriété principale de ce « gouvernement » qu'il consiste en un système de forces réparties de manière instable et toujours variable entre souverain et riches propriétaires [1]. Le penchant aristocratique de ce gouvernement résidait en ceci que la répartition de la puissance entre ses membres y était exclusivement tributaire de « l'étendue de leurs terres » et des « droits de leurs maisons ». Rien qui puisse faire penser à une quelconque « affection populaire ». La question ne se posait pas de la représentation ou même de la considération de ceux qui formaient le reste de la « nation ». Ce penchant ou cette tendance aristocratique allait être renforcé par le jeu de circonstances particulières : « Les circonstances qui accompagnèrent les invasions des Danois servirent aussi beaucoup à augmenter la puissance de la principale noblesse » [HA-I : 171]. Hume décrit alors comment les exigences de la lutte contre l'invasion ont eu pour conséquence de renforcer les capacités de résistance de chacune des principautés ; ce qui ne pouvait manquer d'avoir, en retour, des effets sur la forme de leurs relations avec le souverain.

Hume opte ainsi pour une présentation résolument dynamique du gouvernement saxon, insistant sur tous les facteurs indiquant le jeu des forces, les modalités de répartition de la puissance, le poids décisif des circonstances. Rien là qui puisse faire penser à l'établissement d'un gouvernement régulier et stable ; rien qui puisse s'accorder à la croyance populaire d'un embryon de résistance pour la défense de droits ou libertés de la nation ou du peuple. Tout, au contraire, laisse à penser que ce peuple y était politiquement inexistant. Il n'est qu'à regarder, pour achever de s'en convaincre, la manière dont était administrée la justice ou ce qui en tenait lieu [2]. Ces conclusions confirment, par des voies plus rigoureuses et par des raisonnements moins suspects de collusions partisanes, les hypothèses de Hervey : parler de liberté ancienne de la nation anglaise, du temps des gouvernements saxons est arbitraire. La liberté des Saxons est celle des nobles propriétaires et guerriers qui, par leurs capacités de mobilisation de la force, peuvent contrecarrer la puissance du souverain.

Etudiant la structure sociale du peuple saxon, Hume affirme que « malgré la liberté apparente, ou plutôt la licence des Anglo-Saxons, le

1. C'est ainsi que des Harold, Godwin, etc. se sont trouvés dans la position de « pouvoir résister au souverain lui-même, et de se rendre absolument nécessaires au gouvernement », HA-I : 171.

2. Elle « était communément très mal administrée, et il paraît que la violence et l'oppression régnaient sans obstacle », HA-I : 171. Mais aussi HA-I : 178 ; HE-I, A-1 : 172.

corps du peuple était réellement beaucoup moins libre que sous les gouvernements où l'exécution des lois est la plus sévère, et où les sujets sont le plus strictement dans la subordination et la dépendance du magistrat civil » [HA-I : 174; HE-I, A-1 : 168]. L'inexistence d'un magistrat établi et régulier rend donc ineffective toute liberté pour le « corps du peuple ». Plus encore, le désir de se mettre à l'abri des violences commises par les grands contraint ceux qui pourraient prétendre à une certaine indépendance à faire partie de la clientèle d'un seigneur pour obtenir protection. La liberté des grands conduit à l'aliénation des plus faibles pour survivre [1]. À l'image des anciens Germains, les Saxons ne s'éloignaient pas vraiment de l'état de nature [HA-I : 180].

L'ensemble de ces considérations éclaire la position de Hume sur le problème de la constitution libre du gouvernement des Saxons. La référence explicite à l'état de nature [HE-I, A-1 : 174] rappelle le sens qu'il faut donner à ce terme. L'absence de règle fixe concernant la transmission des titres à l'exercice de l'autorité, la confrontation continuée des rapports de puissance, l'impossible prise en compte de quelque représentation que ce soit d'un peuple dans la définition des intérêts et des relations entre grands et souverain, tout cela n'autorise pas à parler d'anciennes libertés de la nation. Renoncer à de tels partis pris revenait à considérer l'histoire de cette période comme celle d'une succession de systèmes aux effets incertains dont il n'était pas sûr qu'ils puissent s'inscrire dans le schéma d'une évolution positive vers la réalisation des libertés du peuple anglais. C'était admettre qu'au moment de la conquête normande, rien ne permettait d'indiquer ce qui pouvait aller dans ce sens. C'était reconnaître que les voies de cet établissement supposaient le jeu d'autres circonstances, extérieures; la conquête en fut une. C'était enfin, pour ce qui est de la méthode, accepter de proportionner la force des conclusions à celles des preuves et des autorités fournies par l'expérience, ici ramassée dans les travaux des historiens passés et les faits reconnus par le plus grand nombre. Le temps n'était pas encore venu où la pertinence des événements qui déployaient l'histoire de l'Angleterre pouvait être identifiée à celle de la naissance et du développement des libertés. Tel est le résultat le plus objectif obtenu par cette méthode historique de déconstruction des croyances populaires portant sur l'origine présumée des libertés anglaises. Qu'en est-il des institutions et du gouvernement anglo-normand issus de la Conquête ?

On se limitera aux points comparables aux états du problème tel qu'il est présenté chez Rapin, Guthrie et Hervey. Reprenant, dans un premier temps, les principales conclusions portant sur le gouvernement des

1. Sur la présentation des différents rangs et distinctions, voir HA-I : 172-175.

Saxons[1], Hume discute des modes de transformation du statut de la propriété sur le continent européen, notamment de l'institution progressive d'une forme stable et transmissible aux héritiers de la propriété féodale[2]. Ce qui retient son attention porte sur la manière dont ces transformations se retrouvent au cœur d'un nouveau dispositif qui est le « vaste édifice de la subordination féodale » [HE-I, A-2 : 460]. Si les fiefs devinrent des possessions transmissibles, cela se fit aussi parce qu'ils étaient au centre de tout un réseau d'obligations réciproques[3] reliant seigneurs et vassaux. Cette trame juridique et politique reposait sur l'échange de protections et d'engagements militaires. La force de ces liens finit par concurrencer l'autre grand statut de la propriété « libre » ou « allodiale » qui disparut rapidement. Chaque propriétaire allodial remettait ses possessions « entre les mains du roi, ou de quelque seigneur respecté », puis les recevait « ensuite de lui, avec la condition des services féodaux » [HA-I : 476]. C'est ainsi que « les royaumes de l'Europe se divisèrent universellement en baronnies ».

On peut supposer, par analogie avec le type de la conquête saxonne [HA-I: 477; HE-I, A-2: 460], que l'invasion des Normands conduisit Guillaume à transposer, Outre Manche, le modèle des « tenures qui étaient alors universelles sur le continent » : c'est ainsi que « l'Angleterre devint soudain un royaume féodal » [HA-I: 478, modifié][4] où le roi était « seigneur suprême de la propriété terrienne ». La question se pose alors de l'administration du gouvernement [HA-I : 478 *sq.*] et de la justice : il paraît difficile de penser « qu'aucun homme élevé dans le sentiment de l'honneur, et exercé aux armes, pût être gouverné, sans son aveu, par la volonté absolue d'un autre » [HA-I : *ibid.* ; HA-I, A-2 : 461]. Le roi était obligé d'assembler ses barons pour obtenir leur consentement pour tout service « au-delà des services réglés par leurs tenures », ainsi que pour terminer les différends et contestations entre barons. Hume reprend ici l'argument économique du poids de l'obligation d'assistance au conseil pour de nombreux barons dont l'absence était susceptible de difficultés supplé-

1. HA-I : 472-474; HE-I, A-2 : 455-456. Voir tout ce qui concerne le statut du prince « qui n'était qu'un grand *chieftain* » ; sur la « répugnance (des grands) à la subordination », etc.

2. Sur la transformation du fief en propriété stable et durable, HA-I : 475 *sq.* ; HE-I, A-2 : 457 *sq.*

3. À propos des liens de vassal à seigneur : « ces liens se resserraient encore par une suite constante de bons offices réciproques, et par l'amitié que le voisinage et la dépendance produisent », HA-I : 475.

4. Sur la question de la « coupure » introduite par la conquête, sur le développement du droit féodal en Angleterre, J. Pocock [1986; 2000]. Hume prend parti pour l'hypothèse de la rupture : la Conquête serait l'événement par lequel fut introduit une grande part du « système féodal » dans le droit anglais. Cette hypothèse avait été, dès le XVIIe siècle, nuancée en montrant qu'il existait, dès avant la conquête, des aspects d'un droit féodal de la propriété en Angleterre.

mentaires sur leurs terres, et insiste sur le développement de la pratique des dispenses. Par analogie encore, ce qui était pertinent pour le royaume le devenait aussi pour les cours baronniales à ceci près, toutefois, qu'il y avait une plus grande égalité entre rois et barons et une subordination toujours plus forte entre vassaux et barons.

La structure en fiefs est porteuse d'une dynamique qui a pour effet de renforcer les liens de dépendance; elle n'est pas propice à la liberté. En effet, la guerre, profitable aux grands, permet pendant son déroulement de renforcer l'autorité du roi sur ses barons; de même, les rivalités entre grands permettent à ces derniers de renforcer la dépendance des vassaux à leur égard. Dans les deux cas, la guerre va de pair avec l'accroissement de l'autorité ici entendue comme quantité de force disponible dont les usages sont mal contrôlés. Elle est, pour cette raison, souvent désirable et rend la paix encore plus improbable. Aussi, « une police relâchée, propre aux constitutions féodales, entretenait une division perpétuelle, quoique secrète, entre les différents membres de l'État » [HA-I: 480; HE-I, A-2:463].

La régime féodal est une « constitution » qui, par l'indétermination de certaines de ses règles, en matière de police et de justice notamment, entretient la compétition et la rivalité entre forces en présence. Ces mouvements ont tous pour effet de contraindre les plus faibles à des alliances qui les privent toujours plus de liberté : « les vassaux n'avaient point d'autres moyens de se garantir des hostilités (...) que de s'attacher étroitement à leur chef, et de se soumettre à sa dépendance. » Dans l'ensemble, un système qui ne favorisait pas la liberté des ordres inférieurs comme celui des vassaux militaires. Quant aux autres membres de l'État, le gouvernement féodal « détruisait encore davantage (leur) indépendance et (leur) sûreté » [*ibid.*]. Point de liberté pour ce que « nous appelons le peuple. Ils étaient *serfs* pour la plupart, et ils étaient réduits absolument à la condition d'esclaves ou de vilain » [HE-I, A-2: 463; HA-I: 480, modifié]. Il n'en était pas autrement pour les villes « presque entièrement assujetties à la volonté absolue de leur maître » [HA-I: 480]. Une telle dynamique était de nature à renforcer le penchant aristocratique du gouvernement féodal : « l'autorité royale en fut extrêmement éclipsée dans tous les États de l'Europe ».

Cependant les choses en arrivèrent à un point où les intérêts en concurrence allaient produire des effets positifs de consolidation et de restructuration du système féodal. En effet, il y avait les empiétements successifs sur l'autorité royale qui menaçaient l'intégrité de la communauté féodale. Il y avait, aussi, des raisons contraires de plus en plus fortes à vouloir stabiliser sinon rééquilibrer le rapport entre les forces : les grands barons, de première ordre, ne pouvaient exiger soumission et fidélité de leurs vassaux qu'à condition de maintenir les principes essentiels de la constitution féodale; les barons de second ordre, quant à eux, avaient tout intérêt, pour lutter contre les menaces et les hostilités d'un voisinage plus puissant, à « soutenir les droits de la couronne » et à favoriser « l'exécution des lois justes et générales ». Sans parler du « peuple » qui « avait encore un intérêt plus fort pour désirer la grandeur du souverain »; ni du roi qui « regardait les grands comme ses rivaux, (et) affectait, à titre de magistrat légal, l'office salutaire de tuteur général ou de protecteur des communes » [HA-I : 482 *sq.*].

Voici ce qu'importait Outre-Manche Guillaume le Conquérant. Il allait être favorisé par une circonstance supplémentaire, propre aux conquêtes : la guerre elle-même garantissait, un temps du moins, contre les risques d'usurpation de la noblesse. Cependant, cette circonstance disparaissait pour les successeurs de Guillaume à mesure que les barons s'assuraient de leurs possessions et cherchaient à « faire corps avec la nation », à « affermir leurs droits sur leurs vassaux, leurs tenanciers et leurs esclaves ».

Hume reprend sans en discuter les principes ce qui fait l'accord des historiens sur la composition du Grand Conseil ou « parlement » [HA-I : 482-485; HE-I, A-2 : 462-464] : la participation de la noblesse cléricale, celle des barons et celle des tenanciers *in capite*. Sur tous ces points, la présentation est très proche de celle de W. Guthrie; « Jusque là, la nature d'un conseil général est définie sans incertitude et sans contradiction » [HA-I : 485; HE-I, A-2 : 467]. Ce qui est incertain porte sur l'éventualité d'une représentation des communes[1] et sur l'époque de celle-ci. Le contexte des polémiques partisanes[2] a rendu difficile jusqu'à l'énoncé correct du problème. Il importe d'avoir recours à une méthode d'administration de la preuve qui circonvienne les effets d'une opposition stérile entre points de vue partisans. La réponse humienne se fera en deux temps : la confrontation entre des réponses possibles aux principes généraux du système féodal : cohérence et non contradiction; puis, la comparaison avec le cas de l'Europe continentale. C'est, pour l'ensemble du raisonnement, la formulation probabiliste qui permettra de justifier l'inférence la plus vraisemblable et d'éliminer ce qui relève purement et simplement de la croyance ou de la fiction.

L'étude du système féodal a permis de montrer qu'il était improbable que les vassaux des baronnies, « quoique leur tenure fût militaire, noble et honorable » aient pu être convoqués « pour donner leur voix dans les

1. « La seule question concerne les communes ou la représentation des comtés et des bourgs : elle est de savoir s'ils constituaient aussi, dès les premiers temps, une part nécessaire du parlement », HE-I, A-2 : 467.

2. « Cette question a été autrefois agitée en Angleterre avec beaucoup de chaleur », HA-I : 485.

conseils nationaux »; en conséquence, « on doit encore beaucoup moins supposer que les artisans et habitants des bourgs, dont la condition était bien plus subalterne, eussent ce privilège » [HA-I: 486]. Reprenant le même argument que pour le gouvernement saxon, Hume, s'appuyant sur Brady et l'étude du *Domesday-Book*, conclut que les bourgs n'étaient encore, au mieux, que de gros villages entièrement dépendants du roi ou des grands seigneurs : « Ils n'étaient pas même susceptibles d'être incorporés [1]; ils ne formaient pas une communauté; ils n'étaient pas considérés comme un corps politique; et ils n'étaient véritablement pas autre chose qu'un ensemble d'artisans très dépendants, vivant dans le voisinage les uns des autres, sans attaches civiles particulières; ils étaient incapables d'être représentés dans les états du royaume » [HE-I, A-2: 468]. Incapables de former un corps, les autres rangs de la société ne pouvaient donc pas prétendre à quelque représentation que ce soit. L'argument y est encore renforcé dans son caractère de conclusion probable par la comparaison : « la grande similitude entre tous les gouvernements féodaux de l'Europe est bien connue (...) où la question sur la représentation du tiers-état n'a jamais été embrouillée par des disputes de parti » [HA-I: 487]. Ce rapprochement permet de dégager la norme de ce qu'a pu être, en moyenne, le processus qui conduit à la représentation des communes. En France, les premières communautés octroyées aux bourgs datent du tout début du XIIIe siècle; les historiens anciens, lorsqu'ils mentionnent à propos de l'Angleterre le grand conseil de la nation « l'appellent l'assemblée des barons, de la noblesse, ou des grands » [2]. Aucune mention particulière ne concernait les communes. Même la Grande Charte de Jean à propos des décisions portant sur les taxes et certaines formes d'assujettissement, faisait explicitement l'énumération des membres susceptibles de siéger au Conseil. Les communes en étaient exclues. La conclusion de tout ce raisonnement est alors sans détours : « Une semblable autorité est si entière, certaine et explicite, que rien sinon le zèle partisan ne peut jamais avoir donné crédit à l'hypothèse contraire » [HE-I, A-2 : 470].

L'étude des gouvernements saxon et féodal, pour autant que le permet l'état de la connaissance des faits, conclut de manière probable à l'inexistence de libertés anciennes pour la nation ou le peuple anglais, à l'impossible représentation des bourgs et des communes dans les conseils du roi ou parlements. Cette double conclusion ne manquera pas d'être lue

1. Hume, quelques lignes plus loin, prend l'exemple des premiers corps de métiers des artisans en France.

2. HA-I : *ibid.* On se reportera tout particulièrement à la note, HE-I, A-2 : 470 sur l'interprétation et l'étymologie du mot *communitas* lorsqu'il est employé par ces historiens. Reprenant à son compte l'étude philologique du Dr Brady, Hume conclut aisément que ce terme quand il était employé « désignait toujours la *communitas baronagii* ».

comme une prise de position dans le débat qui fait toujours rage, du vivant de Hume, entre partisans de la Cour et du Pays, entre libéraux et conservateurs. Cependant, la récusation de l'ancienneté des libertés, la démonstration par l'absurde de l'inexistence de la représentation des communes ne procèdent pas d'une lecture rétrospective et anachronique des faits. Elles sont des résultats produits par l'usage d'une méthode de discussion critique sur l'état des connaissances qui permet de proportionner les affirmations à la force et au degré de probabilité des preuves et de l'autorité des témoignages engagés. La construction de la narration distingue soigneusement la présentation de ce qui relève de la quasi-certitude – les interprétations portées par la convergence des autorités historiennes en la matière – de la discussion des questions incertaines, problématiques dans leurs résolutions, objets d'investissements polémiques et débordant le domaine de l'histoire. En montrant comment la prise en charge polémique, sinon politique, de ces questions déplace les significations des problèmes posés et les solutions qu'on peut ou veut y apporter, Hume parvient ainsi à mettre au jour toute la dimension anachronique inévitablement liée à ce genre d'écriture de l'histoire.

Ce n'est donc pas tout à fait un hasard si le contenu du second Appendice ne revient pas sur la *Magna Carta* sinon par une remarque conclusive qui prend tout son sens : « l'établissement de la Grande Charte sans paraître en aucune manière changer la distribution du pouvoir politique, devint une espèce d'époque dans la constitution » [HA-I : 507; HE-I, A-2 : 488]. Tout comme chez Hervey, mais pour des raisons qui ne s'inscrivent pas dans la polémique, cette institution ne produit pas, pour ce qui est des libertés et de la représentation des communes, de rupture instituante. Reste à comprendre en quoi la Grande Charte, si elle ne répond pas aux questions classiquement formulées à son égard, n'en forme pas moins une « époque » dans l'histoire constitutionnelle anglaise. Pour cela, il faut revenir au règne de Jean sans terres.

Ce qui frappe à la lecture des pages consacrées aux circonstances puis à l'établissement de la Grande Charte est le ton linéaire; un ton qui rompt avec les emphases de Rapin ou Guthrie. C'est aussi la différence d'ampleur donnée à l'événement qui, pour Hume, s'inscrit dans une dynamique générale sans pour autant devoir être envisagé comme une césure singulière. On se souvient de toute l'importance donnée au décorum, des analogies construites autour de cette figure de la Charte comme contrat originel. Rien de tout cela chez Hume : une présentation qui opte pour la juxtaposition d'étapes dans un mouvement particulier qui, parce qu'il a pu jouer avec des circonstances non moins particulières, conduit à ce résultat qu'est la Charte.

La tendance lourde permettant d'éclairer les « motifs » premiers de la révolte des barons est celle de la restriction inexorable que le gouvernement féodal faisait peser, depuis presqu'un siècle et demi, sur la liberté des barons [HA-I : 452; HE-I : 437]. En soi, une telle tendance n'est pourtant pas suffisante pour conduire à l'organisation de la révolte. Sans aucun doute, la bassesse, la violence et, en même temps, la lâcheté de Jean [1] y furent pour quelque chose. Mais il fallut le jeu de circonstances particulières qui donnèrent prise à ces motifs. L'importance attribuée aux circonstances a pour effet rhétorique, faut-il le rappeler, de neutraliser tout penchant à l'embellissement, penchant si propre aux lectures rétrospectives.

La première de ces circonstances est la guerre continuée avec la France qui, en vertu même de l'organisation féodale du gouvernement, ne manque pas d'accentuer les obligations militaires et économiques des barons à l'égard de leur suzerain. Il s'agit d'une accélération de tendance, la circonstance portant sur le changement de rythme. C'est ainsi que, par un effet circonstanciel, sans être arbitraire, l'équilibre entre privilèges des barons et prérogatives du roi se délite et que se renforce de manière indiscutable l'autorité royale. La seconde circonstance porte sur un acteur du drame, l'archevêque de Canterbury, qui va proposer une alliance du haut clergé et de la noblesse contre Rome et contre le roi. Une circonstance qui, au moment où elle se produit, ne peut pas être reconnue comme telle. La suite des événements n'en révèle pas moins le caractère déterminant : à partir d'elle s'organise la « ligue » des barons et, grâce à l'appui de la noblesse et du clergé, le roi sera conduit à résipiscence.

La prise en compte de cette dimension est encore remarquable en ceci que l'intensité des dynamiques conflictuelles qui marquent les événements conduisant à la Charte devient susceptible, à un moment donné, de déplacer le poids de certaines représentations et des croyances religieuses pour ouvrir la porte à l'inattendu. Ainsi en est-il de la réaction des barons à la réception de la bulle du pape les exposant au risque de l'excommunication : « Les barons virent aisément, à la teneur de ces lettres, qu'ils devaient avoir le pape tout aussi bien que le roi pour adversaire; qu'ils étaient, cependant, trop avancés pour céder sur leurs prétentions, et que leurs passions étaient si profondément engagées qu'il n'était pas même du pouvoir de la superstition de les contrôler » [HE-I : 440]. La dynamique de confrontation a eu pour effet circonstanciel de neutraliser le poids de la superstition religieuse et de laisser intacte la force des affects liés aux autres passions, et donc leur capacité de mobilisation, d'incitation à l'action. Ces collusions ne sont pas neutres : il y a convergence d'intérêts, et cette dernière éclaire aussi le

1. Sur le caractère de Jean, HA-I : 469-471 ; HE-I : 452-454.

comportement de l'archevêque Langton[1]. Enfin, par un élargissement des cercles de la mobilisation, certains des « intérêts » du peuple seront pris en considération. Le motif de ces associations était le renouvellement de la charte du roi Henri Ier. Rétablissement, le terme est aussi employé par Hume[2] mais il concernait les libertés de la noblesse et de la haute cléricature plus que celles du peuple.

Hume conclut sans aucune emphase le terme de ce récit : « Les deux partis campèrent séparément comme des ennemis déclarés, et, après quelques jours de débats, le roi signa et scella, le 19 juin, avec une facilité pour ainsi dire suspecte, la charte qu'on exigeait de lui » [HA-I : 458]. Charte extorquée plus que co-signée : le contexte de l'événement fait bien plus penser à l'expression d'un état provisoire des forces présentes. Cela a bien peu à voir avec l'expression de la volonté libre de contractants. Que viennent à changer les circonstances et le respect des engagements noués en sera lui aussi affecté. Pas de *telos*, seulement un état donné des relations entre roi et grands du royaume, état parfaitement instable puisque seulement garanti par la force. On peut comprendre que la narration qui suivra des épisodes concernant le respect ou les trahisons de la charte ne contienne aucune de ces connotations et partis pris qu'on a cru discerner chez Rapin ou, dans une moindre mesure, chez Guthrie.

Hume se démarque encore dans la description de l'événement en affirmant que cette charte « accorda » ou « confirma » [*ibid.* ; HE-I : 442] des libertés et privilèges. Cette distinction est d'autant plus essentielle qu'elle va permettre de souligner ce qu'il y avait de nouveau dans la *Magna Carta*. Ce qui est « confirmé » porte sur les privilèges de la noblesse et du clergé[3] ; ce qui est « accordé » comme quelque chose d'inédit, qu'il serait probablement vain de vouloir chercher dans des temps plus anciens, porte sur des libertés concédées, en principe tout au moins, aux « marchands » et aux « bourgs » : unification des poids et mesures dans le royaume ; liberté de certains mouvements pour les commerçants ; plus grande uniformité dans l'administration de la justice. Autant d'articles contenant « des adoucissements et (des) explications très raisonnables et très justes des lois féodales » [HA-I : 462]. Voilà ce qui, au yeux de Hume, devait être retenu de l'esprit de la Grande Charte et qu'il résumait sans doute avec plus d'optimisme qu'à l'accoutumée : les éléments d'un « gouvernement légal » avec une distribution plus « égale de la justice » et une plus grande

1. Ce qui est encore confirmé lorsque, refusant de prononcer la fulmination du Pape Innocent, la Haute Église scelle encore plus rigoureusement la communauté des intérêts qu'elle défend avec la noblesse, HA-I : 455-458.

2. « he [Langton] exhorted them [the barons] to insist on the renewal and observance of it », HA-I : 454 ; HE-I : 438.

3. Voir l'énumération détaillée, HA-I : 458-460 ; HE-I : 443-444.

« jouissance de la propriété », ces « deux grands objets pour lesquels les hommes instituèrent la société politique » [*ibid.*].

Voilà pourquoi, à défaut de revenir sur la Grande Charte dans le Second Appendice, Hume n'en concluait pas moins qu'elle formait « a kind of epoch in the constitution » [HE-I, A-2 : 488], un état provisoire où l'agencement des rapports avait permis une explicitation plus grande des lignes de force unissant les parties composant le gouvernement de la société. Epoque aussi, parce que le caractère public et écrit de cet agencement allait pouvoir servir de recours pour les individus concernés, rendant possibles des formes plus objectives de dénonciation et de contestation. Epoque parce qu'il serait vain et anachronique d'y voir une quelconque forme définitive et authentique de la constitution. Epoque enfin, et surtout, parce que la constitution est engagée dans une histoire et, comme telle, perpétuellement soumise à des changements : « La constitution anglaise, comme toutes les autres, a été dans une fluctuation continuelle » dira-t-il encore au troisième Appendice concluant la narration du règne d'Elisabeth[1]. La Grande Charte désignait donc la forme circonstanciellement la plus explicitée et la plus établie du gouvernement anglais à cette « époque ».

La « constitution authentique » doit se comprendre comme le résultat de constructions rétrospectives. Des projections méthodologiquement incontrôlées importent dans un temps lointain, pour des raisons politiques qu'il n'est pas difficile d'imaginer, ce qui lui est probablement étranger. Dans cette recherche des origines, dans cette quête en légitimité, l'« ancienneté » est posée comme le critère de vérité : ancienneté des libertés de la nation, ancienneté de la constitution dont le précédent est donné dans la Grande Charte. Comme telle, la constitution relève plus d'une forme explicitée de contrat établi entre les partis concernés, le roi, les grands et le peuple, qui aurait fixé de manière définitive la répartition entre prérogatives et privilèges.

Hume déplace, une fois encore, le point de vue de l'analyse historique sur la constitution. Renonçant à l'identifier exclusivement au contrat, il aborde le problème du gouvernement dans une perspective dynamique qui est celle du système des forces en compétition. L'absence originelle de toutes règles générales fixes, par quoi une société politique se donne un gouvernement, affecte les conditions de la coexistence d'une grande instabilité. Ce qui est objet de l'étude historique relève alors de la description de voies particulières de stabilisation par invention et institution de

1. HA-IV : 406-7n. ; HE-IV, A-3 : 355 : « The English constitution, like all others, has been in a state of continual fluctuation ».

règles plus générales. Au mieux, les Grandes Chartes du début du XIIIe siècle sont à comprendre comme une « époque » dans l'histoire constitutionnelle anglaise, c'est-à-dire comme un état donné, probablement transitoire, de stabilisation des rapports de force entre prétendants à l'exercice de la souveraineté. Un état, ou une époque, dont la vérité du moment ne devait pas se déduire d'une comparaison anachronique avec l'état présent de la constitution anglaise mais avec ce qu'il fut auparavant. À cette condition, il était possible de montrer la part d'innovation contenue dans les événements de 1215 sans surdéterminer le système des forces en présence.

CHAPITRE VI

TROISIÈME LECTURE CRITIQUE
LA DYNAMIQUE DES FORCES COMME PRINCIPE DE CONSTITUTION

Pour achever cette présentation critique et mesurer la fécondité du point de vue humien qui est celui d'une analyse positivement historique des constitutions, il importe de comprendre comment les auteurs comparés jusque-là abordent la question des relations entre le parlement et la royauté pendant les règnes des derniers Stuarts. La description de ces rapports forme la trame narrative de toutes ces histoires; à partir d'elle se trouve organisé le riche matériau des faits. Les mêmes événements, les mêmes tournants y sont, le plus souvent, retenus car il existe un certain accord sur les grandes étapes de ce long parcours qui va de la fin du règne d'Elisabeth jusqu'à la restauration, par exemple. Pourtant, les modèles explicatifs divergent largement et la raison en est imputable, ainsi qu'il a été montré pour certaines des périodes précédentes, à la fonction assignée à l'histoire. Non pas celle que chaque auteur revendique, mais celle qui apparaît à la lecture de chacun d'eux.

D'un côté, la visée rétrospective et anachronique, qui n'est jamais qu'une dimension plus large d'un projet téléologique, substantialise puis fige, dans une forme abstraite, la constitution, la fixant comme une incarnation authentique du contrat passé entre le roi et la nation. De l'autre, une approche résolument dynamique qui envisage la tendance à la consolidation et à la stabilisation de règles déterminant le gouvernement de la société politique, quand elles existent, comme une orientation possible de l'histoire de l'Angleterre et qui pose que le terme de la comparaison doit être recherché en amont de l'événement. Ce déplacement, sinon ce renversement, permet de prendre en compte, dans le mouvement même de l'histoire, ce qui est invention, ce qui excède la pure reproduction ou la simple répétition. Cette manière de poser les termes de la comparaison rend également attentif aux résultats, aux conséquences, sans pour autant les mesurer par défaut avec ce qui n'est pas encore advenu. Dans le modèle téléologique, le fait est affecté d'une moindre qualité d'existence; il est ontologiquement inachevé et l'horizon de son achèvement est toujours déjà donné. Dans le modèle historique, au sens où Hume le développe, les faits sont des résultantes. Leur valeur de fait n'est prise en compte qu'à partir de là. La constitution résulte ainsi d'un ensemble de forces dont les dynamiques portent les relations entre roi et parlement; des relations qui s'instaurent et se redéfinissent de manière continuée sur toute la période du XVIIe siècle.

L'opposition entre ces deux modèles historiques permet de rendre compte des principales différences entre les histoires comparées. Avec Rapin, il s'agit de montrer comment fonctionne, à l'état pur, le modèle d'une histoire parlementariste en prenant quelques-uns des événements qui marquent la période des derniers Stuarts. Avec Guthrie, il est possible de caractériser un modèle intermédiaire qui n'est pas sans présenter des points communs avec les hypothèses de Hume. Celui-ci, enfin, formera le dernier terme du triptyque : un point de vue résolument dynamique faisant de la constitution une résultante consolidée d'un système de forces.

RAPIN ET L'HISTOIRE DES RUPTURES ENTRE ROIS ET PARLEMENTS

La première de ces ruptures, qui vaut paradigme, porte sur la transition entre la fin du règne d'Elisabeth et les débuts de Jacques Ier. La description de cette période, l'exposé des raisons avancées pour la comprendre révèlent les partis pris qui animent les différentes narrations historiques concernées. C'est la manière de désigner puis de justifier l'orientation et la légitimité des rapports de force opposant roi et parlement qui est en jeu dans cette qualification.

Tous s'accordent à reconnaître que les débuts de Jacques Ier marquent un changement dans la forme et l'intensité des échanges avec le parlement. Il reste à en identifier les origines et les agents : qui, de la royauté ou des communes, est responsable de ces ruptures ? Sont-elles assimilables à une invention ? Sont-elles le fait du non respect des termes implicites de l'échange entre prérogative royale et privilèges du parlement ? Sont-elles réductibles à des usurpations et donc à des réactions ? Sont-elles à comprendre comme des actions et donc des institutions ?

Ruptures entre Elisabeth et Jacques Ier

En dehors des éloges classiques adressés au règne et au caractère d'Elisabeth [HAngl.-VII : 159-528] la lecture de cette partie de l'*Histoire d'Angleterre* frappe par le peu de place accordée au parlement, par la faible importance donnée à sa ligne de conduite à l'égard du souverain. Il apparaît comme une institution soumise, peu entreprenante. Dans la période qui accompagne l'adoption de l'Acte d'Uniformité, il est indiqué, par exemple, que la reine Elisabeth « convoqua un nouveau Parlement, dont les députés furent choisis à peu près selon ses désirs » et qu'il « renouvela les lois qui s'étaient faites sous Edouard VI par rapport à la religion » [HAngl.-VII : 190]. Le parlement est amorphe ; il donne forme légale aux intentions de la reine. Rapin laisse entendre que pendant tout ce règne, cette institution n'a pas eu d'existence propre. Le contexte de ses rapports avec le souverain y est d'ordre hiérarchique et affectif. Aucune initiative n'est prise et quand, par exception, c'est le cas [1], les chambres sont toujours rappelées à l'ordre. Toute velléité d'expression d'un désaccord, si minime soit-il, est interprétée comme une trahison de la confiance donnée et comme un désir illégitime de transgresser la distribution des rôles [2]. Ces relations ne sont donc ni conflictuelles ni convergentes, elles n'ont pas de consistance. S'y s'ajoute l'austérité et l'économie d'une gestion exemplaire du trésor qui permettent à la royauté de n'avoir pas recours au parlement pour voter des subsides exceptionnels [HAngl.-VII : 214]. Cette indépendance accentuait encore l'infériorité du parlement. Ce déséquilibre, pourtant mis en évidence, n'est pas pris en compte au moment de porter un jugement sur ce règne et sur celui qui allait suivre.

Dès lors qu'est abordé le règne de Jacques Ier, successeur enfin désigné, les termes du récit changent et ce qui devient le cœur de la narration est ainsi posé : « il est certain, que depuis que Jacques fut arrivé en Angleterre, son principal soin fut de maintenir la Prérogative Royale dans toute son étendue, et de la porter même plus loin qu'aucun de ses prédécesseurs » [HAngl.-VIII : 5]. La question est énoncée et résolue : il ne s'agit pas seulement de « maintenir » la prérogative ; il est question de l'« étendre ». S'il subsistait un doute, quelques lignes plus bas, Rapin ajoute sans ambiguïté : « Il fallait bien que dès le temps dont je parle, il (Jacques) se fût fait une idée du pouvoir d'un Roi d'Angleterre plus vaste qu'on ne l'avait eue jusqu'alors » [*ibid.*]. Le contraste est saisissant entre l'idéalisation d'un règne au cours duquel parlements et privilèges sont sans réalité, et la

1. Voir cet épisode, en 1556, concernant la demande de désignation d'un successeur à la reine, formulée par une délégation de parlementaires [HAngl.-VII : 245-248]. Rapin cite un extrait de la réponse qui lui est faite : « Chaque chose a sa saison, dit-elle à propos de sa succession, vous aurez peut-être après moi, un souverain plus prudent ; mais vous n'en aurez point qui vous aime plus que moi. Je ne sais si je verrai encore une fois de telles assemblées ; mais prenez garde de ne pas abuser de la patience de votre reine. Tenez néanmoins pour certain, que j'ai bonne opinion de la plupart de vous, et que je vous aime de tout mon cœur comme auparavant » [HAngl.-VII : 246].

2. « Pour obtenir promptement et volontairement l'assistance dont elle prévoyait qu'elle aurait souvent besoin, elle n'avait qu'une seule voie : c'était de se faire aimer de son Peuple. Aussi fut-ce la principale maxime qui servit de règle à sa conduite », HAngl.-VII : 191.

présentation de Jacques qui, parce qu'il revendique ses droits en matière de prérogative paraît être celui qui outrepasse ce qui a toujours été : son idée du pouvoir étant toujours déjà « plus vaste qu'on ne l'avait eue jusqu'alors ».

Si Elisabeth confirmait, en dépit de son despotisme, la dimension résolument monarchique du gouvernement anglais en cette fin de XVIe siècle, si ce renforcement n'était pas pensé comme un problème[1] aux yeux de nombreux historiens, l'attitude de Jacques Ier, elle, fit problème immédiatement. Elle fut d'emblée assimilée à une usurpation. Jacques bouscule un ordre implicite mais néanmoins réel : il innove négativement deux fois. En faisant de la question de la prérogative le soin « principal » de son règne[2], en voulant expliciter et stipuler positivement son étendue. Ce qui valait tacitement, ce qui était posé comme indiscutable sur le mode affectif de la confiance imposée par la reine à ses députés, était désormais révolu. La rivalité entre le roi et la chambre revêtait un caractère toujours plus explicite et hostile à travers les conduites des protagonistes et à l'occasion du travail de mise en discours public des objets de litige : rédaction de libelles, manifestes, textes et autres théories.

La plupart des qualificatifs employés par Rapin pour désigner cette nouvelle conduite du roi Jacques ne prennent leur signification qu'à partir d'une comparaison avec ce qui a suivi les événements qui sont ici narrés : « il s'était persuadé, que le pouvoir des Souverains sur leurs sujets n'avait point de bornes, et que tout gouvernement monarchique devait être absolu » [HAngl.-VIII : 5-6]. Une lecture comparée et précise des deux règnes d'Elisabeth et de Jacques ne permet pas, sur ce point, de fonder de telles inférences : rien ne conduit à penser, dans l'immédiat, que la manière ait changé; plus encore, parler d'une absolutisation de la monarchie relève d'une anticipation dont le sens ne peut être établi que par une mise en rapport avec le déroulement ultérieur d'événements qui ont marqué les règnes de Jacques et de Charles. Rien n'autorise, au tournant des deux siècles, à poser raisonnablement un semblable jugement. Toute la narration du règne de Jacques Ier sera affectée, du moins pour ce qui concerne l'évaluation et l'interprétation de ses actions et de ses décisions politiques,

1. Ce qui ne veut pas dire qu'on ne retrouve pas, à propos de l'histoire de son règne, des clivages analogues à ceux qui opposent les partis politiques. Rapin dénonce les écarts marqués dans l'évaluation de ce règne, qui fut celui du retour à la religion protestante, entre interprétations protestantes et catholiques : « Cela seul a été cause qu'il s'est formé sur son sujet (Elisabeth) deux partis, qui s'accusent réciproquement, ou de flatterie, ou d'animosité », HAngl.-VII : 524; 193-194.

2. Ce que Rapin reproche ici à Jacques Ier est ce qu'il vante chez Elisabeth. Dressant un portrait qui prétend à l'impartialité, Rapin fait l'éloge de la Reine en affirmant que « Son but principal était d'affermir sur sa tête, une couronne qui fut toujours chancelante », HAngl.-VII : 194.

par cette illusion rétrospective : s'il est clair qu'à la lumière des acquis de la guerre puis de la restauration, les derniers Stuarts apparaissent comme des souverains aux ambitions absolutistes, il n'est pas vrai qu'on puisse l'affirmer avec autant de netteté au sortir de la période élisabéthaine.

Cette question de l'étendue, du domaine et des frontières de la prérogative devient un objet de polémique et de conflits politiques qui iront jusqu'à la guerre civile. Qu'est-ce qui fait qu'à un moment donné, ce qui valait équilibre et consensus tacites se rompt, ouvrant une période de contestations dont l'issue n'a rien de défini. À la lumière des faits ultérieurs, il est toujours aisé de donner une raison; si l'on cherche à ne prendre en considération que ce qui a formé le passé de cette époque étudiée, la réponse est moins évidente et, surtout, l'imputation des responsabilités, l'identification des agents du changement se fait plus indécise.

Cette perspective oriente également la manière de présenter les droits et prétentions respectifs du roi et des communes pour l'exercice de la souveraineté. L'argument classique juxtapose les principales thèses en présence qui défendent l'étendue de l'autorité royale ou démontrent la légitimité des droits affirmés par le parlement [HAngl.-VIII : 9 *sq.*]. Rapin commence par discuter les modes de confirmation des « successions » et le rôle qu'a pu y jouer le parlement. Il ressort des différentes circonstances historiques d'accès au trône qu'il n'existe « aucune loi, sur laquelle on puisse fonder la succession héréditaire de la couronne d'Angleterre » [HAngl.-VIII : 9]. L'invocation du droit héréditaire est manifestement indémontrable, sa valeur d'argument peut être révoquée. Plus encore, c'est de « la confirmation du Parlement, plutôt que du Droit héréditaire de Henri VII, que Jacques Ier pouvait tirer son propre droit. » La proportion des rois accédant par droit héréditaire y est donc faible et « ils ne pouvaient appuyer leur droit de succession que sur des actes du Parlement, qui avait adjugé la couronne à quelqu'un de leurs ancêtres, (le plus souvent) contre le droit héréditaire » [*ibid.*]. Le droit, quand il existe, fut explicité et confirmé par des actes émanant du parlement. L'ancienneté des prétentions royales est contenue par des actes parlementaires. La critique de l'argument des droits et privilèges de la chambre comme « concessions » royales toujours susceptibles d'être « révoquées » [HAngl.-VIII : 20 *sq.*] met en avant l'existence d'une « contrainte », c'est-à-dire d'une limite qui ne peut pas être transgressée. En effet, « les lois, les coutumes ou les privilèges de la Nation Anglaise » ont toujours « tenu les rois qui l'avaient précédé » [HAngl.-VIII : 20]. Ni d'un côté ni de l'autre, l'établissement des droits n'est décidé et la bataille qui s'engage sera l'occasion d'inventer les arguments et les précédents qui vont porter les prétentions des uns et des autres et renforcer, sur le plan des représentations, les efforts de légitimation des partis en conflit.

Rien n'est donné. Pourtant, tout paraît déjà joué à Rapin qui, malgré un exposé souvent efficace et pertinent des moments de cette dynamique, restreint la valeur créatrice des faits et des circonstances qu'il évoque, des constructions et des rhétoriques qui les accompagnent, en les évaluant le plus souvent au moyen d'oppositions binaires et anachroniques : le vrai et le faux, l'authentique et l'inauthentique. Comme si ce qui se jouait, en ces moments d'explicitation et d'institution, pouvait être d'emblée posé et interprété en termes si tranchés. Cette surdétermination du regard porté sur les moindres faits interdit alors d'être attentif aux événements ; parfois, elle pousse même à la contradiction. Par exemple, à l'occasion de la première convocation « publique » des députés de la Commune, le roi se permet « de marquer les qualités que devaient avoir les députés » ; qui plus est, il le fait « par voie de commandement » et non « par voie d'exhortation », « comme l'avaient fait les rois précédents ». La conclusion est claire : « C'était porter une atteinte directe à la Chambre des Communes, à laquelle on n'avait jamais contesté le Droit de décider touchant la validité des élections de ses propres membres » [HAngl.-VIII : 21]. C'est oublier les conditions dans lesquelles étaient choisis et convoqués les membres des Communes sous le règne d'Elisabeth [HAngl.-VII : 190 *sq.*]. Non pas que la démarche de Jacques fût acceptable ; elle n'en était pas moins justifiable par des précédents peu éloignés. De telles pratiques, si proches dans le temps, devenaient incommensurables les unes aux autres et, dans les circonstances actuelles, intolérables.

Tel est ce point de bascule que Rapin ne parvient ni à identifier ni à saisir, lui qui se contente de reprendre, sans véritable recul, les arguments déployés par les adversaires impliqués dans la bataille. Ce déplacement, pour devenir objet véritable de l'enquête, devrait conduire l'historien à mettre au second plan les problèmes politiques et, probablement circonstanciels, des degrés de légitimité des prétentions royales et parlementaires ; il devrait amener l'historien à renoncer aux effets en trompe-l'œil qui cachent, derrière toutes ces apparences bruyantes, la véritable énigme de la société historiquement appréhendée. Une énigme rétive au travail d'élucidation et, pourtant, porteuse de ce nouveau savoir qu'on entend construire : quelles sont les circonstances qui font que ce qui était acceptable devient inacceptable, ce qui était reconnu comme un effet ordinaire du jeu des hiérarchies est, désormais, perçu comme une privation radicale de liberté ? Autant de questions qui traversent les termes de cette controverse et en forment le véritable substrat.

Les réponses sont complexes et les historiens étudiés ici n'y répondent pas vraiment. Hume, en revanche, les envisage dans ses multiples « Appendices » qui peuvent être considérés comme autant de réflexions sur l'état des mœurs, sur l'état d'avancement, les progrès concernant les domaines de la pratique politique et économique, de la connaissance dans le monde de la littérature et des arts ; autant de facteurs qui construisent un contexte de civilisation à partir duquel éclairer sinon expliquer ce qui occasionne ces déplacements de seuils de tolérance, ces exigences toujours plus pressantes et explicitées de liberté.

Dans ce contexte, les communes, en tant que gardiennes de la légitime répartition entre prérogatives et privilèges, vont adopter, la plupart du temps, des conduites réactives : des réactions à ce qui est le plus souvent perçu comme des intrusions ou des agressions[1]. Pas plus là que précédemment les conduites ne sont étudiées pour ce qu'elles sont. Ainsi réduites à n'être que des actions en restitution d'une constitution qui paraît largement bafouée par les inconduites de Jacques, elles ne sont pas positivement susceptibles d'invention, d'innovation. Il n'est pas envisagé que le parlement puisse, par des coups de force, déplacer l'équilibre instable des transactions entre partis à l'exercice de la souveraineté et, ainsi, imposer en l'absence de tout précédent les termes d'un nouvel échange. On peut, à titre d'exemple, retenir la manière dont Jacques qualifie la conduite de son parlement en 1617, lui qui fut choqué « de ce qu'on avait la hardiesse de gloser sur sa conduite, comme si on prétendait qu'un roi devait se gouverner selon les caprices de ses sujets. Ce qui le chagrinait le plus, c'était que les Puritains n'était pas les seuls qui osaient se plaindre du gouvernement (...). Le Parlement lui-même lui avait assez fait connaître combien il était éloigné de vouloir se soumettre à d'autres lois, qu'à celles qui avaient eu cours jusqu'alors » [HAngl.-VIII : 135]. Il s'agissait d'une hardiesse tout à fait inédite, et le roi ne pouvait que manifester surprise et étonnement. Dans cette conduite publiquement hostile du parlement à l'égard des intentions religieuses et du train de vie royal, il y avait quelque chose de nouveau que Jacques ne pouvait percevoir que comme une « hardiesse ». Sur un mode paradoxal, il reconnaissait la nouveauté, et probablement la menace de telles condamnations proclamées. La lecture qu'en propose Rapin n'est pas vraiment éclairante : dans cet échange, le roi avait tort de percevoir quelque hardiesse que ce fût et le parlement ne faisait, une fois de plus, que « réagir » à l'intention royale de vouloir imposer de nouvelles lois portant sur la religion. Rien donc qui permette de penser que les intentions, les actions et réactions puissent s'interpréter, dans ce contexte, comme autant de moda-

1. Pour exemples, la question de l'« élection » des parlementaires, HAngl.-VIII : 21-22 ; la réaction du parlement à « l'idée que ce prince (Jacques Ier) s'était faite du Gouvernement d'Angleterre, et le juste sujet qu'il donnait à la Chambre des Communes, de craindre qu'il n'eût l'intention d'envahir ses privilèges » : 35-37 ; la réaction du parlement à « la licence qu'il accorda pour imprimer et publier deux livres qui soutenaient les maximes les plus outrées du despotisme » : 64-65 ; les premières adresses du parlement au roi concernant les revenus et dépenses royaux : 97 *sq.* ; etc.

lités offensives et inventives susceptibles d'aider le parlement à imposer des restrictions, des limitations inédites aux prérogatives du roi. Il n'y a rien de surprenant à ce que Rapin, concluant la narration des premières décennies du règne de Jacques (1603-1620), affirme aussi unilatéralement et laconiquement : « si l'on considère ce qui s'était passé dans les deux premiers Parlements de ce règne, ce n'était pas le parlement qui avait commencé à attaquer le roi ; c'était le roi lui-même qui avait donné sujet au parlement de se plaindre » [HAngl.-VIII : 161-162]. Toute la problématique rapinienne est contenue là, dans ce principe uniforme et figé du point de vue de lecture des conduites respectives du roi et des communes : le poids des circonstances et la dynamique des forces en compétition sont oblitérés, au moins dans leur valeur causale et leur aptitude à produire des effets inattendus. Les propriétés, déjà repérées, d'une lecture rétrospective et téléologique de l'histoire de la constitution anglaise envisagée comme incarnation authentique du contrat entre le roi et la nation *via* sa représentation, se manifestent là, sans ambiguïté et presque à l'état pur. Les réserves humiennes à l'égard de cet auteur trouvent ici une puissante justification.

Extension et popularisation des ruptures entre roi et parlement

La limite du point de vue rapinien sur cette dynamique inventive peut encore être repérée en creux lorsqu'il s'agit de comprendre ce qui augmente de manière inédite la capacité de résistance du parlement : son rapport au « peuple ». Un exemple : à partir de l'année 1621, la tension entre le roi et les communes augmente encore et l'ouverture d'un nouveau parlement allait être l'occasion d'une confrontation directe. Le roi entendait imposer des « bornes » et interdire de donner lecture à des « remontrances » ; le parlement ne croyait « pas que ce fût au Roi à décider jusqu'où s'étend le devoir de ceux qui représentent le Peuple dans le Parlement ». Bref, « c'est une chose très difficile, pour ne pas dire impossible, que de marquer les bornes de la Prérogative royale, aussi bien que du droit et du devoir de ceux qui représentent le peuple » [HAngl.-VIII : 178]. Raisonnement pertinent qui ne donne lieu à aucune conclusion particulière.

Dans le bras de fer ainsi engagé, le roi fait une erreur, ouvre une faille dans laquelle le parlement s'engouffre : mettant les communes dans la « nécessité » d'accorder ou de s'opposer à sa demande sans pour autant le « casser », il leur donnait, malgré lui, le temps de la délibération et s'exposait « au chagrin d'une contradiction ouverte et publique » [HAngl.-VIII : 190]. En effet, le parlement ne manqua pas d'adresser une « Protestation » publique. La réaction royale ne se fit pas attendre, le parlement est cassé quelques jours plus tard et ceux des membres de la commune qui furent « les plus ardents à soutenir les privilèges de la Chambre, comme

Cook, Philips, Selden, Pym, Mallery, furent envoyés en prison » [HAngl.-VIII : 193].

Etrange silence de Rapin qui, tout en soulignant la nature particulière des circonstances qui rendent possible l'attitude du parlement, n'en profite pas pour mettre en avant ce qui fait sa force : une grande capacité à rendre publics les différends qui l'opposent au roi, une manière d'endosser la « représentation » du peuple ou de la nation et d'exprimer le point de vue d'une plus grande généralité, faisant ainsi ressortir, par contraste, toute l'étroitesse des prétentions royales, c'est-à-dire leur caractère résolument particulier et intéressé. Les communes affirment, et finissent par imposer à force de répétition, l'opinion nouvelle qu'elles représentent effectivement les intérêts de la nation anglaise, et que c'est ce seul titre qui les autorise à contrer la volonté royale[1]. Titre bien sûr dont les fondements ne sont autres que l'ancienneté des privilèges et des droits qui établissent le parlement.

La dimension publique de plus en plus prononcée du conflit est bien soulignée et décrite par Rapin; elle n'est pas étudiée pour ce qu'elle représente d'inédit. Rien n'est évoqué de particulier concernant les effets déclenchés par l'arrestation des membres du parlement, par exemple, dont la célébrité, au juste la popularité, va contraindre le souverain à composer. Par une illusion toute rétrospective et par une lecture anachronique, ce fait de la représentation populaire est toujours déjà envisagé comme une détermination substantielle de la conduite du parlement; il n'a pas de véritable commencement puisqu'il est, par nature, relié au rétablissement de l'authentique constitution dont il n'est jamais qu'un moyen. Dans ce contexte, l'émergence des partis et leur développement sont rapportés sur un mode presque anecdotique et purement circonstanciel. Cette division partisane est abordée comme la conséquence fâcheuse d'une « rupture » supplémentaire entre le roi et son parlement, après la dissolution de 1622 : « le plus mauvais effet que produisit la rupture entre le roi et le parlement,

1. Hume, dans ses *Discours politiques*, frappé par ce trait particulier qu'était la recherche systématique de cette « faveur publique », en faisait une composante essentielle du caractère des membres du « Country party » [Essai « L'indépendance du Parlement », ET-I : 102n.] étant entendu que « ceux qui défendent les opinions populaires et bien établies prennent toujours le ton le plus tranchant et le plus catégorique ». Même si l'affirmation valait pour le nouvel état contemporain des divisions partisanes, il n'en reste pas moins que se manifestait là, sous la forme d'un trait ou d'une disposition psychologique consolidée, quelque chose qui s'était construit dans une histoire, celle des relations entre ce peuple, ou cette nation, et ceux qui s'imposèrent comme ses représentants les plus naturels. Hume ne s'y trompait pas qui voyait dans une telle collusion le ressort d'une force qui pouvait être, dans le déroulement des controverses publiques, redoutablement efficace.

ce fut la division entre les sujets, qui se rangèrent de plus en plus dans deux partis différents qui subsistent encore aujourd'hui » [HAngl.-VIII : 197][1].

Rapin est, sans aucun doute, un des premiers à relier la division partisane aux principes de la constitution mixte[2]. Mais autre chose est en jeu dans la manière circonstancielle d'en rapporter la naissance. Si les divisions partisanes sont imposées par la querelle des prérogatives et des privilèges, elles paraissent, historiquement, comme un relais décisif des mouvements d'extension et d'élargissement du caractère public de ces querelles; elles paraissent, contextuellement, comme une médiation susceptible de porter les divisions religieuses, de les consolider, voire de les étendre. Ce que Rapin note comme en passant : « Les deux partis se trouvant ainsi composés de gens de diverses sortes et de divers sentiments, s'accusaient réciproquement de ce qu'il y avait de plus odieux dans chaque parti. Les royalistes confondaient sous le nom de puritains, tous ceux qui étaient contraires au roi ; et les puritains accusaient tous les royalistes d'être papistes ou arminiens » [HAngl.-VIII : 201][3].

L'émergence de ces partis devait jouer un rôle important dans la diffusion et la vulgarisation d'opinions politiques en forme de croyances nouvelles et populaires ; des croyances qui avaient pour « objet » les prétentions respectives du roi et du parlement. Rapin paraît se contenter[4] de rappeler ces termes tels qu'ils furent portés par les représentants de chaque parti, de chaque faction, sans insister sur le fait que ces nouveaux porte parole allaient pouvoir déployer, par la violence des mots et de la rhétorique, des ressources de mobilisation et de contestation jusque-là sans précédents.

Ruptures : entre restauration et innovation

Ce qui frappe à la lecture des volumes consacrés au Règne de Charles Ier, entre autres choses, est le parti pris résolument continuiste affiché par Rapin : s'il y a des ruptures fondamentales entre Elisabeth et

1. Dans les pages qui suivent [197-199], Rapin reprend à grands traits le contenu de sa *Dissertation* de 1717.

2. Voir la formulation de Hume en ET-I : 113 *sq.*

3. On ne revient pas sur les thèses concernant les déterminations religieuses des guerres civiles et le poids qu'elles ont eu, dans la radicalisation du Long Parlement. Thèses qui valent cette notation de D. Forbes qui n'y voit que « candid confessions of what are merely his own conjectures, concerning, for example, the rise of the Independents », [1985 : 234]. Sur la « montée des Indépendants », HAngl.-IX : 331-333 ; sur « leur penchant pour l'établissement d'une République », HAngl.-IX : 553-555. Ce n'est pas l'exactitude des conclusions qui importe mais la forme et la cohérence des raisonnements tenus, à partir desquels comprendre les présupposés et les modèles explicatifs mobilisés.

4. Voir la nième présentation des thèses défendues cette fois-ci par les partis, du côté des royalistes et du côté des parlementaristes, HAngl.-VIII : 197-200.

Jacques, rien de tel entre Jacques et Charles: « Il eut le même favori, le même Conseil, les mêmes ministres… »; « On ne s'aperçut d'aucun autre changement, que de la personne du Roi » [HAngl.-VIII: 369-370]; plus loin encore: « Jacques étant mort, Charles Ier son fils (…) était imbu des mêmes principes » [HAngl.-VIII: 375]; ou bien: « Charles Ier, de même que le Roi son père, était fort entêté de pouvoir despotique, et n'avait pour favoris et pour ministres, que des gens qui étaient dans les mêmes principes » [HAngl.-VIII: 529]. Que signifie, au juste, l'affirmation d'une telle permanence des conduites entre les deux règnes ? La question n'est pas tant de savoir si le point de vue est historiquement exact[1]. Il reconduit, en revanche, le préjugé méthodologique et politique qui porte sur la nature de la constitution et sur la manière de lire les événements qui vont aboutir à l'établissement définitif du gouvernement mixte. La continuité des conduites royales permet, sans aucun doute, de mieux contraster les ruptures que les parlements successifs ne manqueront pas de provoquer. Ces derniers sont tout autant caractérisés, à l'exception de la fin du Long Parlement, par l'extrême permanence de leurs attitudes. Parce que le roi maintient, en dépit des circonstances, son désir de vouloir instituer un régime « despotique », parce qu'il entend réformer l'organisation de l'Église; en un mot, parce qu'il veut changer un certain ordre des choses, il s'expose aux conduites de ruptures dont les Communes ne seront que les agents.

Si le parlement est l'occasion de certaines transformations, il n'est pas pour autant acteur à part entière de cette dynamique. Le nouveau n'intervient que sur un mode paradoxal: la résistance aux changements produisant son contraire, à savoir des modifications radicales. Il y a quelque chose de parfaitement cohérent dans la manière de rappeler, à l'occasion de chaque convocation des parlements, et à propos de tous les différends, les thèses royalistes et les thèses parlementaires[2] qui s'affrontent. La constance des premières contraste à peine avec les exigences toujours plus marquées des secondes. Des affrontements qui donnent naissance, dans ce schéma, à des adaptations successives et, pour finir, à des renversements. D'un côté, le roi est figé, comme étriqué dans une posture qui le rend incapable de comprendre ce qui advient. Le parlement, plus certain de ses prétentions, devient plus fort aussi de pouvoir les imposer publiquement. Et dès que le roi reviendra sur ses exigences, il contribuera à fragiliser sa position. De l'autre, dès que le parlement cherche à se situer en dehors du mouvement de rétablissement, dès qu'il entreprend, à son tour, de vouloir

1. D. Forbes reproche à Rapin la simplicité erronée, sinon le simplisme, de son modèle explicatif qui pose une telle continuité entre Jacques Ier et Charles Ier [1985: 235]. Cela se comprend comme une conséquence tout à fait liée aux partis pris de son projet historique.

2. Pour quelques exemples, voir HAngl.-VIII: 372-373; 383-390; 395-397; 457-459.

changer l'ordre des choses[1], il n'est plus du tout conforme à l'incarnation objective des espoirs de « restauration » de la constitution originelle et authentique. Dans cette dialectique, le Parlement n'est donc pas de manière évidente l'agent positivement identifié de toutes les innovations. Il y a des événements qui saturent, en quelque sorte, le modèle explicatif rapinien : ce qui advient, de la fin du règne de Charles Ier jusqu'au retour triomphal de son fils Charles II au pouvoir, jusqu'à cette autre « restauration », ne peut être posé que comme une parenthèse, une période chaotique qui demeure à peine compréhensible dans les termes mêmes de ce modèle. En ce sens, la réduction historique de la constitution au contrat rend difficilement lisibles ces moments de l'histoire anglaise.

Il ne s'agit pas d'étudier exhaustivement les longues analyses portant sur ce système des relations entre roi et chambres. Il convient, plutôt, de styliser les contours d'un modèle explicatif et de comprendre ce qu'il révèle de l'entreprise historienne de Rapin. De manière générale, on peut confronter ce long récit qui va jusqu'à la décapitation de Charles et à l'établissement du Protectorat[2], à trois types de préoccupations interprétatives déjà repérés : Qu'en est-il de la conduite du parlement et de ses coups de force ? Comment joue la radicalisation par le « rapport au peuple » et ses enrôlements partisans ? Enfin, comment comprendre les « ruptures » ainsi produites : la guerre par exemple, ou la condamnation et l'exécution du roi.

Pour ce qui est de la qualification générale de la conduite du parlement, le récit proposé laisse perplexe : tout en précisant comment les communes tentent de jouer sur les circonstances et, ce faisant, de créer les conditions durables d'un avantage sur le roi, Rapin ne paraît pas faire de cette dimension stratégique un élément d'explication. C'est particulièrement net lorsqu'il s'agit du Long Parlement et de la radicalisation de ses exigences[3]. Rapin fige les conduites dans des intentions et des finalités claires et toujours préétablies. Si la détermination purement circonstancielle est évoquée, elle n'est pas pour autant considérée, à quelques exceptions près, comme susceptible de changer significativement la donne, comme pouvant permettre des ajustements à la hausse ou des réorientations radicalement nouvelles des exigences parlementaires par exemple.

1. Lorsque les « Indépendants », par exemple, veulent instituer une république.

2. L'étude se limite à la période qui va jusqu'à la fin de la guerre civile. Ce qui est suffisant pour comprendre comment fonctionne le modèle explicatif de l'histoire chez Rapin.

3. Voir l'étude de la dynamique expansive, à partir de Novembre 1640, qui a pour origine la division interne au Parlement entre ceux qui veulent se limiter à « la réparation des griefs » et qui pensent que « le Gouvernement se rétablirait dans son état naturel » et ceux qui veulent « mettre le Roi hors d'état de pouvoir encore une fois envahir les Libertés des Sujets, et les Privilèges des Parlements », HAngl.- IX : 4-5.

Dans la construction de ce rapport des forces, Rapin distingue plusieurs moments : le premier concerne « la réparation des Griefs »[1] dont la chambre des communes entend dresser la liste et faire la « condition » à toute autorisation de levée de subsides supplémentaires[2]. Conditionnalité profondément légitimée par ceci que les griefs ne sont « proprement que des injustices ou des violations des lois, commises par le roi ou par ses ministres ». Rapin reprend à son compte, et sans les discuter, les arguments développés par les représentants des communes et propose ainsi un raisonnement en forme de truisme : la réparation des injustices est condition légitime de l'octroi de subsides. Avec le temps, cette exigence, en forme de condition, se consolide et indique, sans grande surprise, le renversement imminent du rapport des forces. Lorsqu'en 1625 le Parlement est à nouveau convoqué, le roi étant toujours contraint par les mêmes nécessités, les communes « négligent les affaires du Roi pour ne s'attacher qu'aux griefs » [HAngl.-VIII : 395]. Une pression de la nécessité qui va contraindre, toujours avec le temps, le roi à concéder la tête de son conseiller le Duc de Buckingham : « Etant embarrassé, ayant besoin d'argent, le Roi consent finalement à ce que le Duc de Buckingham soit poursuivi » [HAngl.-VIII : 414]. La rigidité des intentions royales n'avait d'égale que celle du parlement qui échange, après remontrances, et contre le conseiller, des subsides. C'est ainsi que le procès en réparation de certains griefs peut commencer. Un mécanisme qui sera reconduit ultérieurement pour produire des effets analogues[3].

Ce mouvement, dans le récit rapinien, devait culminer une première fois avec l'exigence parlementaire d'une reconnaissance positive de la « Requête des droits » qui « ne prétendait pas demander au Roi quelque grâce ou quelque faveur, mais le maintien des Libertés des sujets » ; pour cette raison, « elle devait être présentée solennellement au Roi assis sur son trône » [HAngl.-VIII : 469-470]. Rien d'étonnant à ce que ce moment de la narration emprunte encore aux transports qui avaient animé le récit de la Grande Charte. Selon Rapin, la requête n'est pas autre chose que le rétablis-

1. À partir de l'année 1625, le parlement, lorsqu'il est convoqué, et dans le temps qui précède sa prorogation ou sa dissolution, entend dresser la liste des reproches, ou griefs, adressés au Roi portant sur son train de vie dispendieux, la levée illégale de subsides, les tentatives de réforme religieuse, etc. Cette liste s'allonge avec le temps. Voir la première évocation de ces « griefs » sous le règne de Charles, HAngl.-VIII : 383-390.

2. « elles [les Communes] avaient droit de demander auparavant la réparation des Griefs, comme une condition, quoiqu'elles évitassent de se servir de ce terme », HAngl.-VIII : 391.

3. Voir pour l'année 1628, HAngl.-VIII : 458 *sq.*, où il est dit que le Parlement n'accorde des subsides qu'une fois examinés les nombreux griefs contre le roi.

sement des chartes dans les termes d'un droit positif[1]. Aussi le roi s'y refusait-il : « il présupposait avec raison, non seulement qu'elle contiendrait la substance de la Grande Charte et des Statuts en dépendant, mais encore des explications qui préviendraient les chicanes qu'on pourrait faire sur le véritable sens de ces lois » [HAngl.-VIII : 475].

L'argument de Rapin reproduit, sans aucune différence, celui des communes. La légitimité des résistances parlementaires tient là dans ce fait du rétablissement : stipuler positivement les grands statuts et les droits contenus dans les chartes anciennes; donner des « explications » pour terminer les chicanes possibles, c'est-à-dire interpréter ce qui jusque-là restait implicite. Il fallait donc fixer les limites à l'intérieur desquelles déployer les controverses. On peut se demander s'il ne s'agit pas là d'un déplacement radical qui situe le projet de la « Requête des droits » très au-delà du simple rétablissement. Dans sa naïveté, Rapin voit juste : le parti du roi perçoit toute la portée de ce nouveau coup de force et ténte, vainement, d'y résister. En réponse à de telles intentions, le Garde du Grand Sceau affirmait, par exemple, ne point voir « où était la nécessité de confirmer une vieille Loi actuellement en force, par une nouvelle » [HAngl.-VIII : 476]. Effort inutile qui venait butter contre une réalité nouvelle et brutale dans ses conséquences : « L'extrême désir que (le roi) témoignait qu'on se fiât à sa parole, était une très forte raison pour assurer les Libertés des Sujets par quelque chose de plus fort » [*ibid.*]. La parole royale, confrontée à ses manquements précédents, n'avait plus prise sur le réel. Il n'était plus temps « de se confier à la parole du roi »[2]. Le roi et ses partisans le comprirent à leurs dépens. L'exigence du texte, telle était l'extrême nouveauté de la démarche des communes, se justifiait, quoique Rapin ne le dise pas clairement, par l'accumulation d'expériences passées et de promesses trahies. La force de la promesse du roi devait être, désormais, établie par un texte de lois positives, c'est-à-dire par l'institution d'un nouveau contrat[3].

Cet affaiblissement de la parole royale allait être accentué, seconde dimension du modèle explicatif, par la confrontation brutale à l'opinion populaire. Le roi refuse de signer une telle requête et, face aux nouvelles remontrances du parlement, il ne montre qu'indifférence[4]. Le peuple,

1. Rapin affirme ainsi que « le Roi devait y répondre d'une manière parlementaire » ; d'un autre côté, le roi en était alarmé parce qu'une telle requête « établissait trop clairement les droits des Sujets », HAngl.-VIII : 470.

2. Les communes « tiraient donc de là une nouvelle raison, pour lier le Roi par une Loi plus claire et plus positive que celles qui avaient été faites jusqu'alors », HAngl.-VIII : 476.

3. Dont les termes sont donnés dans le texte même de la Requête, présenté, en 1628, par le Parlement. Voir les extraits, HAngl.-VIII : 480-483.

4. « Cette Remontrance, qui fut présentée (...), quoiqu'il eût bien voulu s'en dispenser, ne fit pas beaucoup d'effet sur l'esprit du Roi », HAngl.-VIII : 495.

quant à lui, ne fut pas sans réaction : « Tous les faits (...) allégués étaient connus pour vrais, et il ne se trouvait personne qui entreprît de les contredire. Quant au droit, le Peuple n'avait aucune peine à se persuader, que le Roi et ses Ministres voulussent établir un pouvoir despotique, parce que toutes leurs démarches le faisaient connaître » [HAngl.-VIII : 495 *sq.*]. Méprise du roi qui tout en constatant que sa parole n'avait plus de crédit, ne parvenait pas encore à réaliser que la force de celle du parlement tenait, en partie tout au moins, à sa capacité à construire ce rapport inédit au peuple, cette voie nouvelle d'une amplification par l'opinion. Le roi ne le comprendra que tardivement et contre son intérêt. Lorsqu'il entend, après avoir convoqué un nouveau parlement (1629), discréditer certains de ses membres qu'il emprisonne, il fait une déclaration publique, en forme d'apologie « qui ne produisit pas l'effet que le Roi en avait attendu. Il était trop difficile que le Roi persuadât au Peuple, qu'une douzaine de Membres des Communes eussent formé le projet de renverser le Gouvernement, de faire tomber le Royaume dans l'Anarchie » [HAngl.-VIII : 526]. Parole impuissante qui se heurtait à une perception éclairée, selon Rapin, des enjeux véritables de la manœuvre : le peuple n'était pas dupe des intentions réelles du roi et son effort de justification ne pouvait que se retourner contre lui : « On disait publiquement, que le dessein du Roi était de détruire entièrement les privilèges du Parlement et les Libertés du Peuple ». Le rapport des forces, son amplification par la construction d'une relation particulière à l'opinion du public, tout consacrait la supériorité du parlement sur le roi. L'importance de cette dimension dans le modèle permet alors de conclure : « comme le Peuple en général était plus disposé à se laisser guider par le Parlement que par la Cour, ces contrastes faisaient naître dans les esprits des Sujets, un mécontentement contre la Cour, dont le Roi n'éprouva que trop les funestes effets dans la suite [HAngl.-VIII : 529][1].

À partir des échecs renouvelés de la politique royale en Ecosse [HAngl.-VIII : 585 *sq.*] qui conduisirent au soulèvement de celle-ci contre Charles, la dynamique des rapports de force change encore de nature et prend un tour résolument expansif. Le parlement de 1640 manifeste à propos des demandes royales une désinvolture qui frise le mépris : « la Chambre des Communes (eut) si peu de considération pour lui » [HAngl.-VIII : 647] ; elle ne fit aucun cas de sa parole. Il fut, pour la dernière fois, cassé : « le peuple est mécontent, les papistes (une fois encore) sont favorisés et les Écossais commencent à pousser les Anglais contre leur

1. Construction d'un rapport à l'opinion commune qui servira, ultérieurement, de levier pour contraindre le roi à céder. Voir le compte rendu de l'éviction des « épiscopaux » et des « catholiques » dans la Chambre Haute en 1641, HAngl.-IX : 188-189.

Roi » [HAngl.-VIII : 659]. Contre les levées extraordinaires du roi, la ville de Londres entre en résistance.

La présentation du Long Parlement, réuni à partir du 3 Novembre 1640, se construit autour de cette dynamique désormais expansive des divisions internes qui intensifie puis radicalise les prétentions parlementaires. Il y a ceux pour qui « après que tous les griefs seraient réparés, le Gouvernement se rétablirait dans son état naturel, tel qu'il avait été avant les règnes de Jacques et de Charles, sans qu'il fût nécessaire d'y rien ajouter » ; ceux pour qui « il serait nécessaire d'employer quelque moyen efficace, pour mettre le Roi hors d'état de pouvoir encore une fois envahir les Libertés des Sujets, et les Privilèges des Parlements » [HAngl.-IX : 5]. C'est ici qu'intervient l'hypothèse, combien révélatrice du modèle, sur la montée des « Indépendants » : ces derniers cachant d'abord leurs intentions, feront alliance avec les Presbytériens modérés [1], pour ne réaliser leurs ambitions violentes de changement, l'instauration d'une république, qu'une fois les circonstances devenues favorables.

Rapin affirme clairement, pour la période de Novembre 1640 à Août 1641, que les actes « ordonnés » par le Parlement et auxquels le roi ne pourra que « consentir » sauf à déclarer « nettement qu'il voulait régner avec un pouvoir despotique » correspondaient au moment historique de la « restauration » nécessaire [HAngl.-IX : 23]. Cette nécessité sera indiquée, un peu plus loin, lorsque roi et parlement entrent en guerre, dans un registre plus polémique, celui de la « loi fondamentale » où le naturel [2] est opposé à l'arbitraire [HAngl.-IX : 271].

Au-delà, la conduite du parlement n'est plus désignée aussi positivement, car si « le sentiment général des Membres au commencement de ce Parlement » [HAngl.-IX : 121] était celui de la réparation des griefs, comment se fait-il que le mouvement ne se soit pas arrêté là ? Pourquoi la dynamique des circonstances a-t-elle porté au-delà d'une simple restauration ? Les réponses ne sont pas toujours convaincantes et elles se fondent, essentiellement, sur la responsabilité présumée des Presbytériens : par des « moyens directs et indirects, (ils) réussirent enfin à gagner un nombre de voix suffisant pour leur donner la supériorité dans la Chambre des Communes, du moins par rapport au dessein de diminuer le pouvoir du Roi » ; « c'est là, comme je me le persuade, le véritable système qu'il faut

1. « il y avait dans les deux Chambres un autre parti, plus puissant par l'habilité de ses Chefs, que par le nombre. C'était celui des Presbytériens, parmi lesquels il y en avait de Modérés, et de Rigides », HAngl.-IX : 7 *sq.*

2. « il n'y avait rien de plus juste, rien de plus nécessaire, que de rétablir le Gouvernement dans son ordre naturel », HAngl.-IX : 24.

établir, pour donner une idée nette de la conduite de ce Parlement» [HAngl.-IX: 123-124][1].

Il y aurait donc cette volonté de diminuer la prérogative : diminution qui est au-delà de la restitution. Autant cette dernière est du côté des privilèges et concerne les outrages faits aux droits des parlements, autant la première est une atteinte à la prérogative et à l'exécutif royal. Dans les deux cas, l'équilibre naturel de la constitution est menacé, les mêmes causes produisant les mêmes effets. La justification du «véritable système» repose sur ceci : ce qui est posé, du côté du roi, comme une transgression des termes de la constitution véritable, comme un empiètement à la «loi fondamentale» du gouvernement [HAngl.-IX: 271], le sera, pour des raisons analogues, du côté du parlement, au moins pour cette minorité active qui sut prendre l'ascendant sur le plus grand nombre et qui entendait doublement menacer la constitution : en diminuant la «Puissance Royale» et en changeant «le Gouvernement de l'Église» [HAngl.-IX: 187-188].

La dynamique interne au Long Parlement qui allait provoquer une nouvelle «rupture» avec le roi, était portée par une minorité religieuse particulièrement active[2], qui s'opposait aux autres «qui n'agissaient que par des motifs de défiance et de crainte» et «se conduisaient plus mollement» [HAngl.-IX: 188]. Cette problématique de la frontière, qui sous-entend qu'une telle limite entre l'authentique et l'arbitraire soit si aisément repérable, interdit de poser ces conduites comme inventives. Tout le commentaire sur la dimension religieuse des événements qui se déroulèrent pendant le Long Parlement et la guerre civile est porté par ce préjugé. Alors, la «rigidité», l'«enthousiasme» et l'«animosité» des Presbytériens les plus radicaux vont conduire au débordement bien au-delà de la «réforme»; ils créèrent les conditions d'un nouveau déséquilibre, d'une nouvelle «rupture» [HAngl.-IX: 188; 331]. Ce modèle explicatif, aisément reconductible, produit de manière explicite ses effets, à savoir l'incapacité à penser historiquement l'invention ou l'institution dans tous les moments clefs de cette période de l'histoire d'Angleterre.

Un dernier exemple suffira à convaincre de sa portée : les justifications portant sur la levée parlementaire des milices et sur le déclenchement de la guerre. Rapin, comme à l'accoutumé, prétextant le refus d'une prise de position, se borne à présenter les thèses en conflit [HAngl.-IX: 370 *sq.*].

1. Rapin confirme plus loin l'importance de cet élément du dispositif: HAngl.-IX: 553 *sq.*

2. Rapin dira encore, à leur propos, qu'ils «prenaient tant de soin à entretenir la défiance entre le Roi et le Parlement», qu'ils «étaient toujours prêts à expliquer en mal tous les discours et toutes les actions du roi… », ou bien encore, plus loin : «ils avaient des principes tout à fait propres à mettre l'Angleterre en combustion, comme ils le firent effectivement», HAngl.-IX: 122; 553.

Le roi s'était toujours déclaré « défenseur des lois du pays » ; il justifiait son opposition au parlement à partir de l'idée que la guerre devait être « défensive » et servir à préserver les intérêts du royaume. Il se trouve que « selon les lois du Royaume, les deux chambres n'étaient pas en droit de lever des troupes ou de l'argent, et moins encore pour s'en servir contre leur souverain ». Selon Rapin, « rien n'était plus vrai que ce principe, pris en général et indépendamment du cas particulier où le royaume se trouvait » [HAngl.-IX : 394]. Mais il y avait là une exception forte à l'application de cette règle : compte tenu des trahisons passées, « la difficulté consistait à savoir, si on pouvait se reposer de ce soin sur le Roi… ». Car le roi « n'offrait point d'autre solution que sa parole, à laquelle le parlement ne pouvait, ou ne voulait pas se confier ». Quant au parlement, il affirmait que le roi ayant abusé de ses prérogatives, « il était nécessaire de réduire son pouvoir à certaines bornes », et qu'« il n'y avait point d'autre moyen que de lui ôter entièrement ce même pouvoir, en le privant du commandement de la Milice » [HAngl.-IX : 395].

Chacun justifie sa position dans le cadre d'une lecture des événements dont le sens ou la finalité est de maintenir ou de restaurer les lois du gouvernement, en un mot de rétablir la forme originelle et naturelle de la répartition entre prérogatives et privilèges. Le renversement du rapport des forces entre adversaires étant acquis depuis le commencement du Long Parlement, ce dernier fait un double coup de force sans « précédent » : il affirme, d'une part, et « sans en donner aucune preuve positive, que le Roi avait pris les armes pour détruire les privilèges du Peuple et du Parlement » ; il confirme ensuite que, se lançant lui-même « dans une guerre défensive », cela ne pouvait que « justifier les contraventions manifestes qu(e les Communes) faisaient tous les jours aux lois du Pays » [*ibid.*].

Parce que Rapin fait sien le modèle de la justification parlementariste, parce qu'il ne parvient pas à poser une distance claire entre de telles justifications et le point de vue d'une narration positivement historienne, il ne saisit pas vraiment la portée novatrice des événements qu'il décrit. On mesure, une fois encore, toute la force des illusions entretenues par une position d'observation qui croit être neutre par le moyen d'un traitement équilibré et alterné des positions qui s'affrontent. Ni le parlement ni le roi ne sortiraient de leurs rhétoriques défensives, en un mot, des discours du « rétablissement », de la « restauration ». Pourtant, si le roi n'est plus en mesure de prendre l'initiative de la guerre, si sa position est défensive, le parlement, au-delà de ses discours, commet des actes qui sont autant de nouveautés, de faits sans précédents : la levée d'une milice, les « contraventions » aux « lois du pays », etc. Pour restaurer, le parlement invente, rompt et transgresse[1]. Parce que la frontière entre restauration et invention n'est pas donnée, le parlement, pour imposer ce qu'il croit être un rétablissement, s'octroie des moyens inédits, illégaux; en tous cas non fondés sur l'exemple de cas anciens. Un des défis du travail de justification sera, précisément, de forcer l'interprétation de ces événements en les reliant à des précédents qu'il faudra trouver ou inventer et, ainsi, reconstruire la liaison entre ce qui a précédé la rupture et ce qui en a résulté. Mais il s'agit là du travail de légitimation portant sur les croyances, et c'est une autre histoire.

Relativement à « la question, qui des deux, ou du Roi ou du Parlement, avait commencé la Guerre », la réponse est claire : « le Parlement étant juge et partie dans ce Jugement, supposa sans en donner aucune preuve, que le Roi était l'agresseur, et l'unique auteur de la guerre » [HAngl.-IX : 739-740]. Forte du rapport de domination qui est le sien au sortir des guerres civiles, la chambre n'a aucun mal à imposer cette lecture des événements. Elle le fait d'autant plus, explique Rapin, qu'elle est désormais dominée par cette minorité devenue puissante des Indépendants qui « abhorraient la Monarchie, et n'approuvaient qu'un gouvernement républicain » [HAngl.-IX : 553]. Illégitimité donc des prétentions parlementaires devenues proprement révolutionnaires puisqu'il ne s'agissait plus de restituer la forme authentique de la constitution anglaise, mais d'instituer une république : « ils se proposaient pour but de changer la Monarchie en République » [HAngl.-IX : 554][2]. Tel est ce qui les différenciait des Presbytériens modérés qui, eux, « conservaient une espèce d'attachement pour le nom du Roi, et un respect, du moins extérieur, pour la royauté » [*ibid.*].

Ce qui précède a permis de montrer quelles étaient les grandes lignes du modèle explicatif de l'histoire des derniers Stuarts chez Rapin. Ce qui y prédomine relève d'une dialectique très stylisée entre le temps des usurpations et les moments de restauration. Sa pertinence repose sur le postulat explicite d'une constitution originaire et idéale fixant la répartition des privilèges et des prérogatives, définissant un gouvernement naturel dont les termes ont été modifiés, et l'équilibre détruit. Cette constitution, il importe de la rétablir. L'histoire est alors le récit de cette reconstitution. Tout ce qui

1. L'Assemblée Générale d'Ecosse en 1639, par une série de coups de force, impose au roi d'Angleterre, de revenir sur la totalité de ses prétentions en matière de réforme du canon liturgique. « Ces actes font voir que le Roi n'avait pas tort de dire que les Assemblées Générales d'Ecosse avaient usurpé une espèce de Souveraineté dans les affaires de Religion, puisqu'on voit celle-ci prendre la hardiesse de casser et d'annuler, par son autorité, des choses qui avaient été établies par des Actes de Parlement », HAngl.-VIII : 609 ; 592-610.

2. « L'abaissement du roi et la destruction de l'Église anglicane étaient deux points qu'il fallait nécessairement gagner, avant que de travailler à l'établissement d'une République », HAngl.-IX : 555.

excède les termes de cette alternative, tout ce qui survient comme l'effet possible de circonstances inédites, comme la conséquence de rapports de force nouveaux, n'est pas autrement évoqué qu'en termes de déséquilibres, d'usurpations illégitimes quand on les confronte à la norme de la constitution idéale.

LES RUPTURES CONSTITUTIONNELLES SELON GUTHRIE : LE NOUVEL ESPRIT DES LIBERTÉS

Les chapitres consacrés aux règnes des premiers Stuarts, chez Guthrie, ont un ton résolument réflexif. L'implication fréquente du narrateur dans des prises de position souvent inattendues laisse paraître l'originalité et la fécondité de certaines hypothèses qu'on retrouvera chez Hume. Si la narration guthrienne contient, à peu de choses près, les mêmes scansions que celles du récit rapinien, parfois les mêmes extraits de discours ou les mêmes sources citées, il reste que dans ses partis pris et dans ses évaluations souvent personnelles, surgissent des qualifications qui laissent entendre que le modèle explicatif est plus large, plus mobile, moins aisément réductible à une dialectique binaire confrontant l'usurpation et la restauration. Le modèle qui forme la trame de cette histoire perd sans aucun doute en transparence et en univocité; mais il gagne en complexité, il fait jouer sur des plans explicatifs différents des déterminations aussi riches que les dynamiques psychologique et passionnelle, les articulations du politique et du religieux, les effets de la prospérité et du commerce, les modifications des représentations communes concernant les libertés, etc. Il y a une volonté de styliser le mouvement d'une histoire plus riche et moins prévisible dans ses effets parce que les conduites humaines et les circonstances auxquelles elles sont reliées sont moins aisément identifiables à des motivations et des finalités claires et préétablies.

Jacques Ier, celui par qui les Stuarts arrivent sur le trône d'Angleterre, est avant tout « ignorant » de ce qui fait la constitution anglaise [GHE-III : 633]. Obnubilé par ses besoins permanents d'argent pour sa cour et ses divertissements, « Money and hunting were the two most necessary things to James in his present situation » [GHE-III : 643]. S'il faut parler d'une rupture entre Elisabeth et Jacques, elle doit relever beaucoup plus d'une différence de mœurs et de conduites dans la vie de cour. L'austérité et la mesure du train de cour élisabéthain laissent place au faste et aux excès de la nouvelle cour. Charles ne fera que prolonger et accentuer le mouvement impulsé par son père. Guthrie dénonce souvent le ridicule de cette passion nouvelle pour l'étiquette[1]. La rupture est, sans aucun doute, plus profonde qu'elle paraît car elle introduit un changement de mœurs et de manières chez les grands. Dès son arrivée, Jacques ne fait aucun effort pour comprendre ce nouveau peuple qu'il doit gouverner; il se maintient à une distance hautaine qui, ajoutée à sa méconnaissance politique de la « constitution » anglaise, sera cause de malentendus.

Ces données permettent ainsi de situer le contexte d'une relation particulière qui va se nouer entre le roi et son parlement, entre le roi et son peuple. Dans le domaine de la religion, cette méconnaissance aura des effets politiques particulièrement néfastes. Au terme de la session de 1606, le roi et le peuple représenté en son parlement ont des attentes insatisfaites qui vont se multiplier. D'un côté, « The people imagined, that James, having had such recent proofs of the treasons of the papists (…) would have struck in heartily » ; « The king, on the other hand, was greatly desappointed in finding that the parliament, made no better account, than it did of his grave proclamations (…) his learned writings (…) and his pacific dispositions » [GHE-III : 656].

Ce rapport fait d'incompréhensions réciproques est probablement nouveau au début de cette époque; et il contraste avec le rapport affectif qu'Elisabeth avait su instaurer avec les Anglais. Pourtant, il n'y a pas lieu de croire, comme le laisse entendre Rapin, qu'entre le dernier Tudor et le premier Stuart l'inflexion des conduites soit si nette qu'elle justifie l'hypothèse d'un changement radical entre les deux règnes. Guthrie, qui n'éprouve pas d'admiration particulière pour Jacques, affirme que nombreux sont les griefs que le peuple avait raison d'exprimer et dont la cause, cependant, remontait au règne d'Elisabeth[2]. Plus encore, sous le règne de Jacques, les raisons de faire des doléances n'étaient aucunement comparables, en nombre comme en importance, « to those which the nation had suffered under Elisabeth » [GHE-III : 660]. On devrait donc parler d'une certaine continuité entre ces deux règnes.

Il y a une autre raison, plus importante encore, d'inférer la continuité : elle porte sur le statut et la place du parlement sous la dynastie des Tudors. Cette raison est évoquée plus loin lorsqu'il s'agit de faire le récit des débuts du Long Parlement. Non seulement le Parlement a historiquement, et pendant longtemps, tenu une place réduite mais, plus encore, « Under the Tudor race, till towards the decline of queen Elisabeth's life, parliaments

1. Par exemple : « He affected, in his court, most ridiculous distinctions of ranks and stations. Certain rooms were set apart for certain degrees, and certain titles, and as if they had been holy ground, they were to be prophaned by no inferior foot », GHE-III : 930.

2. « almost all of them (the grievances complained of) had their rise in the late reign », GHE-III : 660.

had been the scourges of the people» [GHE-III: 999]. Rappelant alors brièvement ce que furent les parlements dans le système féodal, Guthrie insiste sur cette longue et ancienne tradition de convocations irrégulières et sporadiques. Il suggère que les liens qui pouvaient unir de tels parlements avec le peuple étaient loin d'avoir toujours été ceux de la représentation et de la défense d'intérêts communs. Les parlements pouvaient, en d'autres termes, constituer un véritable fléau pour le peuple qui ne parvenait pas encore à imaginer qu'une telle institution puisse contrer, voire contraindre, le roi et ses ministres en cas d'excès[1]. Il fallait pour cela, également, que les croyances se transforment et que le peuple ose penser par lui-même et pour ces intérêts, « *began to dare* to think for themselves » [GHE-III : 999].

Le problème à résoudre était alors plus complexe puisque le changement d'attitude des chambres était également tributaire d'une transformation dans les représentations communes qu'on s'en faisait. En tout cas, rien ne permettait d'indiquer que tout cela soit avéré dès le début du règne de Jacques. Raisons pour lesquelles il est sans doute plus probable qu'entre Elisabeth et Jacques les facteurs de continuité, du moins dans ces domaines, soient plus nombreux que ceux de rupture. Dès lors, il n'est pas évident d'affirmer, d'emblée et de manière unilatérale, que tout change à partir de l'accès au trône de l'Ecossais. Les déterminations sont là qui indiquent, avec pertinence, qu'il faut comprendre cette transition tout à la fois comme un héritage et comme l'accumulation de circonstances qui vont permettre d'ouvrir des possibles inédits.

Si la revendication de plus en plus explicitée de sa prérogative est à l'origine, pour Guthrie comme pour Rapin, du durcissement des relations entre roi et parlement, le ton et la manière, qui tranchent et manifestent une hauteur et une condescendance tout à fait inédites[2], ont accéléré et probablement accentué la force de cette dynamique. Lorsque Jacques répondra au parlement sur la question de l'Ecosse, en un long discours plein de raisonnements spécieux, il ne parviendra qu'à alimenter la défiance ou l'incrédulité : renonçant à toute considération de prudence, faisant fi de toutes les objections légales probables ou légitimes, il croyait avancer des principes indiscutables et ne faisait qu'exciper sa propre vanité [GHE-III : 663]. Autant d'efforts apparents, pour justifier « the omnipotence of prerogative », qui allaient inciter le parlement à étudier ce que de telles affirmations recouvraient[3]. Surtout, par ces efforts de raisonnement, le roi laissait

1. « when they (the People) began to dare to think for themselves, they perceived many examples of parliaments forcing kings to give up ministers to punishment, and to redress the grievances of the public », GHE-III : 999-1000.

2. « he discovered more condescention for his people, than any prince of the race of Tudor had ever done », GHE-III : 660.

3. « The English now ventured to gaze upon that blaze of prerogative », GHE-III : 663.

entendre, en son principe même, que ses affirmations pouvaient devenir discutables : « As James had descended to reasoning, they reasoned in their turns » [GHE-III : 660].

Par maladresse, vanité et, probablement, par ignorance des usages, Jacques, dans ses diverses réponses faites au parlement, soumet à la discussion ce qu'il tente, par des moyens peu convaincants, d'y soustraire : le fait de sa prérogative et de son étendue. Il crée la circonstance où l'accumulation des incompréhensions et des suspicions réciproques va alimenter la controverse et pousser à l'explicitation des raisons et des précédents sur lesquels chacun construit sa position. Ce qui vient en rupture, par rapport au règne précédent, et que Guthrie suggère dans son compte rendu des conflits et des tensions entre roi et parlement, est ceci : la prérogative est devenue un objet de discussion; elle est, quant à ses modalités d'exercice, à son domaine de définition, objet de la critique. Elle est discutable. Elle l'est d'autant plus que les arguments de Jacques sont nourris d'erreurs et d'ignorances portant sur les faits et sur l'histoire [GHE-III : 663-664] ; que les communes apprennent tous les jours et à leurs dépens la partialité toujours plus grande des juges et « how readily the law would ratify the dictates of the prerogative » [GHE-III : 664].

La dynamique circonstancielle qui conduit à radicaliser l'opposition entre roi et parlement est donc complexe puisqu'elle implique des agissements qui, sous couvert de l'autorité royale, sont une menace pour la préservation des propriétés et des privilèges, des justifications spécieuses qui rendent encore plus discutables et critiquables les raisons qui en sont données. Enfin, de tels écarts entre des actes si agressifs et infondés et des argumentations si fallacieuses ne font que précipiter la ruine et la dévaluation de la parole royale : « the verbal assurances would prove but weak barriers to the preservation of their (the people) properties... ». Il résulte de cet ensemble que l'opposition entre le roi et le parlement revêt une forme inédite et forte : « they fairly resolved to adopt the cause of the consitution against that of the government » [*ibid.*]. La construction et l'articulation des positions ou des causes en conflit sont donc des résultats ; la provenance n'est pas donnée d'emblée par cela que le roi aurait toujours eu une représentation excessive de l'étendue de ses prérogatives, et le parlement, une idée parfaitement claire de la force de ses principes constitutionnels. Non, tout cela se construit avec les circonstances, et il faut bien reconnaître que cette démarcation devenue claire ne l'était pas au départ. Le roi et le parlement en viennent à s'opposer en revendiquant des causes devenues de plus en plus inconciliables : celle du gouvernement, celle de la constitution.

Autre chose distingue cette approche de celle de Rapin. Dans cette dynamique expansive où le travail de l'argumentation et les formes de sa publicisation vont jouer un rôle décisif, il convient de prendre en considération les effets d'une accumulation positive de connaissances par les acteurs impliqués dans le conflit et qui vont être enrôlées, mobilisées pour fonder plus solidement les prétentions de chacun. Ainsi, lorsque le roi convoque un nouveau parlement en 1610, la réponse des communes faite aux exigences de celui-là montre une chose essentielle : « This petition (…) is a fresh proof of the great improvment which the commons had made in the knowledge of their own privileges, of the freedom they took in representing them, and of the wrong conception which James had of English freedom » [GHE-III : 674]. La connaissance de ces « droits » et « privilèges » des chambres est un savoir en cours d'élaboration dont la nécessité est, en quelque sorte, requise par la nature même des circonstances où il est utilisé[1]. Cette connaissance a pour autre effet singulier de développer les idées que l'on a de la liberté, de les confronter avec plus de précision et de netteté, et peut-être d'efficacité, aux représentations fausses que peut en avoir Jacques. Il s'agit d'un mouvement, d'un procès au cours duquel les savoirs portant sur les droits et libertés se construisent et s'étendent, se précisent et se radicalisent dans leurs clivages. Tout ceci résulte d'une dynamique circonstancielle.

La succession des parlements convoqués puis prorogés ne fait qu'accentuer et porter sur des plans de plus en plus généraux les raisons de la dispute, les motifs des agressions verbales réciproques. Ce qui permet à Guthrie d'affirmer qu'il s'est formé une véritable « opposition constitutionnelle »[2] contre le roi. Ce dernier, par ses actes et par la trahison de sa parole, a subverti jusqu'au sens de la loi appliquée par les juges acquis à sa cause, à tel point que « the law seemed to be on one side, and the constitution on the other » [GHE-III : 702]. De rempart qu'elle devait être contre les abus, la loi devenait elle-même une menace pour l'existence des libertés : « This might be termed an attempt to poison the fountains of liberty, and the spring of justice ». Rien n'était plus urgent que de prendre la défense de ces libertés. Quel que soit le parti retenu, les historiens en conviennent, ce roi a trop gouverné par ruse et son amour de la paix l'a conduit à de fatales erreurs; de plus, il a méconnu le « génie » de son peuple et de son gouvernement[3]. Pour Guthrie, les interactions entre erreurs et déficiences allaient cumuler leurs effets, alimentant une contestation de plus en plus étendue et intense.

1. « The argument of Sir Edward Coke, on this occasion, may be termed a magazine of law-learning », GHE-III : 878.

2. « that great constitutional opposition which was now formed against James and his family », GHE-III : 702.

3. « all those defects co-operating, have formed that universal clamour that has prevailed against his conduct », GHE-III : 703.

Mais pour cet historien, un autre facteur déterminant doit être relié aux origines de cette contestation : l'esprit de la liberté. La formulation est imagée mais laisse peu de doute sur la place qui est accordée à cette « cause » : « It must be admitted that those failings had great influence in swelling, but not in forming, that clamour, which was taking up from the voice of liberty herself, when she saw the road of justice become a serpent in the hand of the prerogative » [*ibid.*]. C'est dans ce cadre général que Guthrie analyse les parlements successifs qui marquèrent les dernières années du règne de Jacques jusqu'en 1625[1]. Son portrait est encore l'occasion de préciser l'originalité de son point de vue. Il permet de donner plus de contenu à la métaphore précédente sur les voix de la liberté.

Revenant sur les attitudes respectives du roi et de son peuple, Guthrie rappelle qu'elles étaient portées par des conceptions totalement opposées. Le roi, quant à lui, manifestait l'ampleur de sa propre ignorance en croyant qu'il était toujours possible d'imposer ses choix par de simples décrets de volonté, que le peuple, toujours indigne de comprendre, devait être tenu dans l'ignorance [GHE-III : 819]. Il était encore plus dans l'erreur lorsqu'il pensait que le peuple pouvait prospérer de son commerce et de ses arts en ayant pour seule obligation, sinon pour intention unique, de fournir le trésor de la couronne [GHE-III : 819-820]. C'était se méprendre sur ce que signifiait cette prospérité nouvelle et réelle qui résultait de ces activités du commerce et des arts[2] et qui, dans le même temps, devenait source d'un savoir pratique commun « which enobles society, which regulates the passions of men in free state, and which animates, directs, and compleats the purposes of public spirit » [GHE-III : 820]. Le roi était porté par des croyances et des représentations décalées lorsqu'il voulait imposer l'infaillibilité de son jugement, en politique comme en religion. Restant prisonnier d'une tradition de l'exercice autoritaire de sa prérogative – la reine Elisabeth en était après tout un modèle récent – Jacques n'a pas, comme le laisse entendre Rapin, rompu le pacte tacite entre lui et son parlement. En revanche, il n'a pas mesuré, par ignorance et par faiblesse, la nature des transformations qui rendaient désormais inacceptables de telles conduites. C'est là que se situe l'une des vraies ruptures, d'autant plus difficile à repérer et à mesurer qu'elle se manifeste, comme après coup, dans des réactions qui sont autant d'indices de son effectivité.

1. On ne reviendra pas sur ces développements factuels qui, dans leur présentation, ne diffèrent pas de ceux de Rapin ; GHE-III : 719-767.

2. « the great increase of the commerce and manufactures of England under Elisabeth and James, could not have been effected but by the force of prerogative, which was sometimes usefully and beneficially applied », GHE-III : 821. Autre lecture possible de la continuité entre les deux règnes.

Ce qui a accéléré et amplifié le mouvement de cette détérioration relève, aux yeux de Guthrie, des composantes personnelles et psychologiques du roi : sa « lâcheté » dans sa vie privée comme en politique : sans esprit véritable ni détermination dans ses décisions, il cède aux manifestations vives d'opposition : « when he found his parliament so very warm against oppressive patents, that the nation, was upon to brink of civil commotions, James gave up indeed the patents and patenteed » [GHE-III : 819]. Formes avérées d'une faiblesse de caractère qui ne pouvaient que renforcer le parlement dans sa défiance.

Voici l'héritage de Charles Ier : un contexte de méfiances et de suspicions exacerbées, une parole royale complètement dévaluée, souvent publiquement contestée; un parlement qui consolide sa position de défenseur de la « constitution », accumulant un savoir et des pratiques qui le rendront efficace et de plus en plus entreprenant; des manières de gouverner perçues comme arbitraires, etc. Ce contexte s'imposera à Charles. Là encore, Guthrie est plus nuancé que Rapin, qui ne se contente pas d'affirmer qu'entre Jacques et Charles, seul change la personne du roi : la continuité est, en partie tout au moins, le résultat de cette forme de dépendance[1].

Cette dernière jouera encore sur le plan religieux[2]. Par effet de contrainte et par tempérament, Charles amplifie le mouvement impulsé par son père et cherche à justifier, par le développement de croyances communes, l'extension et la légitimité de ses prétentions en matière de prérogative. C'est ainsi que dans le contexte des années 1626-1628, les doctrines de l'obéissance passive vont être diffusées et prêchées par le moindre capucin ou prêtre[3], tendant à renforcer les idées de soumission à l'autorité, même lorsque celle-ci impose des taxes ou des emprunts forcés contre les lois du royaume [GHE-III : 866 *sq.*]. Il n'est pas étonnant de voir le parlement réagir et demander, en 1628, la reconnaissance de ses privilèges par la signature publique d'un document, la « Requête des droits » alors envisagée comme le rempart nécessaire des libertés anglaises [GHE-III : 873]. Cependant l'appréciation guthrienne de la conduite du parlement, entre autres au moment de la rédaction de cette pétition, est nuancée. Il reconnaît que la légitimité de ses actes est, sans doute, bien plus grande dans les affaires civiles que dans les affaires religieuses, et que « the spirit,

1. « The truth is, Charles was now caught in the net, that had been woven by his father's craft, and his favourites ambition », GHE-III : 825.

2. GHE-III : 826 sur la question des relations entre l'Angleterre et l'Espagne et, plus largement, sur la question du papisme (« it was popery and no Spain, that the people of England hated. Tyranny and superstition were equally detestable to them »).

3. « He carried in his train hackneyed clergymen, who preached up the execrable doctrines of implicit obedience to arbitrary power », GHE-III : 865.

which this hole petition breaths is, that of persecution upon religious motives only » [GHE-III : 874]. La conclusion est sans ambiguïté et elle permet de comprendre l'une des déterminations essentielles marquant la fin du règne de Charles Ier : « It was unfortunate that Charles had as absurd notions of English Liberty, as his commons had of Christian moderation » [GHE-III : 875].

Le contexte est doublement déterminé par la méconnaissance ou l'ignorance : sur le plan politique, celle des libertés publiques et des principes de la constitution anglaise, sur le plan religieux, celle des intentions et motivations imputées à certaines communautés religieuses. Là encore, le modèle guthrien est nuancé qui refuse, *a priori*, d'attribuer à telle ou telle des composantes parlementaires la responsabilité de ces incompréhensions. Ces deux types d'ignorance sont aptes à mettre en place des dynamiques conflictuelles qui vont s'alimenter réciproquement et amplifier leurs effets. C'est à partir de ce schéma que Guthrie présentera la réaction du roi à la pétition des droits ainsi que la riposte parlementaire.

Dans un développement spécifique, Guthrie s'interroge sur la signification de cette « Petition of Rights » qui est signée par le roi le 6 Juin 1628 et sur le rôle qu'elle a pu jouer dans les événements qui ont suivi. Quels sont les motifs qui guident les conduites respectives ? Pour le roi, est-il dit, il semble à peu près établi qu'il voyait dans cette pétition « a full compensation for all that his subjects had suffered through the abuse of prerogative, and that they were to look upon it as sufficient security for the future » [GHE-III : 883]. La pétition était donc une réparation et elle devait mettre un terme à des abus de pouvoir; elle était une conclusion. C'était sans compter les effets d'une parole publique dévaluée sur laquelle il paraissait difficile de fonder quelque garantie que ce soit, d'autant que les déclarations antérieures et réitérées concernant l'étendue de sa prérogative ne pouvaient qu'accroître les prédispositions négatives des communes contre leur roi. Aussi, « the house of commons in general thought that they had now no safety without a change of men as well of measures » [*ibid.*][1]. En conséquence, se posait à nouveau la question de savoir ce que valait la signature royale d'une telle pétition. Au mieux, elle avait une force « déclaratoire » indiquant la reconnaissance formelle des droits et libertés du peuple anglais. Elle ne pouvait pas être considérée comme une barrière véritable à de nouveaux abus. Il y avait donc là une série répétée d'expériences qui paraissaient exiger, pour la plupart des communes, l'institution de quelque chose de plus fort qu'une simple explicitation des privilèges et des droits. Guthrie porte alors un jugement que seul, bien sûr, le recul de

1. À la différence de Rapin, la réaction parlementaire est posée comme générale. C'est cette généralité qui en fait la force.

l'histoire permet d'envisager. Deux possibilités s'offraient aux membres du parlement : formuler tout de suite de nouvelles remontrances, toujours plus exigeantes contre la prérogative; donner au roi la possibilité de manifester, par ses actes, la transformation et le renouvellement de sa politique[1]. Et les communes étaient d'autant plus légitimes dans cette attente que, selon Guthrie, « the constitution had now evidently reverted to its first principles » [GHE-III : 884] : le même pouvoir qui avait contraint le roi à signer la pétition des droits pouvait encore le contraindre à renoncer à d'autres empiétements. Pour Guthrie, la pétition des droits correspondait donc à ce moment crucial où les principes authentiques de la constitution se trouvaient enfin restaurés[2]. Leur effectivité permettait alors de se prémunir contre toute forme d'usurpation et il n'était pas nécessaire, à ses yeux, de poursuivre l'inversion du rapport des forces avec le roi. Plus encore, sans reprocher à la chambre des communes son manque de patience, Guthrie peut seulement constater que ce défaut, cette rapidité à vouloir exiger la satisfaction d'autres remontrances rendaient les objectifs du parlement beaucoup moins clairs. Il devenait alors plus difficile, pour lui, de convaincre la nation du bien-fondé de son attitude. Enfin, conséquence ultime et non de moindre importance, le « public » n'aurait peut-être pas été si divisé quant à ses sentiments à l'égard d'une telle conduite du parlement. Des divisions qui allaient entraîner, quelques années plus tard, la nation dans une guerre civile avec tout son cortège d'infortunes et de violences.

Il y a dans cette précipitation quelque chose d'irréversible qui, parce qu'elle interdit au roi d'éprouver ses nouvelles prédispositions, à la chambre de manifester vraiment la légitimité de ses nouvelles prétentions, allait rendre la situation plus indécise; et ce, alors que la constitution était enfin rétablie. Une situation singulière qui devait conduire chaque parti à renoncer momentanément à des concessions positives pour entrer dans de nouvelles controverses de plus en plus radicales. À n'en pas douter, pour Guthrie, une occasion historique était manquée. Dès lors, le mouvement concret des actions et des réactions, l'inflation des attentes et l'intransigeance toujours plus grande des partis en conflit traçaient, pour la nation anglaise, les voies d'une autre histoire. De manière plus convaincante, si l'on pense à Rapin, Guthrie laisse donc entendre qu'à partir de cette fin des années 1620, on était entré dans un procès qu'il serait difficile d'expliquer seulement en termes d'usurpation et de restauration.

1. « they ought to have waited for those grounds, as Charles, if I may so express myself, was now become a new man, by undergoing a kind of political regeneration », GHE-III : 884.

2. Tout comme Rapin, il revient sur cette idée importante de la relation entre cette pétition et le rétablissement de la *Magna Carta*; GHE-III : 878-880.

Pour rendre compte de cette précipitation Guthrie évoque l'existence d'une minorité active au sein du parlement dont les desseins étaient de radicaliser ses exigences pour provoquer l'irritation puis les erreurs de Charles [GHE-III : 886]. Revenant alors sur ce qu'il qualifiait, quelques lignes plus haut, de général dans l'attitude de la chambre, Guthrie conclut son raisonnement : « This, I am persuaded, was the meaning of a few who had vast influence in the house, and the conduct of Charles increased that influence, which, by a little moderation and forbearance on his part, must have been destroyed, by the disigns of its authors being discovered » [GHE-III : 886]. Avec une différence notable toutefois par rapport à Rapin : Guthrie désigne à nouveau l'idée d'une circularité des causes et des effets. Certes, ce petit nombre eut une influence disproportionnée sur la conduite de la chambre des communes ; mais il aurait suffi d'un peu de patience et de modération de la part du roi pour qu'ils se dénonçassent d'eux-mêmes. La dynamique qui s'enclenchait et reposait sur la précipitation et l'impatience du parlement allait rencontrer, comme pour amplifier ses conséquences, l'impatience et la précipitation du roi à proroger puis casser le parlement.

Ces facteurs, très liés à une forme d'interaction dont les tenants et les aboutissants sont tributaires des partis en conflit, n'auraient sans doute pas pu exercer leur pouvoir de détermination dans les événements à venir s'ils ne s'adossaient eux-mêmes à des circonstances plus larges qui enveloppent la dynamique générale des transformations conduisant à la fin du règne de Charles Ier. En ce sens, l'étude guthrienne du contexte historique est particulièrement digne d'intérêt. Cette dimension de l'analyse est avancée à l'occasion d'un bilan d'étape sur le règne de Charles. Autour des années 1635, indique Guthrie, Charles avait de quoi être le monarque le plus puissant que l'Angleterre ait jamais eu [GHE-III : 929] ; mais, là aussi, le temps jouait contre lui : « every day added to the strengh of his prejudices and habits » [GHE-III : 929]. Dans ce temps écoulé, la richesse de l'Angleterre augmentait et produisait de nombreuses conséquences dont le roi ne paraissait mesurer ni la provenance, ni la nature. La civilisation des mœurs affinait les goûts et les arts de vivre dans la nation anglaise[1]. Toujours par ignorance, le roi n'y voyait que le fruit de son gouvernement arbitraire qu'il considérait comme « the nurse of commerce and of arts », et qu'il opposait à ce parlement tenu pour un ramassis de « Goths » non civilisés. Entre les deux vivait ce peuple dont il croyait qu'il devait chérir sa personne en reconnaissance de tels bienfaits et s'éloigner de ces « high sentiments of liberty » qui rendaient les chambres si malaisées à manipuler pour son

1. « Improvements were daily making in all the elegancies and luxuries of life ; immense sums were expended in importing antique statues, fine paintings, and in erecting manificent edifices in a much finer taste than had ever been known in England before », GHE-III : 930.

gouvernement. C'est le contraire qui arriva : la nation, au lieu de perdre ces sentiments élevés de la liberté, « were acquiring, improving, cherishing, and tresuring up those sentiments » [GHE-III : 930] car elle leur devait cette paix et cette abondance, ce progrès des sciences et des arts que Charles attribuait si vaniteusement à l'exercice de son pouvoir. Le roi ne parvenait pas à prendre conscience de cette conjonction manifeste et vertueuse entre cet esprit de liberté et le progrès des sciences et des arts. Cette conjonction devait permettre, également, de repérer ce moment de bascule à partir duquel tout ce qui avait été toléré devenait, désormais, insupportable. La paix et la prospérité paraissaient mal se concilier avec les atteintes si répétées à la propriété, et aux libertés de chacun. « It was the curse of Charles, that neither his temper, nor his situation, suffered him to be instructed in those truths, which were obvious to every man of sens in the kingdom but to himself » [GHE-III : 931]. Etait-il, cependant, si évident de reconnaître cette liaison inédite ? Il est probable qu'une telle conscience revendiquée tient plus de la certitude rétrospective de l'historien qui connaît le déroulement de cette histoire.

Tout en restant tributaire de certains des présupposés liés au modèle whig-libéral identifiant la croyance en une constitution authentique et originelle et l'idée du contrat comme acte fondateur de l'ordre politique, la narration guthrienne de l'histoire de l'Angleterre moderne met en œuvre un dispositif plus large qui, par la multiplicité des déterminations convoquées, résiste au schématisme simpliste d'un Rapin typifiant les changements en termes d'usurpation et de restauration. Si les « ruptures » répertoriées, décrites puis interprétées par Guthrie sont assez analogues, il n'en reste pas moins que l'évaluation de leur amplitude, de leurs effets, diffère souvent. L'histoire de cette période n'est donc pas à comprendre exclusivement comme une stylisation et une dramatisation de la succession de ces ruptures. Elle fait jouer, un peu comme une tectonique des plaques, des plans différenciés de réalité qui, se mouvant à des rythmes distincts, produisent, à l'occasion de rencontres circonstancielles, des faits historiques importants.

Les termes de la causalité se complexifient parce que ce ne sont pas seulement les hommes, fussent-ils grands et importants, qui résument et assument à eux seuls tout le poids causal de ces faits, de leurs enchaînements. Ainsi, Jacques Ier ne rompt-il pas vraiment avec Elisabeth ; il y a des continuités plus profondes qui portent sur des représentations et sur des habitudes en matière de prérogatives et qui, parce qu'elles manifestent l'ignorance de certains changements en cours, plus profonds, moins directement perceptibles, vont provoquer des ruptures. Charles n'est pas le parfait doublon de Jacques ; son règne n'est pas la continuation à l'identique du précédent : il y a des contraintes, des héritages ; en d'autres termes, des effets d'inerties qui interdisent de réduire la succession à une substitution formelle de monarques en tous points identiques.

L'arrogance et l'ignorance d'un « caractère » ne suffisent donc pas à expliquer une rupture, du moins l'ignorance est-elle partagée et cela lui donne un autre sens, une autre fonction. La rupture n'est jamais réductible au fait du prince ou au fait des grands de ce monde. Les changements dans les mœurs, le progrès dans les arts, la prospérité économique, l'accumulation des savoirs, en un mot la civilisation, tout cela constitue un cadre et un contexte susceptibles de donner à des représentations nouvelles, comme celles portant sur les libertés de la nation, une prégnance et un efficace décisifs. Dès lors, des conduites, des concaténations peuvent, à la faveur de circonstances particulières, devenir facteurs ou causes, éclairer le renversement ou l'institution de rapports de forces et d'équilibres nouveaux.

Il s'agit là, cependant, de possibilités plus que de partis pris systématiques. Guthrie ouvre les voies d'une interrogation souvent novatrice ; il ne se risque pourtant pas, ou très rarement, à en tirer les conséquences méthodologique et politique qui s'y rattachent. Si l'analyse de certains moments dans sa démonstration, ainsi qu'on l'a proposé, laisse percevoir ces possibles, il reste que dans ses principales conclusions, Guthrie retrouve Rapin. Il en est ainsi des principaux épisodes du Long Parlement et de ceux de la guerre civile[1]. Ce mélange, qui allie une rhétorique politique et des modèles explicatifs analogues à ceux de l'histoire rapinienne d'un côté, des considérations plus complexes et moins définies du point de vue des causalités mises en scène de l'autre côté, fait de cette vaste fresque une étape, une transition qui justifie tout l'intérêt qu'on peut y porter pour qualifier, au moyen de la comparaison, la série des déplacements qui éclairent le contexte d'élaboration du projet historien de Hume.

1. GHE-III : 999 *sq.* pour les débuts du Long Parlement ; GHE-III : 1053 *sq.* sur la guerre civile et la « Restauration ». C'est ainsi que Guthrie interprète le Bill qui rend le parlement indissoluble [GHE-III : 1019] uniquement comme une rupture constitutionnelle : « There is no manner a doubt, that the parliament, by this bill, dissolved the constitution, and in this sense may be said to have now become a faction against the public », *Ibidem*. Sur ce plan, les deux histoires, celles de Rapin et de Guthrie, ne diffèrent pas significativement. On pourrait en dire tout autant pour la guerre civile.

DES RUPTURES AUX « FLUCTUATIONS CONTINUELLES »[1] : LE PASSAGE DE LA MONARCHIE AU GOUVERNEMENT MIXTE

Il est désormais possible de mesurer l'ampleur des inflexions imposées par Hume au travail de l'historien. Il s'agit d'une lecture de la modernisation politique dont on peut affirmer qu'elle vise à démontrer, empiriquement, comment on est passé d'une simple monarchie à un gouvernement mixte. Un passage qui signifie ceci : le principe d'une constitution mixte n'est pas intemporel et il a bien fallu qu'il soit institué ; l'histoire, en tant qu'elle est aussi récit de ces institutions humaines, peut en faire son objet. Pour cela, il convient de distinguer méthodologiquement ce qui relève des discours tenus par les partis engagés dans cette histoire, entre autres ceux portant sur la justification des origines de la constitution, de l'établissement objectif des faits de l'histoire constitutionnelle à partir desquels comprendre quand et comment s'accomplit un tel passage. Cette distinction ne veut pas dire, bien sûr, éviction : les discours et toutes les formes d'élaboration publiques, comme il a été montré jusque-là, participent de ce travail indispensable de légitimation des représentations, qu'il s'agisse d'idées, de croyances anciennes ou de revendications nouvelles. Leurs confrontations inventives, à l'occasion de circonstances particulières, structurent une part essentielle de cette histoire ; sans elles, il est impossible de comprendre, notamment, comment se travaillent les croyances, comment elles se consolident, s'élargissent au point de devenir, pour certaines, de véritables opinions communes : des croyances populaires. L'histoire de l'Angleterre, sur cette période, est une double narration qui porte autant sur les scansions conduisant à la stabilisation du gouvernement mixte que sur les manières dont on en rend compte, dont on en justifie politiquement la nécessité. L'histoire est une narration portant sur l'invention moderne d'un établissement politique stable et une confrontation positive des différents romans des origines comme champ privilégié d'élaboration discursive et idéologique des nouvelles croyances communes[2].

Dans cette immense fresque, le modèle explicatif est plus complexe que dans les précédentes histoires. L'ordre des causalités, en même temps qu'il s'objective, relativise la part imputable de manière univoque aux « caractères » des rois et des grands ; fait valoir des dimensions diverses et hétérogènes du réel en mouvement. En même temps que l'explication s'émancipe

1. HA-IV : 406-7n ; HE-IV, A-3 : 355.

2. Croyances à partir desquelles peut se bâtir cette « opinion d'intérêt » qui, lorsqu'elle « s'impose dans un État, chez le plus grand nombre ou chez ceux qui ont la force entre leurs mains (...) apporte une grande sécurité ». Essai « Les premiers principes du gouvernement », ET-I : 93.

des arguments classiques fondés sur l'imputation morale et psychologique des facteurs, elle attire l'attention du lecteur sur d'autres formulations possibles exhumant des liaisons et des relations jusque-là peu mises en avant.

Il n'est pas question de proposer une restitution exhaustive de l'ensemble; l'analyse n'a pas vocation à se substituer au récit. Il est plus judicieux de souligner, à partir des points de comparaison précédents, la valeur de certains de ces déplacements ainsi que leur signification pour la compréhension humienne de la politique moderne. Aussi l'attention sera-t-elle portée sur les ruptures qui ont formé la trame des récits précédents. Il faut, d'abord, comprendre comment Hume pose autrement la question du changement de constitution : le dépassement de la fausse alternative entre usurpation et restauration suppose, en effet, un déplacement qui porte sur le type de causalité impliquée. Si l'on considère l'Essai « Que la politique peut être réduite à une science » [ET-I : 81 *sq.*] comme l'expression rigoureuse d'un programme de recherche, qu'implique une telle « réduction » pour l'étude historique des changements politiques ? D'abord, elle impose de se démarquer du psychologisme et du moralisme causal qui interdisent d'évaluer autrement qu'en terme d'usurpation ou de restauration toute remise en cause de la constitution d'un gouvernement. Ensuite, elle permet d'expliquer le passage de la monarchie « simple » au gouvernement « mixte » à partir d'un lecture différente des ruptures supposées entre Elisabeth, Jacques et Charles.

L'indépendance des constitutions vis-à-vis des humeurs : de la corruption aux fluctuations

C'est à propos de l'identification humienne de l'impartialité de l'historien que l'on a proposé un premier commentaire de l'essai III portant sur la réduction de la politique à une science[1]. Il faut le compléter pour comprendre que l'étude des changements de constitution ne peut, désormais, relever d'une imputation de type psychologique ou moral. Ce n'est pas un hasard si ce problème, le plus souvent, a été posé par les contemporains de Hume, à partir de la question de la corruption des mœurs en politique. La « corruption » est une catégorie qui emprunte au registre de la morale et qui sera mobilisée par les défenseurs et les détracteurs des gouvernements concernés au XVIIIe siècle, celui de Walpole entre autres, pour décrire et dénoncer la nature des relations que les magistrats ont avec la magistrature qu'ils incarnent. Ce sont précisément ces types de conceptualisation adéquats aux argumentaires déployés par les historiens dont on parle, que vise Hume. En effet, ils interdisent de penser comme un

1. Cf. *supra*, p. 128 *sq.*

fait dont il faut mesurer la portée et la généralité, ce qui est toujours rabattu du côté de la corruption des caractères, qu'il s'agisse du monarque, d'un ministre ou des grands hommes. Les conclusions de Hume en la matière permettent de souligner toute la distance qui le sépare des conceptions politiques de son temps. C'est dans le travail de distanciation vis-à-vis de ce qui est posé comme une équivalence commune et immédiate entre corruption et dénaturation par transformation qu'il isole le principe d'une causalité indépendante en politique pour la mettre au service de son étude historique de la constitution anglaise. Les causes du changement en politique ne sont pas à rechercher uniquement du côté des comportements : entre ces derniers, les lois et la constitution, il peut exister une relative indépendance [ET-I : 82], d'autant que la nature des règles générales, des lois, leurs formes d'indétermination interdisent de penser le changement politique, en particulier celui des constitutions, comme une conséquence exclusive d'écarts toujours repérables entre un modèle pur parce qu'originel et des conduites empiriques réputées corrompues ou corruptrices.

Hume dialogue implicitement avec deux conceptions prédominantes de son époque. L'une, économique[1], est inspirée par Harrington ; l'autre, morale et psychologique[2], est incarnée, comme on sait, par Bolingbroke et les partisans du *Crafstman*. Bolingbroke, adversaire irréductible du ministre Walpole et, d'une certaine manière, héritier anglais de Machiavel et de Harrington[3], tenait pour certain que le retour à l'équilibre de la constitution, de l'authentique et ancienne constitution, passait par l'éradication de toute forme de trafic et d'influence émanant d'une Couronne qui minait l'indépendance des Parlements. Une influence, un « patronage » qui était alors perçu comme l'une des sources majeures de corruption[4] de tous les hommes politiques. S'opposant aux membres du parti du Pays, à l'Angleterre walpolinienne, Bolingbroke en appelait à un retour nostalgique aux mœurs anciennes, aux équilibres anciens, ceux-là mêmes qui avaient permis l'établissement et la constitution du bon gouvernement. En face, ceux du parti de la Cour défendaient une représentation de l'équilibre social et politique essentiellement construit autour de la confrontation des

1. D. Deleule [1979 : 337-342] ; D. Forbes [1985 : 198-216].

2. D. Deleule, [1979 : 333-337].

3. J. Pocock [1971 : 104-147]. Sur ses rapports avec Machiavel, I. Kramnick [1968 : 163-168] ; avec Harrington, [1968 : 255-259] ; la corruption, le gouvernement mixte et la représentation, [1968 : 121-126].

4. Corrélativement, le développement du crédit, de la dette publique, la déréalisation des formes de la propriété, auparavant foncière et stable, maintenant instable, mobile et de plus en plus abstraite, formaient d'autres vecteurs de perturbation développant la corruption, stimulant l'essor du luxe, la privatisation des intérêts, l'efféminement des hommes et des mœurs. Voir J. Pocock, [1985 : 103-142] ; C. Gautier(éd.) *in* A. Ferguson [1767 ; 1992 : 22-39].

passions et des intérêts ; ils affirmaient, également, que le patronage, aussi ancien que la monarchie, était un moyen efficace pour l'exécutif de maintenir la balance entre les parties composant l'établissement politique.

Ces rapprochements entre corruption et constitution formaient, dans le contexte de cette époque et dans le langage politique d'alors, de véritables lieux communs permettant de dissocier une voie plus libérale incarnée politiquement dans les tenants du parti de la Cour, et une voie plus républicaine[1], activement revendiquée par les patriotes. Lord Bolingbroke[2] n'est pas le premier et, avant lui, des auteurs comme Rapin[3], E. de Cize[4], ont contribué à consolider de tels rapprochements, à renforcer la croyance dans cette idée que la corruption pouvait être entendue comme un facteur véritable de déstabilisation des établissements politiques. La réactualisation de ce thème renaissant de la corruption peut alors servir de modèle explicatif et rendre compte d'une lecture particulière de la généralisation de certaines conduites nouvelles : la spéculation, les transactions monétaires, etc. ; autant d'éléments qui devaient donner sens à l'instabilité du régime politique[5] de l'époque. La nouveauté de ces attitudes y était pensée et

1. Sur le problème de la qualification de la tradition républicaine au XVIIIe siècle : J. Moore [1977 : 809-839] inclut John Toland, Andrew Fletcher, Algernon Sidney dans ce qu'il appelle « The classical republicans » [1977 : 810-n] quand J. Pocock [1971] parle de « neo-Harringtonianism ».

2. Lord Bolingbroke, *A Dissertation Upon Parties*, *in* Lord Bolingbroke's Works [1844, t. II].

3. Sur le patronage, DOG : 20-21 ; 101 ; 155-157 ; sur la division, DOG : 38-39 ; sur division, intérêts et clivages, DOG : 122-123.

4. Emmanuel de Cize, 1717 : *Histoire du Whiggisme et du Torisme*, Leipzig ; 1718, La Haye, Préface.

5. Du côté des néo-harringtoniens – A. Fletcher [1655-1716], C. Davenant [1656-1714], par exemple – à propos de la « spécialisation » comme vecteur de corruption (*milicia vs standing army*), voir J. Pocock, [1975 : 423 *sq.* ; 436-446 ; 462 *sq.*] ; I. Kramnick, [1968 : 237 *sq.* ; 243 *sq.*]. Il est fréquemment affirmé que les transformations des régimes politiques sont imputables aux modifications de structure, en nature et répartition, des biens appropriés. Une double tendance serait à l'œuvre portant sur l'origine sociale des possédants, de l'aristocratie vers la bourgeoisie marchande et vers les spéculateurs, et sur la transformation progressive des biens immobiliers et fonciers en biens mobiliers et financiers. Voir J. Pocock [1985 : 96 ; 103-123] sur la vision de l'économie comme généralisation des « échanges ». La mobilité, associée à la généralisation de formes de plus en plus abstraites de la propriété, le « crédit », la « dette publique », les « participations » aux capitaux de sociétés ou de compagnies, sont autant d'aspects qui vont soutenir l'émergence de nouvelles dépendances entre État, gouvernants et gouvernés, créanciers et débiteurs. Un exemple parmi d'autres : C. Davenant, penseur augustéen éminent, dont les écrits couvrent la période de 1695 à 1710, met au centre de sa réflexion le problème des liens entre « guerre » et « crédit », J. Pocock, [1975 : 437-448]. La première est fatale aux sociétés commerçantes car, menée par des armées permanentes, elle a pour but non la préservation des républiques mais leur expansion ; elle pose inévitablement le problème de son financement et la société, d'une façon ou d'une autre, est obligée de faire crédit à l'État. Davenant distingue alors les formes anciennes de la guerre qui reposaient sur le courage comme vertu principale et les formes nouvelles qui

rationalisée en terme de dégradation; la corruption y mesurait un écart toujours affecté de valeurs négatives.

Chez les néo-harringtoniens, le thème de la corruption inscrit la réflexion politique dans une rhétorique de la dénonciation nostalgique d'un modèle disparu qui est celui de la société des petits propriétaires fonciers immobiles et autonomes : en somme, une structure féodale idéalisée dans le modèle déjà longuement évoqué de l'Ancienne constitution[1]. La balance des pouvoirs y préserverait l'équilibre du gouvernement et le garantirait contre toute atteinte du trône. Rois, barons et vassaux formeraient alors le centre de cet ordre, le tout reposant sur la propriété du sol. Telle serait la figure de cet équilibre ancien. Dans la confrontation entre ce passé féodalisé et le présent, se trouvent légitimées les conceptions politiques d'une dégradation par corruption. Cette dernière catégorie est alors mobilisée comme ce qui désigne le lieu d'une impossible réconciliation entre le passé idéalisé sur le modèle de la transmission héréditaire du patrimoine, et le présent qui valorise, de plus en plus, et sous des formes toujours plus abstraites, le modèle de l'échange dont le commerce allait former le nouveau paradigme. Le thème général de la corruption va de pair avec l'incapacité à penser la nouveauté autrement que comme une détérioration

impliquent le crédit ou la toute puissance de l'argent comme facteur de victoire. Dès lors, la dépendance de l'État par rapport au crédit, à la dette publique dont le renouvellement est lié à une classe de créditeurs professionnels, accélèrent la transmutation de la propriété foncière en propriété mobilière. En même temps, se généralisaient les relations d'échange faisant de la terre et du travail des marchandises, de la monnaie, la représentation symbolique de toute valeur, le *medium* de la transformation naturelle de toutes les choses qu'elle représentait. L'échange monétaire exprimait donc en puissance ce mouvement de subversion de la propriété réelle en propriété mobile. Le développement du crédit, pensait Davenant, rendait effectif le pouvoir de l'opinion, des passions et de la fantaisie. Toutefois, la conversion de *Credit* en *Fiducia*, fondée sur un principe de sympathie réciproque et s'exprimant de façon privilégiée dans l'opinion, exigeait des conditions qui imposaient le retour vers une société qualifiée en des termes pré-modernes : l'État devait rembourser ses dettes, abandonner la poursuite des guerres de conquête financées par la dette et, surtout, il fallait que les agents spéculateurs cessent de corrompre la Constitution et de corrompre les parlements par leurs trafics d'influence, par la multiplication des hypothèques en tous genres. Si Davenant imagine une dimension positive au crédit, les conditions qui la rendent effective étaient telles que, dans les faits, cela équivalait à un retour à l'ancien idéal d'une société stable et figée, pour ne pas dire immobile.

1. Pour Andrew Fletcher, politicien écossais [1655-1716], l'Ancienne Constitution naquit entre 400 et 1500 après J.-C. Elle se caractériserait par son mode gothique de gouvernement, garantissant la liberté des individus par l'identification du citoyen et de l'homme d'armes. Vers 1500, cet équilibre est altéré. Pourquoi cette altération ? Comment peut-on en limiter les effets, étant admis qu'il n'est pas possible de revenir à l'ordre ancien ? Les écrits politiques de Fletcher furent publiés pour la première fois en 1732. Pocock se reporte à *A Discourse of Gouvernment with Relation to Militias* qui paraît à Edimbourg en 1698. Sur les étapes complexes d'élaboration du mythe de l'Ancienne Constitution dans l'Angleterre du XVIIe siècle, se reporter à J. Pocock [1957, 1986].

moralement condamnable des conduites humaines. Il est l'occasion de mesurer des écarts qui ne permettent pas de dissocier faits et jugements. Cette confusion se constitue en véritable obstacle à l'établissement d'une analyse neutre de ces mêmes conduites; à leur inscription dans un mouvement qui ne soit pas celui d'une chute, mais celui d'une transformation, d'une évolution.

Chez Bolingbroke et les patriotes, c'est par d'autres voies que l'on est conduit aux mêmes apories. Un premier argument repose sur l'idée, empruntée à Rapin, que l'Ancienne Constitution est un contrat. La comparaison, devenue *topos*, entre gouvernement mixte (Angleterre) et monarchie absolue (France)[1] établit que l'essence de toute constitution véritable réside dans l'indépendance du parlement, dans son fonctionnement régulier et permanent. Un second argument affirme, ensuite, que ce que Bolingbroke appelle «the spirit of Liberty»[2] est toujours menacé par la montée du luxe. Cette dernière, en effet, favorise le développement de la corruption entendue comme perte de l'esprit public. Enfin, Bolingbroke refuse d'historiciser l'origine des clivages partisans[3]. Dans sa *Dissertation sur les partis*, la «division» est envisagée, d'emblée, comme négative et pathologique[4]; elle n'est pas distinguée des séparations causées par les «faction(s)»[5] et elle se traduit systématiquement par la perte de toute considération d'intérêt commun ou national. La Lettre XI, qui stigmatise Walpole et les Ministérialistes, dénonce le patronage comme la forme de corruption qui accroît, par excellence, la dépendance[6] des Chambres vis-à-vis de la Couronne. Il s'agit là d'une cause importante de transformation, c'est-à-dire de perversion, du régime et, à terme, de ruine des libertés du peuple anglais.

L'étude des causes de stabilité ou d'instabilité des gouvernements exige avant toute chose la définition morale des tempéraments ou des

1. Bolingbroke, 1844-II: 247. Le sens de cette comparaison est inversé par Hume qui montre dans son *Histoire d'Angleterre* que le «régime monarchique» peut être compatible avec l'existence de libertés civiles.

2. Pour une présentation détaillée, D. Forbes [1985 : 197 *sq.*].

3. L'origine des clivages entre *Whigs* et *Tories*, entre *Court* et *Country*, serait à rechercher non pas dans une relation historique qui associe la structure du régime politique, la constitution, et la confrontation entre partis, mais dans l'égoïsme et les intérêts de ceux qui mènent ces partis. Rapin, au contraire, soutient l'idée d'un ancrage historique de ce clivage et de ses formes. Sur le premier clivage partisan, DOG : 33-34; sur l'évolution de ce clivage puis sa structuration en factions, DOG : 35-36.

4. Sur faction, division, normal et pathologie, voir D. Forbes [1985 : 200-201].

5. Bolingbroke, 1844-II : 22.

6. Dans la dédicace adressée à H. Walpole, pour la première édition de la *Dissertation sur les Partis*, on trouve que la corruption avait été employée pour créer une dépendance entre les deux chambres du Parlement et la Couronne : «the corruption, that had been employed to create a dependency of the tow houses of parliament on the crown», 1844-II : 9.

caractères des gouvernants. Dès la Lettre I de sa *Dissertation*, Bolingbroke pose explicitement la relation entre division, faction et « caractères »[1]. L'analyse morale, dans ce cas, est doublée d'une analyse psychologique : c'est la corruption des mœurs politiques qui produit la transformation de la constitution. Plus, le maintien et la stabilité de la constitution mixte reposeraient, selon cet auteur, sur la capacité des Parlementaires à résister aux facteurs de corruption, sur leur aptitude à conforter leurs vertus politiques et morales. Parler de corruption est alors l'occasion de déplorer la perte de ces vertus morales anciennes qui, seules, permettent de conserver ce qui fait l'âme et l'authenticité de la constitution.

Le discours sur les mœurs politiques se dégrade en une diatribe contre les pratiques d'un gouvernement; il reconduit la confusion entre ordre de la réalité matérielle et ordre moral, entre ce qui relève de l'opinion commune et ce qui peut être positivement expliqué dans le cadre d'une théorie générale de la politique. Enfin, et c'est tout un, l'horizon du changement, quand il est envisagé, ne manque pas de souligner l'impossible retour à un passé incarné par la balance de cette ancienne constitution, en raison même de cette inversion remarquable qui pose que la constitution n'est jamais par elle-même une cause déterminante et que, donc, elle ne peut pas être mise en cause.

Ces dimensions du contexte consolident ce qui est devenu un véritable stéréotype : le lien entre corruption et instabilité du régime politique. Pourquoi un tel rapprochement est-il jugé inadéquat par Hume, pour rendre compte des changements de constitution en politique ? Son point de vue suppose, en effet, un double refus. D'une part, la mesure et les pondérations respectives des conduites et des institutions dans un dispositif complexe comme une constitution ou un régime politique, exigent de se prémunir contre toute idéalisation de la nature humaine, contre toute attribution intempestive d'une puissance ou d'un pouvoir qu'elle n'a pas : la vertu comme facteur d'équilibre, la corruption comme élément de déséquilibre. D'autre part, et ceci découle de ce qui précède, cette réévaluation des rapports de causalité doit conduire à prendre conscience d'un autre risque, tout aussi grave : celui d'idéaliser la constitution elle-même. Idéalisation morale de l'homme, idéalisation politique de la constitution : tels sont les deux plans de rupture à partir desquels Hume construit son point de vue et se démarque de ses interlocuteurs; tels sont également les appuis à partir desquels penser en des termes positifs le changement des constitutions.

1. « There is, however, a difference to be made between these two expedients [to corrupt and to divide], to the advantage of the latter, and by consequence between the characters of thoses who put them in practice », *ibid.*

On a vu que la pertinence du principe d'indépendance des lois vis-à-vis des humeurs et des tempéraments repose sur une double exigence, épistémologique et anthropologique. La première désigne la condition à partir de laquelle il est possible de repérer des régularités. L'établissement des causes est alors tributaire de mises en rapport entre institutions, conduites et qualités de la nature humaine car, du point de vue d'une théorie politique, ce qui doit être expliqué est le caractère général de la pratique du patronage et, ainsi que l'histoire[1] le montre, sa permanence. Les conduites de patronage désignent des régularités qui en font des objets légitimes de la théorie politique. Hume ne manquera pas, dans l'essai « De l'indépendance du Parlement », de voir dans ce genre de pratique, un instrument parmi d'autres de limitation de l'indépendance des parlements, condition indispensable au maintien du jeu de balance entre les institutions se répartissant l'exercice de la souveraineté [ET-I : 104 *sq.*]. Telle est l'utilité de ces conduites : elles sont susceptibles d'activer, par les rapports établis entre Cour et Parlements, des mécanismes de limitation réciproque. Là où Bolingbroke posait l'indépendance du parlement comme une condition de la constitution libre, Hume voit dans le patronage et l'exercice des influences un moyen de contenir certaines des potentialités despotiques ou républicaines de la constitution. Son caractère mixte exige structurellement ce genre de conduite. Le patronage serait donc une invention de la puissance exécutive qui trouverait sa raison d'être dans le fonctionnement empirique de toute balance[2]. La deuxième exigence est anthropologique. L'établissement des relations de causalité au moyen desquelles mettre en rapport « conduites » et « institutions » suppose un niveau d'abstraction ou de généralité que seule une anthropologie positive permet de mettre au jour. Il ne sert à rien de qualifier la corruption de conduite politique pervertie donnant toujours la priorité aux intérêts personnels et négligeant les intérêts du bien public puisque, par nature, les modalités d'affection de l'esprit humain conduisent les hommes en général, et les hommes politiques en particulier, à donner la priorité à l'immédiat et au plus proche.

Ce qui relève de l'étude politique des causes de stabilité ou d'instabilité des gouvernements a peu à voir avec la qualification morale des tempéraments ou des caractères. Ainsi, les explications qui font reposer la préservation ou la permanence d'une constitution sur les seules vertus sont-elles étrangères à Hume. De telles explications versent dans une certaine

1. Voir l'essai « De quelques coutumes remarquables », DP. : 112.

2. La dénonciation partisane qui nourrit, pour des raisons que l'historien peut dévoiler, l'opinion commune de représentations ou de croyances incorrectes, s'en tient donc à la surface des choses et suppose un raccourci des relations existant entre conduites des gouvernants et stabilité du gouvernement.

psychologie en donnant trop aux caractères des individus et trop peu aux circonstances, aux situations et aux institutions. Il est politiquement faux, sinon dangereux, de faire reposer l'adéquation entre bon gouvernement et bons magistrats sur des qualités humaines qui sortent du commun. Ce serait admettre que la condition exclusive de toute stabilité reposerait sur une distribution différenciée des qualités humaines. Ce serait reconduire le classique dimorphisme anthropologique des gouvernants et des gouvernés. Le point de vue humien est donc anthropologique pour cette raison qu'il réintègre les gouvernants et les magistrats, quels qu'ils soient, dans leur commune appartenance à la nature humaine. L'indépendance des lois et des constitutions politiques doit se comprendre comme ce qui désigne cette communauté de nature. Seules les qualités communes à toute l'espèce humaine sont susceptibles d'être retenues comme facteur causal. Ce sont des qualités moyennes. L'originalité de la position repose ici sur le refus explicite et conséquent de toute forme d'idéalisation morale ou politique de la nature de l'homme.

Parler d'indépendance comme principe à partir duquel poser les termes de l'analyse politique du changement ne signifie pas pour autant que les conduites et ce qui les détermine, les mœurs et les manières, sont sans effet[1]. La question posée par Hume est autre. À quelles conditions l'indépendance des lois politiques et du gouvernement vis-à-vis des humeurs et des tempéraments pourrait-elle être menacée au point de faire des mœurs et des vertus, une condition du maintien et du fonctionnement de l'établissement politique ? Quels sont les facteurs susceptibles de limiter la validité du principe général d'indépendance. La question ne porte pas seulement sur des conduites isolées mais sur ce qui, dans la nature d'un établissement politique, rend ces conduites généralisables et susceptibles d'influence. C'est pourquoi Hume peut affirmer à propos de la constitution anglaise issue de la Glorieuse Révolution qu'elle « n'est bonne qu'autant qu'elle remédie à la mauvaise administration (…) et que si notre constitution est impuissante à fournir de tels remèdes, c'est de la reconnaissance que nous devons au ministre qui en la ruinant nous donne l'occasion d'en ériger une meilleure à sa place » [ET-I : 91][2]. Les causes sont à rechercher dans l'établissement politique et ses manques, lesquels donnent prise aux conduites particulières et leur confèrent, de manière latérale, un certain pouvoir causal qui n'est, au juste, qu'un effet.

1. « Là où le gouvernement d'une nation est entièrement républicain, il est en mesure de susciter un type de mœurs particulier. Là où il est entièrement monarchique, il est encore davantage en mesure d'avoir le même effet », essai « Des caractères nationaux », DP : 256.

2. Voir D. Forbes [1985 : 224-226].

Ce rejet de l'idéalisation morale et psychologique de la nature humaine, chez Hume, s'accompagne d'un autre refus : il n'y a pas de constitution idéale. La fiction politique de la constitution authentique n'est que le double de la fiction morale de l'homme vertueux préexistant à la corruption de ses mœurs. L'Ancienne Constitution, comme forme pure du contrat originel préexistant à ses incarnations successives, jouerait comme un étalon de mesure imposant de toujours stigmatiser les écarts comme autant d'usurpations ou de négations, autorisant, au mieux, de valoriser certaines transformations comme des restaurations. Il ne s'agit là que de la série des explicitations de cette cause générique et abstraite qu'est la corruption. Dans ce chapitre, l'étude des premiers « Appendices » à l'*Histoire d'Angleterre*, la présentation critique et comparée des institutions normandes et féodales, a permis d'illustrer ce que peut signifier un tel refus d'idéaliser la constitution : rendre possible la construction d'un point de vue historique sur les constitutions. Avant « l'établissement de notre plan de liberté actuel » il y a eu d'autres constitutions ; avant le règne des Tudors, « il y avait une constitution plus ancienne » où la puissance des barons imposait un frein véritable à l'autorité du roi et exerçait une tyrannie despotique à l'encontre du peuple ; « Mais il y avait une constitution plus ancienne encore (...) lorsque l'autorité du gouvernement, pendant le règne d'un prince habile, résidait presque entièrement dans le roi » [HA-II : 407 ; HE-II, A-3 : 355]. En un mot, « la constitution anglaise, comme toutes les autres, a été dans une fluctuation continuelle » et en restituer les différentes « époques » exige d'en faire une histoire qui, aux yeux de Hume, n'est pensable qu'à condition de ne pas l'idéaliser ; c'est-à-dire, à condition de prendre au sérieux ce qui, dans les mouvements qui conduisent aux changements d'établissement politique, relève de causes « indépendantes » des humeurs et des tempéraments des hommes.

La reconnaissance d'un tel principe d'indépendance, par quoi l'auteur des *Essais* entendait fonder une science de la politique, n'est pas sans effet sur le travail de l'historien. Celui-ci ne consiste pas à évincer la réalité des conduites et l'effectivité de leurs conséquences ; il impose seulement, pour mieux en décrire la portée, de toujours les rapporter au jeu des contextes, des institutions auxquelles elles s'adossent ; il exige enfin, de ne pas superposer à l'étude de ces conduites « réelles » des fictions, celles de l'homme vertueux, de la constitution idéale, qui jouent comme autant de filtres et surdéterminent la nature même du travail de l'histoire. On ne sera donc pas étonné de constater que l'étude du « passage » au gouvernement mixte ne reconduise pas les lectures rapinienne ou guthrienne des ruptures comme autant d'étapes menant à la restauration de l'authentique constitution. C'est l'interprétation de ces différentes césures, souvent articulées aux changements de règnes, entre autres l'installation des Stuarts sur le trône d'Angleterre, qu'il convient maintenant de présenter.

Le passage ou l'invention du gouvernement mixte

L'originalité de l'étude humienne sur cette période tient dans l'exploration systématique des conséquences méthodologiques liées à tous les déplacements déjà décrits. Parler d'invention du gouvernement mixte tranche abruptement par rapport aux récits précédents. Il y aurait même un certain paradoxe à vouloir rendre compte, d'un côté, d'une rupture décisive par laquelle se mettrait en place un dispositif constitutionnel nouveau et, d'un autre côté, à revendiquer que cette institution ne soit pas à comprendre comme le résultat exclusif d'une série de ruptures dont la chronologie coïnciderait avec les différents moments de succession à l'intérieur de la dynastie Stuart.

Tout en acceptant l'idée que la période corresponde à une invention majeure pour le gouvernement politique anglais, Hume rejette toute lecture naïve qui accorderait ainsi le rythme de cette institution sur celui des différents règnes. Ce serait donner aux conduites des rois, des ministres et des grands, mais aussi à celles de certains des membres du parlement, un rôle exclusif, un poids causal bien trop lourd et univoque, pour expliquer quelque chose de plus complexe et, dans une certaine mesure, de plus indépendant des tempéraments et des humeurs. Pour rendre compte de ce qui se passe en cette période, Hume distingue divers niveaux de narration qui, à leur manière, stylisent des continuités manifestes dans les attitudes des grands hommes, construisent des mouvements dont les rythmes de transformation sont plus lents et probablement plus indépendants de ces conduites, pointent du doigt de nouvelles formes de nécessité par lesquelles adviennent des inventions ou des institutions inédites.

La présentation de ce récit en forme de modèle peut se faire en distinguant trois plans de description : d'une part, la mise en avant de ce qui caractérise la continuité des comportements, qu'il s'agisse du roi et du parlement, du peuple ; d'autre part, ce qui relève des modifications structurelles ou, pour faire un anachronisme, ce qui appartient aux variables indépendantes dont les rythmes ainsi que les effets se situent dans un contexte long ; enfin, ce qui stylise, à la manière d'une tectonique des plaques, la rencontre entre ces deux ordres de réalité, rencontre qui conduit à la nécessité d'instaurer une constitution nouvelle et explicite.

On ne prétend pas, ainsi, restituer la richesse et toute la part d'indétermination laissées aux diverses dimensions d'un réel en « perpétuelle fluctuation » [HE-V : 353] par ces trois niveaux de lecture. Il s'agit seulement, par cette réduction analytique, de faire apparaître ce qui répond aux limites des modèles précédemment évoqués et ce qui innove du point de vue de l'imputation causale. On espère ainsi contribuer à éclairer l'originalité et la fécondité du point de vue historien adopté par Hume pour étudier cette mutation décisive de la société anglaise moderne.

Le plan des continuités comportementales : les ruptures apparentes

Pour Hume, il est difficile d'accepter, sans examen critique, l'hypothèse selon laquelle le déclenchement des conflits qui allaient conduire aux guerres civiles serait imputable aux conduites de ruptures inaugurées par le premier des Stuarts. L'étude précise de cette période de transition permet de montrer deux choses : les comportements du roi comme ceux du parlement frappent, du moins au début, par leur extrême continuité ; il faut alors déplacer la recherche vers l'identification d'un autre ordre de causalité, plus profond, plus général et moins superficiel, qui permette de comprendre comment de telles continuités finissent par produire les conditions d'une rupture.

Le quatrième Appendice [HA-IV : 585 *sq.* ; HE-V, A-4 : 124 *sq.*], placé à la fin du règne de Jacques, est l'occasion de poser en des termes fort clairs cette question. Les moments de la comparaison concernent l'état du gouvernement à la fin des Tudors et l'état « d'aujourd'hui »[1]. La norme pertinente n'est pas, ici, le règne de Jacques : « à l'avènement de la ligne écossaise le gouvernement anglais était beaucoup plus arbitraire qu'il ne l'est aujourd'hui, la prérogative royale moins limitée, les libertés des sujets moins exactement définies et moins assurées » [HA-IV : 585 ; HE-V, A-4 : 124]. La raison en est claire : cette comparaison stylise la dimension presque exclusivement monarchiste du régime élisabéthain et contredit la lecture qui est habituellement faite de son histoire.

Arbitraire, ce régime le fut au moins par la présence et l'importance de certaines institutions, la cour de haute-commission, la chambre étoilée. La première fut instituée au moment de la « révolution de religion » [HA-IV : *ibid.* ; HE-V, A-4 : 125] et elle le fut par « un acte du parlement ». Dotée d'un véritable pouvoir inquisitorial, elle pouvait connaître toutes les violations de l'acte d'uniformité et, sans recours, user de tous les moyens de punition jusqu'à l'emprisonnement. « Jacques s'était borné au plus modéré de ces châtiments, qui était la déposition, et cette peine même n'avait pas été infligée avec rigueur » [*ibid.*]. Quoi qu'il en soit de la plus ou moins grande rigueur de ces châtiments pratiqués, l'importance de cette haute commission signifie, pour Hume, que la liberté de conscience « dont on fait tant de cas aujourd'hui, était entièrement supprimée ». Une telle institution

1. « at present », HE-V, A-4 : 124.

avait presque tous les pouvoirs, sauf les peines corporelles dont Hume rappelle ironiquement qu'elles avaient été autorisées « par l'acte de parlement » mais qu'elles furent interdites « par la patente du prince ». Bien plus grave encore, dans son fonctionnement ordinaire, une telle commission définissait elle-même la frontière entre affaires religieuses et civiles ; on pouvait « soumettre à la juridiction de cette cour toutes les causes qui touchaient la conscience, c'est-à-dire toutes sortes de causes » [HA-IV : 586 ; HE-V, A-4 : 126]. Hume reprend les mêmes principes de description pour qualifier le rôle et l'arbitraire de la chambre étoilée dans le domaine des affaires civiles.

L'arbitraire du gouvernement d'Elisabeth et de Jacques, par le biais de ces institutions, s'exerçait donc avec autant de rigueur sur les libertés de croyance, d'opinion et de conscience. Comparés à l'état présent de ces libertés, il n'y a pas de différence significative entre les deux règnes. Jacques, probablement, aurait été plus doux et moins prosélyte dans ses recours à la haute commission. Tel est le premier vecteur de cette continuité : la présence d'institutions dont la vocation est de contraindre, sans limites précisément fixées, dans le domaine des conduites religieuses et civiles.

Autre chose vient porter la continuité entre Elisabeth et les débuts du règne de Jacques : la place et l'attitude du parlement. Ce dernier se caractérisait en tous points par sa faiblesse, sa précarité et son peu de réalité : « leurs sessions (étaient) si courtes, comparées aux vacations » [HA-IV : 587-588 ; HE-V, A-4 : 127]. Au départ, l'histoire du parlement est faite d'une longue tradition de soumissions répétées, de dépendances insurmontables puisque convocations et prorogations étaient du seul fait du prince. Plus encore, quand elles étaient réunies, les chambres se montraient fort complaisantes à l'égard du monarque [HA-IV : 588. ; HE-V, A-4 : 127], tant et si bien qu'elles ne faisaient qu'enregistrer et donner un tour plus officiel aux décisions royales. Tel est le résultat de cette histoire récente de la dynastie des Tudors, que d'avoir soumis le parlement, de l'avoir réduit à n'être plus qu'un jouet docile aux mains d'un exécutif royal sans partage.

Dans ces conditions, « la monarchie, à l'avènement de la maison de Stuart, était en possession d'une autorité fort étendue, une autorité qui, de l'aveu général, n'était pas exactement limitée, et qui, suivant l'opinion de quelques-uns ne pouvait l'être » [HA-IV : 591 ; HE-V, A-4 : 128]. En dépit des querelles portant sur le rôle dévolu au parlement, les précédents récents montrent, empiriquement, qu'on a affaire, en ce début du XVIIe siècle, à une monarchie « simple ». La faiblesse, pour ne pas dire l'insignifiance du parlement était telle sous les Tudors qu'elle eut pour effet de répandre, dans les croyances communes populaires, l'idée qu'on avait affaire à une monarchie: «si le peuple élevait les yeux pour chercher le souverain pouvoir, le monarque seul pouvait frapper ses regards comme l'unique magistrat permanent investi de toute la majesté et de toute l'autorité de l'état» [HA-IV: 588; HE-V, A-4: 127]. La répétition d'expériences toujours analogues avait fini par consolider la croyance commune selon laquelle pour le peuple, en cette période décisive de changement dynastique, la nation n'était pas gouvernée par une constitution mixte mais seulement par une «monarchie simple». Il n'est pas surprenant de constater qu'«un grand nombre d'Anglais considéraient la monarchie simple et sans mélange, comme le gouvernement d'Angleterre, et s'imaginaient que ces assemblées populaires ne servaient que d'ornement à l'édifice, sans être à quelque degré que se soit essentielles à sa constitution et à son existence» [HA-IV : 588, modifié; HE-V, A-4 : *ibid.*]. La constitution était vécue, et éprouvée comme une monarchie. Cette croyance, beaucoup plus forte et prégnante sur le plan des représentations politiques communes, allait contre cette autre idée, savante et moins partagée à l'époque, probablement fondée sur des témoignages historiques plus anciens, selon laquelle le parlement ne pouvait pas être un pur ornement et la monarchie, simple. L'autorité respective, inégale en force et intensité, de ces deux opinions fondées sur des expériences et des témoignages différents – d'un côté, l'accumulation de précédents récents confirmant la domination sans partage de la prérogative royale sur les privilèges parlementaires et de l'autre, la recherche plus lointaine d'autres précédents marquant l'existence et l'effectivité de ces privilèges – permet de comprendre pourquoi, selon Hume, il est pertinent de parler, jusqu'à cette époque, d'une monarchie simple: «l'extrême complaisance des parlements, dans un si long intervalle, avait dégradé et en quelque sorte effacé ces corps politiques» [HA-IV: 588; HE-V, A-4: 127]. Sa réalité reposait doublement sur une pratique de l'autorité faiblement bornée et longuement reconduite par les monarques Tudors, sur l'opinion qu'on s'en faisait: «cette autorité n'était fondée que sur la simple opinion du peuple, par l'influence des anciens exemples» [HA-IV: 591; HE-V, A-4: 128]. Mais il suffisait que cette opinion se modifiât pour que fût renversé un tel ordre des choses.

Toute le problème est d'expliquer ce qui conduit à ce renversement d'opinion. La question est plus complexe que celle posée par Rapin ou Guthrie. L'absence de rupture manifeste entre les deux règnes, portée par des vecteurs lourds de continuité, qu'ils concernent les juridictions arbitraires ou le parlement, rend plus énigmatique le dévoilement de certaines causes «indépendantes» produisant l'institution du gouvernement mixte. En tout cas, de telles continuités manifestes, appuyées sur la permanence des représentations qui les accompagnent, justifient qu'on parle, en ce début de la dynastie des Stuarts, de monarchie et non pas, comme le présupposent trop rapidement les historiens déjà commentés, de gouvernement mixte. Parler de monarchie simple ne signifie pas que Hume ignore ce que la tradition des chartes constamment renouvelées indiquait du caractère mixte de la répartition entre prérogatives et privilèges; cela signifie seulement que du point de vue des croyances et des opinions communes, sur lesquelles se fonde une partie non négligeable de l'autorité du monarque, l'exercice effectif du pouvoir permet de conclure à l'existence d'une monarchie de fait. C'est ce fait qui sera contesté et progressivement remis en cause. La problématique humienne de la révolution par laquelle advient puis se stabilise le gouvernement mixte se comprend en ces termes: comment passe-t-on de la monarchie simple comme représentation commune, comme croyance populaire largement consolidée, à une nouvelle croyance, celle de la constitution mixte, qui doit être étendue et généralisée pour gagner en fermeté et stabilité? La réponse ne tient pas, simplement, dans la qualification de conduites de ruptures.

Ce déplacement a pour premier effet la réévaluation de la conduite de Jacques Ier. Celle-ci frappe par l'existence de continuités. À son installation sur le trône, « la justice oblige à reconnaître que Jacques laissa presque tous les principaux emplois entre les mains des ministres d'Elisabeth, et se reposa sur ses sujets anglais de la conduite des affaires publiques » [HA-IV : 446; HE-V : 6]. Plus encore, c'est sans aucun doute cette continuité d'attitude qui, à un moment, allait faciliter les circonstances de la rupture. Parce qu'il n'avait rien changé de la tradition d'une pratique « simplement » monarchique de l'autorité, son comportement entrait en contradiction avec certaines circonstances nouvelles dont on parlera plus loin. À propos de ses premiers démêlés avec le parlement en 1604, Hume écrit : « il s'imaginait qu'il lui suffisait de tenir le même rang pour jouir de ses prérogatives. En Angleterre ce pouvoir presque illimité, qui avait été exercé pendant plus d'un siècle, et surtout pendant le dernier règne, il l'attribuait uniquement à la naissance et au titre royal, nullement à la prudence ou à l'élévation d'esprit des monarques, ou aux circonstances des temps où ils avaient régné » [HA-IV : 464; HE-V : 19]. C'est la continuité des représentations qui portaient ses décisions, ses actes, qui frappe et qui expliquera, en partie, l'avènement de circonstances de rupture. Contrairement à ce qu'affirme une certaine lecture de l'histoire, dont Rapin et Guthrie sont à des degrés divers représentants, c'est la constance, et non pas l'extension illégitime, des attentes royales en matière de prérogative qui doit être considérée comme une cause prochaine de rupture.

Voici quelques-unes des raisons qui permettent à Hume de renverser le sens de l'interrogation portant sur les causes de la prochaine révolution dans les rapports entre roi et parlement. La continuité des expériences et des attentes, sa consolidation dans des représentations et des croyances communes stables, tout indiquait que le début du règne de Jacques s'inscrivait dans le prolongement exact de ce qui avait précédé. Or, et Hume ne le nie pas, il se trouve que le parlement va, progressivement, adopter des lignes de conduite de plus en plus actives, revendicatives et, sous le règne de Charles, imposer de véritables coups de force qui méritent le nom de révolution. Comment expliquer que, circonstanciellement, puis de manière plus ferme et plus constante, le parlement introduise, par ses propres innovations, des changements irréversibles ? L'administration de la preuve en matière d'imputation causale, chez Hume, fait abandonner, provisoirement du moins, la conduite royale, pour tenter de rendre compte de ce qui a permis, indirectement, aux conduites du parlement, de produire des effets si nouveaux et si amples dans leurs conséquences. C'est là l'objet du second plan de narration.

Ainsi posée, la problématique humienne échappe à l'alternative polémique et stérile de l'imputation des responsabilités de l'ouverture de la crise : *quid* du roi ou du parlement ? Une telle formulation reste encore à la surface des choses, non pas qu'il faille exonérer de toute responsabilité les uns et les autres. À partager le point de vue communément adopté qui limite l'investigation à la recherche d'une cause première dans les conduites du roi ou du parlement, on s'interdit de comprendre quoi que ce soit. Il y a cependant des transformations. En rendre compte exige un détour par le contexte qui seul permettra de redonner aux conduites effectives, des uns et des autres, leur part d'invention et de détermination.

Le plan des transformations lentes : l'ordre des causes indépendantes

Cette étude du contexte ou des facteurs « indépendants », décisive dans la narration humienne des événements, fait l'objet de fréquentes recensions réflexives dans la plupart des Appendices. Ces derniers viennent conclure et mettre en valeur tout ce que la linéarité du récit, subordonnée à d'autres exigences rhétoriques, ne permet pas de manifester clairement. En effet, la trame de la narration, en ce qu'elle relève des exigences propres au récit, attire l'attention du lecteur sur des situations d'action, sur des unités pertinentes de lieu et de temps qui scandent le rythme des événements : elle est une dramatisation. L'insertion de tous ces appendices permet de montrer l'arrière scène, d'en systématiser la portée causale. Il serait faux, toutefois, de dire que celle-là ne joue pas dans les moments charnières à l'intérieur même du récit. L'appendice est une suspension qui conduit le lecteur, par son caractère prononcé de généralité, à ressaisir de manière plus réflexive les principaux résultats de la narration : « Il n'est pas inutile, ici, de faire une pause et d'examiner l'état du royaume... » [HA-IV : 585, modifié; HE-V, A-4: 124]; ou lorsqu'il s'agira de considérer l'état du royaume au moment de la restauration de Charles II: « Il convient ici de s'arrêter un moment pour avoir une idée générale de cette époque » [HA-VI : 99, modifié ; HE-VI : 140], etc.

Ce qui permet d'introduire l'étude des causes indépendantes relève de cet ordre de réalité que Hume désigne par plusieurs termes qui forment, chaque fois, une énumération significative. Il s'agit d'examiner « the state of the kingdom » du point de vue du « gouvernement », du point de vue des « mœurs », du « commerce », du « savoir »[1]. Ce ne sont pas des réalités de même ordre. Le principe de cette confrontation entre divers états du royaume ainsi qualifié, permet de manifester des tensions productives, des désaccords ou des contradictions. Ce sont probablement ces décalages qui donnent à la permanence des conduites ci-dessus décrites une dimension nouvelle, les révèlent pour ce qu'elles sont.

Si l'on admet que le point de vue du « gouvernement » est ordonné autour du premier plan de description, celui des continuités des conduites et de leur ancrage dans des traditions consolidées, l'état du royaume qui lui succède est l'examen des « libertés » individuelles. Par un effet délibérément anachronique, la comparaison permet, une fois encore, de relativiser l'argument idéaliste qui pose la permanence et l'an-historicité de ces fameuses « libertés ». C'est d'abord dans la dimension la plus essentielle de la vie commune que cette absence s'y manifeste, la vie religieuse. Le verdict est sans appel : « il ne faut chercher aucune ombre de tolérance entre les différentes sectes » et, à propos de massacres d'hérétiques, Hume affirme encore que « l'on ne trouve pas un règne exempt de ces barbaries depuis la réformation » [HA-IV : 592; HE-V, A-4 : 129]. Avec ironie Hume commente la manière dont l'application de la loi sur l'uniformité pouvait faire l'objet de modulation sinon de modération, permettant ainsi de prolonger la contrainte ou, plus trivialement, d'en retirer quelques profits économiques. Là encore « Jacques fut plus humain sur ce point » [*ibid.*]. C'est dans ce contexte particulier fait d'intolérances et d'applications approximatives de la loi que se développe la secte radicale des puritains. Ramassant en quelques lignes denses une partie de l'histoire de l'enthousiasme religieux, Hume conclut, connaissant ce qui est advenu depuis, que la tolérance, impensable politiquement à cette époque[2], était pourtant le seul remède véritable qui eût pu réduire les excès du fanatisme religieux.

1. Ainsi l'état du royaume doit-il être confronté au « gouvernement, aux mœurs, etc. », *ibid.*

2. Hume évoque même l'autorité de Bacon pour rendre compte du caractère improbable de la tolérance à ce moment-là ; voir HA-IV : 593 ; HE-V, A-4 : 130n (Lord Bacon, *De unitate ecclesiae*).

Le sens de cette remarque n'est pas de déplorer le manque de lucidité ou de vision des protagonistes d'alors. Il est plutôt de montrer combien, à ce moment là, on était loin de ces fameuses libertés dont les historiens whigs faisaient le canevas de leurs histoires. On comprendra sans mal que les remèdes administrés, en ces temps particuliers, « l'effet des lois pénales pour supprimer ces communautés séparées, et punir les novateurs opiniâtres » [HA-IV : 593; HE-V, A-4 : 130], ne parviennent pas à autre chose qu'à alimenter les résistances, les sectarismes et à radicaliser leur fanatisme.

Une chose différenciait les puritains des autres sectes, et sur ce point Hume reprend ce qu'il a déjà formulé ailleurs : l'enthousiasme religieux des puritains avait pour avantage de s'opposer « à la puissance des prêtres », « autant et même plus que la saine philosophie »[1]. À ce titre, ils pouvaient être considérés, objectivement, comme porteurs d'une émancipation, du moins comme vecteurs de relativisation du poids des superstitions religieuses entretenues par les prêtres et autres représentants de l'Église. Mais ceci, il n'était possible de l'affirmer qu'après coup, et seulement pour l'historien qui se penche sur le déroulement de tous les événements survenus. Au commencement de la dynastie Stuart, ce qui était indiscutable et empiriquement mesurable, quoi que puissent en dire de nombreux historiens engagés, portait sur l'ampleur des persécutions liées à l'intolérance religieuse : « après qu'on eut répandu des torrents de sang dans ces querelles théologiques, une expérience fatale apprit que le mal était d'une nature particulière, que les remèdes violents l'irritaient » [HA-IV : 593; HE-V, A-4 : 130]. S'il convient de dire que l'esprit puritain était porteur d'une forme de liberté pour la conscience individuelle [HA-IV : 594; HE-V, A-4 : 131], il ne peut pas être question d'en faire une donnée immédiatement claire. Ce qui apparaît d'abord, c'est l'absence de tolérance et, dans ses manifestations, les violences auxquelles elle conduit[2]. Il n'est pas plus étonnant que dans ce même état du royaume, « la liberté de presse (soit) incompatible avec de tels principes de gouvernement »; plus encore, qu'elle soit « tout à fait inconnue dans ce siècle » [HA-IV : 593; HE-V, A-4 : 130]. Tout ceci confirme donc le caractère improbable, pour ce qui est des croyances religieuses et des opinions politiques, d'une rupture entre l'ancien et le moderne, entre la fin des Tudors et le début des Stuarts.

Est-ce si simple? La trame serrée de l'*Histoire d'Angleterre* laisse percevoir des zones d'indétermination plus nombreuses qu'il paraît, à partir desquelles se manifeste un esprit de « liberté » [HA-IV : 554; HE-V :

1. Essai « Superstition et enthousiasme », HNR : 34.

2. Même si, comme on a déjà eu l'occasion de le dire, il convient ici de maintenir le sens de la distinction établie par Hume entre le problème de la réformation Outre-Manche et les guerres de religion sur le continent européen; *supra*, p. 137 *sq*.

96]. Ainsi, à propos du parlement de 1621 lui aussi prorogé, la présentation des arguments portant sur l'interprétation de la nature et de l'étendue des prérogatives et privilèges permet d'identifier quelques symptômes de nouveauté : tout d'abord, Jacques, en orientant lui-même le débat sur le terrain de l'explicitation des « origines » [HA-IV : 551 ; HE-V : 93], soumet au travail de l'argumentation polémique les recherches en légitimité concernant la répartition de la souveraineté. Dans ce travail, se manifeste un état d'esprit nouveau qui marque une certaine indépendance, du moins la force d'un certain refus opposé aux injonctions royales. Plus encore, la recherche des précédents qui permettent de fonder en raison la solidité d'une croyance nouvelle, quoique fort incertaine encore, n'a de sens que par rapport à cet esprit qui caractérise ces « lovers of liberty » [HA-IV : 552 ; HE-V : 94]. Tant et si bien qu'ils vont former un « parti », un rassemblement, un nombre toujours plus grand.

Au-delà de la présentation balancée des arguments favorables ou défavorables à la couronne et au parlement, Hume indique autre chose. Ces investigations « historiennes », ces réécritures ou narrations portant sur les origines, et en quête des manifestations les plus anciennes de cette « liberté sacrée » [HA-IV : 553 ; HE-V : 95], sont contestables du point de vue de la connaissance ; elles n'en sont pas moins déterminantes car elles participent à la construction de croyances nouvelles, de représentations susceptibles d'être étendues et généralisées à l'opinion commune du peuple ou de la nation. Une fois déchiré le voile de mystère portant sur la constitution anglaise, le problème de l'origine devenait objet de discussion, allait être soumis au travail public de la critique et, ainsi, donner l'occasion à cet esprit de liberté de se déployer. Certes, il ne s'agissait que d'une position « défensive » de la liberté ; pour s'imposer réellement, il fallait autre chose relevant de ce que Hume appelle encore « an offensive war » [HA-IV : 554 ; HE-V : 96].

Cette émergence s'accorde à d'autres commencements. Même si ses jugements sur l'état de la littérature et des connaissances sous Elisabeth et Jacques sont peu indulgents, reflétant sans doute le regard d'un siècle sur celui qui le précède, Hume conclut ce long Appendice en affirmant que chaque science y est « dans l'enfance » [HA-IV : 622 ; HE-V, A-4 : 155]. Dans l'enfance certes, mais avec ce que cela laisse de possibles développements ultérieurs : sans être notablement changé, l'ordre des choses s'inscrit dans un mouvement lent mais réel, peu perceptible mais néanmoins décisif.

La comparaison avec l'« Appendice 5 », intégré dans le chapitre traitant de la restauration, permet de confirmer le sens de ces premières constatations. Toujours à propos des sciences et des arts, il est affirmé : « Avant la guerre civile, les sciences et les beaux-arts avaient été favorisés à la cour, et le bon goût avait commencé à prévaloir dans la nation » [HA-VI : 108, modifié; HE-VI: 149]; plus encore, «les guerres civiles, surtout lorsqu'elles portent sur des principes de liberté, ne sont pas toujours nuisibles aux arts de l'éloquence et de la composition» [HA-VI: 109; HE-VI: 150]. Retrouvant probablement une intuition de Guthrie, il constate, quelques lignes plus bas, que «les discours des orateurs parlementaires sont d'un ton fort supérieur à tout ce que l'Angleterre avait produit antérieurement» [HA-VI: 110; HE-VI: *ibid.*]. Il y a donc un mouvement général des arts et des savoirs dont la dynamique, tout au long du XVIIe siècle, positive, paraît presque indépendante, dans son déroulement, de cette immense césure qu'est la guerre civile. Un progrès dont on peut dire qu'il forme le contexte dans lequel se déploie cet esprit nouveau de liberté. Il s'agit d'une dimension ténue, loin d'être aisément repérable, plutôt mesurable dès lors qu'on se risque à élargir la période de comparaison : entre le début et la fin du siècle par exemple. Hume ne fait pas autre chose.

D'autres dimensions de cet état des choses sont plus aisément repérables du point de vue de leurs évolutions : la production matérielle des biens de subsistance et l'accroissement du commerce. Reprenant l'argument harringtonien sur la transformation de la structure des propriétés foncières, il apparaît à Hume que c'est là une tendance lourde qui s'enracine dès avant la fin des Tudors et qui va, sous les Stuarts, connaître une accélération puisque elle aboutira, ni plus ni moins, « à ruiner les petits propriétaires de terres». Par l'effet réuni de la dispersion des anciennes fortunes baronniales et de la disparition des petits propriétaires, « la petite noblesse, ou cet ordre de sujets qui composait la chambre des communes, vit son pouvoir et son autorité fort accrus» [HA-IV: 598; HE-V, A-4: 134]. Argument classique qui, resitué dans ce contexte, permettait de comprendre sociologiquement comment il se faisait qu'une telle assemblée pût faire montre d'un esprit nouveau de liberté. Plus encore, l'ostentation et les dépenses, qui ruinèrent nombre de ceux qui appartenaient à l'ancienne noblesse, finirent par faire grossir le rang de ces nouveaux propriétaires «qui possédaient assez de bien pour fournir aux dépenses de mode, mais qui ne se dispensaient pas de tout soin et de toute attention dans leur économie domestique» [*ibid.*] : une inclination nouvelle pour l'économie et l'entreprise portée par un esprit nouveau de liberté. Il y avait là une évolution susceptible de favoriser l'émergence de nouvelles exigences de la part du parlement.

D'autres transformations interviennent auxquelles il faut donner de plus exactes proportions : à la fin du règne d'Elisabeth, «l'état des manufactures, par lesquelles l'Angleterre avait déjà commencé à se distinguer, paraîtrait fort méprisable en comparaison de celles qui lui font aujourd'hui tant d'honneur» [HA-IV : 608, modifié; HE-V, A-4 : 143]; mais un demi-siècle plus tard, «le commerce et l'industrie reçurent beaucoup d'accroissement en Angleterre, pendant la période paisible du règne de Charles» [HA-VI : 107 ; HE-VI : 148]. Entre les deux, un progrès indéniable[1], probablement accéléré par la diffusion de ces «principes démocratiques». Une diffusion qui «engagea la noblesse du second ordre à ne pas rougir de mettre ses enfants en apprentissage chez les marchands» [*ibid.*]. De manière imperceptible il s'agissait là d'une mutation presque révolutionnaire pour les représentations communes : la pratique du commerce, revendiquée par une certaine noblesse, devenait «honorable». On comprend qu'elle fut valorisée Outre-Manche plus que dans aucun autre pays d'Europe[2]. Sans parler de l'importance des modifications concernant la culture des biens de subsistance : «L'agriculture était autrefois fort imparfaite en Angleterre» ; «pendant ce règne [Jacques Ier] on fit, comme dans la plupart des autres arts, des progrès considérables dans celui qui est, sans contredit, le plus utile de tous» [HA-IV : 614; HE-V, A-4 : 148]. Et d'insister sur la prolifération des traités en tout genre concernant l'économie rurale et domestique.

Le procédé explicatif ne consiste pas à poser que telles transformations sont «causes» des guerres civiles et de la révolution, ou qu'elles rendent compte des innovations politiques qui forment la trame essentielle du récit historique. Hume souligne avec insistance leur concomitance, le fait que les événements politiques dont il s'agit ont pour contexte ces plans de transformations portant sur la répartition de la propriété, l'essor du commerce, celui de l'agriculture, celui des arts et des savoirs en général[3]. Il s'agit d'un contexte au sens fort : celui par lequel des conduites ou des attitudes deviennent explicables ; celui qui interdit de déplacer la totalité du poids des inférences sur les seuls mouvements d'humeur et de tempérament; celui qui impose la pondération comme seule manière de faire toute la part à l'efficace de ces conduites.

Les mœurs et les manières, enfin, dans ce «contexte» revêtent un statut intermédiaire. Causes et conséquences, elles sont brièvement évoquées comme telles, quoiqu'elles traversent l'ensemble de l'œuvre. Elles apparaissent comme ce qui incarne l'ampleur des changements réalisés sur la période et comme ce qui les rend possibles. Elles sont ce qui autorise les conduites spécifiquement inventives à produire leurs effets. Aussi ne faut-

1. Hume n'est pourtant pas entièrement négatif sur les initiatives jacobites concernant les manufactures : voir ce qu'il dit à propos de l'installation des premières manufactures du travail de la soie, HA-IV : 609 ; HE-V, A-4 : 144.

2. «le commerce a toujours été depuis plus honorable en Angleterre que dans aucun autre état de l'Europe», *ibid.*

3. Même si «les efforts de Jacques, ou plutôt ceux de la nation, eurent plus de succès pour avancer les progrès du commerce, que pour ceux du savoir», *ibid.*

il pas chercher à reconstruire un ordre de détermination qui n'est pas ici explicitement posé; il est préférable, sans doute, de laisser dans cet entre-deux, qui fait lien entre conduites et évolutions plus lentes, la réalité qualifiée à partir des mœurs et des manières.

Hume les envisage à partir de ce qu'elles sont devenues « aujourd'hui » : « Les manières de la nation correspondaient au gouvernement monarchique qui prévalait alors; elles n'offraient point cet étrange composé qui distingue aujourd'hui l'Angleterre de tous les autres pays » [HA-IV : 595, modifié; HE-V, A-4 : 132]. Idée reprise explicitement dans les débuts du cinquième Appendice : « On ne trouvera chez aucun peuple un changement de caractère et de mœurs plus soudain et plus général que celui qu'éprouva dans ce période la nation anglaise » [HA-VI : 99; HE-VI : 141]. Au départ, point de contraste, partout de l'uniformité : le peuple d'Angleterre est plein de « candeur », de « bonne foi »; de « modestie » [1]. À la fin du règne de Charles et durant le Protectorat, la nation « passe tout à coup à l'état de faction, de fanatisme, de révolte, et presque à la frénésie » [*ibid.*]. Ce qui a changé entre ces deux états des mœurs, et que Hume repère avec acuité, porte sur les marqueurs de l'identité sociale : l'ordre ancien et hiérarchique attribuait le rang et la considération non pas aux « richesses acquises par le négoce », mais à « l'honneur de la naissance », « la dignité et la noblesse des manières » [HA-IV : 595-596; HE-V, A-4 : 132]; avec l'ordre nouveau, de telles richesses sont devenues « le principal fondement de la distinction entre les hommes ». Auparavant, les « grands », par leurs dépenses, étaient en quête de « pompe » bien plus que de « commodité » et de vrais « plaisirs »; et les « honneurs civils » étaient subordonnés aux distinctions par les armes. La généralité de ces aspirations y était telle, d'ailleurs, que lorsque le duc de Buckingam, sous le règne de Jacques, utilisa une chaise à porteurs, il déclencha la plus « vive indignation du peuple, qui lui reprochait d'employer ses semblables comme bêtes de somme » [HA, IV, LI : 596-597; HE, V, Ap. 4 : 132-133]. Avant, les distinctions de rang n'empêchaient pas une sorte d'assimilation symbolique qui rendait proprement inconvenantes de telles innovations. Il s'agissait d'un ordre hiérarchique qui reposait sur une forme d'unité assimilatrice des membres de la société, et que parachevait cette uniformité des manières. Après, par le renforcement des divisions et des factions, par ceci que le signe d'élection sociale ne reposait plus clairement sur la lignée, que la richesse pouvait s'acquérir par le travail et le négoce, vint à se déployer un monde où les différences portaient les signes paradoxaux d'un rapprochement entre les membres de la société. La ruine de l'ordre hiérarchique, en même temps

1. « les seules qualités que les Anglais de ce temps-là possédaient en commun avec ceux d'aujourd'hui », *ibid.*

qu'elle rendait les hommes plus rapprochés, donnait aux différences une autre valeur. Celles-ci pouvaient devenir critiquables, sources de conflit. Difficile ici, même si le texte ne le suggère pas vraiment, de ne pas voir, comme en passant, l'amorce d'une marche vers l'égalité. De ce point de vue, on pourrait montrer comment la reprise humienne de l'histoire de l'enthousiasme religieux[1], entre autres à partir d'une narration fort ironique de la naissance de la secte des Quakers, est l'occasion de décrire la manifestation, sous une forme paroxystique et essentiellement négative, de ce principe d'égalisation. À propos de la tenue vestimentaire, « toute superfluité, tout ornement fut rejeté avec détestation » ; ou bien encore, « jamais fanatiques ne portèrent aussi loin la haine pour les cérémonies, les formalités, les ordres, les titres et les institutions ecclésiastiques » [HA-VI : 103 ; HE-VI : 143-144]. Autant de postures ou de revendications qui, du point de vue de leurs significations, débordent le contexte strictement religieux qui leur a donné naissance pour participer, après coup, de cette évolution qu'est la plus grande individualisation du rapport au religieux, l'avènement de la liberté de conscience.

Sur le plan des représentations politiques, ce passage s'accompagne donc de divisions, de factions et la violence des oppositions y « excède tout ce que l'imagination peut se représenter aujourd'hui » [HA-VI : 98 ; HE-VI : 140]. Entre les deux termes de la comparaison, la rupture de l'uniformité des mœurs va de pair avec de multiples confrontations, partisanes bien sûr, mais aussi religieuses[2]. Au risque de voir la société se couper d'elle-même : « Tout commerce social avait disparu entre les partis » dira Hume des clivages qui opposaient royalistes et parlementaires du temps du Protectorat ; et « il n'était plus question de mariages, ni d'alliances » [HA-VI : 99 ; HE-VI : 141-142]. Ce qui faisait l'unité, la force et la cohésion politique de l'ordre social, que portait cette relative uniformité des mœurs, paraît avoir perdu de sa prégnance. Plus d'indéterminations, des conduites plus fréquemment soumises à un système hétérogène de mœurs et de manières en partie contradictoires ou conflictuelles ; une période s'ouvrait qui allait rendre pensable et possible l'institution d'un nouvel établissement politique. Il convient, maintenant, d'en donner un rapide aperçu en évoquant le troisième plan de description.

1. Dans le pseudo-Appendice, en guise de conclusion à la narration de la fin du Protectorat ; voir HA-VI : 102 *sq.* ; HE-VI : 142 *sq.*

2. À propos de la violence des oppositions partisanes, Hume parle encore du « sombre enthousiasme qui régnait dans un grand nombre de parlementaires », HA-VI : 100 ; HE-VI : 142.

Le plan des rencontres : l'instauration nécessaire d'une constitution nouvelle

Voici donc esquissés certains aspects de ce contexte élargi fait d'évolutions aux rythmes différenciés qui convergent vers plus de différenciation dans les mœurs et les manières, dans les principes qui vont distinguer les rangs et les fortunes ; qui manifestent un progrès, sans doute plus repérable après coup et par comparaison, mais que l'on peut localiser dans la croissance des productions de subsistance, du volume du commerce, dans la diversification des activités manufacturières, etc. Un progrès qui, sur le plan des savoirs, est réel, alimentant cet esprit nouveau de liberté, d'indépendance dont on retrouve les effets dans les manières et attitudes du parlement vis-à-vis de l'autorité royale. Ensemble de transformations que Hume indique très explicitement lorsqu'il affirme : « Vers ce temps, il paraît que dans toute l'Europe, et particulièrement en Angleterre, l'esprit humain éprouva, quoique insensiblement, une révolution générale » et, un peu plus loin : « de jour en jour les arts libéraux et mécaniques faisaient des progrès » [HA-V : 432-433 ; HE-V : 18]. Voilà ce qui résume la donne structurale : un progrès des arts libéraux qui nourrit et est nourri par cette « révolution générale » des esprits ; révolution, une fois encore, dont on repère comme après coup l'importance et la profondeur. C'est dans ce cadre que se manifeste l'originalité du travail de Hume portant sur la conduite du parlement jusqu'aux débuts de la guerre civile.

La dynamique interactive qui conduira le roi et les parlements à la guerre civile n'est donc pas posée comme un affrontement exclusif entre celui ou ceux qui transgresseraient le partage authentique entre prérogative et privilèges et ceux qui réagiraient pour en restaurer l'effectivité. Il s'agit d'un mouvement plus complexe qui est porteur d'inventions dont le sens et la portée se trouvent liés aux contextes ci-dessus évoqués. La finalité de ce mouvement est de donner une explication à ce qui, jusque-là, était demeuré dans l'implicite, les usages et les pratiques. Un exemple significatif parmi d'autres de cette dynamique interactive : l'attitude du nouveau parlement convoqué par Jacques Ier au début de son règne à propos des lettres de révocation de représentants élus des communes rédigées par le chancelier du roi [HA-IV : 457-458 ; HE-V : 14-16]. Une usage qui conférait, du temps de la reine Elisabeth, un véritable « pouvoir illimité de choisir à son gré les représentants de la nation » [HA-IV : 457 ; HE-V : 14]. Le terme est volontairement ambigu chez Hume qui parle indifféremment, dans ces pages, de « pratique » donnée au ministre du roi, de « dangereuse prérogative » donnée à la couronne ; un peu plus loin, citant le texte d'une lettre adressée à la Reine par le parlement, il fait état d'un « droit » et de « privilèges » de la chambre ; à propos de la « proclamation » de Jacques Ier sur cette pratique, il affirme encore : « Il est clair que cette ordonnance était considérée comme une loi, et cela dans un point aussi important que le droit d'élection » [HA-IV : 459; HE-V : 16]. Ce flottement terminologique n'est pas la manifestation d'une inconséquence méthodologique. Il indique, au contraire, une indétermination réelle, un moment où se joue, dans un rapport de confrontation particulièrement mobile et instable entre exécutif royal et parlement, le travail d'instauration d'un droit. Ce qui permet à Hume, un peu plus loin et à propos d'une autre affaire concernant l'attitude du parlement, d'affirmer : « Dans le même temps, l'affaire de sir Thomas Shirley leur donna occasion d'établir un autre droit » [HA-IV : 462; HE-V : 18].

Cette « vigilance de l'esprit de liberté » [HA-IV : 461 ; HE-V : 17][1] se fait sentir de plus en plus dans un parlement qui, malgré tout, reste très tributaire d'habitudes de déférence et de soumission. Il y a ces premières tentatives, dont beaucoup peuvent échouer, pour revenir sur des pratiques anciennes, sur des initiatives laissées à l'abandon[2]. Le résultat de ces entreprises est toujours le même : « elles eurent le bonheur de (le) sauver de l'ambiguïté où la négligence de quelques parlements précédents l'avait fait tomber » dit Hume à propos de ce « droit » d'élection des parlementaires [HA-IV : 462, modifié; HE-V : 18]. Lever des doutes, faire disparaître des ambiguïtés; travailler à l'explicitation des contours des attributions respectives; instituer des règles formelles et positives là où le gouvernement « simple » et monarchique des hommes avait, par l'effet d'une appropriation unilatérale et indiscutée de l'autorité, laissé en vacance ce qui avait pu être stipulé il y a longtemps. Hume montre comment cette période de l'histoire d'Angleterre est celle de l'invention de la constitution mixte.

Cette « fermentation universelle » des arts et des esprits élargit et « agrandit les idées des hommes » [HA-IV : 463; HE-V : 19][3]. De la conjonction de tout cela résulte des attentes nouvelles, des seuils inédits de tolérance à l'autorité qui font que ce qui, jusque-là, était accepté comme allant de soi devient insupportable. Par exemple, la continuité des conduites royales : il ne suffisait plus d'exciper de sa naissance ou de son titre pour s'imposer et être entendu, encore fallait-il, et c'est ce que n'avait pas compris Jacques, de « la prudence » ou de l'« élévation d'esprit »; encore fallait-il tenir compte de « la conjoncture des temps » [HA-IV : 464, modifié; HE-V : 19]. « Toutes les parties constituantes des gouvernements gothiques, qui semblaient endormies depuis plusieurs siècles,

1. « this watchful spirit of liberty ».

2. On se reportera à la chronique de l'affaire F. Goodwin *vs* J. Fortescue [HA-IV : 459 *sq.*, HE-V : 16] où Hume retrace avec beaucoup de précision l'évolution du rapport des forces entre roi et parlement.

3. Hume parle d'extension : « Le système de la politique en Europe s'était étendu et formait un plus grand cercle », *ibid.*

commencèrent de toutes parts à s'agiter, et à s'empiéter réciproquement» [HA-IV : 463, modifié; HE-V : 18]. Quelque chose a changé qu'on ne peut pas saisir sauf à faire le détour par l'étude des transformations lentes. Ce sont elles qui rendent possible ces «réveils» des partis constituantes, comme ce sont elles qui vont «allumer» «dans les cœurs généreux une vive passion pour un gouvernement limité» [*ibid.*]. Il y a, désormais, ce qui favorisait la rencontre entre ces circonstances et ces conduites animées d'un esprit nouveau. Filant encore la métaphore de la rupture apparente, Hume conclut que «les symptômes d'un génie plus indépendant éclatèrent aussitôt». Et «le Prince n'avait ni la capacité nécessaire pour s'apercevoir de ce changement, ni ce qu'il fallait d'art et de vigueur pour en réprimer les premiers effets» [HA-IV : 463; HE-V : 18]. Dans ce plan des rencontres, les attitudes et le savoir faire au moyen desquels infléchir ce qui advient, les interactions et les radicalisations tiennent, pour une grande part, des acteurs engagés dans le mouvement. «Telles étaient les dispositions opposées du parlement et du prince à l'avènement de la race d'Ecosse en Angleterre» [HA-IV : 464; HE-V : 19].

Il y a lieu, donc, de parler des innovations du parlement. Il ne s'agissait pas seulement de défendre des privilèges : «l'esprit et le jugement de la chambre des Communes éclatèrent (...) encore dans les tentatives qu'elles firent, quoique alors inutilement, pour délivrer le commerce des entraves...» [HA-IV : 465, modifié; HE-V : 20]; ou bien encore, «elles s'efforcèrent aussi de délivrer la propriété terrienne du fardeau des gardes-nobles, et de faire disparaître ces restes de servitudes féodales qui fatiguaient encore la nation» [HA-IV : 466; HE-V : 21]. Ces innovations vont dans le sens d'une émancipation, d'une libération et sont alimentées par l'«esprit d'indépendance» [HA-IV : 467; HE-V : 22]. Hume met en avant, dans son récit, cette contribution inventive du parlement qui, en dépit de nombreux échecs, donne corps à son «esprit d'indépendance», et cherche à libérer la «nation» de certaines de ses entraves. Aussi ne faut-il pas isoler la dimension étroitement politique du conflit de cet ensemble plus vaste qui concerne la nation en son entier et porte sur des activités dont l'importance va croissant : le commerce, la propriété, les subsides, etc. La confrontation entre roi et parlement n'est, en dépit des apparences, que le corrélat d'une dynamique plus complexe qui résulte de ce décalage entre les croyances et les comportements du roi et de son gouvernement d'un côté, et, de l'autre, la série des transformations lentes qui «ouvre» les esprits à d'autres exigences nourries par des croyances nouvelles. C'est en ce sens qu'il est possible de parler d'une nouvelle nécessité, celle de fixer une constitution nouvelle, d'établir un nouveau gouvernement. Cet établissement, dont les contours vont se dessiner conflictuellement, souvent violemment,

Hume le repère dans le travail d'explicitation et d'imposition continué de représentations nouvelles. Il s'agit d'une activité de construction formelle, et les règles positives qui en résultent vont donner un contenu politique plus affermi à cette opinion particulière, devenue générale et commune depuis lors, et portant sur l'existence d'une constitution authentique.

L'hypothèse majeure qui conduit cette ample description est que la période sera l'occasion de fixer les termes d'une nouvelle constitution rendant la Loi indépendante des atteintes des parties liées à l'exercice de la souveraineté. En ce sens la « Pétition des droits » est une révolution et elle correspond à une « époque » déterminante dans l'établissement de cette indépendance. Le problème n'est plus, comme chez Rapin ou Guthrie, celui de la restauration. Ce qui est à instituer reste à définir, à délimiter et il n'y a pas de *telos* qui tienne, même si des solutions sont préférables à d'autres. La révolution peut enfin se décliner avec l'invention.

On ne s'étonnera pas, non plus, à partir de l'étude de cette période, de l'importance donnée à la présentation balancée des arguments de justification élaborés par les différents partis en conflit pour étayer leurs prétentions. Balance qui, outre sa valeur de dispositif expérimental proposé au lecteur, offre ici un tout autre avantage : celui d'insérer au cœur du récit l'histoire de ces pratiques discursives polémiques qui enrôlent, au gré des circonstances, le travail des juristes, des antiquaires, des historiens pour fonder en légitimité des énoncés ; pour construire de nouvelles vérités qui, toutes, manifestent et donnent corps à des croyances politiques que l'on cherche à généraliser pour les faire partager au plus grand nombre. La croyance en l'existence d'une constitution mixte originelle et authentique peut ainsi se consolider.

Ce travail d'élaboration fictionnelle, qu'on ne suivra pas ici car il supposerait de trop longs développements, marque ses premières étapes dans les règnes de Jacques et de Charles Ier. Un exemple qui a valeur de paradigme est celui de la signature de la pétition des droits. L'importance de l'événement est ainsi reconnue : « On peut assurer sans exagération que ce consentement du roi produisit dans le gouvernement un changement presque égal à ce qu'on nomme une révolution et qu'en bornant la prérogative royale sur tant d'articles, il ajouta une sécurité de plus à la liberté du sujet » [HA-V : 52 ; HE-V : 200]. La reconnaissance royale de la pétition par la formule : « *Let it be law, as is desired* » [HA-V : 52n-1 ; HE-V : 200n-q] consacrait donc une première victoire des communes qui avaient su tirer parti du vote des subsides pour imposer la lettre d'un texte de droit positif fixant des bornes à l'exercice de l'autorité et protégeant le sujet dans la jouissance de certaines de ses libertés fondamentales[1]. Comment un tel renversement, proprement révolutionnaire, a-t-il pu avoir lieu ? Tout d'abord, l'état d'esprit : « Lorsque la chambre basse fut assemblée, on reconnut que tous les membres avaient le même esprit d'indépendance que leurs prédécesseurs » [HA-V : 36; HE-V : 187]. Cela ne tenait pas seulement au caractère de ces parlementaires, à leur personnalité. Plus radicalement, « ils représentaient des bourgs et des comtés, tous aigris, enflammés par la récente violation de leurs libertés » [*ibid.*]. Cet esprit d'indépendance était général, répandu parmi les membres de la nation. Ce n'était pas seulement le parlement qui allait s'opposer au roi mais, à travers lui, une grande partie de la nation. Si l'on ajoute que les « richesses (des communes) calculées ensemble étaient trois fois plus considérables que celles de la chambre des pairs » [HA-V : 36; HE-V : 187], le poids de la « représentation » y était encore plus fort. Les conditions objectives étaient réunies qui rendaient possible un coup de force pour imposer la reconnaissance de nouveaux droits[2].

Le problème est d'abord celui de la qualification des griefs. Il devenait nécessaire de contenir ces « actes contre la loi », de rendre impossibles ces « jugements des hommes de loi contre notre liberté » [HA-V : 39; HE-V : 190]. Il était urgent de trouver les expédients permettant de remédier à cet état des choses[3]. Formellement, les communes résolurent, par un texte, de dresser l'ensemble des protections qu'il fallait reconnaître aux libertés des sujets et aux privilèges du parlement [HA-V : 42; HE-V : 192]. Par là, elles entendaient « une confirmation ou une explication de l'ancienne constitution » [*ibid.*]. L'ambition affichée des communes était claire : énoncer dans un texte de droit positif ce qui, depuis toujours, était contenu dans les Grandes Chartes[4]. Il n'était pas question, à leurs yeux, « d'acquérir de nouvelles libertés »; il n'y avait aucun désir de porter « atteinte à la prérogative royale ».

1. Le contexte du parlement de 1628 est évoqué en HA-V : 41 *sq.* ; HE-V : 191 *sq.* et porte sur les habituelles violations des libertés depuis le début du règne de Charles : les emprisonnements arbitraires, les prêts forcés, etc.

2. Hume porte une attention soucieuse au caractère stratégique des entreprises parlementaires. Voir les développements en HA-V : 37-39 ; HE-V : 188-190 où il est rendu compte de la manière dont on va procéder pour éviter de conduire à la rupture de la session par prorogation : « il devenait donc nécessaire que la décence et la modération dans les débats tempérassent la rigueur inévitable de leurs résolutions », HA-V : 37 ; HE-V : 188.

3. Voir les multiples métaphores médicales qui traversent le discours de Sir Thomas Wentworth, dans les extraits qu'en donne Hume, HA-V : 40-41 ; HE-V : 191.

4. « Les privilèges qui sont fondés sur la Grande Charte doivent toujours conserver leur force… », HA-V : 42 ; HE-V : 192.

Pour qu'une telle pétition soit proposée au roi, ses termes devaient être acceptés par la chambre haute. La discussion donna lieu à la confrontation de points de vue contradictoires. Hume, toutefois, ne se limite pas à la seule dimension polémique de cette nouvelle controverse[1]; il fait ressortir la tension inventive à partir de laquelle l'inédit devient possible. Du côté des royalistes, l'argument qui prévalut pour justifier l'attitude de Charles reposait sur une qualification redoutablement efficace de la nature des « règles de gouvernement » : ce sont celles « auxquelles un peuple a été accoutumé depuis des temps immémoriaux, et auxquelles il obéit promptement et naturellement » [HA-V : 44, modifié; HE-V : 193-194]. Prenant à revers l'argument parlementariste habituel, la conclusion de ce raisonnement stipulait, à propos du peuple, que la pratique avait toujours « frapp(é) ses sens », que la familiarité des exemples avait « une toute autre force que des maximes tirées de chartes poudreuses et de statuts surannés » [HA-V : 44; HE-V : 194]. Ce qui faisait donc autorité en la matière portait sur l'expérience condensée en une pratique elle-même déterminée par la répétition. Cette autorité avait une force d'affection bien plus grande que n'importe quel principe général et abstrait : « d'où toutes les législatives tirent-elles leur droit, si ce n'est d'un long usage et d'une pratique bien établie ? » [*ibid.*]. D'un côté donc, la force d'affection de la tradition qui, par le jeu des répétitions, des exemples et des précédents, donne une pleine autorité aux croyances populaires en la réalité d'une monarchie « simple » dans laquelle le parlement fait figure d'« ornement ». De l'autre côté, la volonté politique parlementaire d'instituer une nouveauté, en tout cas de poser les principes d'une rupture par rapport à ces usages consolidés, d'aviver la force d'affection de nouveaux principes en les adossant à des représentations encore lointaines et abstraites.

Mais ces différences entre intensités d'affection, ces écarts entre types d'autorité convoqués au service de chacune des positions, allaient être circonstanciellement compensés par le jeu de conditions exceptionnelles. D'un côté, la capacité des communes à parler au nom d'un nombre toujours plus élevé de sujets; de l'autre côté, l'incapacité toujours plus grande du roi à « représenter » son peuple. Un affaiblissement d'autant plus marqué qu'il manifestait le discrédit jeté sur la fonction par tant d'abus et d'empiétements sur les libertés. L'abstraction des autorités convoquées pour exciper du nécessaire respect de ces libertés et prérogatives semblait compensée par le caractère immédiat et résolument massif de la force liée à la représentation d'un public toujours plus étendu et par la légitimité toujours plus grande des croyances ainsi portées. À l'inverse, les autorités convo-

1. « Les esprits impartiaux avoueront que, de part et d'autre, le sujet a ses difficultés », HA-V : 45; HE-V : 195.

quées par la Cour, dont la force et la dimension concrète reposaient sur la longue répétition d'expériences passées, allaient voir leur influence diminuer par le nombre toujours plus restreint de ceux qui les incarnaient et par la légitimité déclinante des croyances que ces autorités devaient garantir. Le conflit des forces est donc redoublé, dans ce jeu de circonstances plus favorables au parlement, par un conflit de légitimité, c'est-à-dire par la confrontation entre des nombres : ceux-là mêmes qui sont susceptibles de croire aux représentations politiques nouvelles ou anciennes.

« La pétition de droits (...) fut arrachée à la résistance du prince, qui ne s'imaginait pas que la liberté était enfin parfaitement établie » [HA-V : 223 ; HE-V : 352-353]. La victoire du parlement est une innovation ; elle est « presque » une révolution. Elle est, en tout cas, un événement que rien ne permettait de prévoir *a priori*. L'observation fine des circonstances révèle seulement à l'historien son éventualité en raison même des tensions inventives que ne cessent de produire les multiples décalages entre plans de réalité. Elle enseigne aussi que c'est la conduite des hommes impliqués dans cette dynamique, le plan des « rencontres », qui a fait de cette éventualité une forte probabilité. Voilà ce que peut suggérer l'histoire, sans surdéterminer le cours des événements par la connaissance des fins : quelques lignes de passage qui vont du possible vers le très probable.

La signature de la pétition des droits est une victoire pour une autre raison conforme aux principes généraux de l'étude humienne des constitutions. Avec elle, on peut imaginer que « désormais les lois se soutiendraient d'elles-mêmes contre l'autorité arbitraire » [HA-V : *ibid.* ; HE-V : 353]. Un pas venait d'être franchi qui devait conduire à cette « indépendance » des lois vis-à-vis des humeurs et tempéraments de ceux qui gouvernent : au moins les libertés des sujets avaient-elles été mises à l'écart de l'« arbitraire » de l'autorité royale. Elles ne l'étaient pas nécessairement de celui des parlements[1]. S'agissait-il d'une restauration, d'un rétablissement ? Tout ce qui précède permet d'affirmer le contraire : « Le peuple, à la vérité, acquit (par cette pétition) un droit, ou plutôt, son ancien droit fut exactement défini » [HA-V : 223 ; HE-V : 353][2]. La mise en équivalence est claire et elle confirme l'hypothèse de présentation jusque-là retenue : la définition exacte par la stipulation expresse et la rédaction formelle d'un texte équivaut à une acquisition. La pétition des droits est bien une

1. Il faudra pour cela attendre l'avènement de la « Glorieuse Révolution » de 1688-1689.

2. Entre autres, l'exemple du tonnage et du poundage. Jusque-là, Charles avait suivi l'exemple de ses prédécesseurs ; mais « l'assemblée [1628] suivante fit naître des doutes. Les communes firent quelques pas dans la vue de déclarer la levée du tonnage (...), sans l'aveu du parlement, contraire aux anciennes lois », HA-V : 62 ; HE-V : 207.

invention majeure dans le mouvement d'élaboration de la constitution mixte. On peut, sans impropriété, la nommer « révolution ».

On vient de suggérer que le conflit des forces entre autorités des expériences politiques pouvait être compensé par celui des légitimités, c'est-à-dire par celui du nombre de ceux qui adhèrent aux croyances faisant l'objet de controverse. Que faut-il entendre par là ? Il y a quelque chose de résolument moderne, chez Hume, dans la façon de déconstruire le mouvement à partir duquel se forge la légitimité d'une croyance par établissement d'un rapport de force permettant sa généralisation. On retrouve ici, de manière plus ample et plus systématique, la question déjà rencontrée chez Guthrie de l'institution d'un rapport au « public », de la mobilisation du public au service de certaines croyances : comment la controverse sort-elle de l'enceinte parlementaire *stricto sensu* pour monter en généralité, c'est-à-dire se répandre avec des effets, parmi le plus grand nombre ?

En 1641, Charles est, une fois de plus, contraint de convoquer un nouveau parlement. L'état d'esprit de ce dernier, qui s'inscrit dans la lignée des précédents, est sans ambiguïté : il s'agissait « de pousser plus loin les innovations » [HA-V : 220; HE-V : 350]. Il importait de reconstruire une confrontation favorable et, pour ce faire, de profiter de l'état d'esprit général qui prévalait en ce début des années 1640. La session s'ouvre (c'était devenu une sorte de rituel) sur la rédaction d'une remontrance pour énumérer l'ensemble des griefs. Ce parlement fait une innovation particulièrement redoutable : la remontrance, en effet, « n'était point adressée au roi ; on y déclarait ouvertement que c'était un appel au peuple » [HA-V : 221 ; HE-V : 351]. Un appel qui donnait au texte une dimension résolument publique, du moins par la nature du destinataire, et réduisait, *ipso facto*, la position du roi à celle d'un tiers, le mettant dans une sorte d'égalité avec le peuple. La seconde étape consistait à diffuser le texte même de cette remontrance : « Quelques temps après, un ordre de la chambre fit imprimer et publier cette étrange pièce… » [HA-V : 223; HE-V : 352]. Hume n'a pas de mots assez durs pour en dénoncer le caractère mensonger : « un grand nombre de faussetés grossières », quelques « vérités évidentes », des « insinuations malignes », des « invectives ouvertes », etc. [1]. Autant d'artifices, de mélange insidieux de vérités et de mensonges qui témoignent de l'intention des rédacteurs : il s'agissait de pousser le public à prendre position, de contraindre le roi à réagir.

Le résultat ne se fit pas attendre : « Lorsqu'elle fut répandue dans la nation, elle y excita partout les mêmes disputes violentes qu'elle avait fait

1. « On retrace, on aggrave, avec une impitoyable adresse, tout ce que les démarches de Charles avaient produit de malheureux, d'odieux, de suspect depuis le commencement de son règne », *ibid.*

naître dans la chambre des communes… » [HA-V : 223, modifié ; HE-V : 352]. La médiatisation par le public a donc pour premier effet d'étendre les principes de division entre factions, entre partis qui s'opposaient jusque-là à l'intérieur des chambres, et d'en faire des divisions plus générales. Toujours par souci de renforcer la capacité à peser dans le rapport des forces, de construire par la logique des nombres un désavantage irréversible pour le roi, « aussitôt que la remontrance eut été publiée, Charles y fit une réponse qui fut répandue avec le même soin » [HA-V : 227 ; HE-V : 356-357]. Or « les oreilles du peuple étaient extrêmement prévenues contre lui ». En déplaçant le lieu effectif de la controverse de l'intérieur du gouvernement vers l'extérieur, en contraignant le roi à s'expliquer devant le « public », le parlement allait augmenter sa capacité à imposer sa conduite au roi ; il allait, également, pouvoir mesurer toute la force de sa popularité, cette dernière prenant, en quelque sorte, le relais objectif dans la contestation du roi et de son gouvernement : « L'idolâtrie nationale pour les parlements allait si loin, qu'il (Charles) ne pouvait blâmer la conduite de ces assemblées sans indisposer généralement le peuple » [HA-V : 227-228 ; HE-V : 357]. Jusque-là contenues dans la sphère relativement étroite et circonscrite de l'enceinte des assemblées et du gouvernement, les maladresses royales devenaient maintenant publiques et bien plus désastreuses dans leurs conséquences : « Charles avait augmenté les cris qui retentissaient déjà dans toute la nation » [HA-V : 228 ; HE-V : 357]. Le terme du mouvement est presque achevé. La généralisation des divisions et de la portée des déclarations publiques faites de part et d'autre allait consacrer l'affaiblissement définitif de la position du roi : « Rien ne peint mieux la pénible situation de Charles que de le voir obligé de se renfermer dans les bornes de la politesse, avec des sujets qui avaient transgressé toutes les lois du respect et même de la bienséance dans leurs procédés envers leur souverain » [*ibid.*].

Il est des circonstances où la généralisation de certaines croyances en politique peut apparaître comme le résultat d'une mobilisation des forces, d'une extension soudaine des capacités discursives à construire des idées et des représentations inédites, d'une aptitude accrue à les garantir par de nouvelles autorités, le parlement et les idées de liberté par exemple, et à en discréditer d'anciennes, la monarchie et l'idée d'obéissance passive. Des généralisations qui procèdent par mobilisation, extension et qui empruntent, en les infléchissant, des vecteurs privilégiés ; principalement celui des affects. Ne s'agissait-il pas, tout à l'heure, d'« exciter » le peuple ? Or dans « les gouvernements de nature mixte (qui) sont dans une continuelle fluctuation ; les caprices du peuple flottent sans cesse d'un extrême à l'autre » [HA-V : 223 ; HE-V : 352]. Une instabilité constitutive qui pourra être amplifiée par la généralisation des principes de division ; une instabilité qui ne manquera pas d'être alimentée par ces autres vecteurs de mobilisation affective du peuple que sont les superstitions religieuses et leur corrélat, le fanatisme. Dans la narration des événements conduisant à la guerre civile, au Protectorat puis à la Restauration, ces voies affectives de la mobilisation des opinions communes y deviennent déterminantes.

Désormais, « les circonstances étaient favorables à l'extension des privilèges » [HA-V : 228 ; HE-V : 357]. L'intensification des conflits avec le roi, le renforcement du caractère public des controverses, tout cela créait les conditions d'une véritable radicalisation politique : le jeu des actions et des réactions pouvait produire tous ces effets : « l'esprit républicain des communes accrut excessivement l'esprit monarchique de la cour, ce grand progrès du second servit encore à l'augmentation du premier ; et chaque parti affectant ainsi de donner dans ces extrêmes, par degrés, le juste milieu où la vérité repose fut abandonné de tout le monde » [HA-V : 51 ; HE-V : 200].

CONCLUSION

L'*Histoire d'Angleterre* a eu l'heur de déplaire aux Whigs comme aux Torys; elle reçut les honneurs de la critique venant de lecteurs engagés de tous bords. Ce qui est sans aucune doute un indice probant, quoique paradoxal, de l'efficacité d'une méthode et de la nouveauté de ses résultats. Dès lors qu'on cherche à la soumettre aux déterminations des interprétations exclusivement politiques, cette histoire se tient à distance et montre comment ces dernières se construisent sur des illusions rétrospectives, se nourrissent de projections intempestives, de fictions et de croyances quand ce n'est pas de superstitions. Hume n'était donc pas récupérable. Il y avait dans la manière de son travail et la force de ses démonstrations de quoi résister aux tentatives d'enrôlement partisan. Pour cette raison, il ne pouvait pas espérer de soutien; il ne devait pas en attendre.

Il serait faux de croire, pour autant, qu'une telle position soit synonyme de syncrétisme. La fin de son entreprise n'est pas guidée par la volonté de concilier des contraires; elle est portée par le souci de reconstruire, en dehors des appartenances, un récit objectif. À défaut de dire la vérité, il s'agit d'ouvrir l'immense continent de l'histoire moderne anglaise au travail continué de rectification des erreurs et d'identification des points de vue d'observation. Ce travail devient possible grâce à des interprétations faisant désormais un usage réglé des pouvoirs d'une imagination corrigée.

Pour cela, il faut recourir à une méthode qui déplace définitivement les critères d'évaluation, les situant ailleurs que dans l'orbite attractive des reconstitutions partisanes. La positivité de cette histoire se manifeste en creux dans les effets qu'elle devient susceptible de produire chez le lecteur. Ce dernier est conduit à mettre à distance et à relativiser, le temps d'une lecture, l'univers des croyances et des représentations qui le relie au monde de la politique et consolide son adhésion affective au parlement ou au roi. Il est, désormais, incité à entrer dans un dispositif plus balancé et moins décidé, au moyen duquel faire des expériences de pensée, mettre son imagination en mouvement. La confrontation des arguments doit permettre au lecteur, bénéficiant lui aussi du recul de l'histoire, de choisir, mais de choisir en dehors de l'emprise de certaines affections qui font la force des points de vue de parti. Ainsi disposé, sans être prédisposé, le lecteur peut enfin comprendre que la vérité qu'il cherche dans ces narrations n'est peut-être pas autre chose que celle d'une croyance commune qui parvient à s'imposer avec plus d'autorité, et donc de légitimité.

L'*Histoire d'Angleterre* se fixe pour objectif de déployer la dimension historique des croyances populaires en politique ; elle raconte des genèses, montre comment elles se généralisent et, par là, acquièrent leur autorité ; elle identifie les médiations, met en scène les coups de force grâce auxquels les opinions communes s'imposent ou se détruisent. Deux histoires sont ainsi articulées : une narration factuelle qui reconstruit, *a posteriori*, les voies de formation du gouvernement mixte comme nouvelle constitution de la société anglaise – le nouveau plan des libertés– ; un récit portant sur le roman des origines qui confronte les différentes élaborations discursives, les multiples innovations idéologiques et pèse leur contribution à l'invention de la politique moderne.

On a beaucoup dit du conservatisme de Hume, des raisons au caractère tory plus affirmé des dernières éditions de sa fresque historique. Cependant montrer que la constitution mixte n'est pas une restauration mais un invention, justifier que la révolution n'est pas l'expression déjà légitime d'une fin clairement identifiée ne relève pas précisément du conservatisme. Hume est bien plus audacieux et infiniment moins conservateur que la plupart des historiens avec lesquels il dialogue, eux qui ne parviennent pas, whigs ou torys, à sortir d'une vision fondamentalement téléologique du sens et de l'orientation des transformations en politique. Une conception téléologique qui, en l'espèce, est une manifestation évidente de conservatisme en politique : tout ce qui échappe à la grille de lecture posée en termes de « rétablissement » et de « restauration » devient, *ipso facto*, imperceptible et historiquement illisible. Lorsque le Long Parlement, par exemple, radicalise les potentialités républicaines de la constitution mixte, il ne restaure plus, il innove. Mais ces innovations ne sont jamais décrites pour ce qu'elles sont ; elles sont identifiées à des « usurpations » tout à fait comparables à celles commises par les Stuarts. Hume cherche, quant à lui, à éclairer leur dimension événementielle, à restituer la part d'invention qu'elles contiennent, fût-elle tragique et, après coup, discutable dans ses conséquences.

Hume s'engage donc dans de véritables innovations ; il renouvelle l'écriture de l'histoire, objective ses fins et justifie méthodologiquement le recours à des moyens rhétoriques adéquats. Mais la puissance novatrice de ce travail ne peut se mesurer, seulement, à l'aune de la radicalité et de l'efficacité des réponses données à la crise anglaise de l'historiographie. Elle s'enracine, également, dans les exigences propres de la critique des conditions à partir desquelles la raison réglée peut s'exercer à produire des connaissances. Il y a une nécessité de l'histoire. L'inventaire des relations entre philosophie et histoire, la description empirique de certaines de leurs articulations montrent, à l'évidence, que ces relations ne sont pas réductibles aux oppositions classiques entre généralité et particularité, théorie et illustration. Dans cette économie des rapports, un véritable dispositif critique est mis en place qui témoigne d'une profondeur et d'une fécondité théoriques dignes d'attention.

Loin de réduire cette question des rapports entre philosophie et histoire à la simple détermination d'une hiérarchie épistémologique ou, au mieux, à l'établissement d'une indépendance relative entre domaines, et assumant pleinement le principe d'une irréductible différence entre elles, la réflexion critique, à l'intérieur de ce dispositif, décline autrement la manière dont l'homme s'institue « à la fois comme ce qu'il faut penser et ce qu'il y a à savoir »[1]. F. Brahami a décrit comment le scepticisme transforme la philosophie en anthropologie à partir d'une généalogie de la « croyance » entendue comme *datum* de toute connaissance[2]. Ce que nous avons montré avec le problème de l'histoire chez Hume pourrait correspondre à une autre étape de cette transformation de la philosophie en une science de l'homme[3].

Car reconnaître que la solidité de la croyance a pour fondement l'expérience et la répétition – la force des liaisons coutumières – ne permet pas de résoudre tous les problèmes : admettre qu'il y a une nature commune des croyances, des superstitions et des fictions expose à de nouvelles incertitudes. Comment, et sur quels critères, valent les distinctions pourtant nécessaires entre croyances infondées et croyances fondées ? Si le domaine des connaissances expérimentales peut être gagé sur les secondes, elles-mêmes portées par l'expérience, qu'en est-il de cette distinction dans le monde commun et ordinaire de la vie ? La transformation de la philosophie en anthropologie a permis de repérer des conditions indispensables à la délimitation du domaine des connaissances expérimentales ; elle n'a pas clairement indiqué les voies et les moyens par lesquelles ces distinctions pouvaient agir dans le monde de la vie commune.

C'est ici que l'histoire comme savoir critique des croyances communes, politiques ou religieuses, trouve sa justification la plus originale et la plus profonde. C'est ici que l'histoire permet à Hume de faire jouer l'extension d'un principe qui prévaut dès le moment de cette transformation de la

1. « elles sont apparues [les sciences humaines] du jour où l'homme s'est constitué dans la culture occidentale à la fois comme ce qu'il faut penser et ce qu'il y a à savoir », M. Foucault [1966 : 356].

2. F. Brahami, [2001 : 6].

3. M. Foucault [1966 : 356].

philosophie en anthropologie. Si telle est bien la conséquence du « travail sceptique » de la raison critique, alors l'histoire lui fait accomplir un pas supplémentaire : son travail permet de décrire, *a posteriori*, à quelles conditions, et sous quelles formes, des croyances politiques communes comme celles qui véhiculent les idées de liberté, ont pu être élaborées en se démarquant d'autres constructions liées au type de la superstition religieuse ou à celui de la fiction politique illégitime. L'histoire est ce qui permet de décrire comment a pu s'accomplir le travail des discriminations entre types de croyances autorisant la constitution et la consolidation de l'ordre politique de coexistence.

La transformation de la philosophie en anthropologie a pour corollaire le problème des frontières entre réalité, chimères et contrefaçons, entre croyances fondées et infondées. La remise en cause de ces frontières, désastreuse pour l'individu isolé en proie aux délires de son imagination, n'est jamais dépourvue de conséquences quand elle est considérée dans ses manifestations collectives. Ces dernières sont l'objet par excellence de l'histoire chez Hume. S'il se trouve que la réflexion isolée permet de faire l'épreuve du réel parce que « les fictions ne sont reliées à rien de réel », dans le cours de la vie ordinaire les individus ne sont jamais seuls, et les mouvements passionnels tributaires d'opinions et de représentations communes rendent cette réflexion malaisée voire impossible. Telle est la justification profondément sceptique de tous ces savoirs de l'histoire : qu'est-ce qui fait perdurer les croyances infondées dans leurs effets ? Pourquoi la force et la vivacité de certaines opinions communes résistent-elles, *pratiquement*, à l'exercice rigoureux et public de la critique ? L'*Histoire d'Angleterre* fournit très exactement le paradigme d'une critique générale des autorités illégitimes portant les superstitions religieuses et certaines de nos croyances en politique.

BIBLIOGRAPHIE

Cette bibliographie est principalement composée des ouvrages et articles cités. Elle ne prétend pas à l'exhaustivité.

ASHCRAFT R., 1986 : *Revolutionary Politics and Locke's Two Treatises of Government*, Princeton, Princeton University Press

AUCHATRAIRE A., 2001 : « Espèces et opérativité de la fiction chez Hume », *Revue Philosophique*, 2001/2, Paris, PUF.

BARANGER P., Saltel P., 1995 : D. Hume : *L'entendement, Traité de la nature humaine*, Livre I, nouvelle traduction, Paris, Garnier-Flammarion.

BINOCHE B., 1994 : *Les trois sources de l'histoire (1764-1798)*, Paris, PUF.

BIZIOU M., 1999 : « Le statut de l'analogie dans l'épistémologie d'Adam Smith : Qu'est-ce que la main invisible ? », *in* Brykman G. (dir.) : *Ressemblance et dissemblances dans l'empirisme britannique*, Université Paris X-Nanterre.

BLACK A., 1988 ; 1993 : « Le mouvement concilaire », *in* Burns J. H. (dir.), 1993 : *Histoire de la pensée politique médiévale*, Paris, PUF.

– 1970 : « Monarchy and Community. Political Ideas in the Later Conciliar Controversy, 1430-1450 », *Cambridge Studies in Medieval Life and Thought*, 3 Series 2, Cambridge University Press.

BLACK J. B., 1926 : *The Art of History*, London : Metheun.

BRAHAMI F., 2001 : *Le travail de scepticisme, Montaigne, Bayle, Hume*, Paris, PUF.

BRAUDY, Leo, 1970 : *Narrative Form in History and Fiction : Hume, Fielding & Gibbon*, Princeton, Princeton University Press.

BRAUN L., 1973 : *Histoire de l'histoire de la philosophie*, Paris, Ophrys.

BRIAN E. et Moreau P.-F. (dir.), 1998 : « Histoire du scepticisme. De Sextus Empiricus à Richard Popkin », *Revue de synthèse*, n° 2-3, Avril-Septembre.

BURKE P., 1966 : « A Survey of the Popularity of Ancient Historians, 1450-1700 », *History and Theory*, 5.

BURNS J. H. (dir.), 1988 : *The Cambridge History of Medieval Political History*, Cambridge University Press.

BURNS J. H. (dir.), 1993 : *Histoire de la pensée politique médiévale*, Paris, PUF.

BUTTERFIELD, H., 1945 : *The Whig Interpretation of History*, New York.

CLÉRO J.-P., 1998 : *Hume. Une philosophie des contradictions*, Paris, Vrin.

CONSTANT G., 1930 : *La Réforme en Angleterre. Le schisme anglican, Henri VIII (1509-1547)*, Paris.

COTTRET B. et MARTINET M.-M. (éd.), 1983 : *Partis et factions dans l'Angleterre du premier XVIIIe siècle*, Paris, Presses Universitaires de la Sorbonne.

DELEULE D., 2001, « Anthropologie et économie : la formation de la société civile chez Hume », *in* Gautier C. (dir.) : *Hume et le concept de société civile*, Paris, PUF.

– 1979, *Hume et la naissance du libéralisme économique*, Paris, Aubier.

DELEUZE G., 1953, 1988 : *Empirisme et subjectivité*, Paris, PUF.

DUMONT L., 1977 : *Homo Æqualis – Genèse et épanouissement de l'idéologie économique*, Paris, Gallimard.

FIGGIS J. NEVILLE, 1965 : *The divine right of Kings*, 1896, rééd. Cambridge, 1922 ; rééd., New York, Harper Torchbooks.

FINK Z., 1945 : *The Classical Republicans*, Northwestern University Press.

FORBES D., 1975, 1985 : *Hume's Philosophical Politics*, Cambridge, Cambridge University Press.

FOUCAULT M., 1997 : « Il faut défendre la société » Cours au Collège de France, 1976, Paris, Gallimard-Seuil.

– 1966 : *Les mots et les choses, une archéologie des sciences humaines*, Paris, Gallimard.

FRANKLIN Julian H., 1978 : *John Locke and the Theory of Sovereignty. Mixed Monarchy and the Tight of Resistance in the Political Thought of the English Revolution*, Cambridge, Cambridge University Press.

FUMAROLI M., 1994 : *L'âge de l'éloquence. Rhétorique et "res literaria" de la Renaissance au seuil de l'époque classique*, Paris, Albin Michel.

GAUTIER C., LE COUR GRANDMAISON O. (éd.), 2002 : *Passions et sciences humaines*, Paris, PUF.

GAUTIER C. (dir.), 2001 : *Hume et le concept de société civile*, Paris, PUF.

– 1993 : *L'invention de la société civile – Lectures anglo-écossaises, Mandeville, Smith, Ferguson*, Paris, PUF.

GIRARD D'ALBISSIN N., 1969 : *Un précurseur de Montesquieu : Rapin-Thoyras, premier historien des institutions anglaises*, Paris, Klincksieck.

GOLDIE M., 1980 : « The Revolution of 1689 and the Structure of Political Argument », *Bulletin of Research in the Humanities*, 83.

HARRINGTON J., 1656 ; 1995 : *Océana*, avec une introduction de J.G.A. Pocock, 1977 : « L'Œuvre politique de Harrington », Paris, Belin.

HARRIS, Tim, 1993 : *Politics Under the Later Stuarts : Party Conflict in a Divided Society 1660-1715*, London, Longman.

HICKS P., 1996 : *Neoclassical History and English Culture*, New York, St. Martin's Press et Macmillan Press.

HILSON J. C., 1976 : « Hume, the Historian as Man of Feeling », *in* Hilson, J.C., Jones M.M.B., Walson J.R. (ed.), *Augustan Worlds*.

JOHNSON, James W., 1967 : *The Formation of English Neoclassical Thought*, Princeton, Princeton University Press.

KRAMNICK I., 1972 : *« Introduction » à Lord Bolingbroke*, Historical Writings, Chicago, The University of Chicago Press, p. XI-LIII.

– 1968 : *Bolingbroke and his Circle, The Politics of Nostalgia in the Age of Walpole*, Cambridge, Massachusetts, Harvard University Press.

– 1967 : « Augustan Politics and English Historiography : The Debate on the English Past, 1730-1735 », *History and Theory* 6, 1.

LARRÈRE C., 1992 : *L'invention de l'économie politique au XVIIIe siècle*, Paris PUF.

LECLER J., 1994 : *Histoire de la tolérance au siècle de la Réforme*, (1955), réédition, Paris, Albin Michel.

LEVI FOX, (ed.), 1956 : *English Historical Scholarship in the Sixteenth and Seventeenth Centuries*, London, Oxford University Press.

LIVIGSTON D., 1998 : *Philosophical Melancoly and Delirium. Hume's Pathology of Philosophy*, Chicago and London, The University of Chicago Press.

– 1984 : *Hume's Philosophy of Common Life*, Chicago and London, The University Press.

MALHERBE M., 2001 : « Science politique et historique dans les *Essais* de David Hume », *in* Gautier C. (coor.) : *Hume et le concept de société civile*, Paris, PUF.

– 1995 : « Philosophie facile et philosophie abstraite », *in* Beck P., Thouard D. (éd.), 1995 : *Popularité de la philosophie*, Paris ENS, éditions de Fonteney-St Cloud.

– 1992 : *La philosophie empiriste de David Hume*, Paris, Vrin.

MAYER R., 1994 : « Nathaniel Crouch, Bookseller and Historian ; Popular Historiography and Cultural Power in Late Seventeenth-Century England », *Eighteenth-Century Studies*, 27.

MOORE J., 1977 : « Hume's Political Science and the Classical Republican Tradition », *Canadian Journal of Political Science*, X : 4, Canada.

MOSSNER E., 1954 : *The Life of David Hume*, Austin, Texas.

NORTON FATE D., POPKIN R. (eds.), 1965 : *David Hume : Philosophical Historian*, Indianapolis.

OAKLEY F., 1993 : « L'obéissance chrétienne et l'autorité, 1520-1550 », *in* Burns J. H. (dir) : *Histoire de la pensée politique médiévale*, Paris, PUF, p. 145-174.

– 1965 : « Almain and Major : Conciliar Theory on the Eve of the Reformation », *American Historical Review*, 1965, 70.

– 1962 : « On the Road from Constance to 1688 : the Political Thought of John Major and George Buchanan », *Journal of British Studies*, 1962/2.

PHILLIPSON N., 1993a : « Politics and politeness in the Philosophy of David Hume », *in* Schochet G.J. (ed.) *Politics, Politeness, and Patriotism*.

– 1993b : « Politeness and politics in the reigns of Anne and the early Hanoverians », *in* J.G.A. Pocock (ed.) *The varieties of British Politicial Thought – 1500-1800*.

– 1989 : *Hume*, London, The Bath Press, Avon.

– 1987 : « Politics, Politness and the Anglicisation of early Eighteenth-Century Scottish Culture », *in* R.A. Mason (ed.), *Scotland and England 1286-1815*.

– 1979 : « Hume as Moralist : A Social Historian's perspective », *in* J.C. Brown (ed.) : *Philosophers of the Enlightenment*.

– 1975 : « Culture and Society in the 18th Century Province : The Case of Edinburgh and the Scottish Enlightenment », *in* L. Stone (ed.) : *The University in Society*.

POCOCK J.G.A., 1999 : *Barbarism and Religion II : Narrative of Civil Government*, Cambridge University Press.

– 1987 : « The concept of language and *the métier d'historien :* some considerations on practice », *in* Pagden A. (ed.) : *The Languages of Political Theory in Early-Modern Europe*, Cambridge, 1987, Cambridge University Press.

– 1985 : *Virtue, Commerce, and History*, Londres, New York, Cambridge Parerback Library.

– 1975 : *The Machiavellian Moment, Florentine Political Thought and the Atlantic Republican Tradition*, Princeton, Londres, Princeton University Press.

– 1971 : « Machiavelli, Harrington and English Ideologies in the Eighteenth Century », in *Politics, Language and Time*, New York : Atheneum, 1971.

– 1957 ; 1986 (2 ed.) : *The Ancient Constitution and the Feudal Law, A Study of English Historical Thought in the Seventeenth Century*, Cambridge, Cambridge University Press.

SALMON J.H.M., 1987 : *Renaissance and Revolt, Essays in the intellectual and social history of early modern France*, Cambridge, Cambridge University Press.

SMITH A., 1985 : *Lectures on Rhetoric and Belles Lettres*, 1763, Glasgow Edition, J.C. Bryce (ed.), Liberty Fund, Indianapolis.

SPITZ J.–F., 2001 : *John Locke et les fondements de la liberté moderne*, Paris, PUF.

STEWART J. B., 1992 : *Opinion and Reform in Hume's Political Philosophy*, Princeton, Princeton University Press.

STRAKA G., 1962 : « The Final Phase of Divine Right Theory in England », *English Historical Review*, vol. 77.

TIERNEY B., 1982, 1983 (trad.) : *Religion et droit dans le développement de la pensée constitutionnelle*, Paris, PUF.

WESTON C. C., 1990 ; 1997 : « L'Angleterre ; l'ancienne constitution et le droit commun », *in* Burns J. H. (dir.) : *Histoire de la pensée politique moderne*, Paris, PUF.

WEXLER V. G., 1979 : *David Hume and the History of England*, The American Philosophical Society, Philadelphia.

WORMALD, B.H.G., 1964 : *Clarendon : Politics, Historiography and Religion*, Cambridge, Cambridge University Press.

INDEX DES NOMS CITÉS

Ne sont pas indexés les noms d'éditeurs pour les publications collectives de langue anglaise. On ne trouvera pas, dans cet index, le nom de Hume. Pour ce qui est des historiens comme Rapin, Guthrie, ils ne sont indexés que pour les chapitres et sections qui ne les concernent pas expressément.

TABLE DES MATIÈRES

DEUXIÈME PARTIE

L'HISTOIRE COMME CRITIQUE

DESCRIPTION DU TRAVAIL DE GÉNÉRALISATION EN POLITIQUE

ACHEVÉ D'IMPRIMER
EN NOVEMBRE 2005
PAR L'IMPRIMERIE
DE LA MANUTENTION
A MAYENNE
FRANCE
N° 287-05

Dépôt légal : 4e trimestre 2005